高等教育"十二五"规划教材

管理数学教程

马元生　李花妮　主编

张明平　李玉青　路　畅　副主编

科学出版社

北　京

内 容 简 介

本着教材为学生而写,为教师所用的宗旨,将教学方法与知识内容有机地结合在一起,对许多概念、定理的引入和对内容的处理体现了启发式教学方法,反映了解决问题的思维过程。实践了教材本身就具有教的功能,发挥教的作用,便于学生自学. 对于教师施教,方便顺手,无需做大幅度的处理加工是本书的特色.

本书介绍了线性代数、线性规划及概率论与数理统计的基本知识和线性代数的应用. 可作为普通高校、成教、高职经济、贸易、金融、管理类专业的教学用书.

图书在版编目(CIP)数据

管理数学教程/马元生,李花妮主编. —北京:科学出版社,2011
(高等教育"十二五"规划教材)
ISBN 978-7-03-031483-3

Ⅰ.①管… Ⅱ.①马…②李… Ⅲ.①高等数学-高等职业教育-教材
Ⅳ.①O13

中国版本图书馆 CIP 数据核字(2011)第 110316 号

责任编辑:王 彦 / 责任校对:耿 耘
责任印制:吕春珉 / 封面设计:东方人华平面设计部

科 学 出 版 社 出版
北京东黄城根北街16号
邮政编码:100717
http://www.sciencep.com

三河市骏杰印刷有限公司印刷
科学出版社发行 各地新华书店经销
*
2011年7月第 一 版 开本:787×1092 1/16
2019年1月第八次印刷 印张:21
字数:485 000
定价:46.00元
(如有印装质量问题,我社负责调换〈骏杰〉)

销售部电话 010-62134988 编辑部电话 010-62138978-8208

前　言

　　一门课程的教材不乏其多,每本教材都反映了作者的教材理念,作者怎么理解教材,他就怎么写教材,一般说来,作者对自己的作品是满意的.但是作为读者就不一样了.记得2005年冬(当时笔者已有45年教龄)看到一本关于认识论、方法论方面的教材,读了3天,未翻过3页,读不懂,比读论文还难,这才引起了笔者的反思.教材为谁写?应该怎么写教材?于是笔者顿悟出教材应当是为学生而写,为教师所用.因为学生要从中学到知识,作者要在写法上符合教育教学规律,要帮助学生经过努力能够不太困难地学到知识,同时对于概念、理论又要阐述到位,不失水准.对于教师使用教材,要让其用着方便顺手,不需要在许多地方再大动手术,处理加工.因此笔者认为教材应是教学方法与知识巧妙地有机结合,教材本身就应当具有教的功能,发挥教的作用.眼下这本书,就是笔者这种认识的实践,不论是教师还是学生,只要认同上述的认知,相信本书对学生是良师,对教师则是益友.

　　本书内容包含了线性代数和概率统计的基本知识,后者的例题和习题已直接与经济管理相联系,为了让读者了解线性代数的应用,笔者从 David C. Lay 写的《线性代数及其应用》一书中选取了20个例子,形成一个附录供参阅,另外还介绍了线性规划的初步知识及操作.

　　本书由马元生教授(西安工业大学,西安思源学院)、李花妮担任主编.张明平、李玉青、路畅担任副主编.本书编写分工如下:李花妮编写第一、二、三、七章,张明平编写第四、五、六、八章,李玉青编写第九至第十一章,路畅编写第十二至第十四章。

　　由于笔者水平所限,书中错误在所难免.恳请同仁们批评指正.

目　　录

第一篇　线　性　代　数

第二篇　概率论与数理统计

第一篇　线性代数

第一章 行列式

§1.1 二阶、三阶行列式

对二元一次方程组

$$\begin{cases} a_{11}x_1 + a_{12}x_2 = b_1 & (1\text{-}1) \\ a_{21}x_1 + a_{22}x_2 = b_2 & (1\text{-}2) \end{cases}$$

可以用消元法求解. 可由

$$a_{22}(1\text{-}1) + (-a_{12}) \cdot (1\text{-}2)$$

消去 x_2 得

$$(a_{11}a_{22} - a_{12}a_{21})x_1 = b_1a_{22} - b_2a_{12} \qquad (1\text{-}3)$$

可由

$$(-a_{21}) \cdot (1\text{-}1) + a_{11} \cdot (1\text{-}2)$$

消去 x_1 得

$$(a_{11}a_{22} - a_{12}a_{21})x_2 = a_{11}b_2 - a_{21}b_1 \qquad (1\text{-}4)$$

式(1-3)及式(1-4)中有 4 处为两个数的乘积与两个数乘积的差,为了找出方程组的解与方程组的系数及常数项之间的关系,即要求得解的公式,引入符号

$$\begin{vmatrix} a & b \\ c & d \end{vmatrix} = ad - bc \qquad (1\text{-}5)$$

称作二阶行列式,当式(1-3)及式(1-4)中 x_1, x_2 的系数构成的行列式

$$\begin{vmatrix} a_{11} & a_{12} \\ a_{21} & a_{22} \end{vmatrix} = a_{11}a_{22} - a_{12}a_{21} \neq 0$$

时,可解出

$$x_1 = \frac{b_1a_{22} - b_2a_{12}}{a_{11}a_{22} - a_{12}a_{21}} = \frac{\begin{vmatrix} b_1 & a_{12} \\ b_2 & a_{22} \end{vmatrix}}{\begin{vmatrix} a_{11} & a_{12} \\ a_{21} & a_{22} \end{vmatrix}}$$

$$x_2 = \frac{a_{11}b_2 - a_{21}b_1}{a_{11}a_{22} - a_{12}a_{22}} = \frac{\begin{vmatrix} a_{11} & b_1 \\ a_{21} & b_2 \end{vmatrix}}{\begin{vmatrix} a_{11} & a_{12} \\ a_{21} & a_{22} \end{vmatrix}}$$

于是我们得到结论:二元一次方程组当其系数行列式不等于零时有唯一解,且可用行列式表示. x_1, x_2 表示式中的分母是方程组的系数行列式,而分子分别是将系数行列式的第一列,第二列换为方程组的常数列所得到的行列式. 如果以符号 D, D_1, D_2 记相应的行列式

$$D = \begin{vmatrix} a_{11} & a_{12} \\ a_{21} & a_{22} \end{vmatrix}, \quad D_1 = \begin{vmatrix} b_1 & a_{12} \\ b_2 & a_{22} \end{vmatrix}, \quad D_2 = \begin{vmatrix} a_{11} & b_1 \\ a_{21} & b_2 \end{vmatrix},$$

则有

$$x_1 = \frac{D_1}{D}, \quad x_2 = \frac{D_2}{D}.$$

例 1.1.1　求 $\begin{cases} x_1 + 2x_2 = 1 \\ 2x_1 + 3x_2 = 3 \end{cases}$ 的解.

解
$$D = \begin{vmatrix} 1 & 2 \\ 2 & 3 \end{vmatrix} = 3 - 4 = -1 \neq 0$$

$$x_1 = \frac{\begin{vmatrix} 1 & 2 \\ 3 & 3 \end{vmatrix}}{-1} = \frac{3-6}{-1} = 3$$

$$x_2 = \frac{\begin{vmatrix} 1 & 1 \\ 2 & 3 \end{vmatrix}}{-1} = \frac{3-2}{-1} = -1$$

对于三元一次方程组

$$\begin{cases} a_{11}x_1 + a_{12}x_2 + a_{13}x_3 = b_1 \\ a_{21}x_1 + a_{22}x_2 + a_{23}x_3 = b_2 \\ a_{31}x_1 + a_{32}x_2 + a_{33}x_3 = b_3 \end{cases}$$

我们用消元法解之,并引入三阶行列式

$$D = \begin{vmatrix} a_{11} & a_{12} & a_{13} \\ a_{21} & a_{22} & a_{23} \\ a_{31} & a_{32} & a_{33} \end{vmatrix} = \begin{aligned} & a_{11}a_{22}a_{33} + a_{12}a_{23}a_{31} + a_{13}a_{21}a_{32} \\ & - a_{13}a_{22}a_{31} - a_{12}a_{21}a_{33} - a_{11}a_{23}a_{32} \end{aligned}$$

会得到与二元一次方程组类似的结论. 即当系数行列式

$$D = \begin{vmatrix} a_{11} & a_{12} & a_{13} \\ a_{21} & a_{22} & a_{23} \\ a_{31} & a_{32} & a_{33} \end{vmatrix} \neq 0$$

时有唯一解,且

$$x_1 = \frac{D_1}{D}, \quad x_2 = \frac{D_2}{D}, \quad x_3 = \frac{D_3}{D}$$

其中 D_1, D_2, D_3 是分别将系数行列式 D 中的第一、二、三列换为方程组的常数列所得到的行列式.

　　我们看到当二元、三元一次方程组的系数行列式不等于零时,用二阶、三阶行列式可以分别表示方程组的解. 也就是求得了二元、三元一次方程组的公式解. 那么对于含 n 个未知量,n 个方程的方程组是否有公式解呢? 为此在下一节引入 n 阶行列式并介绍它的性质和计算方法,为寻求一般的 n 元线性方程组的公式解作准备.

§1.2　n 阶行列式的定义

为了定义 n 阶行列式,我们先研究一下三阶行列式与二阶行列式有什么关系.

$$
\begin{vmatrix}
a_{11} & a_{12} & a_{13} \\
a_{21} & a_{22} & a_{23} \\
a_{31} & a_{32} & a_{33}
\end{vmatrix}
= a_{11}a_{22}a_{33} + a_{12}a_{23}a_{31} + a_{13}a_{21}a_{32}
$$
$$
- a_{13}a_{22}a_{31} - a_{12}a_{21}a_{33} - a_{11}a_{23}a_{32}
$$
$$
= a_{11}(a_{22}a_{33} - a_{23}a_{32}) - a_{12}(a_{21}a_{33} - a_{23}a_{31}) + a_{13}(a_{21}a_{32} - a_{22}a_{31})
$$
$$
= a_{11}\begin{vmatrix} a_{22} & a_{23} \\ a_{32} & a_{33} \end{vmatrix} - a_{12}\begin{vmatrix} a_{21} & a_{23} \\ a_{31} & a_{33} \end{vmatrix} + a_{13}\begin{vmatrix} a_{21} & a_{22} \\ a_{31} & a_{32} \end{vmatrix} \tag{1-6}
$$

由上式我们看到一个三阶行列式可以化为三个二阶行列式乘以系数后的代数和.我们分析一下其中每个二阶行列式与它前面的系数之间的关系.容易发现其前面的系数的位置不在二阶行列式的元素所在的行、列之内,如第一项.

$$
a_{11}\begin{vmatrix} a_{22} & a_{23} \\ a_{32} & a_{33} \end{vmatrix}
$$

系数 a_{11} 位于原系数行列式的第一行第一列,而 $\begin{vmatrix} a_{22} & a_{23} \\ a_{32} & a_{33} \end{vmatrix}$ 中的元素为系数行列式中第二、三行,第二、三列的元素,其他两项也是如此.我们引入行列式的元素 a_{ij} 的余子式的概念.

划去三阶行列式的第 i 行,第 j 列,剩下的元素位置不变构成的行列式 M_{ij} 称为 a_{ij} 的余子式($i=1,2,3;j=1,2,3$).

例 1.2.1　写出行列式 $\begin{vmatrix} 1 & 2 & 3 \\ 4 & 5 & 6 \\ 7 & 8 & 9 \end{vmatrix}$ 各元素的余子式.

解　$M_{11}=\begin{vmatrix} 5 & 6 \\ 8 & 9 \end{vmatrix}$,　$M_{12}=\begin{vmatrix} 4 & 6 \\ 7 & 9 \end{vmatrix}$,　$M_{13}=\begin{vmatrix} 4 & 5 \\ 7 & 8 \end{vmatrix}$,

$M_{21}=\begin{vmatrix} 2 & 3 \\ 8 & 9 \end{vmatrix}$,　$M_{22}=\begin{vmatrix} 1 & 3 \\ 7 & 9 \end{vmatrix}$,　$M_{23}=\begin{vmatrix} 1 & 2 \\ 7 & 8 \end{vmatrix}$,

$M_{31}=\begin{vmatrix} 2 & 3 \\ 5 & 6 \end{vmatrix}$,　$M_{32}=\begin{vmatrix} 1 & 3 \\ 4 & 6 \end{vmatrix}$,　$M_{33}=\begin{vmatrix} 1 & 2 \\ 4 & 5 \end{vmatrix}$.

利用余子式的概念,式(1-7)可写为

$$
\begin{vmatrix}
a_{11} & a_{12} & a_{13} \\
a_{21} & a_{22} & a_{23} \\
a_{31} & a_{32} & a_{33}
\end{vmatrix}
= a_{11}M_{11} - a_{12}M_{12} + a_{13}M_{13} \tag{1-7}
$$

为进一步规范化,可以将式(1-7)右端各项用加号连接,即

$$
a_{11}M_{11} - a_{12}M_{12} + a_{13}M_{13}
$$
$$
= (-1)^{1+1}a_{11}M_{11} + (-1)^{1+2}a_{12}M_{12} + (-1)^{1+3}a_{13}M_{13}
$$
$$
= a_{11}(-1)^{1+1}M_{11} + a_{12}(-1)^{1+2}M_{12} + a_{13}(-1)^{1+3}M_{13}
$$

我们再引入概念：

称 $(-1)^{i+j}M_{ij}$ 为三阶行列式元素 a_{ij} 的代数余子式，将它记为

$$A_{ij}=(-1)^{i+j}M_{ij} \qquad (i=1,2,3;j=1,2,3)$$

则有

$$\begin{vmatrix} a_{11} & a_{12} & a_{13} \\ a_{21} & a_{22} & a_{23} \\ a_{31} & a_{32} & a_{33} \end{vmatrix}=a_{11}A_{11}+a_{12}A_{12}+a_{13}A_{13} \qquad (1\text{-}8)$$

我们称式(1-8)为行列式按第一行的展开式,同理会有按第二行、第三行的展开式.一般有

$$\begin{vmatrix} a_{11} & a_{12} & a_{13} \\ a_{21} & a_{22} & a_{23} \\ a_{31} & a_{32} & a_{33} \end{vmatrix}=a_{i1}A_{i1}+a_{i2}A_{i2}+a_{i3}A_{i3} \qquad (i=1,2,3) \qquad (1\text{-}9)$$

我们注意到式(1-8)的左端是三阶行列式,而右端中的 A_{i1},A_{i2},A_{i3} 是二阶行列式冠以相应的正、负号.按式(1-8)可以用二阶行列式来计算三阶行列式,或者说可以用二阶行列式来定义三阶行列式.仿此我们可以用三阶行列式来定义四阶行列式.用四阶行列式来定义五阶行列式……由此我们给出 n 阶行列式的定义如下

定义 1.2.1

$$称 D=\begin{vmatrix} a_{11} & a_{12} & \cdots & a_{1n} \\ a_{21} & a_{22} & \cdots & a_{2n} \\ \vdots & \vdots & & \vdots \\ a_{n1} & a_{n2} & \cdots & a_{nn} \end{vmatrix}=a_{i1}A_{i1}+a_{i2}A_{i2}+\cdots+a_{in}A_{in} \qquad (1\text{-}10)$$
$$(i=1,2,\cdots,n)$$

为一个 n 阶行列式 $(n\geqslant 2)$.

其中 $A_{i1},A_{i2},\cdots,A_{in}$ 分别为 D 的第 i 行元素 $a_{i1},a_{i2},\cdots,a_{in}$ 的代数余子式(与三阶情形相仿).

例 1.2.2 计算四阶行列式 $\begin{vmatrix} 1 & 2 & 1 & 3 \\ 0 & 1 & 0 & 1 \\ 1 & 0 & 1 & 0 \\ 1 & 1 & 1 & 1 \end{vmatrix}$.

解 $\begin{vmatrix} 1 & 2 & 1 & 3 \\ 0 & 1 & 0 & 1 \\ 1 & 0 & 1 & 0 \\ 1 & 1 & 1 & 1 \end{vmatrix} \xtofrom{\text{按第三行展开}} 1 \cdot (-1)^{3+1}\begin{vmatrix} 2 & 1 & 3 \\ 1 & 0 & 1 \\ 1 & 1 & 1 \end{vmatrix}$

$+1 \cdot (-1)^{3+3}\begin{vmatrix} 1 & 2 & 3 \\ 0 & 1 & 1 \\ 1 & 1 & 1 \end{vmatrix}=\left[1 \cdot (-1)^{2+1}\begin{vmatrix} 1 & 3 \\ 1 & 1 \end{vmatrix}+1 \cdot (-1)^{2+3}\begin{vmatrix} 2 & 1 \\ 1 & 1 \end{vmatrix}\right]$

$+\left[1 \cdot (-1)^{2+2}\begin{vmatrix} 1 & 3 \\ 1 & 1 \end{vmatrix}+1 \cdot (-1)^{2+3}\begin{vmatrix} 1 & 2 \\ 1 & 1 \end{vmatrix}\right]$

$=[-(1-3)-(2-1)]+[(1-3)-(1-2)]$

$=(2-1)+(-2+1)=1-1=0$

我们规定,由元素 a_{11} 构成的一阶行列式等于其自身, $|a_{11}|=a_{11}$. 那么当 $n=2$ 时,按式(1-10)有

$$\begin{vmatrix} a_{11} & a_{12} \\ a_{21} & a_{22} \end{vmatrix} = a_{11}A_{11} + a_{12}A_{12} = a_{11}(-1)^{1+1}a_{22} + a_{12}(-1)^{1+2}a_{21}$$

$$= a_{11}a_{22} - a_{12}a_{21}$$

与式(1-5)是一致的.

例 1.2.3 解方程 $\begin{vmatrix} x^2 & x \\ 3 & 1 \end{vmatrix} = 0$.

解 $\begin{vmatrix} x^2 & x \\ 3 & 1 \end{vmatrix} = x^2 - 3x = x(x-3) = 0$

$$x_1 = 0, \quad x_2 = 3$$

例 1.2.4 a、b 满足什么条件时有

$$\begin{vmatrix} a & b & 0 \\ -b & a & 0 \\ 1 & 0 & 1 \end{vmatrix} = 0$$

解 $\begin{vmatrix} a & b & 0 \\ -b & a & 0 \\ 1 & 0 & 1 \end{vmatrix} = 1 \cdot (-1)^{3+1} \begin{vmatrix} b & 0 \\ a & 0 \end{vmatrix} + 1 \cdot (-1)^{3+3} \begin{vmatrix} a & b \\ -b & a \end{vmatrix}$

$$= 0 + a^2 + b^2 = 0$$

所以 $a=b=0$ 时原行列式等于零.

例 1.2.5 计算行列式 $\begin{vmatrix} a_{11} & a_{12} & \cdots & a_{1n} \\ 0 & a_{22} & \cdots & a_{2n} \\ \vdots & \vdots & & \vdots \\ 0 & 0 & \cdots & a_{nn} \end{vmatrix}$.

解

$$\begin{vmatrix} a_{11} & a_{12} & \cdots & a_{1n} \\ 0 & a_{22} & \cdots & a_{2n} \\ \vdots & \vdots & & \vdots \\ 0 & 0 & \cdots & a_{nn} \end{vmatrix} = a_{nn} \begin{vmatrix} a_{11} & a_{12} & \cdots & a_{1n-1} \\ 0 & a_{22} & \cdots & a_{2n-1} \\ \vdots & \vdots & & \vdots \\ 0 & 0 & \cdots & a_{n-1n-1} \end{vmatrix}$$

$$= a_{nn}a_{n-1n-1} \begin{vmatrix} a_{11} & a_{12} & \cdots & a_{1n-2} \\ 0 & a_{22} & \cdots & a_{2n-2} \\ \vdots & \vdots & & \vdots \\ 0 & 0 & \cdots & a_{n-2n-2} \end{vmatrix} = a_{11}a_{22}a_{33}\cdots a_{nn}$$

例 1.2.5 中的行列式称作上三角形行列式,它等于其主对角线(行列式中从左上角到右下角的对角线)上的元素的连乘积.

二阶行列式展开式中的两项皆是不同行、不同列的两个元素的乘积. 三阶行列式按(1-9)式右端第一项 $a_{i1}A_{i1}$,元素 a_{i1} 不在 A_{i1} 元素所在的行中,也不在 A_{i1} 元素所在的列

中. 而 A_{i1} 是二阶行列式冠以符号 $(-1)^{i+1}$，所以 $a_{i1}A_{i1}$ 展开后的项是原三阶行列式的位于不同行、不同列三个元素的乘积. 项 $a_{i2}A_{i2}$、$a_{i3}A_{i3}$ 展开后也是如此. 仿此可知, n 阶行列式经 $n-1$ 次降阶后是一个代数和, 其各项是取自原行列式不同行、不同列的 n 个元素的连乘积, 项前的符号则依 $n-1$ 次降阶而定. 如果行列式中的元素都是已知数, 那么行列式最终是一个数, 即行列式有数值意义, 它是按某种特定规则计算得到的数值. 同时由式(1-10)也可看出, 按定义计算较高阶的行列式是很麻烦的, 因此有必要讨论行列式的性质, 利用性质简化行列式的计算.

§1.3　行列式的性质

我们以二阶行列式为例不加证明地叙述行列式的性质.

性质 1.3.1　行列式的行和列互换后, 行列式的值不变(亦称作行列式经转置其值不变).

$$\begin{vmatrix} a_{11} & a_{12} & \cdots & a_{1n} \\ a_{21} & a_{22} & \cdots & a_{2n} \\ \vdots & \vdots & & \vdots \\ a_{n1} & a_{n2} & \cdots & a_{nn} \end{vmatrix} = \begin{vmatrix} a_{11} & a_{21} & \cdots & a_{n1} \\ a_{12} & a_{22} & \cdots & a_{n2} \\ \vdots & \vdots & & \vdots \\ a_{1n} & a_{2n} & \cdots & a_{nn} \end{vmatrix}$$

如　$\begin{vmatrix} a_{11} & a_{12} \\ a_{21} & a_{22} \end{vmatrix} = a_{11}a_{22} - a_{12}a_{21} = a_{11}a_{22} - a_{21}a_{12} = \begin{vmatrix} a_{11} & a_{21} \\ a_{12} & a_{22} \end{vmatrix}$

性质 1.3.1 表明, 在行列式中行与列的地位是对称的. 因此凡是有关行的性质和结论, 对于列也同样成立. 所以对下三角形行列式有

$$\begin{vmatrix} a_{11} & 0 & \cdots & 0 \\ a_{21} & a_{22} & \cdots & 0 \\ \vdots & \vdots & & \vdots \\ a_{n1} & a_{n2} & \cdots & a_{nn} \end{vmatrix} = a_{11}a_{22}\cdots a_{nn}$$

类似式(1-10)有

$$\begin{vmatrix} a_{11} & a_{12} & \cdots & a_{1n} \\ a_{21} & a_{22} & \cdots & a_{2n} \\ \vdots & \vdots & & \vdots \\ a_{n1} & a_{n2} & \cdots & a_{nn} \end{vmatrix} = a_{1j}A_{1j} + a_{2j}A_{2j} + \cdots + a_{nj}A_{nj} \tag{1-11}$$
$$(j = 1,2,\cdots,n)$$

式(1-11)应理解为行列式按第 j 列展开, 即行列式等于第 j 列各元素与其对应的代数余子式乘积的和.

例 1.3.1　计算 $\begin{vmatrix} 1 & 2 & 0 \\ 3 & 1 & 0 \\ 1 & 0 & 1 \end{vmatrix}$.

解　$\begin{vmatrix} 1 & 2 & 0 \\ 3 & 1 & 0 \\ 1 & 0 & 1 \end{vmatrix} \xrightarrow{\text{按第三列展开}} 1 \cdot (-1)^{3+3} \begin{vmatrix} 1 & 2 \\ 3 & 1 \end{vmatrix} = 1 - 6 = -5$

性质 1.3.2

$$\begin{vmatrix} a_{11} & a_{12} & \cdots & a_{1n} \\ \vdots & \vdots & & \vdots \\ ka_{i1} & ka_{i2} & \cdots & ka_{in} \\ \vdots & \vdots & & \vdots \\ a_{n1} & a_{n2} & \cdots & a_{nn} \end{vmatrix} = k \begin{vmatrix} a_{11} & a_{12} & \cdots & a_{1n} \\ \vdots & \vdots & & \vdots \\ a_{i1} & a_{i2} & \cdots & a_{in} \\ \vdots & \vdots & & \vdots \\ a_{n1} & a_{n2} & \cdots & a_{nn} \end{vmatrix}$$

例 1.3.2　计算 $\begin{vmatrix} 2 & 4 \\ 1 & 2 \end{vmatrix}$ 的值.

解　$\begin{vmatrix} 2 & 4 \\ 1 & 2 \end{vmatrix} = 2 \cdot 2 - 4 \cdot 1 = 0$

或 $\begin{vmatrix} 2 & 4 \\ 1 & 2 \end{vmatrix} = 2 \begin{vmatrix} 1 & 2 \\ 1 & 2 \end{vmatrix} = 2(2-2) = 0$

性质 2 可理解为数 k 乘以行列式,等于用 k 乘行列式的某一行中的各元素.或行列式中某行有公因子可以提到行列式的外边.

性质 1.3.3　互换行列式的两行,则行列式变号.

例 1.3.3　计算 $\begin{vmatrix} 3 & 4 \\ 1 & 2 \end{vmatrix}$ 和 $\begin{vmatrix} 1 & 2 \\ 3 & 4 \end{vmatrix}$ 的值.

解　$\begin{vmatrix} 3 & 4 \\ 1 & 2 \end{vmatrix} = 6 - 4 = 2$　　$\begin{vmatrix} 1 & 2 \\ 3 & 4 \end{vmatrix} = 4 - 6 = -2$

推论 1　行列式中有两行相同,则行列式等于零.

推论 2　行列式中有两行成比例,则行列式等于零.

性质 1.3.4
$$\begin{vmatrix} a_{11} & a_{12} & \cdots & a_{1n} \\ \vdots & \vdots & & \vdots \\ a_{i1}+b_{i1} & a_{i2}+b_{i2} & \cdots & a_{in}+b_{in} \\ \vdots & \vdots & & \vdots \\ a_{n1} & a_{n2} & \cdots & a_{nn} \end{vmatrix}$$

$$= \begin{vmatrix} a_{11} & a_{12} & \cdots & a_{1n} \\ \vdots & \vdots & & \vdots \\ a_{i1} & a_{i2} & \cdots & a_{in} \\ \vdots & \vdots & & \vdots \\ a_{n1} & a_{n2} & \cdots & a_{nn} \end{vmatrix} + \begin{vmatrix} a_{11} & a_{12} & \cdots & a_{1n} \\ \vdots & \vdots & & \vdots \\ b_{i1} & b_{i2} & \cdots & b_{in} \\ \vdots & \vdots & & \vdots \\ a_{n1} & a_{n2} & \cdots & a_{nn} \end{vmatrix}$$

例 1.3.4　计算 $\begin{vmatrix} 2 & 3 \\ 3 & 4 \end{vmatrix}$ 的值.

解　$\begin{vmatrix} 2 & 3 \\ 3 & 4 \end{vmatrix} = 8 - 9 = -1$

或 $\begin{vmatrix} 2 & 3 \\ 3 & 4 \end{vmatrix} = \begin{vmatrix} 2 & 3 \\ 2+1 & 3+1 \end{vmatrix} = \begin{vmatrix} 2 & 3 \\ 2 & 3 \end{vmatrix} + \begin{vmatrix} 2 & 3 \\ 1 & 1 \end{vmatrix} = 0 + (2-3) = -1$

性质 1.3.5 将行列式某行的 k 倍加到另一行,行列式的值不变.

例 1.3.5 计算 $\begin{vmatrix} 1 & 2 \\ 3 & 4 \end{vmatrix}$ 的值.

解 $\begin{vmatrix} 1 & 2 \\ 3 & 4 \end{vmatrix} = 4 - 6 = -2$

或 $\begin{vmatrix} 1 & 2 \\ 3 & 4 \end{vmatrix} = \begin{vmatrix} 1 & 2 \\ 3+(-3)\cdot 1 & 4+(-3)\cdot 2 \end{vmatrix} = \begin{vmatrix} 1 & 2 \\ 0 & -2 \end{vmatrix} = -2$

推论 3 行列式中若有零行,则行列式等于零.

例 1.3.6 已知 $\begin{vmatrix} 1 & 2 & 3 \\ 1 & 2 & 3 \\ -1 & 0 & 1 \end{vmatrix} = 0$

求 $\begin{vmatrix} 0 & 0 & 0 \\ 1 & 2 & 3 \\ -1 & 0 & 1 \end{vmatrix}$ 的值.

解 按性质 5 可有

$$\begin{vmatrix} 0 & 0 & 0 \\ 1 & 2 & 3 \\ -1 & 0 & 1 \end{vmatrix} = \begin{vmatrix} 1 & 2 & 3 \\ 1 & 2 & 3 \\ -1 & 0 & 1 \end{vmatrix} = 0$$

上述行列式的性质对于行列式的列也同样成立.

行列式的计算,主要是利用行列式的性质将其化为三角形行列式,或使其中的某行(或列)出现较多的零,然后再按此行(列)展开.因此在计算过程中要对行列式的行或列进行一些处理.我们用 r_i 表示行列式的第 i 行.用 $r_i \leftrightarrow r_j$ 表示交换行列式的第 i 行和第 j 行.kr_j 表示用数 $k(k \neq 0)$ 乘以第 j 行的各元素.用 $r_i + kr_j$ 表示将第 j 行的 k 倍加到第 i 行.类似符号 $c_j, c_j \leftrightarrow c_i, c_j + kc_i$ 表示列及对列相应的处理.

例 1.3.7 计算行列式

$$D = \begin{vmatrix} 0 & 0 & 0 & 1 \\ 0 & 0 & 2 & 0 \\ 0 & 3 & 0 & 0 \\ 4 & 0 & 0 & 0 \end{vmatrix}$$ 的值.

解 $D \xrightarrow[r_2 \leftrightarrow r_3]{r_1 \leftrightarrow r_4} \begin{vmatrix} 4 & 0 & 0 & 0 \\ 0 & 3 & 0 & 0 \\ 0 & 0 & 2 & 0 \\ 0 & 0 & 0 & 1 \end{vmatrix} = 24$

例 1.3.8 计算行列式

$$D = \begin{vmatrix} 1 & 2 & 3 & 4 \\ 4 & 1 & 2 & 3 \\ 3 & 4 & 1 & 2 \\ 2 & 3 & 4 & 1 \end{vmatrix}.$$

解　容易发现 D 中各行元素的和相等,若将第二、三、四列加到第一列,则第一列可提出公因子再行化简.

$$D \xrightarrow{c_1+(c_2+c_3+c_4)} \begin{vmatrix} 10 & 2 & 3 & 4 \\ 10 & 1 & 2 & 3 \\ 10 & 4 & 1 & 2 \\ 10 & 3 & 4 & 1 \end{vmatrix} = 10 \begin{vmatrix} 1 & 2 & 3 & 4 \\ 1 & 1 & 2 & 3 \\ 1 & 4 & 1 & 2 \\ 1 & 3 & 4 & 1 \end{vmatrix}$$

$$= 10 \begin{vmatrix} 1 & 2 & 3 & 4 \\ 0 & -1 & -1 & -1 \\ 0 & 2 & -2 & -2 \\ 0 & 1 & 1 & -3 \end{vmatrix} = 10 \begin{vmatrix} 1 & 2 & 3 & 4 \\ 0 & -1 & -1 & -1 \\ 0 & 0 & -4 & -4 \\ 0 & 0 & 0 & -4 \end{vmatrix} = 10 \cdot (-16) = -160$$

例 1.3.9　计算行列式

$$D = \begin{vmatrix} 1 & \dfrac{1}{2} & 0 & 1 \\ -\dfrac{1}{3} & 0 & 2 & 1 \\ \dfrac{1}{3} & 0 & \dfrac{1}{3} & \dfrac{1}{2} \\ -1 & -1 & 0 & \dfrac{1}{2} \end{vmatrix}.$$

解　此行列式的元素有许多是分数,可先将各列乘以适当的数将其化为整数.

$$D \xrightarrow[\substack{3 \cdot c_1 \\ 2 \cdot c_2 \\ 3 \cdot c_3 \\ 2 \cdot c_4}]{} \frac{1}{3 \cdot 2 \cdot 3 \cdot 2} \begin{vmatrix} 3 & 1 & 0 & 2 \\ -1 & 0 & 6 & 2 \\ 1 & 0 & 1 & 1 \\ -3 & -2 & 0 & 1 \end{vmatrix} = \frac{1}{36} \begin{vmatrix} 3 & 1 & 0 & 2 \\ -1 & 0 & 6 & 2 \\ 0 & 0 & 7 & 3 \\ 0 & -2 & 3 & 4 \end{vmatrix}$$

$$\xrightarrow{\text{按第二列展开}} \frac{1}{36} \left[- \begin{vmatrix} -1 & 6 & 2 \\ 0 & 7 & 3 \\ 0 & 3 & 4 \end{vmatrix} - 2 \begin{vmatrix} 3 & 0 & 2 \\ -1 & 6 & 2 \\ 0 & 7 & 3 \end{vmatrix} \right]$$

$$= \frac{1}{36} \left[19 - 2 \begin{vmatrix} 0 & 18 & 8 \\ -1 & 6 & 2 \\ 0 & 7 & 3 \end{vmatrix} \right] = \frac{1}{36} \left[19 - 2 \begin{vmatrix} 18 & 8 \\ 7 & 3 \end{vmatrix} \right] = \frac{1}{36} [19+4] = \frac{23}{36}$$

　　本题的解算过程既用到行列式的性质,又用到行列式按一列的展开.计算行列式主要就是这两种方法.要注意发现题目有什么特点.发现了特点,利用特点会减少计算量,如例 1.3.8.再看例 1.3.10.

　　例 1.3.10　计算行列式

$$D = \begin{vmatrix} 1 & 2 & 3 & \cdots & n-1 & n \\ -1 & 0 & 3 & \cdots & n-1 & n \\ -1 & -2 & 0 & \cdots & n-1 & n \\ \vdots & \vdots & \vdots & & \vdots & \vdots \\ -1 & -2 & -3 & \cdots & 0 & n \\ -1 & -2 & -3 & \cdots & -(n-1) & 0 \end{vmatrix}$$

分析 可以看出,D 的第二行至第 n 行与第一行中的对应元素或者相同或者反号,如果将第一行加到这些行,必然会出现许多零. 于是我们将 D 的第一行分别加到其余各行便得

$$D = \begin{vmatrix} 1 & 2 & 3 & \cdots & n-1 & n \\ 0 & 2 & 6 & & 2(n-1) & 2n \\ 0 & 0 & 3 & \cdots & 2(n-1) & 2n \\ \vdots & \vdots & \vdots & & \vdots & \vdots \\ 0 & 0 & 0 & \cdots & 0 & n \end{vmatrix} = n!$$

给定行列式 D,设 T 是由 D 互换两行(列)得到的行列式,则 $T=-D$. 若 T 是用数 k ($k \neq 0$)乘以 D 的某行而得到的行列式,则 $T=kD$. 若 T 是用数 k 乘 D 的某行加到另一行而得到的行列式,则 $T=D$. 如果对 D 的列也作类似的处理,也会得到同样的结果. 我们称对行列式 D 的行(列)进行的这三种处理为对 D 的行(列)进行了行(列)初等变换. 于是我们有

定理 1.3.1 设 T 是由行列式 D 的行(列)进行了行(列)初等变换而得到的行列式,则 $T=kD(k \neq 0)$.

即定理 1.3.1 中的行列式 T 与 D 同时为零,或同时不为零.

§1.4 行列式按一行(列)展开

在 §1.2 中曾以式(1-10)和式(1-11)定义了 n 阶行列式.

$$D = \begin{vmatrix} a_{11} & a_{12} & \cdots & a_{1n} \\ a_{21} & a_{22} & \cdots & a_{2n} \\ \vdots & \vdots & & \vdots \\ a_{n1} & a_{n2} & \cdots & a_{nn} \end{vmatrix} = a_{i1}A_{i1} + a_{i2}A_{i2} + \cdots + a_{in}A_{in} \tag{1-10}$$

$$D = \begin{vmatrix} a_{11} & a_{12} & \cdots & a_{1n} \\ a_{21} & a_{22} & \cdots & a_{2n} \\ \vdots & \vdots & & \vdots \\ a_{n1} & a_{n2} & \cdots & a_{nn} \end{vmatrix} = a_{1j}A_{1j} + a_{2j}A_{2j} + \cdots + a_{nj}A_{nj} \tag{1-11}$$

我们也曾称式(1-10)或为行列式 D 按第 i 行的展开式. 称式(1-11)为行列式 D 按第 j 列的展开式. 我们注意到式(1-10)右端项中的元素的行标与其后的代数余子式的行标相同. 如果不相同会有什么结果? 同理对于式(1-11)右端项中的元素的列标与其后的代数余子式的列标相同,不相同会有什么结果? 考虑行列式

$$\begin{vmatrix} a_{11} & a_{12} & \cdots & a_{1n} \\ \vdots & \vdots & & \vdots \\ a_{i1} & a_{i2} & \cdots & a_{in} \\ \vdots & \vdots & & \vdots \\ b_1 & b_2 & \cdots & b_n \\ \vdots & \vdots & & \vdots \\ a_{n1} & a_{n2} & \cdots & a_{nn} \end{vmatrix} \xrightarrow{\text{按第}j\text{行展开}} b_1A_{j1} + b_2A_{j2} + \cdots + b_nA_{jn} \tag{1-12}$$

第 i 行、第 j 行标注于左侧.

显然式(1-12)对其内的 $b_1,b_2,\cdots,b_n$ 为任何数都成立. 特别令 $b_1=a_{i1},b_2=a_{i2},\cdots b_n=a_{in}$ 代入式(1-12),此时左端的行列式中的第 i 行与第 j 行相同,所以

$$a_{i1}A_{j1}+a_{i2}A_{j2}+\cdots+a_{in}A_{jn}=0 \tag{1-13}$$

综合(1-10)和(1-13)式有

$$\sum_{k=1}^{n}a_{ik}A_{jk}=\begin{cases}D & i=j \\ 0 & i\neq j\end{cases} \tag{1-14}$$

同理有

$$\sum_{k=1}^{n}a_{ki}A_{kj}=\begin{cases}D & i=j \\ 0 & i\neq j\end{cases} \tag{1-15}$$

在 §1.5 讨论 n 元线性方程组的公式解时会用到公式(1-14)和(1-15).

下面介绍范德蒙行列式,我们从二阶、三阶情形开始讨论,不加证明地给出 n 阶范德蒙行列式的计算结果.

$$\begin{vmatrix} 1 & 1 \\ a_1 & a_2 \end{vmatrix}=a_2-a_1$$

$$\begin{vmatrix} 1 & 1 & 1 \\ a_1 & a_2 & a_3 \\ a_1^2 & a_2^2 & a_3^2 \end{vmatrix}\xlongequal[r_3-a_1r_2]{r_2-a_1r_1}\begin{vmatrix} 1 & 1 & 1 \\ a_1-a_1 & a_2-a_1 & a_3-a_1 \\ a_1^2-a_1^2 & a_2^2-a_1a_2 & a_3^2-a_1a_3 \end{vmatrix}$$

$$=\begin{vmatrix} 1 & 1 & 1 \\ 0 & a_2-a_1 & a_3-a_1 \\ 0 & a_2^2-a_1a_2 & a_3^2-a_1a_3 \end{vmatrix}=\begin{vmatrix} a_2-a_1 & a_3-a_1 \\ a_2(a_2-a_1) & a_3(a_3-a_1) \end{vmatrix}$$

$$=(a_2-a_1)(a_3-a_1)\begin{vmatrix} 1 & 1 \\ a_2 & a_3 \end{vmatrix}=(a_2-a_1)(a_3-a_1)(a_3-a_2)$$

对于 n 阶情形有

$$\begin{vmatrix} 1 & 1 & \cdots & 1 \\ a_1 & a_2 & \cdots & a_n \\ a_1^2 & a_2^2 & \cdots & a_n^2 \\ \vdots & \vdots & & \vdots \\ a_1^{n-1} & a_2^{n-1} & \cdots & a_n^{n-1} \end{vmatrix}=(a_2-a_1)(a_3-a_1)(a_3-a_2)\cdots(a_n-a_1)$$
$$(a_n-a_2)\cdots(a_n-a_{n-1})$$

$$=\prod_{1\leqslant j<i\leqslant n}(a_i-a_j) \tag{1-16}$$

例 1.4.1　计算行列式 $\begin{vmatrix} 1 & 1 & 1 & 1 \\ 1 & 2 & 3 & 4 \\ 1 & 4 & 9 & 16 \\ 1 & 8 & 27 & 64 \end{vmatrix}$.

解　$\begin{vmatrix} 1 & 1 & 1 & 1 \\ 1 & 2 & 3 & 4 \\ 1 & 4 & 9 & 16 \\ 1 & 8 & 27 & 64 \end{vmatrix}=\begin{vmatrix} 1 & 1 & 1 & 1 \\ 1 & 2 & 3 & 4 \\ 1^2 & 2^2 & 3^2 & 4^2 \\ 1^3 & 2^3 & 3^3 & 4^3 \end{vmatrix}$

$=(2-1)(3-1)(3-2)(4-1)(4-2)(4-3)=12$

§1.5 克莱姆(Cramer)法则

本节讨论用 n 阶行列式来表示 n 元线性方程组的解. 与二元、三元线性方程组情形相仿,有

定理 1.5.1 如果 n 元线性方程组

$$\begin{cases} a_{11}x_1 + a_{12}x_2 + \cdots + a_{1n}x_n = b_1 \\ a_{21}x_1 + a_{22}x_2 + \cdots + a_{2n}x_n = b_2 \\ \cdots\cdots\cdots\cdots \\ a_{n1}x_1 + a_{n2}x_2 + \cdots + a_{nn}x_n = b_n \end{cases} \tag{1-17}$$

的系数行列式

$$D = \begin{vmatrix} a_{11} & a_{12} & \cdots & a_{1n} \\ a_{21} & a_{22} & \cdots & a_{2n} \\ \vdots & \vdots & & \vdots \\ a_{n1} & a_{n2} & & \end{vmatrix} \neq 0$$

则方程组(1-17)有唯一解,且可表示为

$$x_1 = \frac{D_1}{D}, x_2 = \frac{D_2}{D}, \cdots, x_j = \frac{D_j}{D}, \cdots, x_n = \frac{D_n}{D}. \tag{1-18}$$

其中

$$D_j = \begin{vmatrix} a_{11} & \cdots & a_{1j-1} & b_1 & a_{1j+1} & \cdots & a_{1n} \\ a_{21} & \cdots & a_{2j-1} & b_2 & a_{2j+1} & \cdots & a_{2n} \\ \vdots & & \vdots & \vdots & \vdots & & \vdots \\ a_{n1} & \cdots & a_{nj-1} & b_n & a_{nj+1} & \cdots & a_{nn} \end{vmatrix} \quad (j=1,2,\cdots\cdots,n)$$

此定理的结论包含 3 个内容,(1)方程组有解,(2)解是唯一的,(3)解由式(1-18)表示. 证明的步骤是第一,将 $x_i = \frac{D_i}{D}(i=1.2\cdots n)$ 代入方程组式(1-17),验证它的确是式(1-17)的解. 这就证明了定理结论中的(1),而且有形如 $x_i = \frac{D_i}{D}(i=1.2\cdots n)$ 的解. 第二证明如果 $x=C_1, x_2=C_2, \cdots, x_n=C_n$ 是方程组(1-17)的解,则 $C_1=\frac{D_1}{D}, C_2=\frac{D_2}{D}, \cdots, C_n=\frac{D_n}{D}$ 即可.

证明 将 $x_i = \frac{D_i}{D}(i=1,2\cdots n)$ 代入方程组(1-17)中的任一方程,如第 k 个方程. 其左端为

$$a_{k1}\frac{D_1}{D} + a_{k2}\frac{D_2}{D} + \cdots + a_{kn}\frac{D_n}{D} = \frac{1}{D}[a_{k1}D_1 + a_{k2}D_2 + \cdots + a_{kn}D_n] \tag{1-19}$$

而 $\qquad D_i = b_1 A_{1i} + b_2 A_{2i} + \cdots + b_n A_{ni} \quad (i=1,2,\cdots,n)$

将其代入式(1-19)的右端

$$\frac{1}{D}\big[a_{k1}(b_1 A_{11}+b_2 A_{21}+\cdots+b_n A_{n1})+$$

$$a_{k2}(b_1 A_{12}+b_2 A_{22}+\cdots+b_n A_{n2})+$$

$$\cdots\cdots\cdots\cdots$$

$$+a_{kn}(b_1 A_{1n}+b_2 A_{2n}+\cdots+b_n A_{nn})\big]$$

$$=\frac{1}{D}\big[b_1(a_{k1}A_{11}+a_{k2}A_{12}+\cdots+a_{kn}A_{1n})+$$

$$b_2(a_{k1}A_{21}+a_{k2}A_{22}+\cdots+a_{kn}A_{2n})+$$

$$\cdots\cdots\cdots\cdots$$

$$+b_k(a_{k1}A_{k1}+a_{k2}A_{k2}+\cdots+a_{kn}A_{kn})+$$

$$\cdots\cdots\cdots\cdots$$

$$+b_n(a_{k1}A_{n1}+a_{k2}A_{n2}+\cdots+a_{kn}A_{nn})\big]$$

据 §1.4 中式(1-14)，上式右端第 k 项为 $b_k D$，而其余各项皆等于零. 因此

$$a_{k1}\frac{D_1}{D}+a_{k2}\frac{D_2}{D}+\cdots+a_{kn}\frac{D_n}{D}=\frac{1}{D}b_k D=b_k$$

这表明 $x_i=\dfrac{D_i}{D}$ $(i=1,2,\cdots,n)$ 满足第 k 个方程. 而 $1\leqslant k\leqslant n$，所以 $x_i=\dfrac{D_i}{D}$ $(i=1,2,\cdots,n)$ 是方程组(1-17)的解. 下面证明唯一性.

设 $x_1=C_1,x_2=C_2,\cdots x_n=C_n$ 是方程组(1-17)的解，那么将其代入方程组(1-17)的每一个方程便得到 n 个等式

$$\begin{cases} a_{11}C_1+a_{12}C_2+\cdots+a_{1n}C_n=b_1 \\ a_{21}C_1+a_{22}C_2+\cdots+a_{2n}C_n=b_2 \\ \cdots\cdots\cdots\cdots \\ a_{n1}C_1+a_{n2}C_2+\cdots+a_{nn}C_n=b_n \end{cases} \tag{1-20}$$

欲证明 $C_j=\dfrac{D_j}{D}$，有 $C_j D=D_j$ 即可. 而

$$D_j=\begin{vmatrix} a_{11} & \cdots & \overset{(j)}{b_1} & \cdots & a_{1n} \\ a_{21} & \cdots & b_2 & \cdots & a_{2n} \\ \vdots & & \vdots & & \vdots \\ a_{n1} & \cdots & b_n & \cdots & a_{nn} \end{vmatrix}=b_1 A_{1j}+b_2 A_{2j}+\cdots+b_n A_{nj} \tag{1-21}$$

我们对式(1-20)中的 n 个等式依序分别乘以 $A_{1j},A_{2j},\cdots,A_{nj}$ 然后将 n 个等式相加，其右端便是式(1-21)右端的结构. 如果结论是正确的，那么左端便应出现 $C_j D$. 我们不妨一试.

我们用 $A_{1j},A_{2j},\cdots,A_{nj}$ 分别乘以式(1-20)的第 $1,2,\cdots,n$ 个等式的两端，再将此 n 个等式相加.

$$a_{11}A_{1j}C_1+a_{12}A_{1j}C_2+\cdots+a_{1n}A_{1j}C_n=b_1 A_{1j}$$

$$a_{21}A_{2j}C_1+a_{22}A_{2j}C_2+\cdots+a_{2n}A_{2j}C_n=b_2 A_{2j}$$

$$\cdots\cdots\cdots\cdots$$

$$a_{n1}A_{nj}C_1+a_{n2}A_{nj}C_2+\cdots+a_{nn}A_{nj}C_n=b_n A_{nj}$$

此 n 个等式相加其右端显然是

$$b_1 A_{1j} + b_2 A_{2j} + \cdots + b_n A_{nj} = D_j$$

而其左端按 $C_1, C_2, \cdots, C_n$ 合并同类项后便是

$$(a_{11}A_{1j} + a_{21}A_{2j} + \cdots + a_{n1}A_{nj})C_1 +$$

$$(a_{12}A_{1j} + a_{22}A_{2j} + \cdots + a_{n2}A_{nj})C_2 +$$

$$\cdots\cdots\cdots\cdots\cdots$$

$$+ (a_{1j}A_{1j} + a_{2j}A_{2j} + \cdots + a_{nj}A_{nj})C_j +$$

$$\cdots\cdots\cdots\cdots\cdots$$

$$+ (a_{1n}A_{1j} + a_{2n}A_{2j} + \cdots + a_{nn}A_{nj})C_n$$

$$= 0 \cdot C_1 + 0 \cdot C_2 + \cdots + DC_j + \cdots + 0 \cdot C_n = DC_j = D_j$$

而 $D \neq 0$，所以有

$$C_j = \frac{D_j}{D}$$

显然对于 $C_1, C_2 \cdots C_{j-1}, C_{j+1}, \cdots, C_n$ 也有类似的结果，所以方程组(1-17)的解是唯一的.

证毕.

例 1.5.1 解线性方程组

$$\begin{cases} x_1 - x_2 + x_3 - 2x_4 = 2 \\ 2x_1 \quad\ - x_3 + 4x_4 = 4 \\ 3x_1 + 2x_2 + x_3 \quad\ = -1 \\ -x_1 + 2x_2 - x_3 + 2x_4 = -4 \end{cases}$$

解 计算行列式

$$D = \begin{vmatrix} 1 & -1 & 1 & -2 \\ 2 & 0 & -1 & 4 \\ 3 & 2 & 1 & 0 \\ -1 & 2 & -1 & 2 \end{vmatrix} = -2 \neq 0$$

$$D_1 = \begin{vmatrix} 2 & -1 & 1 & -2 \\ 4 & 0 & -1 & 4 \\ -1 & 2 & 1 & 0 \\ -4 & 2 & -1 & 2 \end{vmatrix} = -2, \quad D_2 = \begin{vmatrix} 1 & 2 & 1 & -2 \\ 2 & 4 & -1 & 4 \\ 3 & -1 & 1 & 0 \\ -1 & -4 & -1 & 2 \end{vmatrix} = 4$$

$$D_3 = \begin{vmatrix} 1 & -1 & 2 & -2 \\ 2 & 0 & 4 & 4 \\ 3 & 2 & -1 & 0 \\ -1 & 2 & -4 & 2 \end{vmatrix} = 0, \quad D_4 = \begin{vmatrix} 1 & -1 & 1 & 2 \\ 2 & 0 & -1 & 4 \\ 3 & 2 & 1 & -1 \\ -1 & 2 & -1 & -4 \end{vmatrix} = -1$$

所以 $x_1 = \dfrac{D_1}{D} = 1, x_2 = \dfrac{D_2}{D} = -2, x_3 = \dfrac{D_3}{D} = 0, x_4 = \dfrac{D_4}{D} = \dfrac{1}{2}$

如果方程组(1-17)中各方程的常数项均为零，即

$$\begin{cases} a_{11}x_1 + a_{12}x_2 + \cdots + a_{1n}x_n = 0 \\ a_{21}x_1 + a_{22}x_2 + \cdots + a_{1n}x_n = 0 \\ \cdots\cdots\cdots\cdots \\ a_{n1}x_1 + a_{n2}x_2 + \cdots + a_{nn}x_n = 0 \end{cases} \tag{1-22}$$

称为齐次线性方程组,(1-17)称作非齐次线性方程组.

显然

$$x_1 = 0, x_2 = 0, \cdots, x_n = 0$$

便是方程组(1-22)的一个解,称其为零解. 我们关心的是齐次线性方程组在什么条件下有非零解. 如果方程组(1-22)的系数行列式 $D \neq 0$,据克莱姆法则,方程组(1-22)有唯一解自然是零解. 如果齐次线性方程组(1-22)有非零解,则应 $D = 0$,于是得到

定理 1.5.2　方程个数等于未知数个数的齐次线性方程组有非零解,则其系数行列式 $D = 0$.

最后我们指出,运用克莱姆法则解方程组适用的条件,(1)方程组中方程的个数必须等于未知量的个数(否则不能形成系数行列式).(2)系数行列式 $D \neq 0$.这两个条件中的任何一个不具备都是不能应用克莱姆法则的.另外也可以看出.当 n 较大时用克莱姆法则解非齐次线性方程组(1-17)是很麻烦的,它需要计算很多行列式.但是对于一般的非齐次线性方程组做定性研究时,克莱姆法则还是起到重要作用.

本 章 小 结

一、本章内容展开思路

1. 由解二元一次方程组和三元一次方程组,在引入了二阶、三阶行列式后,得到了有规律性的解的表达式,即当系数行列式 $D \neq 0$ 时,方程组有唯一解,且为

$$x_j = \frac{D_j}{D} \quad (j = 1,2,3, D_j \text{ 意义同前}).$$

2. 仿照三阶行列式与二阶行列式的关系,采用递归的方式,用三阶行列式定义四阶行列式……用 $n-1$ 阶行列式定义 n 阶行列式,得到了 n 阶行列式的定义.

3. 为了计算行列式. 讨论了行列式的性质,及行列式按一行(列)展开的公式(1-14),(1-15).

4. 利用行列式讨论了非齐次线性方程组(1-20)得到克莱姆定理:当方程组的系数行列式 $D \neq 0$ 时有唯一解,且 $x_j = \frac{D_j}{D}$ $(j = 1,2,\cdots,n)$.

二、教学大纲要求

1. 掌握二阶、三阶行列式的定义,理解 n 阶行列式的定义.

2. 熟练掌握行列式的性质,和行列式按一行(列)展开的公式.

3. 掌握行列式的计算方法.

(1) 利用性质化为三角形行列式.

(2) 利用行列式按一行(列)展开公式.

(3) 注意发现行列式的特点,利用特点解题.

4. 了解克莱姆法则.

习　题　一

1.计算行列式.

(1) $\begin{vmatrix} 1 & 2 & 3 \\ 3 & 1 & 2 \\ 2 & 3 & 1 \end{vmatrix}$　　　　　(2) $\begin{vmatrix} 1 & 2 & 3 \\ 0 & 1 & 2 \\ 1 & 1 & 1 \end{vmatrix}$

(3) $\begin{vmatrix} 2 & 1 & 4 \\ -4 & 3 & 8 \\ 7 & 0 & 9 \end{vmatrix}$　　　　　(4) $\begin{vmatrix} 9 & 18 & 28 \\ 1010 & 21 & 39 \\ 19 & 38 & 59 \end{vmatrix}$

(5) $\begin{vmatrix} 2 & 0 & 1 \\ 1 & -4 & -1 \\ -1 & 8 & 3 \end{vmatrix}$　　　　　(6) $\begin{vmatrix} a & b & c \\ b & c & a \\ c & a & b \end{vmatrix}$

(7) $\begin{vmatrix} -ab & ac & ae \\ bd & -cd & de \\ bf & cf & -ef \end{vmatrix}$　　　　　(8) $\begin{vmatrix} 1 & 2+3a & 3 \\ 0 & 1+2a & 2 \\ 1 & 1+a & 1 \end{vmatrix}$

2.计算行列式.

(1) $\begin{vmatrix} 1 & 1 & 1 & 1 \\ -1 & 1 & 1 & 1 \\ -1 & -1 & 1 & 1 \\ -1 & -1 & -1 & 1 \end{vmatrix}$　　　　　(2) $\begin{vmatrix} 4 & -5 & 10 & 3 \\ 1 & -1 & 3 & 1 \\ 2 & -4 & 5 & 2 \\ -3 & 2 & -7 & -1 \end{vmatrix}$

(3) $\begin{vmatrix} 2 & 1 & 4 & 1 \\ 3 & -1 & 2 & 1 \\ 1 & 2 & 3 & 2 \\ 5 & 0 & 6 & 2 \end{vmatrix}$　　　　　(4) $\begin{vmatrix} 4 & 1 & 2 & 4 \\ 1 & 2 & 0 & 2 \\ 10 & 5 & 2 & 0 \\ 0 & 1 & 1 & 7 \end{vmatrix}$

(5) $\begin{vmatrix} a & b & b & b \\ b & a & b & b \\ b & b & a & b \\ b & b & b & a \end{vmatrix}$　　　　　(6) $\begin{vmatrix} 1 & x & y & z \\ x & 1 & 0 & 0 \\ y & 0 & 1 & 0 \\ z & 0 & 0 & 1 \end{vmatrix}$

(7) $\begin{vmatrix} a & 0 & 0 & b \\ 0 & a & b & 0 \\ 0 & c & d & 0 \\ c & 0 & 0 & d \end{vmatrix}$　　　　　(8) $\begin{vmatrix} a & 1 & 0 & 0 \\ -1 & b & 1 & 0 \\ 0 & -1 & c & 1 \\ 0 & 0 & -1 & d \end{vmatrix}$

(9) $\begin{vmatrix} a & a & a & a \\ a & b & c & d \\ a^2 & b^2 & c^2 & d^2 \\ a^3 & b^3 & c^3 & d^3 \end{vmatrix}$
　　　　　(10) $\begin{vmatrix} 1 & 1 & 1 & 1 \\ 1 & 2 & 4 & 8 \\ 1 & 3 & 9 & 27 \\ 1 & 4 & 16 & 64 \end{vmatrix}$

3. 证明下列各式.

(1) $\begin{vmatrix} a & b & c \\ x & y & z \\ s & p & t \end{vmatrix} = \begin{vmatrix} y & b & p \\ x & a & s \\ z & c & t \end{vmatrix}$

(2) $\begin{vmatrix} 1 & 1 & 1 \\ a^2 & ab & b^2 \\ 2a & a+b & 2b \end{vmatrix} = (a-b)^3$

4. 计算行列式.

(1) $D_n = \begin{vmatrix} a & & 1 \\ & \ddots & \\ 1 & & a \end{vmatrix}$　　　(其中对角线上的元素都是 a，未写出的元素都是零.)

(2) $D_n = \begin{vmatrix} x & a & \cdots & a \\ a & x & \cdots & a \\ \vdots & \vdots & & \vdots \\ a & a & \cdots & x \end{vmatrix}$

(3) $D_n = \begin{vmatrix} 1 & 2 & 2 & \cdots & 2 \\ 2 & 2 & 2 & \cdots & 2 \\ 2 & 2 & 3 & \cdots & 2 \\ \vdots & \vdots & \vdots & & \vdots \\ 2 & 2 & 2 & \cdots & n \end{vmatrix}$

(4) $D_n = \begin{vmatrix} 0 & 1 & 1 & \cdots & 1 \\ 1 & 0 & 1 & \cdots & 1 \\ \vdots & \vdots & \vdots & & \vdots \\ 1 & 1 & 1 & \cdots & 0 \end{vmatrix}$

(5) $D_n = \begin{vmatrix} 1+a_1 & 1 & \cdots & 1 \\ 1 & 1+a_2 & \cdots & 1 \\ \vdots & \vdots & & \vdots \\ 1 & 1 & \cdots & 1+a_n \end{vmatrix}$，其中 $a_1 a_2 \cdots a_n \neq 0$.

(6) $D_{2n} = \begin{vmatrix} a_n & & & & b_n \\ & \ddots & & \iddots & \\ & & a_1 b_1 & & \\ & & c_1 d_1 & & \\ & \iddots & & \ddots & \\ c_n & & & & d_n \end{vmatrix}$，其中未写出的元素都是零.

5. 解下列方程.

(1) $\begin{vmatrix} x & 3 & 4 \\ -1 & x & 0 \\ 0 & x & 1 \end{vmatrix} = 0$
　　　　　　　　　(2) $\begin{vmatrix} 3 & 1 & x \\ 4 & x & 0 \\ 1 & 0 & x \end{vmatrix} = 0$

(3) $\begin{vmatrix} x & 2 & 1 \\ 2 & x & 0 \\ 1 & -1 & 1 \end{vmatrix} = 0$
　　　　　　　　　(4) $\begin{vmatrix} 1 & 1 & 0 & 0 \\ 1 & x & 1 & 0 \\ 0 & 0 & x & 2 \\ 0 & 0 & 2 & x \end{vmatrix} = 0$

6. 用克莱姆法则解下列方程组.

(1) $\begin{cases} 2x + 5y = 1 \\ 3x + 7y = 2 \end{cases}$
　　　　　　　　　(2) $\begin{cases} 6x_1 - 4x_2 = 10 \\ 5x_1 + 7x_2 = 29 \end{cases}$

(3) $\begin{cases} x_1 + x_2 - 2x_3 = -3 \\ 5x_1 - 2x_2 + 7x_3 = 22 \\ 2x_1 - 5x_2 + 4x_3 = 4 \end{cases}$

7. 欲使下列齐次线性方程组有非零解,其中参数 k 应取何值?

(1) $\begin{cases} kx + y + z = 0 \\ x + ky - z = 0 \\ 2x - y + z = 0 \end{cases}$
　　　　　　　　　(2) $\begin{cases} 3x_1 + kx_2 - x_3 = 0 \\ 4x_2 + x_3 = 0 \\ kx_1 - 5x_2 - x_3 = 0 \end{cases}$

8. 试问参数 k、t 取何值时齐次线性方程组

$$\begin{cases} kx_1 + x_2 + x_3 = 0 \\ x_1 + tx_2 + x_3 = 0 \\ x_1 + 2tx_2 + x_3 = 0 \end{cases}$$

有非零解?

第二章 矩 阵 运 算

§2.1 矩阵的概念

对给定的方程组

$$\begin{cases} 2x_1 - x_2 + 3x_3 = 1 \\ 4x_1 - x_2 + 5x_3 = 4 \\ 2x_1 - x_2 + 4x_3 = -1 \end{cases} \tag{2-1}$$

如果我们用-2乘第一个方程加到第 2 个方程,用-1乘第一个方程加到第三个方程,得

$$\begin{cases} 2x_1 - x_2 + 3x_3 = 1 \\ x_2 - x_3 = 2 \\ x_3 = -2 \end{cases} \tag{2-2}$$

将方程组(2-2)中第三个方程的-3倍加到第一个方程,将第三个方程加到第二个方程,得

$$\begin{cases} 2x_1 - x_2 = 7 \\ x_2 = 0 \\ x_3 = -2 \end{cases} \tag{2-3}$$

将方程组(2-3)中的第二个方程加到第一个方程

$$\begin{cases} 2x_1 = 7 \\ x_2 = 0 \\ x_3 = -2 \end{cases} \tag{2-4}$$

对方程组(2-4)中的第一个方程除以 2 便得到原方程组的解

$$\begin{cases} x_1 = \dfrac{7}{2} \\ x_2 = 0 \\ x_3 = -2 \end{cases} \tag{2-5}$$

我们知道一个方程组关键是它各个方程中的系数及常数项,至于未知量可以写成 $x_1, x_2,$ x_3,也可以写成 y_1, y_2, y_3 是无关紧要的. 所以我们保留方程组实质性的内容,而筛去无关紧要的内容,可用数表

$$\begin{bmatrix} 2 & -1 & 3 & 1 \\ 4 & -1 & 5 & 4 \\ 2 & -1 & 4 & -1 \end{bmatrix} \tag{2-1'}$$

表示方程组(2-1). 我们称形如(2-1')的数表为一个矩阵. 显然给定一个非齐次线性方程组,会有一个矩阵与之对应. 反之给定一个矩阵,也能将其恢复成相应的非齐次线性方程

组. 我们将方程组(2-1)至方程组(2-5)对应的矩阵顺序写出来,且之间用"→"连接,便有

$$
\begin{bmatrix} 2 & -1 & 3 & 1 \\ 4 & -1 & 5 & 4 \\ 2 & -1 & 4 & -1 \end{bmatrix} \xrightarrow[r_3-r_1]{r_2-2r_1} \begin{bmatrix} 2 & -1 & 3 & 1 \\ 0 & 1 & -1 & 2 \\ 0 & 0 & 1 & -2 \end{bmatrix} \xrightarrow[r_2+r_3]{r_1-3r_3} \begin{bmatrix} 2 & -1 & 0 & 7 \\ 0 & 1 & 0 & 0 \\ 0 & 0 & 1 & -2 \end{bmatrix}
$$

$$
(2\text{-}1') \qquad\qquad (2\text{-}2') \qquad\qquad (2\text{-}3')
$$

$$
\xrightarrow{r_1+r_2} \begin{bmatrix} 2 & 0 & 0 & 7 \\ 0 & 1 & 0 & 0 \\ 0 & 0 & 1 & -2 \end{bmatrix} \xrightarrow{\frac{1}{2}\cdot r_1} \begin{bmatrix} 1 & 0 & 0 & \dfrac{7}{2} \\ 0 & 1 & 0 & 0 \\ 0 & 0 & 1 & -2 \end{bmatrix} \qquad (2\text{-}6)
$$

$$
(2\text{-}4') \qquad\qquad (2\text{-}5')
$$

我们再将解算方程组的步骤逐一施加到对应矩阵的行,而且沿用计算行列式时对行进行处理的符号,并将这些符号置于相应"→"的上方或下方,读者容易明白式(2-6)便是一个用矩阵的形式来解方程组的过程. 下面举一个例子,说明用这种方法来求方程的解.

例 2.1.1 求线性方程组的解.

$$
\begin{cases} 2x_1 - x_2 + 2x_3 = 1 \\ 2x_2 + x_3 = 3 \\ 2x_1 + 3x_3 = 3 \end{cases}
$$

解
$$
\begin{bmatrix} 2 & -1 & 2 & 1 \\ 0 & 2 & 1 & 3 \\ 2 & 0 & 3 & 3 \end{bmatrix} \xrightarrow{r_3-r_1} \begin{bmatrix} 2 & -1 & 2 & 1 \\ 0 & 2 & 1 & 3 \\ 0 & 1 & 1 & 2 \end{bmatrix}
$$

$$
\xrightarrow{r_2-2r_3} \begin{bmatrix} 2 & -1 & 2 & 1 \\ 0 & 0 & -1 & -1 \\ 0 & 1 & 1 & 2 \end{bmatrix} \xrightarrow{r_2 \leftrightarrow r_3} \begin{bmatrix} 2 & -1 & 2 & 1 \\ 0 & 1 & 1 & 2 \\ 0 & 0 & -1 & -1 \end{bmatrix}
$$

$$
\xrightarrow[r_2+r_3]{r_1+2r_3} \begin{bmatrix} 2 & -1 & 0 & -1 \\ 0 & 1 & 0 & 1 \\ 0 & 0 & -1 & -1 \end{bmatrix} \xrightarrow[-1\cdot r_3]{r_1+r_2} \begin{bmatrix} 2 & 0 & 0 & 0 \\ 0 & 1 & 0 & 1 \\ 0 & 0 & 1 & 1 \end{bmatrix} \xrightarrow{\frac{1}{2}\cdot r_1} \begin{bmatrix} 1 & 0 & 0 & 0 \\ 0 & 1 & 0 & 1 \\ 0 & 0 & 1 & 1 \end{bmatrix}
$$

再将最后一个矩阵恢复成方程组的形式便得到原方程组的解

$$
\begin{cases} x_1 = 0 \\ x_2 = 1 \\ x_3 = 1 \end{cases}
$$

由例 2.1.1 可以看到,利用矩阵方法来解方程组,较用克莱姆法则解方程组方便多了,下面就正式给出矩阵的定义.

定义 2.1.1 由 $m \times n$ 个数 $a_{ij}(i=1,2,\cdots,m;j=1,2,\cdots,n)$ 排成一个 m 行 n 列的矩形表,称其为一个 $m \times n$ 矩阵,

$$
\begin{bmatrix} a_{11} & a_{12} & \cdots & a_{1n} \\ a_{21} & a_{22} & \cdots & a_{2n} \\ \vdots & \vdots & & \vdots \\ a_{m1} & a_{m2} & \cdots & a_{mn} \end{bmatrix} \qquad \text{或写为} \quad (a_{ij})_{m\times n} \qquad (2\text{-}7)
$$

其中 a_{ij} 称为矩阵第 i 行第 j 列的元素.

一般用字母 A,B,C 表示矩阵, $A_{m \times n}$ 则表明是一个 m 行 n 列的矩阵.

所有元素均为零的矩阵称为零矩阵, 记作 O,

$A_{n \times n}$ 称为 n 阶方阵, 或 n 阶矩阵.

注意 n 阶方阵 $A_{n \times n}$ 只是一个由 n^2 个元素排成的正方数表, 它没有数值意义. 我们用符号 $|A|$ 记由方阵 A 的元素保持其原来的位置构成的行列式, 称 $|A|$ 为方阵 A 的行列式.

定义 2.1.2　如果两个行数相同, 列数也相同的矩阵 A,B, 其对应元素皆相等, 则称 A,B 为相等矩阵. 记为 $A=B$.

由定义 2.1.2 知, 虽然 $O_{3 \times 2}$ 和 $O_{2 \times 2}$ 都是零矩阵但是 $O_{3 \times 2} \neq O_{2 \times 2}$.

方阵

$$\begin{bmatrix} a_{11} & 0 & \cdots & 0 \\ 0 & a_{22} & \cdots & 0 \\ \vdots & \vdots & & \vdots \\ 0 & 0 & \cdots & a_{nn} \end{bmatrix}_{n \times n} \qquad \text{称为对角矩阵}$$

$$\begin{bmatrix} k & 0 & \cdots & 0 \\ 0 & k & \cdots & 0 \\ \vdots & \vdots & & \vdots \\ 0 & 0 & \cdots & k \end{bmatrix}_{n \times n} \qquad \text{称为数量矩阵}$$

$$E = \begin{bmatrix} 1 & 0 & \cdots & 0 \\ 0 & 1 & \cdots & 0 \\ \vdots & \vdots & & \vdots \\ 0 & 0 & \cdots & 1 \end{bmatrix}_{n \times n} \qquad \text{称为 } n \text{ 阶单位矩阵}$$

矩阵是研究线性代数的重要工具. 矩阵运算是线性代数的重要内容. 可以说, 如果没有矩阵和矩阵运算, 线性的数量关系就没有一个简单恰当的表现形式, 也就无法进行研究. 希望读者认真学习矩阵运算和矩阵的各种变换.

§2.2　矩 阵 运 算

1. 矩阵加法

定义 2.2.1　给定矩阵 $(a_{ij})_{m \times n}$, $(b_{ij})_{m \times n}$, 称 $(a_{ij}+b_{ij})_{m \times n}$ 为矩阵 $(a_{ij})_{m \times n}$ 与 $(b_{ij})_{m \times n}$ 的和.

注意根据定义 2.2.1, 只有行数相同, 而且列数也相同的矩阵才能相加.

例 2.2.1　设

$$A = \begin{bmatrix} 1 & 0 & -1 \\ 0 & 1 & 0 \end{bmatrix}, \quad B = \begin{bmatrix} 3 & 3 & 1 \\ 1 & -1 & 1 \end{bmatrix}, \text{求 } A+B.$$

解

$$A+B = \begin{bmatrix} 1 & 0 & -1 \\ 0 & 1 & 0 \end{bmatrix} + \begin{bmatrix} 3 & 3 & 1 \\ 1 & -1 & 1 \end{bmatrix} = \begin{bmatrix} 4 & 3 & 0 \\ 1 & 0 & 1 \end{bmatrix}$$

2. 数乘矩阵

定义 2.2.2 给定数 k 及矩阵 $(a_{ij})_{m\times n}$，称 $(ka_{ij})_{m\times n}$ 为数 k 与 $(a_{ij})_{m\times n}$ 的积.

例 2.2.2 设 $A=\begin{bmatrix} 1 & 0 & -1 \\ 0 & 1 & 0 \\ -1 & 1 & 1 \end{bmatrix}$，求 $2A$.

解 $2A=\begin{bmatrix} 2 & 0 & -2 \\ 0 & 2 & 0 \\ -2 & 2 & 2 \end{bmatrix}$

3. 矩阵的乘法

为了定义矩阵的乘法，我们考虑平面上的坐标变换. 设点 M 在直角坐标系 OXY 中的横坐标为 x，纵坐标为 y. 将该坐标系绕 O 点沿逆时针方向旋转 θ_1 角，得到新坐标系 OX_1Y_1. 设 M 点在 OX_1Y_1 系中的横坐标为 x_1，纵坐标为 y_1. 那么同一点 M 在旧系坐标 x、y 与其在新系的坐标 x_1, y_1 之间有什么关系？由图 2-1 可以从几何关系得到

$$\begin{cases} x = \cos\theta_1 x_1 - \sin\theta_1 y_1 \\ y = \sin\theta_1 x_1 + \cos\theta_1 y_1 \end{cases} \quad (2\text{-}8)$$

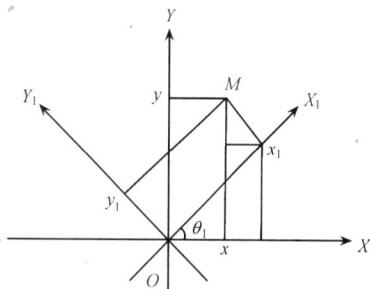

图 2-1

如果以 OX_1Y_1 为旧系，将其绕 O 点仍沿逆时方向旋转 θ_2 角，得到新系 OX_2Y_2，设 M 在系 OX_2Y_2 中的坐标为 x_2, y_2 则有

$$\begin{cases} x_1 = \cos\theta_2 x_2 - \sin\theta_2 y_2 \\ y_1 = \sin\theta_2 x_2 + \cos\theta_2 y_2 \end{cases} \quad (2\text{-}9)$$

如果将坐标系 OXY 绕 O 点一次沿逆时针方向旋转角度 $\theta_1+\theta_2$，得到坐标系 OX_2Y_2，那么 M 点在这两个系中坐标间的关系为

$$\begin{cases} x = \cos(\theta_1+\theta_2)x_2 - \sin(\theta_1+\theta_2)y_2 \\ y = \sin(\theta_1+\theta_2)x_2 + \cos(\theta_1+\theta_2)y_2 \end{cases} \quad (2\text{-}10)$$

我们分别以式(2-8)至式(2-10)右端点坐标前面的系数为元素，且保持原有位置构成矩阵，就分别得到了 3 个矩阵如下：

$$A=\begin{bmatrix} \cos\theta_1 & -\sin\theta_1 \\ \sin\theta_1 & \cos\theta_2 \end{bmatrix}, \qquad B=\begin{bmatrix} \cos\theta_2 & -\sin\theta_2 \\ \sin\theta_2 & \cos\theta_2 \end{bmatrix}$$

$$C=\begin{bmatrix} \cos(\theta_1+\theta_2) & -\sin(\theta_1+\theta_2) \\ \sin(\theta_1+\theta_2) & \cos(\theta_1+\theta_2) \end{bmatrix}$$

$$=\begin{bmatrix} \cos\theta_1\cos\theta_2 - \sin\theta_1\sin\theta_2 & -\sin\theta_1\cos\theta_2 - \cos\theta_1\sin\theta_2 \\ \sin\theta_1\cos\theta_2 + \cos\theta_1\sin\theta_2 & \cos\theta_1\cos\theta_2 - \sin\theta_1\sin\theta_2 \end{bmatrix}$$

我们现在设计一种乘法，使得 $AB=C$，那么 A、B 矩阵怎样相乘才能等于 C 呢？不妨

写出下式

$$
\overset{A}{\begin{bmatrix} \cos\theta_1 & -\sin\theta_1 \\ \sin\theta_1 & \cos\theta_1 \end{bmatrix}} \overset{B}{\begin{bmatrix} \cos\theta_2 & -\sin\theta_2 \\ \sin\theta_2 & \cos\theta_2 \end{bmatrix}}
$$

$$
\overset{C}{= \begin{bmatrix} \cos\theta_1\cos\theta_2 - \sin\theta_1\sin\theta_2 & -\cos\theta_1\sin\theta_2 - \sin\theta_1\cos\theta_2 \\ \sin\theta_1\cos\theta_2 + \cos\theta_1\sin\theta_2 & \cos\theta_1\cos\theta_2 - \sin\theta_1\sin\theta_2 \end{bmatrix}} \tag{2-11}
$$

经仔细观察试算,可以看出用 A 的第一行与 B 的第一列对应元素相乘作和便得到 C 的第一行第一列的元素;用 A 的第二行与 B 的第一列对应元素相乘作和便得到 C 的第二行第一列的元素;用 A 的第一行,第二行分别与 B 的第二列对应元素相乘作和,便得到 C 的第二列的两个元素.下面我们给出矩阵乘法的定义.

定义 2.2.3 给定矩阵 $(a_{ij})_{m\times n}, (b_{ij})_{n\times s}$,称矩阵 $(c_{ij})_{m\times s}$ 为 $(a_{ij})_{m\times n}$ 与 $(b_{ij})_{n\times s}$ 的乘积.其中

$$
c_{ij} = a_{i1}b_{1j} + a_{i2}b_{2j} + \cdots + a_{in}b_{nj} \qquad (i=1,2,\cdots,m, j=1,2,\cdots,s)
$$

记为

$$
(a_{ij})_{m\times n}(b_{ij})_{n\times s} = (c_{ij})_{m\times s}
$$

例 2.2.3 $A = \begin{bmatrix} 1 & 0 & 1 \\ 0 & -1 & 0 \end{bmatrix}$, $B = \begin{bmatrix} 1 & 0 \\ 0 & 1 \\ -1 & -1 \end{bmatrix}$,求 AB.

解 $AB = \begin{bmatrix} 1 & 0 & 1 \\ 0 & -1 & 0 \end{bmatrix} \begin{bmatrix} 1 & 0 \\ 0 & 1 \\ -1 & -1 \end{bmatrix} = \begin{bmatrix} 0 & -1 \\ 0 & -1 \end{bmatrix}$

例 2.2.4 $A = \begin{bmatrix} 1 & 1 \\ -1 & -1 \end{bmatrix}$, $B = \begin{bmatrix} 1 & -1 \\ -1 & 1 \end{bmatrix}$,求 AB 和 BA.

解 $AB = \begin{bmatrix} 1 & 1 \\ -1 & -1 \end{bmatrix} \begin{bmatrix} 1 & -1 \\ -1 & 1 \end{bmatrix} = \begin{bmatrix} 0 & 0 \\ 0 & 0 \end{bmatrix}$

$BA = \begin{bmatrix} 1 & -1 \\ -1 & 1 \end{bmatrix} \begin{bmatrix} 1 & 1 \\ -1 & -1 \end{bmatrix} = \begin{bmatrix} 2 & 2 \\ -2 & -2 \end{bmatrix}$

由例 2.2.4 可以看出,两个非零矩阵的乘积可以是零矩阵.这是矩阵相乘和数与数相乘的不同之处.由此,矩阵相乘没有消去律,即 $AB = AC \not\Rightarrow B = C$.同时也看到 $AB \neq BA$,即矩阵相乘一般不满足交换律.

还应注意,不是任意两个矩阵都能相乘.按矩阵乘法的定义,若 $A_{m\times n}B_{n\times s} = C_{m\times s}$,则 A 的列数等于 B 的行数才能相乘,其乘积矩阵 $C_{m\times s}$ 的行数等于 A 的行数,$C_{n\times s}$ 的列数,等于 B 的列数.如例 2.2.3 中的矩阵 A, B 的乘积,AB 是二阶方阵,BA 也有意义,但

$$
BA = \begin{bmatrix} 1 & 0 \\ 0 & 1 \\ -1 & -1 \end{bmatrix} \begin{bmatrix} 1 & 0 & 1 \\ 0 & -1 & 0 \end{bmatrix} = \begin{bmatrix} 1 & 0 & 1 \\ 0 & -1 & 0 \\ -1 & 1 & -1 \end{bmatrix} \text{是三阶方阵.}
$$

利用矩阵乘法,我们可将非齐次线性方程组

$$\begin{cases} a_{11}x_1 + a_{12}x_2 + \cdots + a_{1n}x_n = b_1 \\ a_{21}x_1 + a_{22}x_2 + \cdots + a_{2n}x_n = b_2 \\ \cdots\cdots\cdots\cdots\cdots \\ a_{m1}x_1 + a_{m2}x_2 + \cdots + a_{mn}x_n = b_m \end{cases} \tag{2-12}$$

写成矩阵形式

$$AX = B$$

其中 $A = \begin{bmatrix} a_{11} & a_{12} & \cdots & a_{1n} \\ a_{21} & a_{22} & \cdots & a_{2n} \\ \vdots & \vdots & & \vdots \\ a_{m1} & a_{m2} & \cdots & a_{mn} \end{bmatrix}$ 称作方程组(2-12)的系数矩阵

$$X = \begin{bmatrix} x_1 \\ x_2 \\ \vdots \\ x_n \end{bmatrix}, B = \begin{bmatrix} b_1 \\ b_2 \\ \vdots \\ b_m \end{bmatrix}$$

称矩阵

$$[A, B] = \begin{bmatrix} a_{11} & a_{12} & \cdots & a_{1n} & b_1 \\ a_{21} & a_{22} & \cdots & a_{2n} & b_2 \\ \vdots & \vdots & & \vdots & \vdots \\ a_{m1} & a_{m2} & \cdots & a_{mn} & b_m \end{bmatrix}$$

为方程组(2-12)的增广矩阵.

4. 转置

定义 2.2.4　设

$$A = \begin{bmatrix} a_{11} & a_{12} & \cdots & a_{1n} \\ a_{21} & a_{22} & \cdots & a_{2n} \\ \vdots & \vdots & & \vdots \\ a_{m1} & a_{m2} & \cdots & a_{mn} \end{bmatrix},$$

称

$$A^{\mathrm{T}} = \begin{bmatrix} a_{11} & a_{21} & \cdots & a_{m1} \\ a_{12} & a_{22} & \cdots & a_{m2} \\ \vdots & \vdots & & \vdots \\ a_{1n} & a_{2n} & \cdots & a_{mn} \end{bmatrix}$$

为 A 的转置矩阵.

按定义 2.2.4 将 A 的行依序写成列,便得到 A^{T}. 对照 A 和 A^{T} 的元素,可以看到有一种对应关系,如果将 A^{T} 元素的行标、列标按其所在实际位置写出

$$A^{\mathrm{T}} = \begin{bmatrix} a'_{11} & a'_{12} & \cdots & a'_{1m} \\ a'_{21} & a'_{22} & \cdots & a'_{2m} \\ \vdots & \vdots & & \vdots \\ a'_{n1} & a'_{n2} & \cdots & a'_{nn} \end{bmatrix},$$

则显然有

$$a_{ij} = a'_{ji} \qquad (i = 1,2,\cdots,m; j = 1,2\cdots,n)$$

例 2.2.5 $A = \begin{bmatrix} 1 & -1 & 1 \\ 0 & 1 & 0 \end{bmatrix}$, 写出 A^{T}.

解 $A^{\mathrm{T}} = \begin{bmatrix} 1 & 0 \\ -1 & 1 \\ 1 & 0 \end{bmatrix}$

下面介绍这四种运算的规律.

1. 加法

因为矩阵的加法归结为对应元素相加, 所以矩阵加法有

交换律 $\qquad\qquad\qquad A+B=B+A$

结合律 $\qquad\qquad (A+B)+C=A+(B+C)$

$$A+O=A$$

设 $A=(a_{ij})_{m \times n}$, 称 A 的负矩阵为 $(-a_{ij})_{m \times n}$, 记为

$$-A=(-a_{ij})_{m \times n}$$

$$A+(-A)=O$$

2. 数乘

不难验证数乘矩阵具有下述性质:

$$(k+l)A = kA + lA$$

$$k(A+B) = kA + kB$$

$$k(lA) = (kl)A$$

$$1 \cdot A = A$$

$$k(AB) = (kA)B = A(kB)$$

3. 乘法

矩阵相乘不满足交换律, 但满足

结合律 $\qquad\qquad (AB)C=A(BC)$

分配律 $\qquad\qquad (A+B)C=AC+BC$

$$C(A+B)=CA+CB$$

对于 n 阶单位矩阵

$$E_n = \begin{bmatrix} 1 & 0 & \cdots & 0 \\ 0 & 1 & \cdots & 0 \\ \vdots & \vdots & & \vdots \\ 0 & 0 & \cdots & 1 \end{bmatrix}$$

有

$$A_{m \times n} E_n = A_{m \times n}$$
$$E_n B_{n \times s} = B_{n \times s}$$

设 A 为 n 阶方阵，k 为正整数，记

$$A^1 = A, A^2 = AA, \cdots, A^{k+1} = A^k A$$

则可以引入矩阵的幂

$$A^k = \underbrace{AA \cdots A}_{k}$$

4. 转置

矩阵的转置运算有以下规律.

$$(A^{\mathrm{T}})^{\mathrm{T}} = A \tag{2-13}$$
$$(A + B)^{\mathrm{T}} = A^{\mathrm{T}} + B^{\mathrm{T}} \tag{2-14}$$
$$(AB)^{\mathrm{T}} = B^{\mathrm{T}} A^{\mathrm{T}} \tag{2-15}$$
$$(kA)^{\mathrm{T}} = kA^{\mathrm{T}} \tag{2-16}$$

我们对第三条进行证明，其余各条是显而易见的.

我们分别用 a, a', b, b', c, c', d 记矩阵 $A, A^{\mathrm{T}}, B, B^{\mathrm{T}}, AB, (AB)^{\mathrm{T}}$ 及 $B^{\mathrm{T}} A^{\mathrm{T}}$ 的元素，则有

$$d_{ij} = \sum_{k=1}^{n} b'_{ik} a'_{kj} = \sum_{k=1}^{n} b_{ki} a_{jk} = \sum_{k=1}^{n} a_{jk} b_{ki} = c_{ji} = c'_{ij}$$

即 $B^{\mathrm{T}} A^{\mathrm{T}}$ 与 $(AB)^T$ 的对应元素相等，所以

$$(AB)^{\mathrm{T}} = B^{\mathrm{T}} A^{\mathrm{T}}$$

如果方阵 $A = (a_{ij})_{n \times n}$ 满足 $A^{\mathrm{T}} = A$，如

$$\begin{bmatrix} 1 & 2 & 0 & -1 \\ 2 & -1 & 2 & 1 \\ 0 & 2 & 0 & 3 \\ -1 & 1 & 3 & 4 \end{bmatrix}$$

称 A 为对称矩阵. 显然对于对称矩阵 $A_{n \times n}$ 有

$$a_{ij} = a_{ji} \qquad (i = 1, 2, \cdots, n; j = 1, 2, \cdots, n)$$

§2.3 矩阵乘积的行列式与矩阵的分块

在 §2.1 节中已经介绍了方阵的行列式的概念.

例 2.3.1 设

$$A = \begin{bmatrix} 1 & 0 & 1 & 0 \\ 0 & 1 & 1 & 0 \\ 1 & 0 & 0 & 1 \\ 0 & 1 & 0 & 1 \end{bmatrix}, \text{计算 } A \text{ 的行列式}.$$

解 $|A| = \begin{vmatrix} 1 & 0 & 1 & 0 \\ 0 & 1 & 1 & 0 \\ 1 & 0 & 0 & 1 \\ 0 & 1 & 0 & 1 \end{vmatrix} = \begin{vmatrix} 1 & 0 & 1 & 0 \\ 0 & 1 & 1 & 0 \\ 0 & 0 & -1 & 1 \\ 0 & 1 & 0 & 1 \end{vmatrix}$

$= \begin{vmatrix} 1 & 1 & 0 \\ 0 & -1 & 1 \\ 1 & 0 & 1 \end{vmatrix} = \begin{vmatrix} 1 & 1 & 0 \\ 0 & -1 & 1 \\ 0 & -1 & 1 \end{vmatrix} = \begin{vmatrix} -1 & 1 \\ -1 & 1 \end{vmatrix} = 0$

由 n 阶方阵 A 及 AB 确定的行列式满足下述三条运算规律.

(1) $|A^T| = |A|$

(2) $|kA| = k^n|A|$

(3) $|AB| = |A| \cdot |B|$

其中(1)、(2)是明显的,(3)的证明较繁从略.

例 2.3.2 设

$$A = \begin{bmatrix} 1 & 2 & -1 \\ 2 & 3 & 0 \\ 3 & 1 & 1 \end{bmatrix}, B = \begin{bmatrix} 1 & -2 & 0 \\ 2 & -4 & 1 \\ -1 & 2 & 0 \end{bmatrix}, \text{求 } |AB|.$$

解 可以发现矩阵 B 的第一列与第二列成比例,所以 $|B|=0$,故

$$|AB| = |A| \cdot |B| = |A| \cdot 0 = 0.$$

此题如果先计算 A、B 的积 AB,再计算 $|AB|$ 就麻烦了.

例 2.3.3 A、B 都是三阶方阵,且 $|A|=-2$,$|B|=3$,试计算 $|-3AB|$.

解 $|-3AB| = (-3)^3|AB| = -27|A| \cdot |B| = -27 \cdot (-2) \cdot 3 = 162.$

利用由(1-14)表示的行列式 D 的元素与 D 的元素的代数余子式的关系,可以得到关于矩阵 A 的行列式的相关结论. 设

$$A = \begin{bmatrix} a_{11} & a_{12} & \cdots & a_{1n} \\ a_{21} & a_{22} & \cdots & a_{2n} \\ \cdots & \cdots & & \cdots \\ a_{n1} & a_{n2} & \cdots & a_{nn} \end{bmatrix}$$

用 $|A|$ 的元素的代数余子式构成的矩阵为 A^*,为了使 $A \cdot A^*$ 的元素具有(1-14)式左端的结构,所以令

$$A^* = \begin{bmatrix} A_{11} & A_{21} & \cdots & A_{n1} \\ A_{12} & A_{22} & \cdots & A_{n2} \\ \vdots & \vdots & & \vdots \\ A_{1n} & A_{2n} & \cdots & A_{nn} \end{bmatrix}$$

因此有

$$AA^* = \begin{bmatrix} |A| & 0 & \cdots & 0 \\ 0 & |A| & \cdots & 0 \\ \cdots & \cdots & & \cdots \\ 0 & 0 & \cdots & |A| \end{bmatrix}$$

$$|A| \cdot |A^*| = |A|^n$$

若 $|A| \neq 0$，有

$$|A^*| = |A|^{n-1}$$

特别，当 $|A| = 0$ 时，有

$$AA^* = O.$$

此处的矩阵 A^* 在下一节求 A 的逆矩阵时有重要作用.

对高阶矩阵施以加法或乘法运算是相当麻烦的. 下面介绍一种将矩阵分块的方法，可将对高阶矩阵的运算化为对较低阶矩阵的运算.

设给定矩阵

$$A = \begin{bmatrix} 1 & 0 & 0 & 0 \\ 0 & 1 & 0 & 0 \\ -1 & 2 & 1 & 0 \\ 1 & 1 & 0 & 1 \end{bmatrix}, \quad B = \begin{bmatrix} 1 & 0 & 3 & 2 \\ -1 & 2 & 0 & 1 \\ 1 & 0 & 4 & 1 \\ -1 & 2 & 0 \end{bmatrix}$$

将 A 分成一些小块：

$$A = \begin{bmatrix} 1 & 0 & 0 & 0 \\ 0 & 1 & 0 & 0 \\ -1 & 2 & 1 & 0 \\ 1 & 1 & 0 & 1 \end{bmatrix} = \begin{bmatrix} E_2 & O \\ A_1 & E_2 \end{bmatrix}$$

其中 E_2 是二阶单位矩阵，O 是 2×2 零矩阵.

$$A_1 = \begin{bmatrix} -1 & 2 \\ 1 & 1 \end{bmatrix}$$

再将 B 也分成类似的小块：

$$B = \begin{bmatrix} 1 & 0 & 3 & 2 \\ -1 & 2 & 0 & 1 \\ 1 & 0 & 4 & 1 \\ -1 & -1 & 2 & 0 \end{bmatrix} = \begin{bmatrix} B_{11} & B_{12} \\ B_{21} & B_{22} \end{bmatrix}$$

其中

$$B_{11} = \begin{bmatrix} 1 & 0 \\ -1 & 2 \end{bmatrix}, \qquad B_{12} = \begin{bmatrix} 3 & 2 \\ 0 & 1 \end{bmatrix}$$

$$B_{21} = \begin{bmatrix} 1 & 0 \\ -1 & -1 \end{bmatrix}, \qquad B_{22} = \begin{bmatrix} 4 & 1 \\ 2 & 0 \end{bmatrix}$$

当计算 $A+B$ 及 AB 时，把 A、B 中的小块阵看作数，因此 A、B 便看成了二阶矩阵. 按二阶矩阵作运算

$$A+B = \begin{bmatrix} E_2 & O \\ A_1 & E_2 \end{bmatrix} + \begin{bmatrix} B_{11} & B_{12} \\ B_{21} & B_{22} \end{bmatrix} = \begin{bmatrix} E_2+B_{11} & O+B_{12} \\ A_1+B_{21} & E_2+B_{22} \end{bmatrix}$$

$$= \begin{bmatrix} 2 & 0 & 3 & 2 \\ -1 & 3 & 0 & 1 \\ 0 & 2 & 5 & 1 \\ 0 & 0 & 2 & 1 \end{bmatrix}$$

$$AB = \begin{bmatrix} E_2 & O \\ A_1 & E_2 \end{bmatrix} \begin{bmatrix} B_{11} & B_{12} \\ B_{21} & B_{22} \end{bmatrix} = \begin{bmatrix} B_{11} & B_{12} \\ A_1 B_{11} + B_{21} & A_1 B_{12} + B_{22} \end{bmatrix}$$

其中 $A_1 B_{11} + B_{21}, A_1 B_{12} + B_{22}$ 按二阶矩阵计算:

$$A_1 B_{11} + B_{21} = \begin{bmatrix} -1 & 2 \\ 1 & 1 \end{bmatrix} \begin{bmatrix} 1 & 0 \\ -1 & 2 \end{bmatrix} + \begin{bmatrix} 1 & 0 \\ -1 & -1 \end{bmatrix}$$

$$= \begin{bmatrix} -3 & 4 \\ 0 & 2 \end{bmatrix} + \begin{bmatrix} 1 & 0 \\ -1 & -1 \end{bmatrix} = \begin{bmatrix} -2 & 4 \\ -1 & 1 \end{bmatrix}$$

$$A_1 B_{12} + B_{22} = \begin{bmatrix} -1 & 2 \\ 1 & 1 \end{bmatrix} \begin{bmatrix} 3 & 2 \\ 0 & 1 \end{bmatrix} + \begin{bmatrix} 4 & 1 \\ 2 & 0 \end{bmatrix}$$

$$= \begin{bmatrix} -3 & 0 \\ 3 & 3 \end{bmatrix} + \begin{bmatrix} 4 & 1 \\ 2 & 0 \end{bmatrix} = \begin{bmatrix} 1 & 1 \\ 5 & 3 \end{bmatrix}$$

于是得

$$AB = \begin{bmatrix} 1 & 0 & 3 & 2 \\ -1 & 2 & 0 & 1 \\ -2 & 4 & 1 & 1 \\ -1 & 1 & 5 & 3 \end{bmatrix}$$

不难验证,若按四阶矩阵相乘来作,结果是一致的.

只需注意:将矩阵分块进行运算时,分法一定要正确,即要使运算的每一步骤都能按运算定义进行.

把矩阵分块作运算有许多方便之处. 因为在分块以后,矩阵间的关系,矩阵的结构可以看得更清楚. 下面用矩阵分块的方法讨论一下 $AB = C$,乘积矩阵 C 与 A, B 间的关系.

设

$$A = \begin{bmatrix} a_{11} & a_{12} & \cdots & a_{1n} \\ a_{21} & a_{22} & \cdots & a_{2n} \\ \vdots & \vdots & & \vdots \\ a_{m1} & a_{m2} & \cdots & a_{mn} \end{bmatrix} = [A_1, A_2, \cdots, A_n] \qquad (A \text{ 按列分块})$$

$$B = \begin{bmatrix} b_{11} & b_{12} & \cdots & b_{1s} \\ b_{21} & b_{22} & \cdots & b_{2s} \\ \vdots & \vdots & & \vdots \\ b_{n1} & b_{n2} & \cdots & b_{ns} \end{bmatrix} = \begin{bmatrix} B_1 \\ B_2 \\ \vdots \\ B_n \end{bmatrix} \qquad (B \text{ 按行分块})$$

$$AB = [A_1, A_2, \cdots A_n] \begin{bmatrix} b_{11} & b_{12} & \cdots & b_{1s} \\ b_{21} & b_{22} & \cdots & b_{2s} \\ \vdots & \vdots & & \vdots \\ b_{n1} & b_{n2} & \cdots & b_{ns} \end{bmatrix}$$

$$\left[\sum_{i=1}^{n} b_{i1} A_i, \sum_{i=1}^{n} b_{i2} A_i, \cdots, \sum_{i=1}^{n} b_{is} A_i\right] = C \tag{2-17}$$

$$AB = \begin{bmatrix} a_{11} & a_{12} & \cdots & a_{1n} \\ a_{21} & a_{22} & \cdots & a_{2n} \\ \vdots & \vdots & & \vdots \\ a_{m1} & a_{m2} & \cdots & a_{mn} \end{bmatrix} \begin{bmatrix} B_1 \\ B_2 \\ \vdots \\ B_n \end{bmatrix} = \begin{bmatrix} \sum_{i=1}^{n} a_{1i} B_i \\ \sum_{i=1}^{n} a_{2i} B_i \\ \vdots \\ \sum_{i=1}^{n} a_{mi} B_i \end{bmatrix} = C \tag{2-18}$$

由式(2-17)知,$AB=C$,C 阵的各列是 A 阵各列分别乘以某些数的和;由式(2-18)知,C 阵的各行是 B 阵各行乘以某些数的和. 以此为基础,在第三章将更进一步揭示乘积矩阵 C 与 A、B 的关系.

§2.4 逆 矩 阵

方程 $ax=b$,当 $a \neq 0$ 时对其两端乘以 a^{-1} 便得到解 $x = a^{-1} b = \dfrac{b}{a}$. 我们将 a^{-1} 称作 a 的乘法逆元.

今给出一个含 n 个未知量 n 个方程的线性方程组

$$\begin{cases} a_{11}x_1 + a_{12}x_2 + \cdots + a_{1n}x_n = b_1 \\ a_{21}x_1 + a_{22}x_2 + \cdots + a_{2n}x_n = b_2 \\ \quad\quad\cdots\cdots\cdots\cdots \\ a_{n1}x_1 + a_{n2}x_2 + \cdots + a_{nn}x_n = b_n \end{cases} \tag{2-19}$$

利用矩阵乘法将其写成

$$AX = B \tag{2-20}$$

其中

$$A = \begin{bmatrix} a_{11} & a_{12} & \cdots & a_{1n} \\ a_{21} & a_{22} & \cdots & a_{2n} \\ \vdots & \vdots & & \vdots \\ a_{n1} & a_{n2} & \cdots & a_{nn} \end{bmatrix}, \quad X = \begin{bmatrix} x_1 \\ x_2 \\ \vdots \\ x_n \end{bmatrix}, \quad B = \begin{bmatrix} b_1 \\ b_2 \\ \vdots \\ b_n \end{bmatrix}.$$

式(2-20)是一个矩阵方程,其中单列阵 X 是未知矩阵,是求解的对象.

设想,与解方程 $ax=b$ 类似,对矩阵方程 $AX=B$ 若 A 有乘法逆元 A^{-1},用 A^{-1} 左乘方程 $AX=B$ 的两端,便得到 $X=A^{-1}B$,这样就解出了方程(2-20),也就求得了方程(2-19)的解. 而 $a^{-1}a=1, aa^{-1}=1$,那么 $A^{-1}A, AA^{-1}$ 的运算结果写成 1 显然是不对的,容易想到应该写成单位矩阵 E.

定义 2.4.1 给定 n 阶方阵 A,如果有 n 阶方阵 B,使得

$$AB = BA = E$$

则称 A 是可逆矩阵，B 称为 A 的逆矩阵.

如果 A 可逆，逆矩阵是不是唯一的？A 可逆的条件是什么？以及当 A 满足这些条件时，如何求出 A 的逆矩阵？下面就来讨论这些问题.

设 B_1, B_2 都是 A 的逆矩阵，则

$$B_1AB_2 = B_1(AB_2) = B_1E = B_1$$
$$B_1AB_2 = (B_1A)B_2 = EB_2 = B_2$$

得到　　　　　　　$B_1 = B_2$

所以逆矩阵是唯一的. 以后我们把 A 的逆矩阵记作 A^{-1}.

如果 A 可逆，设 A^{-1} 为 A 的逆矩阵，则有

$$AA^{-1} = E$$
$$|AA^{-1}| = |E|, \qquad |A| \cdot |A^{-1}| = |E| = 1 \neq 0$$

所以 $|A| \neq 0$. 即 $|A| \neq 0$ 是 A 可逆的必要条件. 那么在 $|A| \neq 0$ 的条件下，A 是否有逆矩阵呢？如果我们利用 $|A| \neq 0$ 求出了 A^{-1}，自然就解决了这个问题.

设

$$A = \begin{bmatrix} a_{11} & a_{12} & \cdots & a_{1n} \\ a_{21} & a_{22} & \cdots & a_{2n} \\ \vdots & \vdots & & \vdots \\ a_{n1} & a_{n2} & \cdots & a_{nn} \end{bmatrix}, 且 |A| \neq 0$$

又设

$$A^{-1} = \begin{bmatrix} x_{11} & x_{12} & \cdots & x_{1n} \\ x_{21} & x_{22} & \cdots & x_{2n} \\ \vdots & \vdots & & \vdots \\ x_{n1} & x_{n2} & \cdots & x_{nn} \end{bmatrix} \qquad (2\text{-}21)$$

A^{-1} 中的元素 $x_{ij}(i = 1, 2, \cdots, n; j = 1, 2, \cdots, n)$ 为未知量.

如果有 A^{-1} 存在，便应

$$AA^{-1} = \begin{bmatrix} 1 & 0 & \cdots & 0 \\ 0 & 1 & \cdots & 0 \\ \vdots & \vdots & & \vdots \\ 0 & 0 & \cdots & 1 \end{bmatrix}$$

即有

$$AA^{-1} = \begin{bmatrix} a_{11} & a_{12} & \cdots & a_{1n} \\ a_{21} & a_{22} & \cdots & a_{2n} \\ \vdots & \vdots & & \vdots \\ a_{n1} & a_{n2} & \cdots & a_{nn} \end{bmatrix} \cdot \begin{bmatrix} x_{11} & x_{12} & \cdots & x_{1n} \\ x_{21} & x_{22} & \cdots & x_{2n} \\ \vdots & \vdots & & \vdots \\ x_{n1} & x_{n2} & \cdots & x_{nn} \end{bmatrix} = \begin{bmatrix} 1 & 0 & \cdots & 0 \\ 0 & 1 & \cdots & 0 \\ \vdots & \vdots & & \vdots \\ 0 & 0 & \cdots & 1 \end{bmatrix} \qquad (2\text{-}21')$$

按矩阵乘法定义，式 (2-21′) 中乘积矩阵的第一列是由 A 的各行分别乘以 A^{-1} 的第一列而得到. 式 (2-21′) 中乘积矩阵的第二列是由 A 的各行分别乘 A^{-1} 的第二列而得到.……所以有

$$A\begin{bmatrix} x_{11} \\ x_{21} \\ \vdots \\ x_{n1} \end{bmatrix} = \begin{bmatrix} 1 \\ 0 \\ \vdots \\ 0 \end{bmatrix}, A\begin{bmatrix} x_{12} \\ x_{22} \\ \vdots \\ x_{n2} \end{bmatrix} = \begin{bmatrix} 0 \\ 1 \\ \vdots \\ 0 \end{bmatrix}, \cdots\cdots, A\begin{bmatrix} x_{1n} \\ x_{2n} \\ \vdots \\ x_{nn} \end{bmatrix} = \begin{bmatrix} 0 \\ \vdots \\ 0 \\ 1 \end{bmatrix}$$

以上是 n 个非齐次线性方程组,且 $|A| \neq 0$. 据克莱姆法则均有唯一解. 注意到各个方程组常数列的特点,将解的分子(行列式)按此列展开便得

$$x_{11} = \frac{A_{11}}{|A|}, x_{21} = \frac{A_{12}}{|A|}, \cdots, x_{n1} = \frac{A_{1n}}{|A|}$$

$$x_{12} = \frac{A_{21}}{|A|}, x_{22} = \frac{A_{22}}{|A|}, \cdots, x_{n2} = \frac{A_{2n}}{|A|}$$

$$\cdots\cdots\cdots\cdots\cdots$$

$$x_{1n} = \frac{A_{n1}}{|A|}, x_{2n} = \frac{A_{n2}}{|A|}, \cdots, x_{nn} = \frac{A_{nn}}{|A|}$$

将各个 x_{ij} 代入(2-21)式中并提出公因子 $\dfrac{1}{|A|}$,便得

$$A^{-1} = \frac{1}{|A|} \begin{bmatrix} A_{11} & A_{21} & \cdots & A_{n1} \\ A_{12} & A_{22} & \cdots & A_{n2} \\ \vdots & \vdots & & \vdots \\ A_{1n} & A_{2n} & \cdots & A_{nn} \end{bmatrix}$$

即我们在 $|A| \neq 0$ 的条件下求得了 A^{-1}. 说明 $|A| \neq 0$ 则 A 可逆.

记

$$A^* = \begin{bmatrix} A_{11} & A_{21} & \cdots & A_{n1} \\ A_{12} & A_{22} & \cdots & A_{n2} \\ \vdots & \vdots & & \vdots \\ A_{1n} & A_{2n} & \cdots & A_{nn} \end{bmatrix}$$

称 A^* 为 A 的伴随矩阵. 于是我们得到了关于 A^{-1} 存在的条件,及 A^{-1} 的结构. 叙述为

定理 2.4.1 矩阵 A 可逆的充分必要条件是 $|A| \neq 0$,而且当 A 可逆时,

$$A^{-1} = \frac{1}{|A|} A^* \tag{2-22}$$

当方阵 A 的行列式 $|A| \neq 0$ 时,称 A 为非奇异矩阵.

由定理 2.4.1, A 为非奇异矩阵是 A 可逆的充分必要条件.

例 2.4.1 设 $A = \begin{bmatrix} 1 & 2 & 3 \\ 2 & 2 & 1 \\ 3 & 4 & 3 \end{bmatrix}$,求 A^{-1}.

解 $|A| = 2 \neq 0$,所以 A^{-1} 存在. 计算各个元素的代数余子式得

$$A_{11} = 2, A_{21} = 6, A_{31} = -4, A_{12} = -3,$$
$$A_{22} = -6, A_{32} = 5, A_{13} = 2, A_{23} = 2, A_{33} = -2.$$

$$A^{-1} = \frac{1}{|A|}A^* = \frac{1}{2}\begin{bmatrix} 2 & 6 & -4 \\ -3 & -6 & 5 \\ 2 & 2 & -2 \end{bmatrix} = \begin{bmatrix} 1 & 3 & -2 \\ -\dfrac{3}{2} & -3 & \dfrac{5}{2} \\ 1 & 1 & -1 \end{bmatrix}$$

例 2.4.2　求 A 的逆矩阵.

$$A = \begin{bmatrix} a_{11} & 0 & 0 \\ 0 & a_{22} & 0 \\ 0 & 0 & a_{33} \end{bmatrix}$$

其中 a_{11}, a_{22}, a_{33} 皆不为零.

解　$|A| = a_{11}a_{22}a_{33}$

$$A_{11} = a_{22}a_{33}, A_{12} = 0, A_{13} = 0, A_{21} = 0 ,$$
$$A_{22} = a_{11}a_{33}, A_{23} = 0, A_{31} = 0, A_{32} = 0, A_{33} = a_{11}a_{22}$$

代入(2-22)式便得

$$A^{-1} = \begin{bmatrix} \dfrac{1}{a_{11}} & 0 & 0 \\ 0 & \dfrac{1}{a_{22}} & 0 \\ 0 & 0 & \dfrac{1}{a_{33}} \end{bmatrix}$$

下面介绍几种特殊矩阵求逆阵的方法:

(1) 二阶矩阵的逆矩阵.

设 $A = \begin{bmatrix} a & b \\ c & d \end{bmatrix}$,

$A_{11} = d, A_{12} = -c, A_{21} = -b, A_{22} = a$, 代入(2-22)式,所以

$$\begin{bmatrix} a & b \\ c & d \end{bmatrix}^{-1} = \frac{1}{ad-bc}\begin{bmatrix} d & -b \\ -c & a \end{bmatrix}$$

例 2.4.3　$A = \begin{bmatrix} 1 & 2 \\ 3 & 4 \end{bmatrix}$,求 A^{-1}.

解　$A^{-1} = \dfrac{1}{4-6}\begin{bmatrix} 4 & -2 \\ -3 & 1 \end{bmatrix} = \begin{bmatrix} -2 & 1 \\ \dfrac{3}{2} & -\dfrac{1}{2} \end{bmatrix}$

(2) 对角矩阵的逆矩阵.

$$A = \begin{bmatrix} a_{11} & 0 & \cdots & 0 \\ 0 & a_{22} & \cdots & 0 \\ \vdots & \vdots & & \vdots \\ 0 & 0 & \cdots & a_{nn} \end{bmatrix} \qquad (a_{11}a_{22}\cdots a_{nn} \neq 0)$$

$$A^{-1} = \begin{bmatrix} \dfrac{1}{a_{11}} & & & \\ & \dfrac{1}{a_{22}} & & \\ & & \ddots & \\ & & & \dfrac{1}{a_{m}} \end{bmatrix}$$

（3）准对角矩阵的逆矩阵.

形如

$$A = \begin{bmatrix} A_1 & & & \\ & A_2 & & \\ & & \ddots & \\ & & & A_k \end{bmatrix}$$

的矩阵,称为准对角矩阵. 其中 $A_1, A_2, \cdots, A_k$ 皆为低阶方阵或数. 未写出的元素皆为零.

当准对角矩阵 A 中的各个小方阵 $A_1, A_2, \cdots, A_k$ 可逆时,有

$$A^{-1} = \begin{bmatrix} A_1^{-1} & & & \\ & A_2^{-1} & & \\ & & \ddots & \\ & & & A_k^{-1} \end{bmatrix}$$

（证明略）

例 2.4.4 设 $A = \begin{bmatrix} 1 & 2 & 0 \\ 1 & 3 & 0 \\ 0 & 0 & -3 \end{bmatrix}$,求 A^{-1}.

解 A 为准对角矩阵

$$\begin{bmatrix} 1 & 2 \\ 1 & 3 \end{bmatrix}^{-1} = \frac{1}{3-2} \begin{bmatrix} 3 & -2 \\ -1 & 1 \end{bmatrix} = \begin{bmatrix} 3 & -2 \\ -1 & 1 \end{bmatrix}$$

所以

$$A^{-1} = \begin{bmatrix} 3 & -2 & 0 \\ -1 & 1 & 0 \\ 0 & 0 & -\dfrac{1}{3} \end{bmatrix}$$

（4）形如 $B = \begin{bmatrix} & & & A_1 \\ & & A_2 & \\ & \cdots & & \\ A_k & & & \end{bmatrix}$ 的矩阵,其中 $A_1, A_2, \cdots, A_k$ 均为可逆的低阶方阵,

未写出部分皆为零. 有

$$B^{-1} = \begin{bmatrix} & & & A_1 \\ & & A_2 & \\ & \ddots & & \\ A_k & & & \end{bmatrix}^{-1} = \begin{bmatrix} & & & A_k^{-1} \\ & & \ddots & \\ & A_2^{-1} & & \\ A_1^{-1} & & & \end{bmatrix}$$

例 2.4.5 求 $B = \begin{bmatrix} 0 & 1 & 2 \\ 0 & 1 & 3 \\ -3 & 0 & 0 \end{bmatrix}$ 的逆矩阵.

解 $B^{-1} = \begin{bmatrix} 0 & 0 & -\dfrac{1}{3} \\ 3 & -2 & 0 \\ -1 & 1 & 0 \end{bmatrix}$

下面介绍逆矩阵的性质.

(1) A^{-1} 是可逆矩阵, 且 $(A^{-1})^{-1} = A$.

因为 A 有逆矩阵, 所以 $|A| \neq 0$. 而 $|A^{-1}| = \dfrac{1}{|A|} \neq 0$, 故 A^{-1} 可逆. $(A^{-1})^{-1}$ 是 A^{-1} 的逆矩阵, A 也是 A^{-1} 的逆矩阵, 由逆矩阵的唯一性, 所以 $(A^{-1})^{-1} = A$.

(2) 设 A, B 是同阶可逆矩阵, 则 AB 可逆, 且

$$(AB)^{-1} = B^{-1}A^{-1} \tag{2-23}$$

由 A, B 可逆, 有 $|A| \neq 0$, 及 $|B| \neq 0$. $|AB| = |A| \cdot |B| \neq 0$. 所以 AB 可逆. 再有

$$(AB)(B^{-1}A^{-1}) = A(BB^{-1})A^{-1} = AEA^{-1} = AA^{-1} = E.$$
$$(B^{-1}A^{-1})(AB) = B^{-1}(A^{-1}A)B = B^{-1}EB = B^{-1}B = E.$$

所以 $\qquad\qquad (AB)^{-1} = B^{-1}A^{-1}.$

(3) A 可逆, 则 A^{T} 也可逆. 且

$$(A^{\mathrm{T}})^{-1} = (A^{-1})^{\mathrm{T}} \tag{2-24}$$

由 $|A^{\mathrm{T}}| = |A| \neq 0$ 知 A^{T} 可逆.

将 $AA^{-1} = E$ 两端转置, 得

$$(A^{-1})^{\mathrm{T}}A^{\mathrm{T}} = E.$$

将 $A^{-1}A = E$ 两端转置, 得

$$A^{\mathrm{T}}(A^{-1})^{\mathrm{T}} = E$$

综合以上二式, 便得

$$(A^{\mathrm{T}})^{-1} = (A^{-1})^{\mathrm{T}}. \tag{2-25}$$

(4) 容易验证若 A 可逆且数 $k \neq 0$, 则有

$$(kA)^{-1} = \frac{1}{k}A^{-1}. \tag{2-26}$$

由公式(2-22)求逆矩阵, 需要计算很多个行列式, 对求高阶矩阵的逆阵甚是不便. 下一节介绍一种简便求逆矩阵的方法.

§2.5 用矩阵的初等变换求逆矩阵

在本章§2.1节的例 2.1.1 中,用矩阵方法解所给出的方程组. 在解算过程中,我们对矩阵的行进行了处理,称之为对矩阵进行了初等行变换. 矩阵的初等行变换有三类:

(1) 用一个不等于零的数乘矩阵的某一行(的各个元素).

(2) 互换矩阵的两行.

(3) 用一个不等于零的数乘矩阵的某行,并将其加到矩阵的另一行.

如果对矩阵的列作上述三种处理,则称对矩阵施以初等列变换.

由下面简单的推证便知矩阵的初等行(列)变换是可逆的(即若 A 经初等变换化为 B,则 B 也可经初等变换化为 A).

设

$$A \xrightarrow{r_i \leftrightarrow r_j} B, \quad 则 B \xrightarrow{r_i \leftrightarrow r_j} A.$$

$$A \xrightarrow[(k \neq 0)]{kr_i} B, \quad 则 B \xrightarrow{\frac{1}{k} \cdot r_i} A.$$

$$A \xrightarrow{r_i + kr_j} B, \quad 则 B \xrightarrow{r_i - kr_j} A.$$

我们看对可逆矩阵施以初等行变换,将其化为阶梯形矩阵,并且使其中的元素化为 1 或 0,最终能化成什么矩阵. 以§2.4节例 2.4.1 中的可逆矩阵为例.

$$A = \begin{bmatrix} 1 & 2 & 3 \\ 2 & 2 & 1 \\ 3 & 4 & 3 \end{bmatrix} \xrightarrow[r_3 - 3r_1]{r_2 - 2r_1} \begin{bmatrix} 1 & 2 & 3 \\ 0 & -2 & -5 \\ 0 & -2 & -6 \end{bmatrix} \xrightarrow[r_3 - r_2]{r_1 + r_2} \begin{bmatrix} 1 & 0 & -2 \\ 0 & -2 & -5 \\ 0 & 0 & -1 \end{bmatrix}$$

$$\xrightarrow[r_2 - 5r_3]{r_1 - 2r_3} \begin{bmatrix} 1 & 0 & 0 \\ 0 & -2 & 0 \\ 0 & 0 & -1 \end{bmatrix} \xrightarrow[-1 \cdot r_3]{-\frac{1}{2} \cdot r_2} \begin{bmatrix} 1 & 0 & 0 \\ 0 & 1 & 0 \\ 0 & 0 & 1 \end{bmatrix} = E$$

上例中的可逆矩阵 A,经若干次初等行变换化成了单位矩阵 E 不是个别情况,我们有

定理 2.5.1 设矩阵 A 可逆,则 A 可经一系列初等行变换化为单位矩阵 E.

证明 我们用归纳法证明.

设 $A = \begin{bmatrix} a_{11} & a_{12} \\ a_{21} & a_{22} \end{bmatrix}$ 可逆,则 $|A| \neq 0$. $|A|$ 中不会有元素皆为零的列. 所以总可设 $a_{11} \neq 0$ (如果 $a_{11} = 0$,对 A 的两行进行交换). 在这一假设下有

$$\begin{bmatrix} a_{11} & a_{12} \\ a_{21} & a_{22} \end{bmatrix} \xrightarrow{\frac{1}{a_{11}} \cdot r_1} \begin{bmatrix} 1 & \frac{a_{12}}{a_{11}} \\ a_{21} & a_{22} \end{bmatrix} \xrightarrow{r_2 - a_{21}r_1} \begin{bmatrix} 1 & \frac{a_{12}}{a_{11}} \\ 0 & a_{22} - a_{21}\frac{a_{12}}{a_{11}} \end{bmatrix}$$

$$\xrightarrow{(a_{22} - \frac{a_{21}a_{12}}{a_{11}})^{-1} \cdot r_2} \begin{bmatrix} 1 & \frac{a_{12}}{a_{11}} \\ 0 & 1 \end{bmatrix} \xrightarrow{r_1 - \frac{a_{12}}{a_{11}}r_2} \begin{bmatrix} 1 & 0 \\ 0 & 1 \end{bmatrix}$$

此即当 $n=2$ 的情形命题成立.

假设当 $n-1$ 时命题成立,即 A 为 $n-1$ 阶可逆阵时,A 可经一系列初等行变换化为 E.

当 A 为 n 阶可逆矩阵时,因 A 可逆 $|A|\neq 0.A$ 的第一列元素不全为零.可设 $a_{11}\neq 0$,所以有

$$A=\begin{bmatrix} a_{11} & a_{12} & \cdots & a_{1n} \\ a_{21} & a_{21} & \cdots & a_{2n} \\ \vdots & \vdots & & \vdots \\ a_{n1} & a_{n2} & \cdots & a_{nn} \end{bmatrix} \xrightarrow{\frac{1}{a_{11}}\cdot r_1} \begin{bmatrix} 1 & \dfrac{a_{12}}{a_{11}} & \cdots & \dfrac{a_{1n}}{a_{11}} \\ a_{21} & a_{22} & \cdots & a_{2n} \\ \vdots & \vdots & & \vdots \\ a_{n1} & a_{n2} & \cdots & a_{nn} \end{bmatrix}$$

$$\xrightarrow[\substack{\cdots \\ \cdots \\ r_n-a_{n1}r_1}]{r_2-a_{21}r_1} \begin{bmatrix} 1 & \dfrac{a_{12}}{a_{11}} & \cdots & \dfrac{a_{1n}}{a_{11}} \\ 0 & & & \\ \vdots & & B & \\ 0 & & & \end{bmatrix}=C$$

上式中的矩阵 B 为 $n-1$ 阶方阵.由定理 1.3.1 知,由 $|A|\neq 0$ 有 $|C|\neq 0$.而 $|C|=1\cdot(-1)^{1+1}|B|$,所以 $|B|\neq 0$,故 B 可逆.利用归纳法假设,有

$$B \xrightarrow[\cdots]{\text{行变换}} \begin{bmatrix} 1 & & & \\ & 1 & & \\ & & \ddots & \\ & & & 1 \end{bmatrix}_{(n-1)\times(n-1)}$$

所以有

$$C \xrightarrow[\cdots]{\text{行变换}} \begin{bmatrix} 1 & \dfrac{a_{12}}{a_{11}} & \cdots & \dfrac{a_{1n}}{a_{11}} \\ 0 & 1 & \cdots & 0 \\ \vdots & \vdots & & \vdots \\ 0 & \cdots & \cdots & 1 \end{bmatrix} \xrightarrow[\cdots]{\text{行变换}} E$$

故 n 阶可逆阵 A 可经一系列初等行变换化为 E.

证毕.

如果 A 经一系列初等变换(行变,列变,或行变、列变皆有)化为矩阵 B,则称矩阵 A 等价于 B.所以

可逆矩阵等价于同阶的单位矩阵.

对矩阵施以初等行变换,与矩阵相乘有一定关系.设 E_3 为三阶单位矩阵,P_1,P_2,P_3 分别表示对 E_3 只进行了一次初等行变换而得到的矩阵.如

$$\begin{bmatrix} 1 & 0 & 0 \\ 0 & 1 & 0 \\ 0 & 0 & 1 \end{bmatrix} \xrightarrow{r_1\leftrightarrow r_3} \begin{bmatrix} 0 & 0 & 1 \\ 0 & 1 & 0 \\ 1 & 0 & 0 \end{bmatrix}=P_1$$

$$\begin{bmatrix} 1 & 0 & 0 \\ 0 & 1 & 0 \\ 0 & 0 & 1 \end{bmatrix} \xrightarrow{2r_2} \begin{bmatrix} 1 & 0 & 0 \\ 0 & 2 & 0 \\ 0 & 0 & 1 \end{bmatrix} = P_2$$

$$\begin{bmatrix} 1 & 0 & 0 \\ 0 & 1 & 0 \\ 0 & 0 & 1 \end{bmatrix} \xrightarrow{r_3+2r_1} \begin{bmatrix} 1 & 0 & 0 \\ 0 & 1 & 0 \\ 2 & 0 & 1 \end{bmatrix} = P_3$$

用 P_1, P_2, P_3 分别左乘某个矩阵 A, 会产生什么效果?

$$P_1 \begin{bmatrix} 1 & 1 \\ 2 & 2 \\ 3 & 3 \end{bmatrix} = \begin{bmatrix} 0 & 0 & 1 \\ 0 & 1 & 0 \\ 1 & 0 & 0 \end{bmatrix} \begin{bmatrix} 1 & 1 \\ 2 & 2 \\ 3 & 3 \end{bmatrix} = \begin{bmatrix} 3 & 3 \\ 2 & 2 \\ 1 & 1 \end{bmatrix}$$

$$P_2 \begin{bmatrix} 1 & 1 \\ 2 & 2 \\ 3 & 3 \end{bmatrix} = \begin{bmatrix} 1 & 0 & 0 \\ 0 & 2 & 0 \\ 0 & 0 & 1 \end{bmatrix} \begin{bmatrix} 1 & 1 \\ 2 & 2 \\ 3 & 3 \end{bmatrix} = \begin{bmatrix} 1 & 1 \\ 4 & 4 \\ 3 & 3 \end{bmatrix}$$

$$P_3 \begin{bmatrix} 1 & 1 \\ 2 & 2 \\ 3 & 3 \end{bmatrix} = \begin{bmatrix} 1 & 0 & 0 \\ 0 & 1 & 0 \\ 2 & 0 & 1 \end{bmatrix} \begin{bmatrix} 1 & 1 \\ 2 & 2 \\ 3 & 3 \end{bmatrix} = \begin{bmatrix} 1 & 1 \\ 2 & 2 \\ 5 & 5 \end{bmatrix}$$

容易发现用 $P_i (i=1,2,3)$ 左乘 A, 便对 A 进行了一次行变换. 而且是与从 E_3 到 P_i 相同的行变换.

如果将以上的 P_1, P_2, P_3 看成是由 E_3 经一次列初等变换而得

$$E_3 = \begin{bmatrix} 1 & 0 & 0 \\ 0 & 1 & 0 \\ 0 & 0 & 1 \end{bmatrix} \xrightarrow{c_1 \leftrightarrow c_3} \begin{bmatrix} 0 & 0 & 1 \\ 0 & 1 & 0 \\ 1 & 0 & 0 \end{bmatrix} = P_1$$

$$E_3 = \begin{bmatrix} 1 & 0 & 0 \\ 0 & 1 & 0 \\ 0 & 0 & 1 \end{bmatrix} \xrightarrow{2c_2} \begin{bmatrix} 1 & 0 & 0 \\ 0 & 2 & 0 \\ 0 & 0 & 1 \end{bmatrix} = P_2$$

$$E_3 = \begin{bmatrix} 1 & 0 & 0 \\ 0 & 1 & 0 \\ 0 & 0 & 1 \end{bmatrix} \xrightarrow{c_1+2c_3} \begin{bmatrix} 1 & 0 & 0 \\ 0 & 1 & 0 \\ 2 & 0 & 1 \end{bmatrix} = P_3$$

用 P_1, P_2, P_3 分别右乘矩阵 A 的效果是什么?

$$\begin{bmatrix} 1 & 2 & 3 \\ 1 & 2 & 3 \end{bmatrix} P_1 = \begin{bmatrix} 1 & 2 & 3 \\ 1 & 2 & 3 \end{bmatrix} \begin{bmatrix} 0 & 0 & 1 \\ 0 & 1 & 0 \\ 1 & 0 & 0 \end{bmatrix} = \begin{bmatrix} 3 & 2 & 1 \\ 3 & 2 & 1 \end{bmatrix}$$

$$\begin{bmatrix} 1 & 2 & 3 \\ 1 & 2 & 3 \end{bmatrix} P_2 = \begin{bmatrix} 1 & 2 & 3 \\ 1 & 2 & 3 \end{bmatrix} \begin{bmatrix} 1 & 0 & 0 \\ 0 & 2 & 0 \\ 0 & 0 & 1 \end{bmatrix} = \begin{bmatrix} 1 & 4 & 3 \\ 1 & 4 & 3 \end{bmatrix}$$

$$\begin{bmatrix} 1 & 2 & 3 \\ 1 & 2 & 3 \end{bmatrix} P_3 = \begin{bmatrix} 1 & 2 & 3 \\ 1 & 2 & 3 \end{bmatrix} \begin{bmatrix} 1 & 0 & 0 \\ 0 & 1 & 0 \\ 2 & 0 & 1 \end{bmatrix} = \begin{bmatrix} 7 & 2 & 3 \\ 7 & 2 & 3 \end{bmatrix}$$

即用 $P_i(i=1,2,3)$ 右乘 A,便对 A 进行了一次列变换,而且是与从 E_3 到 P_i 相同的列变换. 我们称 P_1,P_2,P_3 为三阶初等矩阵. 对于 n 阶情形也有类似的结果.

如果矩阵 P 是由 E 经一次初等变换而得到的矩阵,则称 P 为初等矩阵,它具有如下性质:

(1) 用初等矩阵 P 左乘矩阵 A,则对 A 进行相应的初等行变换. 用 P 右乘 A,则对 A 进行相应的初等列变换.

(2) 初等矩阵 P 是可逆矩阵(因为 $|P|\neq 0$),且其逆阵 P^{-1} 是与 P 同类型的初等矩阵.

性质(2)可从下面 3 个例子中来理解. 其中的 P_1,P_2,P_3 如前所述

$$\begin{bmatrix} 0 & 0 & 1 \\ 0 & 1 & 0 \\ 1 & 0 & 0 \end{bmatrix} P_1 = \begin{bmatrix} 0 & 0 & 1 \\ 0 & 1 & 0 \\ 1 & 0 & 0 \end{bmatrix}\begin{bmatrix} 0 & 0 & 1 \\ 0 & 1 & 0 \\ 1 & 0 & 0 \end{bmatrix} = \begin{bmatrix} 1 & 0 & 0 \\ 0 & 1 & 0 \\ 0 & 0 & 1 \end{bmatrix}$$

$$\begin{bmatrix} 1 & 0 & 0 \\ 0 & \frac{1}{2} & 0 \\ 0 & 0 & 1 \end{bmatrix} P_2 = \begin{bmatrix} 1 & 0 & 0 \\ 0 & \frac{1}{2} & 0 \\ 0 & 0 & 1 \end{bmatrix}\begin{bmatrix} 1 & 0 & 0 \\ 0 & 2 & 0 \\ 0 & 0 & 1 \end{bmatrix} = \begin{bmatrix} 1 & 0 & 0 \\ 0 & 1 & 0 \\ 0 & 0 & 1 \end{bmatrix}$$

$$\begin{bmatrix} 1 & 0 & 0 \\ 0 & 1 & 0 \\ -2 & 0 & 1 \end{bmatrix} P_3 = \begin{bmatrix} 1 & 0 & 0 \\ 0 & 1 & 0 \\ -2 & 0 & 1 \end{bmatrix}\begin{bmatrix} 1 & 0 & 0 \\ 0 & 1 & 0 \\ 2 & 0 & 1 \end{bmatrix} = \begin{bmatrix} 1 & 0 & 0 \\ 0 & 1 & 0 \\ 0 & 0 & 1 \end{bmatrix}$$

由定理 2.5.1 和初等矩阵的性质(1),便得到与定理 2.5.1 相应的定理 2.5.2.

定理 2.5.2 对可逆矩阵 A 可左乘一系列的初等矩阵将 A 化为单位矩阵 E. 即有

$$P_s\cdots P_2P_1A=E \tag{2-27}$$

其中 $P_1,P_2,\cdots,P_s$ 均为初等矩阵.

对式(2-27)两端取逆得

$$A^{-1}P_1^{-1}P_2^{-1}\cdots P_s^{-1}=E \tag{2-28}$$

对式(2-28)两端左乘 A 得

$$A=P_1^{-1}P_2^{-1}\cdots P_s^{-1} \tag{2-29}$$

由初等矩阵的性质(2),式(2-29)右端的 $P^{-1},P_2^{-1}\cdots,P_s^{-1}$ 皆是初等矩阵. 于是得到一个重要结论

定理 2.5.3 可逆矩阵 A 可以分解为一系列初等矩阵的乘积.

定理 2.5.3 的意义不在于将可逆矩阵 A 作具体的分解,而是只要 A 可逆,A 就"能够"分解成一系列初等矩阵的乘积.

我们再次写出

$$P_s\cdots P_2P_1A=E \tag{2-27}$$

对上式两端右乘 A^{-1},得

$$P_s\cdots P_2P_1E=A^{-1} \tag{2-29'}$$

比较式(2-27)与式(2-29'),式(2-27)表明对可逆矩阵 A 进行一系列的初等行变换,将 A 化为 E. 而式(2-29')表明:对单位矩阵 E 进行与式(2-27)中相同的一系列初等行变换,则

将 E 化为 A^{-1}. 既然对 A 和对 E 作的行变换是相同的,把式(2-27)和式(2-29′)合并在一起,就有

$$P_s \cdots P_2 P_1 [A | E] = [E | A^{-1}] \tag{2-30}$$

其中矩阵 $[A | E]$ 是一个 $n \times 2n$ 矩阵,左半边是 A,右半边是 E,对 $[A | E]$ 进行初等行变换时,要注意把它看成一个整体. $[E | A^{-1}]$ 也是一个 $n \times 2n$ 矩阵,左半边是 E,而右半边是 A^{-1}. 式(2-30)还可直观地示意为

即,为了求 A^{-1},先写出矩阵 $[A | E]$,对 $[A | E]$ 进行初等行变换,当矩阵的左半边化为 E 时,右半边便是 A^{-1}.

例 2.5.1 求 A 的逆矩阵,

$$A = \begin{bmatrix} 1 & 0 & 1 \\ 2 & 1 & 0 \\ -3 & 2 & -5 \end{bmatrix}.$$

解 $[A | E] = \begin{bmatrix} 1 & 0 & 1 & 1 & 0 & 0 \\ 2 & 1 & 0 & 0 & 1 & 0 \\ -3 & 2 & -5 & 0 & 0 & 1 \end{bmatrix} \xrightarrow[r_3 + 3r_1]{r_2 - 2r_1} \begin{bmatrix} 1 & 0 & 1 & 1 & 0 & 0 \\ 0 & 1 & -2 & -2 & 1 & 0 \\ 0 & 2 & -2 & 3 & 0 & 1 \end{bmatrix}$

$\xrightarrow{r_3 - 2r_2} \begin{bmatrix} 1 & 0 & 1 & 1 & 0 & 0 \\ 0 & 1 & -2 & -2 & 1 & 0 \\ 0 & 0 & 2 & 7 & -2 & 1 \end{bmatrix} \xrightarrow[\frac{1}{2} \cdot r_3]{r_2 + r_3} \begin{bmatrix} 1 & 0 & 1 & 1 & 0 & 0 \\ 0 & 1 & 0 & 5 & -1 & 1 \\ 0 & 0 & 1 & \frac{7}{2} & -1 & \frac{1}{2} \end{bmatrix}$

$\xrightarrow{r_1 - r_3} \begin{bmatrix} 1 & 0 & 0 & -\frac{5}{2} & 1 & -\frac{1}{2} \\ 0 & 1 & 0 & 5 & -1 & 1 \\ 0 & 0 & 1 & \frac{7}{2} & -1 & \frac{1}{2} \end{bmatrix}$

$$A^{-1} = \begin{bmatrix} -\frac{5}{2} & 1 & -\frac{1}{2} \\ 5 & -1 & 1 \\ \frac{7}{2} & -1 & \frac{1}{2} \end{bmatrix}$$

例 2.5.2 求 A 的逆矩阵,

$$A = \begin{bmatrix} 0 & 1 & 2 \\ 1 & 1 & 4 \\ 2 & -1 & 0 \end{bmatrix}.$$

解 $[A|E] = \begin{bmatrix} 0 & 1 & 2 & | & 1 & 0 & 0 \\ 1 & 1 & 4 & | & 0 & 1 & 0 \\ 2 & -1 & 0 & | & 0 & 0 & 1 \end{bmatrix} \xrightarrow{r_1 \leftrightarrow r_2} \begin{bmatrix} 1 & 1 & 4 & | & 0 & 1 & 0 \\ 0 & 1 & 2 & | & 1 & 0 & 0 \\ 2 & -1 & 0 & | & 0 & 0 & 1 \end{bmatrix}$

$\xrightarrow{r_3 - 2r_1} \begin{bmatrix} 1 & 1 & 4 & | & 0 & 1 & 0 \\ 0 & 1 & 2 & | & 1 & 0 & 0 \\ 0 & -3 & -8 & | & 0 & -2 & 1 \end{bmatrix} \xrightarrow[r_3 + 3r_2]{r_1 - r_2} \begin{bmatrix} 1 & 0 & 2 & | & -1 & 1 & 0 \\ 0 & 1 & 2 & | & 1 & 0 & 0 \\ 0 & 0 & -2 & | & 3 & -2 & 1 \end{bmatrix}$

$\xrightarrow[r_2 + r_3]{r_1 + r_3} \begin{bmatrix} 1 & 0 & 0 & | & 2 & -1 & 1 \\ 0 & 1 & 0 & | & 4 & -2 & 1 \\ 0 & 0 & -2 & | & 3 & -2 & 1 \end{bmatrix} \xrightarrow{-\frac{1}{2} \cdot r_3} \begin{bmatrix} 1 & 0 & 0 & | & 2 & -1 & 1 \\ 0 & 1 & 0 & | & 4 & -2 & 1 \\ 0 & 0 & 1 & | & -\frac{3}{2} & 1 & -\frac{1}{2} \end{bmatrix}$

$$A^{-1} = \begin{bmatrix} 2 & -1 & 1 \\ 4 & -2 & 1 \\ -\frac{3}{2} & 1 & -\frac{1}{2} \end{bmatrix}$$

§2.6　线性方程组的初步讨论与矩阵的行秩

　　在§2.1矩阵的概念一节中,我们介绍了用矩阵的行初等变换的方法解非齐次线性方程组.即先写出方程组的增广矩阵,再对其施以一系列初等行变换,将其化为阶梯形矩阵.用这种方法我们求得了§2.1节中的方程组(2-1)及例2.1.1方程组的解.本节,我们仍用这种方法,对一般地非齐次线性方程组进行初步讨论,先看下例.

　　例2.6.1　求非齐次线性方程组的解

$$\begin{cases} x_1 + x_2 + x_3 + x_4 = 4 \\ x_1 + 2x_2 + 2x_3 + 2x_4 = 5 \\ x_1 + x_2 \qquad\qquad = 3 \\ 2x_1 + 2x_2 + x_3 + x_4 = 7 \\ 2x_1 + 3x_2 + 3x_3 + 3x_4 = 9 \end{cases} \qquad (2\text{-}31)$$

　　解　写出方程组的增广矩阵,并对其进行初等行变换.

$\begin{bmatrix} 1 & 1 & 1 & 1 & | & 4 \\ 1 & 2 & 2 & 2 & | & 5 \\ 1 & 1 & 0 & 0 & | & 3 \\ 2 & 2 & 1 & 1 & | & 7 \\ 2 & 3 & 3 & 3 & | & 9 \end{bmatrix} \xrightarrow[\substack{r_4 - 2r_1 \\ r_5 - 2r_1}]{\substack{r_2 - r_1 \\ r_3 - r_1}} \begin{bmatrix} 1 & 1 & 1 & 1 & | & 4 \\ 0 & 1 & 1 & 1 & | & 1 \\ 0 & 0 & -1 & -1 & | & -1 \\ 0 & 0 & -1 & -1 & | & -1 \\ 0 & 1 & 1 & 1 & | & 1 \end{bmatrix}$

$\xrightarrow[r_5 - r_2]{r_4 - r_3} \begin{bmatrix} 1 & 1 & 1 & 1 & | & 4 \\ 0 & 1 & 1 & 1 & | & 1 \\ 0 & 0 & -1 & -1 & | & -1 \\ 0 & 0 & 0 & 0 & | & 0 \\ 0 & 0 & 0 & 0 & | & 0 \end{bmatrix} \xrightarrow[-1 \cdot r_3]{\substack{r_1 - r_2 \\ r_2 + r_3}} \begin{bmatrix} 1 & 0 & 0 & 0 & | & 3 \\ 0 & 1 & 0 & 0 & | & 0 \\ 0 & 0 & 1 & 1 & | & 1 \\ 0 & 0 & 0 & 0 & | & 0 \\ 0 & 0 & 0 & 0 & | & 0 \end{bmatrix}$

于是求得方程组的一般解.

$$\begin{cases} x_1 = 3 \\ x_2 = 0 \\ x_3 = 1 - x_4 \\ x_4 = x_4 \end{cases}$$

其中 x_4 为自由未知量,所以方程组(2-31)有无穷多解.

如果将方程组(2-31)的第四个方程中 x_4 的系数改为 2,就得到另一个方程组(2-32).我们只写出它的增广矩阵,并进行初等行变换求解.

$$\begin{bmatrix} 1 & 1 & 1 & 1 & 4 \\ 1 & 2 & 2 & 2 & 5 \\ 1 & 1 & 0 & 0 & 3 \\ 2 & 2 & 1 & 2 & 7 \\ 2 & 3 & 3 & 3 & 9 \end{bmatrix} \rightarrow \cdots \rightarrow \begin{bmatrix} 1 & 0 & 0 & 0 & 3 \\ 0 & 1 & 0 & 0 & 0 \\ 0 & 0 & 1 & 1 & 1 \\ 0 & 0 & 0 & 1 & 0 \\ 0 & 0 & 0 & 0 & 0 \end{bmatrix} \xrightarrow{r_3 - r_4} \begin{bmatrix} 1 & 0 & 0 & 0 & 3 \\ 0 & 1 & 0 & 0 & 0 \\ 0 & 0 & 1 & 0 & 1 \\ 0 & 0 & 0 & 1 & 0 \\ 0 & 0 & 0 & 0 & 0 \end{bmatrix}$$

得到唯一解.

$$\begin{cases} x_1 = 3 \\ x_2 = 0 \\ x_3 = 1 \\ x_4 = 0 \end{cases}$$

如果将方程组(2-31)的第四个方程中的常数项改为 8,则又得到一个方程组(2-33).我们只写出其增广矩阵并施以初等行变换求解.

$$\begin{bmatrix} 1 & 1 & 1 & 1 & 4 \\ 1 & 2 & 2 & 2 & 5 \\ 1 & 1 & 0 & 0 & 3 \\ 2 & 2 & 1 & 1 & 8 \\ 2 & 3 & 3 & 3 & 9 \end{bmatrix} \rightarrow \cdots \rightarrow \begin{bmatrix} 1 & 0 & 0 & 0 & 3 \\ 0 & 1 & 0 & 0 & 0 \\ 0 & 0 & 1 & 1 & 1 \\ 0 & 0 & 0 & 0 & 1 \\ 0 & 0 & 0 & 0 & 0 \end{bmatrix}$$

将最后的矩阵恢复成方程组

$$\begin{cases} x_1 = 3 \\ x_2 = 0 \\ x_3 + x_4 = 1 \\ 0 = 1 \end{cases}$$

便发现矛盾.表明方程组(2-33)无解,或者说方程组(2-33)是一个矛盾方程组.

现在我们对一般的非齐次线性方程组

$$\begin{cases} a_{11}x_1 + a_{12}x_2 + \cdots + a_{1n}x_n = b_1 \\ a_{21}x_1 + a_{22}x_2 + \cdots + a_{2n}x_n = b_2 \\ \quad\quad\cdots\cdots\cdots\cdots \\ a_{m1}x_1 + a_{m2}x_2 + \cdots + a_{mn}x_n = b_m \end{cases} \tag{2-34}$$

进行讨论.写出方程组(2-34)的增广矩阵,并施以初等行变换,将其化为阶梯形矩阵.

$$[A \mid B] = \begin{bmatrix} a_{11} & a_{12} & \cdots & a_{1n} & b_1 \\ a_{21} & a_{22} & \cdots & a_{2n} & b_2 \\ \vdots & \vdots & \vdots & \vdots & \vdots \\ a_{m1} & a_{m2} & \cdots & a_{mn} & b_m \end{bmatrix} \rightarrow \cdots \rightarrow \cdots$$

$$\rightarrow \begin{bmatrix} a_{11} & c_{12} & \cdots & \cdots & c_{1n} & d_1 \\ 0 & c_{22} & \cdots & \cdots & c_{2n} & d_2 \\ \vdots & \vdots & \vdots & \vdots & \vdots \\ 0 & 0 & \cdots & c_{rr} & \cdots & c_m & d_r \\ 0 & 0 & \cdots & 0 & \cdots & 0 & d_{r+1} \\ \vdots & \vdots & \vdots & \vdots & \vdots \\ 0 & 0 & \cdots & 0 & \cdots & 0 & 0 \end{bmatrix}$$

于是得到结论:

当 $d_{r+1} \neq 0$ 时方程组(2-34)无解(即例中方程组(2-33)的情形).

当 $d_{r+1} = 0$ 时方程组(2-34)有解.

当 $d_{r+1} = 0$ 且 $r = n$ 时,方程组(2-34)有唯一解.

当 $d_{r+1} = 0$ 且 $r < n$ 时,方程组(2-34)有无穷多解.

上式中的 r 是原方程组(2-34)经使用消元法消元后,最终保留下的方程的个数. 由上述结论看到, r 是一个至关重要的数. 引出

定义 2.6.1 对给定的矩阵 A 施以初等行变换,使其尽可能出现较多的零行. 最终,其非零行的行数,称为矩阵 A 的行秩,记为 $R_1[A]$.

上述结论又可表述为:

当 $R_1[A] < R_1[A, B]$ 时,方程组(2-34)无解.

当 $R_1[A] = R_1[A, B] = n$ 时,方程组(2-34)有唯一解.

当 $R_1[A] = R_1[A, B] < n$ 时,方程组(2-34)有无穷多解.

类似的有

定义 2.6.1′ 对给定的矩阵 A 施以初等列变换,使其尽可能出现较多的零列. 最终其非零列的列数,称作矩阵 A 的列秩. 记为 $R_2[A]$.

显然,矩阵 A 的行秩不超过 A 的行数. A 的列秩不超过 A 的列数.

例 2.6.2 求矩阵 $A = \begin{bmatrix} 1 & 1 & 1 & 1 & 3 \\ 1 & 1 & 2 & 1 & 3 \\ -1 & 2 & 5 & -1 & 0 \\ 1 & 4 & 8 & 1 & 6 \end{bmatrix}$ 的行秩.

解 $\begin{bmatrix} 1 & 1 & 1 & 1 & 3 \\ 1 & 1 & 2 & 1 & 3 \\ -1 & 2 & 5 & -1 & 0 \\ 1 & 4 & 8 & 1 & 6 \end{bmatrix} \xrightarrow[\substack{r_3+r_1 \\ r_4-r_1}]{r_2-r_1} \begin{bmatrix} 1 & 1 & 1 & 1 & 3 \\ 0 & 0 & 1 & 0 & 0 \\ 0 & 3 & 6 & 0 & 3 \\ 0 & 3 & 7 & 0 & 3 \end{bmatrix}$

$$\xrightarrow{r_4-r_3}\begin{bmatrix}1&1&1&1&3\\0&0&1&0&0\\0&3&6&0&3\\0&0&1&0&0\end{bmatrix}\xrightarrow[r_4-r_2]{r_2\leftrightarrow r_3}\begin{bmatrix}1&1&1&1&3\\0&3&6&0&3\\0&0&1&0&0\\0&0&0&0&0\end{bmatrix}$$

$$R_1[A]=3$$

　　如果矩阵 A 经一系列初等行变换化为 A_1,而 A_1 经初等行变换再也不能出现更多的零行.设 A_1 有 r 个非零行,那么按定义 $2.6.1R_1[A]=r_1$.但此时显然有 $R[A_1]=r$.所以矩阵的行秩定义 2.6.1 蕴含了"矩阵经初等行变换,其行秩不变"这一性质(待 §3.2 节给出)再利用初等变换的可逆性,容易证明这一性质,从而矩阵的行秩具有唯一性.对于矩阵的列秩亦是如此.

本 章 小 结

一、本章内容展开思路

　　1.抽取线性方程组的实质性内容系数和常数项,引出了矩阵的概念.由使用消元法解方程组 $AX=B$ 对方程的处理,施加于相应的增广矩阵的行,引出了矩阵的初等行变换.

　　2.介绍了矩阵的加法、数乘、转置,特别是矩阵的乘法,反映了实际的需要.

　　3.为了解矩阵方阵 $A_{n\times n}X=B$,我们与解方程 $ax=b$ 相对照,数 $a(a\neq0)$ 有乘法逆元, $a^{-1}a=aa^{-1}=1$,可解出 $x=a^{-1}b$,引出方阵 A 可逆的概念,并找到了 A 可逆的必要充分条件 $|A|\neq0$,且 $A^{-1}=\dfrac{1}{|A|}A^*$.

　　4.由可逆矩阵 A 能经一系列初等行变换化为 E,得到定理 2.5.1,及可逆矩阵与同阶的单位矩阵等价的结论.

　　5.在定义了初等矩阵后,利用初等矩阵的性质,得到了与定理 2.5.1 相对应的定理 2.5.2.

$$P_s\cdots P_2P_1A=E \tag{2-27}$$

同时得到了重要定理 2.5.3 可逆矩阵可分解为一系列初等矩阵的乘积.

　　6.由(2-27)式和

$$P_s\cdots P_2P_1E=A^{-1} \tag{2-29'}$$

对照,得到了用矩阵的初等行变换求逆矩阵的方法.

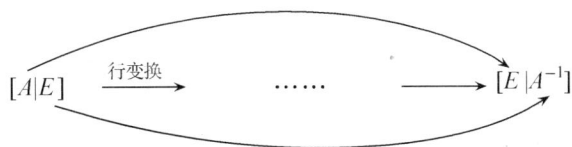

$$[A|E]\xrightarrow{行变换}\cdots\cdots\longrightarrow[E|A^{-1}]$$

　　7.用矩阵方法初步讨论了非齐次线性方程组 $AX=B$ 有解的条件,提出了矩阵的行秩、列秩的概念.

二、教学大纲要求

1. 熟练掌握矩阵的各种运算及运算规律. 理解矩阵的乘法定义. 注意 A,B 可相乘的条件, 及矩阵相乘无交换律, 消去律.

2. 理解方阵的行列式及运算规律. 了解矩阵的分块. 理解 $AB=C,C$ 与 A,B 的关系.

3. 熟练掌握 A 可逆的必要充分条件是 $|A|\neq0$, 及公式 $A^{-1}=\dfrac{1}{|A|}A^*$. 熟练掌握四种特殊矩阵的逆阵.

4. 理解初等矩阵的性质和可逆矩阵的分解定理 2.5.3.

5. 熟练掌握用初等行变换法求逆矩阵.

6. 熟练掌握用矩阵方法解方程组, 理解矩阵的行秩和列秩的概念.

习　题　二

1. 设 $A=\begin{bmatrix}1&1&1\\1&1&-1\\1&-1&1\end{bmatrix}$, $B=\begin{bmatrix}1&2&3\\-1&-2&4\\0&5&1\end{bmatrix}$,

求 $3AB-2A$.

2. 设 $A=\begin{bmatrix}1&2&3\\2&-1&-4\end{bmatrix}$, $B=\begin{bmatrix}2&5\\0&1\\-1&-3\end{bmatrix}$,

求 $2A-3B^T$.

3. 计算下列乘积.

(1) $[1,2,3]\begin{bmatrix}3\\2\\1\end{bmatrix}$　　(2) $\begin{bmatrix}2\\1\\3\end{bmatrix}[-1,2]$

(3) $\begin{bmatrix}0&0\\1&0\end{bmatrix}\begin{bmatrix}0&0\\1&0\end{bmatrix}$　　(4) $\begin{bmatrix}4&2&1\\1&-2&3\\5&7&0\end{bmatrix}\begin{bmatrix}7\\2\\1\end{bmatrix}$

(5) $\begin{bmatrix}a&0&0\\0&b&0\\0&0&c\end{bmatrix}^2$　　(6) $\begin{bmatrix}2&4\\-3&-6\end{bmatrix}\begin{bmatrix}-2&4\\1&-2\end{bmatrix}$

(7) $[x_1,x_2,x_3]\begin{bmatrix}a_{11}&a_{12}&a_{13}\\a_{21}&a_{22}&a_{23}\\a_{31}&a_{32}&a_{33}\end{bmatrix}\begin{bmatrix}x_1\\x_2\\x_3\end{bmatrix}$　$(a_{ij}=a_{ji};i,j=1,2,3)$

4. 设 A 为实对称矩阵, 若 $A^2=O$, 证明 $A=O$.

5. 设 A,B 都是 n 阶对称矩阵, 证明 AB 为对称阵的充分必要条件是 $AB=BA$.

6. 设 A,B 皆为三阶方阵, 且 $|A|=-2,|B|=3$, 试求:

(1) $|-2AB^T|$　　　　　　(2) $|(-AB)^T|$

(3) $|3A^{-1}B^2|$ 　　　　　　　　　　(4) $|A^{\mathrm{T}}B^{-1}|$

7. 设 n 阶方阵 A 的伴随阵为 A^*,证明:

(1) 若 $|A|=0$,则 $|A^*|=0$.

(2) $|A^*|=|A|^{n-1}$.

8. 设 A 为可逆矩阵,证明其伴随阵 A^* 也可逆,且 $(A^*)^{-1}=(A^{-1})^*$.

9. 设 A 为三阶方阵,且 $|A|=2$.试求:

(1) $|-2A^{-1}|$ 　　　　　　　　　　(2) $|A^*|$

(3) $|(A^*)^{-1}|$ 　　　　　　　　　(4) $|(A^*)^*|$

(5) $|3A^{-1}-2A^*|$

10. 求下列矩阵的逆矩阵.

(1) $\begin{bmatrix} 5 & 6 \\ 7 & 8 \end{bmatrix}$ 　　　　(2) $\begin{bmatrix} 1 & 2 \\ 3 & 4 \end{bmatrix}$ 　　　　(3) $\begin{bmatrix} 2 & 0 & 0 \\ 0 & 5 & 6 \\ 0 & 7 & 8 \end{bmatrix}$

(4) $\begin{bmatrix} 5 & 6 & 0 & 0 \\ 7 & 8 & 0 & 0 \\ 0 & 0 & 1 & 2 \\ 0 & 0 & 3 & 4 \end{bmatrix}$ 　　　　(5) $\begin{bmatrix} a & 0 & 0 \\ 0 & b & 0 \\ 0 & 0 & c \end{bmatrix}$ 　$(abc \neq 0)$

11. 用矩阵的初等变换求逆矩阵.

(1) $\begin{bmatrix} 1 & 0 & 1 \\ 2 & 1 & 0 \\ -3 & 2 & -5 \end{bmatrix}$ 　　　　(2) $\begin{bmatrix} 0 & 1 & 2 \\ 1 & 1 & -1 \\ 2 & 4 & 0 \end{bmatrix}$

(3) $\begin{bmatrix} 1 & 1 & 1 & 1 \\ 1 & 1 & -1 & -1 \\ 1 & -1 & 1 & -1 \\ 1 & -1 & -1 & 1 \end{bmatrix}$ 　　　　(4) $\begin{bmatrix} 1 & 1 & 0 & 0 \\ 1 & 2 & 0 & 0 \\ 3 & 7 & 2 & 3 \\ 2 & 5 & 1 & 2 \end{bmatrix}$

12. 解下列矩阵方程.

(1) $\begin{bmatrix} 2 & 5 \\ 1 & 3 \end{bmatrix} X = \begin{bmatrix} 1 & 1 \\ -1 & 0 \end{bmatrix}$

(2) $X \begin{bmatrix} 2 & 1 & -1 \\ 2 & 1 & 0 \\ 1 & -1 & 1 \end{bmatrix} = \begin{bmatrix} 1 & -1 & 3 \\ 4 & 3 & 2 \\ 1 & -2 & 5 \end{bmatrix}$

(3) $\begin{bmatrix} 1 & 4 \\ -1 & 2 \end{bmatrix} X \begin{bmatrix} 2 & 0 \\ -1 & 1 \end{bmatrix} = \begin{bmatrix} 3 & 1 \\ 0 & -1 \end{bmatrix}$

(4) $\begin{bmatrix} 0 & 0 & 1 \\ 0 & 1 & 0 \\ 1 & 0 & 0 \end{bmatrix} X \begin{bmatrix} 0 & 1 & 0 \\ 1 & 0 & 0 \\ 0 & 0 & 1 \end{bmatrix} = \begin{bmatrix} 1 & 2 & 3 \\ 4 & 5 & 6 \\ 7 & 8 & 0 \end{bmatrix}$

13. 设

$$A=\begin{bmatrix} 1 & 0 & 1 \\ 0 & 2 & 0 \\ 1 & 0 & 1 \end{bmatrix},$$ 且 $AX+E=A^2+X$，求矩阵 X.

14. 设方阵 A 满足 $A^2-A-2E=O$，证明 A 和 $A+2E$ 都可逆，并求 A^{-1} 和 $(A+2E)^{-1}$.

15. 设 $A^k=O(k$ 为正整数$)$，证明
$(E-A)^{-1}=E+A+A^2+\cdots+A^{k-1}.$

16. 设

$$A=\begin{bmatrix} 1 & 0 & 0 \\ 0 & 2 & 0 \\ 0 & 0 & 2 \end{bmatrix},P=\begin{bmatrix} 0 & 0 & 1 \\ 1 & 1 & 0 \\ -1 & 0 & 1 \end{bmatrix},$$ 而 $B=PAP^{-1}$，求 $B^n(n\geqslant 2)$.

17. 设 $A=\begin{bmatrix} 0 & 3 & 3 \\ 1 & 1 & 0 \\ -1 & 2 & 3 \end{bmatrix}$，$AX=A+2X$，求 X.

18. 设 $A=\begin{bmatrix} 1 & & \\ & -2 & \\ & & 1 \end{bmatrix}$，$A^*XA=2XA-8E$，求 X.

19. 已知矩阵 A 的伴随矩阵 $A^*=\begin{bmatrix} 1 & 0 & 0 & 0 \\ 0 & 1 & 0 & 0 \\ 1 & 0 & 1 & 0 \\ 0 & -3 & 0 & 8 \end{bmatrix}$，且 $AXA^{-1}=XA^{-1}+3E$，求 X.

20. 设矩阵 A、B 及 $A+B$ 都可逆，证明 $A^{-1}+B^{-1}$ 也可逆，并求其逆阵.

第三章 线性相关性理论与线性方程组

本章将要解决齐次线性方程组

$$\begin{cases} a_{11}x_1 + a_{12}x_2 + \cdots + a_{1n}x_n = 0 \\ a_{21}x_1 + a_{22}x_2 + \cdots + a_{2n}x_n = 0 \\ \qquad\cdots\cdots\cdots\cdots\cdots \\ a_{m1}x_1 + a_{m2}x_2 + \cdots + a_{mn}x_n = 0 \end{cases}$$

（1）满足什么条件有非零解？

（2）当有非零解时，解具有怎样的结构？

两个基本问题. 而对于非齐次线性方程组要解决

$$\begin{cases} a_{11}x_1 + a_{12}x_2 + \cdots + a_{1n}x_n = b_1 \\ a_{21}x_1 + a_{22}x_2 + \cdots + a_{2n}x_n = b_2 \\ \qquad\cdots\cdots\cdots\cdots\cdots \\ a_{m1}x_1 + a_{m2}x_2 + \cdots + a_{mn}x_n = b_m \end{cases}$$

（1）有解的充分必要条件是什么？

（2）当有无穷多解时，解具有怎样的结构？

（3）用消元法解方程组，最终剩下的方程的个数是不是唯一确定的？

为了解决这些问题，引入了 n 维向量空间，并得到了一整套线性相关性理论. 利用它对线性方程组的问题得到了圆满的解决. 同时，线性相关性理论是线性代数的基本理论，在第四章讨论矩阵的特征值，特征向量时还要用到.

§3.1 n 维向量空间

回顾例 2.6.1 方程组 (2-31) 有无穷多解，当改变了其中第 4 个方程的 x_4 的系数，或改变了常数项，就改变了方程组解的情况，究竟是什么原因？ 实际上，所作的改动，改变了方程之间的关系. 所以，方程组解的情况，是由方程组内部方程之间的关系而确定的，因此要研究方程之间的关系. 而方程的要素是系数和常数项，可以用向量表示，所以可以用向量方法研究方程组. 又因为我们要对一般的方程组进行研究，得到一般性的结论，所以我们要在向量集合上展开讨论. 用消元法解方程的过程中，会用一个不为零的数乘某个方程，也会将两个方程相加，这些对方程的处理，有数乘向量，向量的加法与之对应，而且保持着运算结果的对应. 所以我们引入

定义 3.1.1 n 个实数组成的有序数组

$$\begin{bmatrix} a_1, a_2, \cdots, a_n \end{bmatrix} \quad 及 \quad \begin{bmatrix} a_1 \\ a_2 \\ \vdots \\ a_n \end{bmatrix}$$

称作 n 维向量. a_i 为其第 i 个分量 $(i=1,2,\cdots,n)$.

$$[a_1, a_2, \cdots, a_n]$$

称为行向量.

$$\begin{bmatrix} a_1 \\ a_2 \\ \vdots \\ a_n \end{bmatrix}$$

称为列向量.

零向量的概念,向量的相等,向量相加,以及数乘向量的法则均与读者熟悉的二维、三维向量中的情形一致. 以下用 $\boldsymbol{\alpha}, \boldsymbol{\beta}, \boldsymbol{\gamma}, \cdots$ 记作向量.

定义 3.1.2 称所有 n 维向量的集合 R^n 为一个 n 维向量空间,指在 R^n 中定义了加法及数乘两种运算,并且具有如下八条性质:

(1) $\boldsymbol{\alpha}+\boldsymbol{\beta}=\boldsymbol{\beta}+\boldsymbol{\alpha}$

(2) $\boldsymbol{\alpha}+(\boldsymbol{\beta}+\boldsymbol{\gamma})=(\boldsymbol{\alpha}+\boldsymbol{\beta})+\boldsymbol{\gamma}$

(3) $\boldsymbol{\alpha}+\boldsymbol{0}=\boldsymbol{\alpha}$

(4) $\boldsymbol{\alpha}+(-\boldsymbol{\alpha})=\boldsymbol{0}$

(5) $(k+l)\boldsymbol{\alpha}=k\boldsymbol{\alpha}+l\boldsymbol{\alpha}$

(6) $k(\boldsymbol{\alpha}+\boldsymbol{\beta})=k\boldsymbol{\alpha}+k\boldsymbol{\beta}$

(7) $(kl)\boldsymbol{\alpha}=k(l\boldsymbol{\alpha})$

(8) $1 \cdot \boldsymbol{\alpha}=\boldsymbol{\alpha}$

其中 k、l 为实数,$\boldsymbol{0}$ 为零向量.

上述八条性质,在二维、三维情况下是为读者所熟悉的. 这里就不再解说了,以后出现的 R^2、R^3,就是我们熟悉的二维、三维几何空间.

§3.2　向量间的线性表示与矩阵的秩

在用消元法解方程组的过程中,会出现某个方程被化为 $0=0$ 而消失. 其原因是该方程等于组中另外一些方程分别经数乘后作的和. 这种关系反映到方程组对应的向量组上,便是某个向量等于组中另外一些向量分别经数乘后作的和. 从另一方面考虑,如果 $x_1=k_1, x_2=k_2, \cdots, x_n=k_n$ 是方程组

$$\begin{cases} a_{11}x_1+a_{12}x_2+\cdots+a_{1n}x_n=b_1 \\ a_{21}x_1+a_{22}x_2+\cdots+a_{2n}x_n=b_2 \\ \qquad\cdots\cdots\cdots\cdots\cdots \\ a_{m1}x_1+a_{m2}x_2+\cdots+a_{mn}x_n=b_m \end{cases} \tag{3-1}$$

的解. 那么将 $x_i=k_i(i=1,2\cdots,n)$ 代入后就有 m 个等式

$$a_{11}k_1+a_{12}k_2+\cdots+a_{1n}k_n=b_1$$
$$a_{21}k_1+a_{22}k_2+\cdots+a_{2n}k_n=b_2$$
$$\cdots\cdots\cdots\cdots$$
$$a_{m1}k_1+a_{m2}k_2+\cdots+a_{mn}k_n=b_m$$

显然又可将其写成矩阵等式

$$k_1\begin{bmatrix}a_{11}\\a_{21}\\\vdots\\a_{m1}\end{bmatrix}+k_2\begin{bmatrix}a_{12}\\a_{22}\\\vdots\\a_{m2}\end{bmatrix}+\cdots+k_n\begin{bmatrix}a_{1n}\\a_{2n}\\\vdots\\a_{mn}\end{bmatrix}=\begin{bmatrix}b_1\\b_2\\\vdots\\b_m\end{bmatrix} \tag{3-2}$$

而方程组(3-1)的增广矩阵为

$$\begin{bmatrix}a_{11}&a_{12}&\cdots&a_{1n}&b_1\\a_{21}&a_{22}&\cdots&a_{2n}&b_2\\\vdots&\vdots&&\vdots&\vdots\\a_{m1}&a_{m2}&\cdots&a_{mn}&b_m\end{bmatrix}$$

式(3-2)表明,当方程组(3-1)有解 $k_1,k_2,\cdots,k_n$ 时,则方程组(3-1)的增广矩阵中方程组的常数列列向量等于系数列列向量分别经数乘后的和. 所以,一个向量等于另外一些向量分别经数乘后作的和,是向量间的一个重要关系. 因此引入如下概念.

给定向量 $\boldsymbol{\alpha}_1,\boldsymbol{\alpha}_2,\cdots,\boldsymbol{\alpha}_s$ 和 $\boldsymbol{\beta},c_1,c_2,\cdots,c_s$ 为实数.

(1) 称 $c_1\boldsymbol{\alpha}_1+c_2\boldsymbol{\alpha}_2+\cdots+c_s\boldsymbol{\alpha}_s$ 为向量 $\boldsymbol{\alpha}_1,\boldsymbol{\alpha}_2,\cdots,\boldsymbol{\alpha}_s$ 的线性组合.

(2) 若有 $\boldsymbol{\beta}=c_1\boldsymbol{\alpha}_1+c_2\boldsymbol{\alpha}_2+\cdots+c_s\boldsymbol{\alpha}_s$,称向量 $\boldsymbol{\beta}$ 可由向量组 $\boldsymbol{\alpha}_1,\boldsymbol{\alpha}_2,\cdots,\boldsymbol{\alpha}_s$ 线性表示,亦称向量 $\boldsymbol{\beta}$ 是 $\boldsymbol{\alpha}_1,\boldsymbol{\alpha}_2,\cdots,\boldsymbol{\alpha}_s$ 的线性组合.

式(3-2)表明,当方程组(3-1)有解时,方程组的常数列列向量可由系数列列向量线性表示.

例 3.2.1　设 $\boldsymbol{\beta}=\begin{bmatrix}2\\-1\\1\end{bmatrix}$, $\boldsymbol{\alpha}_1=\begin{bmatrix}1\\0\\0\end{bmatrix}$, $\boldsymbol{\alpha}_2=\begin{bmatrix}0\\1\\0\end{bmatrix}$, $\boldsymbol{\alpha}_3=\begin{bmatrix}0\\0\\1\end{bmatrix}$,

显然有 $\boldsymbol{\beta}=2\boldsymbol{\alpha}_1-\boldsymbol{\alpha}_2+\boldsymbol{\alpha}_3$. 所以 $\boldsymbol{\beta}$ 可由 $\boldsymbol{\alpha}_1,\boldsymbol{\alpha}_2,\boldsymbol{\alpha}_3$ 线性表示.

在 R^n 中,称向量组

$$\boldsymbol{e}_1=\begin{bmatrix}1\\0\\\vdots\\0\end{bmatrix},\boldsymbol{e}_2=\begin{bmatrix}0\\1\\\vdots\\0\end{bmatrix},\cdots,\boldsymbol{e}_n=\begin{bmatrix}0\\\vdots\\0\\1\end{bmatrix}$$

为 R^n 的基本向量组, R^n 中的任一向量皆可由其线性表示.

设 $\boldsymbol{\alpha}=\begin{bmatrix}a_1\\a_2\\\vdots\\a_n\end{bmatrix}$,则有

$$\boldsymbol{\alpha}=a_1\begin{bmatrix}1\\0\\\vdots\\0\end{bmatrix}+a_2\begin{bmatrix}0\\1\\\vdots\\0\end{bmatrix}+\cdots+a_n\begin{bmatrix}0\\\vdots\\0\\1\end{bmatrix}$$

$$=a_1\boldsymbol{e}_1+a_2\boldsymbol{e}_2+\cdots+a_n\boldsymbol{e}_n$$

例 3.2.2 设 $\boldsymbol{\alpha}_1=\begin{bmatrix}1\\0\\1\end{bmatrix}, \boldsymbol{\alpha}_2=\begin{bmatrix}-1\\1\\-1\end{bmatrix}, \boldsymbol{\alpha}_3=\begin{bmatrix}0\\0\\1\end{bmatrix}, \boldsymbol{\beta}=\begin{bmatrix}1\\2\\3\end{bmatrix}.$

$\boldsymbol{\beta}$ 能否由 $\boldsymbol{\alpha}_1, \boldsymbol{\alpha}_2, \boldsymbol{\alpha}_3$ 线性表示?

解 设 $$x_1\boldsymbol{\alpha}_1+x_2\boldsymbol{\alpha}_2+x_3\boldsymbol{\alpha}_3=\boldsymbol{\beta}$$

$$x_1\begin{bmatrix}1\\0\\1\end{bmatrix}+x_2\begin{bmatrix}-1\\1\\-1\end{bmatrix}+x_3\begin{bmatrix}0\\0\\1\end{bmatrix}=\begin{bmatrix}1\\2\\3\end{bmatrix}$$

$$\begin{cases}x_1-x_2 &=1\\ x_2 &=2\\ x_1-x_2+x_3 &=3\end{cases}$$

经观察便知 $x_1=3, x_2=2, x_3=2$,所以

$$\boldsymbol{\beta}=3\boldsymbol{\alpha}_1+2\boldsymbol{\alpha}_1+2\boldsymbol{\alpha}_2$$

$\boldsymbol{\beta}$ 可由 $\boldsymbol{\alpha}_1, \boldsymbol{\alpha}_2, \boldsymbol{\alpha}_3$ 线性表示.

由例 3.2.2 看出,一个向量能否由其他几个向量线性表示的问题,涉及到对应的非齐次线性方程组是否有解.

如果将向量 $\boldsymbol{\beta}, \boldsymbol{\alpha}_1, \boldsymbol{\alpha}_2, \cdots, \boldsymbol{\alpha}_s$ 皆看成力,那么 $\boldsymbol{\beta}$ 能由 $\boldsymbol{\alpha}_1, \boldsymbol{\alpha}_2, \cdots, \boldsymbol{\alpha}_s$ 线性表示 $\boldsymbol{\beta}=c_1\boldsymbol{\alpha}_1+c_2\boldsymbol{\alpha}_2+\cdots+c_s\boldsymbol{\alpha}_s$,即力 $\boldsymbol{\beta}$ 可以在力系 $\boldsymbol{\alpha}_1, \boldsymbol{\alpha}_2, \cdots, \boldsymbol{\alpha}_s$ 上进行分解.

在用消元法解线性方程组的过程中,会得到一些与原方程组等价(即有相同的解集合)的方程组.那么这些方程组对应的向量组之间也会有一定的关系.下述的概念(3),(4)就是这种关系的反映.

(3)如果向量组 $\boldsymbol{\beta}_1, \boldsymbol{\beta}_2, \cdots, \boldsymbol{\beta}_m$ 的每个向量,皆可由 $\boldsymbol{\alpha}_1, \boldsymbol{\alpha}_2, \cdots, \boldsymbol{\alpha}_s$ 线性表示,称向量组 $\boldsymbol{\beta}_1, \boldsymbol{\beta}_2, \cdots, \boldsymbol{\beta}_m$ 可由向量组 $\boldsymbol{\alpha}_1, \boldsymbol{\alpha}_2, \cdots, \boldsymbol{\alpha}_s$ 线性表出.

显然 R^n 中的任意一组向量 $\boldsymbol{\beta}_1, \boldsymbol{\beta}_2, \cdots, \boldsymbol{\beta}_m$ 皆可由基本向量组 $\boldsymbol{e}_1, \boldsymbol{e}_2, \cdots, \boldsymbol{e}_n$ 线性表出.

(4)如果向量组 $\boldsymbol{\beta}_1, \boldsymbol{\beta}_2, \cdots, \boldsymbol{\beta}_m$ 与向量组 $\boldsymbol{\alpha}_1, \boldsymbol{\alpha}_2, \cdots, \boldsymbol{\alpha}_s$ 之间可以相互线性表出,称此二向量组等价.

容易明白,如果向量组 $\boldsymbol{\alpha}_1, \boldsymbol{\alpha}_2, \cdots, \boldsymbol{\alpha}_s$ 与 $\boldsymbol{\beta}_1, \boldsymbol{\beta}_2, \cdots, \boldsymbol{\beta}_m$ 等价,又 $\boldsymbol{\beta}_1, \boldsymbol{\beta}_2, \cdots, \boldsymbol{\beta}_m$ 与向量组 $\boldsymbol{\gamma}_1, \boldsymbol{\gamma}_2, \cdots, \boldsymbol{\gamma}_i$ 等价,则 $\boldsymbol{\alpha}_1, \boldsymbol{\alpha}_2, \cdots, \boldsymbol{\alpha}_s$ 与 $\boldsymbol{\gamma}_1, \boldsymbol{\gamma}_2, \cdots, \boldsymbol{\gamma}_i$ 等价.即等价关系具有传递性.

在 §2.3 节中,关于矩阵的分块中曾叙述了如下内容:

$$A=\begin{bmatrix} a_{11} & a_{12} & \cdots & a_{1n} \\ a_{21} & a_{22} & \cdots & a_{2n} \\ \vdots & \vdots & & \vdots \\ a_{m1} & a_{m2} & \cdots & a_{mn} \end{bmatrix}=[A_1,A_2,\cdots,A_n]$$

$$B=\begin{bmatrix} b_{11} & b_{12} & \cdots & b_{1s} \\ b_{21} & b_{22} & \cdots & b_{2s} \\ \vdots & \vdots & & \vdots \\ b_{n1} & b_{n2} & \cdots & b_{ns} \end{bmatrix}=\begin{bmatrix} B_1 \\ B_2 \\ \vdots \\ B_n \end{bmatrix}$$

设 $AB=C$,有

$$AB=[A_1,A_2,\cdots,A_n]\begin{bmatrix} b_{11} & b_{12} & \cdots & b_{1s} \\ b_{21} & b_{22} & \cdots & b_{2s} \\ \vdots & \vdots & & \vdots \\ b_{n1} & b_{n2} & \cdots & b_{ns} \end{bmatrix}$$

$$=\left[\sum_{i=1}^{n}b_{i1}A_i,\sum_{i=1}^{n}b_{i2}A_i,\cdots,\sum_{i=1}^{n}b_{is}A_i\right]=C \tag{2-17}$$

$$AB=\begin{bmatrix} a_{11} & a_{12} & \cdots & a_{1n} \\ a_{21} & a_{22} & \cdots & a_{2n} \\ \vdots & \vdots & & \vdots \\ a_{m1} & a_{m2} & \cdots & a_{mn} \end{bmatrix}\begin{bmatrix} B_1 \\ B_2 \\ \vdots \\ B_n \end{bmatrix}=\begin{bmatrix} \sum\limits_{i=1}^{n}a_{1i}B_i \\ \sum\limits_{i=1}^{n}a_{2i}B_i \\ \vdots \\ \sum\limits_{i=1}^{n}a_{mi}B_i \end{bmatrix}=C \tag{2-18}$$

于是得到

命题 I 设 $AB=C$,则矩阵 C 的列向量组可由 A 的列向量组线性表出. 矩阵 C 的行向量组可由 B 的行向量组线性表出.

如果矩阵 B 是由矩阵 A 施以一系列初等行变换而得,那么 B 的行向量组与 A 的行向量组之间的会有什么关系? 可设

$$P_s\cdots P_2 P_1 A=B \tag{3-3}$$

其中 $P_1,P_2,\cdots,P_s$ 皆为初等矩阵. 令 $P=P_s\cdots P_2 P_1$. 则有

$$PA=B \tag{3-4}$$

$|P|=|P_s|\cdots|P_2|\cdot|P_1|\neq 0$,故 P 可逆. 用 P^{-1} 左乘式(3-4)两端得

$$A=P^{-1}B \tag{3-5}$$

据命题 I,式(3-4)表明 B 的行向量组可由 A 的行向量线性表出. 式(3-5)表明 A 的行向量组可由 B 的行向量组线性表出. 所以 A、B 的行向量组等价.

如果矩阵 B 是由矩阵 A 施以一系列初等列变换而得,易知也会有类似结论. 于是有

命题 II 设矩阵 B 是由矩阵 A 经初等行(列)变换而得,则 A、B 的行(列)向量组等价.

以后如果不加声明,我们用符号 $A:\boldsymbol{\alpha}_1,\boldsymbol{\alpha}_2,\cdots,\boldsymbol{\alpha}_m$ 表示矩阵 $A_{n\times m}$ 的列向量组,其中 $\boldsymbol{\alpha}_1,\boldsymbol{\alpha}_2,\cdots,\boldsymbol{\alpha}_m$ 均为 A 的列向量.

如果向量组 $B:\boldsymbol{\beta}_1,\boldsymbol{\beta}_2,\cdots,\boldsymbol{\beta}_l$ 可由向量组 $A:\boldsymbol{\alpha}_1,\boldsymbol{\alpha}_2,\cdots,\boldsymbol{\alpha}_m$ 线性表出,那么矩阵 B、A 的列秩之间应该有某种关系.对矩阵 B 增添新的列,则矩阵的列秩有可能增大,而不会减小.所以

$$R_2[B] \leqslant R_2[B,A]$$

又因 $\boldsymbol{\beta}_1,\boldsymbol{\beta}_2,\cdots,\boldsymbol{\beta}_l$ 可由 $\boldsymbol{\alpha}_1,\boldsymbol{\alpha}_2,\cdots,\boldsymbol{\alpha}_m$ 线性表出,则 $\boldsymbol{\beta}_1,\boldsymbol{\beta}_2,\cdots,\boldsymbol{\beta}_l$ 皆能用 $\boldsymbol{\alpha}_1,\boldsymbol{\alpha}_2,\cdots,\boldsymbol{\alpha}_m$ 线性表示.所以在求 $R_2[B,A]$ 的过程中,$\boldsymbol{\beta}_1,\boldsymbol{\beta}_2,\cdots,\boldsymbol{\beta}_l$ 皆可化为零列.

$$[B,A]=[\boldsymbol{\beta}_1,\boldsymbol{\beta}_2,\cdots,\boldsymbol{\beta}_l,\boldsymbol{\alpha}_1,\boldsymbol{\alpha}_2,\cdots,\boldsymbol{\alpha}_m] \xrightarrow{\text{列变换}} \cdots$$
$$\cdots \to [\mathbf{0},\mathbf{0},\cdots,\mathbf{0},\boldsymbol{\alpha}_1,\boldsymbol{\alpha}_2,\cdots,\boldsymbol{\alpha}_m]=[O_{n\times l},A]$$

因此有

$$R_2[B,A]=R_2[O,A]=R_2[A]$$

所以

$$R_2[B] \leqslant R_2[A]$$

因此得到

定理 3.2.1 设向量组 $B:\boldsymbol{\beta}_1,\boldsymbol{\beta}_2,\cdots,\boldsymbol{\beta}_l$ 可由向量组 $A:\boldsymbol{\alpha}_1,\boldsymbol{\alpha}_2,\cdots,\boldsymbol{\alpha}_m$ 线性表出,则 $R_2[B] \leqslant R_2[A]$.

如果对矩阵按行分块,易知会有结论:

行向量组 $B:\boldsymbol{\beta}_1,\boldsymbol{\beta}_2,\cdots,\boldsymbol{\beta}_l$ 可由行向量组 $A:\boldsymbol{\alpha}_1,\boldsymbol{\alpha}_2,\cdots,\boldsymbol{\alpha}_m$ 线性表出,则 $R_1[B] \leqslant R_1[A]$.

推论 1 设 $AB=C$,则 $R_2[C] \leqslant R_2[A]$,$R_1[C] \leqslant R_1[B]$.

推论 2 行(列)向量组 $B:\boldsymbol{\beta}_1,\boldsymbol{\beta}_2,\cdots,\boldsymbol{\beta}_l$ 与 $A:\boldsymbol{\alpha}_1,\boldsymbol{\alpha}_2,\cdots,\boldsymbol{\alpha}_m$ 等价,则 $R_1[B]=R_1[A]$ $(R_2[B]=R_2[A])$.

在 §2.6 节中给出了矩阵 A 的行秩 $R_1[A]$ 和列秩 $R_2[A]$ 的概念,它们之间有什么关系,我们讨论如下.

设 $R_1[A]=r_1$,$R_2[A]=r_2$,$A_{n\times m}$ 的列向量组为 $\boldsymbol{\alpha}_1,\boldsymbol{\alpha}_2,\cdots,\boldsymbol{\alpha}_m$.因 $R_2[A]=r_2$,则 A 经初等列变换会出现 $m-r_2$ 个零列,即 A 中会有 $m-r_2$ 个列向量是其余 r_2 个列向量的线性组合,不妨设这 r_2 个列是 A 的前 r_2 个,则有

$$\boldsymbol{\alpha}_{r_2+1}=t_{1r_2+1}\boldsymbol{\alpha}_1+t_{2r_2+1}\boldsymbol{\alpha}_2+\cdots+t_{r_2r_2+1}\boldsymbol{\alpha}_{r_2}$$
$$\boldsymbol{\alpha}_{r_2+2}=t_{1r_2+2}\boldsymbol{\alpha}_1+t_{2r_2+2}\boldsymbol{\alpha}_2+\cdots+t_{r_2r_2+2}\boldsymbol{\alpha}_{r_2}$$
$$\cdots\cdots\cdots\cdots$$
$$\boldsymbol{\alpha}_m = t_{1m}\boldsymbol{\alpha}_1+ t_{2m}\boldsymbol{\alpha}_2+\cdots+t_{r_2m}\boldsymbol{\alpha}_{r_2}$$

所以有

$$A=[\boldsymbol{\alpha}_1,\boldsymbol{\alpha}_2,\cdots,\boldsymbol{\alpha}_{r_2},\boldsymbol{\alpha}_{r_2+1},\cdots,\boldsymbol{\alpha}_m]$$
$$=[\boldsymbol{\alpha}_1,\boldsymbol{\alpha}_2,\cdots,\boldsymbol{\alpha}_{r_2}]\begin{bmatrix} 1 & 0 & \cdots & 0 & t_{1r_2+1} & t_{1r_2+2} & \cdots & t_{1m} \\ 0 & 1 & \cdots & 0 & t_{2r_2+1} & t_{2r_2+2} & \cdots & t_{2m} \\ \cdots & \cdots & \cdots & \cdots & \cdots & \cdots & \cdots & \cdots \\ 0 & 0 & \cdots & 1 & t_{r_2r_2+1} & t_{r_2r_2+2} & \cdots & t_{r_2m} \end{bmatrix}_{r_2\times m}$$

A 是上式右端两个矩阵的乘积矩阵.据定理 3.2.1 的推论,A 的行秩不超过上式右端第二个矩阵的行秩,显然此矩阵的行秩为 r_2,所以

$$R_1[A]=r_1\leqslant r_2$$

同理可证 $r_2\leqslant r_1$. 所以 $r_1=r_2$. 因此得到

定理 3.2.2　矩阵 A 的行秩和列秩相等. 即 $R_1[A]=R_2[A]$.

由于矩阵的行秩，列秩相等，所以给出

定义 3.2.1　矩阵 A 的行秩，列秩皆称作矩阵 A 的秩. 记作 $R[A]$.

例 3.2.3　设 $A=\begin{bmatrix}0&1&1&1\\1&0&1&1\\1&1&0&1\\1&1&1&0\end{bmatrix}$，求 A 的秩.

解　$A=\begin{bmatrix}0&1&1&1\\1&0&1&1\\1&1&0&1\\1&1&1&0\end{bmatrix}\xrightarrow{r_1\leftrightarrow r_4}\begin{bmatrix}1&1&1&0\\1&0&1&1\\1&1&0&1\\0&1&1&1\end{bmatrix}\xrightarrow[r_3-r_1]{r_2-r_1}\begin{bmatrix}1&1&1&0\\0&-1&0&1\\0&0&-1&1\\0&1&1&1\end{bmatrix}$

$$\xrightarrow{r_4+r_2+r_3}\begin{bmatrix}1&1&1&0\\0&-1&0&1\\0&0&-1&1\\0&0&0&3\end{bmatrix}$$

所以，$R(A)=4$.

如果一个方阵的秩等于该矩阵的阶数，称此方阵为满秩矩阵. 易知，A 非奇异，A 可逆，A 满秩是同义语.

矩阵的秩有如下性质：

(1) 设向量组 $B:\boldsymbol{\beta}_1,\boldsymbol{\beta}_2,\cdots,\boldsymbol{\beta}_l$ 与 $A:\boldsymbol{\alpha}_1,\boldsymbol{\alpha}_2,\cdots,\boldsymbol{\alpha}_m$ 等价，则 $R[B]=R[A]$.

(2) 矩阵 A 经初等变换其秩不变.

(3) 设 P,Q 为可逆矩阵，则 $R[PA]=R[A]$，$R[AQ]=R[A]$.

(4) $R[AB]\leqslant\min\{R[A],R[B]\}$.

(5) $R[A+B]\leqslant R[A]+R[B]$.

性质(1)，(2)，(4)容易明白. 下面只证明性质(3)，(5).

设 A 是 $m\times n$ 矩阵，P 是 m 阶可逆矩阵. 因 P 可逆，所以 P 可分解为一系列初等矩阵的乘积，设 $P=P_s\cdots P_2P_1$.

$$PA=P_s\cdots P_2P_1A$$

上式表明可逆阵 P 左乘 A，相当于对 A 施以一系列的初等行变换，但不改变 A 的秩. 所以 $R[PA]=R[A]$. 同理可证，当 Q 为 n 阶可逆矩阵时，有 $R[AQ]=R[A]$. 所以，性质(3)为真. 以下再证明性质(5).

设 $A=[\boldsymbol{\alpha}_1,\boldsymbol{\alpha}_2,\cdots,\boldsymbol{\alpha}_m]$，$B=[\boldsymbol{\beta}_1,\boldsymbol{\beta}_2,\cdots,\boldsymbol{\beta}_m]$，则

$$A+B=[\boldsymbol{\alpha}_1+\boldsymbol{\beta}_1,\boldsymbol{\alpha}_2+\boldsymbol{\beta}_2,\cdots,\boldsymbol{\alpha}_m+\boldsymbol{\beta}_m]$$

故向量组 $A+B:\boldsymbol{\alpha}_1+\boldsymbol{\beta}_1,\boldsymbol{\alpha}_1+\boldsymbol{\beta}_2,\cdots,\boldsymbol{\alpha}_m+\boldsymbol{\beta}_m$，可由向量组 $[A,B]:\boldsymbol{\alpha}_1,\boldsymbol{\alpha}_2,\cdots,\boldsymbol{\alpha}_m,\boldsymbol{\beta}_1,\boldsymbol{\beta}_2,\cdots,\boldsymbol{\beta}_m$ 线性表出. 所以

$$R[A+B]\leqslant R[A,B]$$

如果向量组 $A:\boldsymbol{\alpha}_1,\boldsymbol{\alpha}_2,\cdots,\boldsymbol{\alpha}_m$ 中每个向量均不能由 $B:\boldsymbol{\beta}_1,\boldsymbol{\beta}_2,\cdots,\boldsymbol{\beta}_m$ 线性表示,同时 $B:\boldsymbol{\beta}_1,$ $\boldsymbol{\beta}_2,\cdots,\boldsymbol{\beta}_m$ 中每个向量也均不能由 $A:\boldsymbol{\alpha}_1,\boldsymbol{\alpha}_2,\cdots,\boldsymbol{\alpha}_m$ 线性表示时,则

$$R[A,B]=R[A]+R[B]$$

当上述条件未满足,则

$$R[A,B]<R[A]+R[B]$$

所以

$$R[A+B]\leqslant R[A]+R[B]$$

§3.3　向量间的线性关系

在§3.2节已经证明了如果非齐次线性方程组

$$\begin{cases}a_{11}x_1+a_{12}x_2+\cdots+a_{1n}x_n=b_1\\a_{21}x_2+a_{22}x_2+\cdots+a_{2n}x_n=b_2\\\cdots\cdots\cdots\cdots\\a_{m1}x_1+a_{m2}x_2+\cdots+a_{mn}x_n=b_m\end{cases}\tag{3-1}$$

有解 $x_1=k_1,x_2=k_2,\cdots,x_n=k_n$,则其增广矩阵$[A,B]$中的方程组常数列列向量是系数列列向量的线性组合

$$k_1\begin{bmatrix}a_{11}\\a_{21}\\\vdots\\a_{m1}\end{bmatrix}+k_2\begin{bmatrix}a_{12}\\a_{22}\\\vdots\\a_{m2}\end{bmatrix}+\cdots+k_n\begin{bmatrix}a_{1n}\\a_{2n}\\\vdots\\a_{mn}\end{bmatrix}=\begin{bmatrix}b_1\\b_2\\\vdots\\b_m\end{bmatrix}\tag{3-2}$$

反之,如果给定 m 维列向量组 $\delta_1,\delta_2,\cdots,\delta_n,\varepsilon$,而且其中向量 ε 是其余向量 $\delta_1,\delta_2,\cdots,\delta_n$ 的线性组合

$$c_1\delta_1+c_2\delta_2+\cdots+c_n\delta_n=\varepsilon$$

那么,以$[\delta_1,\delta_2,\cdots,\delta_n,\varepsilon]$为增广矩阵的非齐次线性方程组会有解 $x_1=c_1,x_2=c_2,\cdots,x_n=c_n$.所以,给出的一组向量中,如果有一个向量是其余向量的线性组合,是向量间的一个重要关系.

定义 3.3.1　给定向量组 $\boldsymbol{\alpha}_1,\boldsymbol{\alpha}_2,\cdots,\boldsymbol{\alpha}_m$,如果其中有某个向量是其余向量的线性组合,则称向量组 $\boldsymbol{\alpha}_1,\boldsymbol{\alpha}_2,\cdots,\boldsymbol{\alpha}_n$ 线性相关.否则称 $\boldsymbol{\alpha}_1,\boldsymbol{\alpha}_2,\cdots,\boldsymbol{\alpha}_n$ 线性无关.

例 3.3.1　设 $\boldsymbol{\alpha}_1=\begin{bmatrix}1\\2\\3\end{bmatrix},\boldsymbol{\alpha}_2=\begin{bmatrix}2\\4\\6\end{bmatrix},$

显然有 $\boldsymbol{\alpha}_2=2\boldsymbol{\alpha}_1$.从向量 $\boldsymbol{\alpha}_1,\boldsymbol{\alpha}_2$ 之间的几何关系来看,$\boldsymbol{\alpha}_1$ 与 $\boldsymbol{\alpha}_2$ 平行.如果把 $\boldsymbol{\alpha}_1,\boldsymbol{\alpha}_2$ 看成向量组,它满足了定义 3.3.1,$\boldsymbol{\alpha}_1,\boldsymbol{\alpha}_2$ 线性相关.所以,对于由两个向量构成的向量组,线性相关相当于这两个向量平行(或共线).

例 3.3.2　设 $\boldsymbol{\alpha}_1=\begin{bmatrix}1\\-1\\1\end{bmatrix},\boldsymbol{\alpha}_2=\begin{bmatrix}-1\\0\\1\end{bmatrix},\boldsymbol{\alpha}_3=\begin{bmatrix}-1\\-2\\5\end{bmatrix},$

显然有 $\boldsymbol{\alpha}_3 = 2\boldsymbol{\alpha}_1 + 3\boldsymbol{\alpha}_2$ 满足了定义 3.3.1,所以 $\boldsymbol{\alpha}_1,\boldsymbol{\alpha}_2,\boldsymbol{\alpha}_3$ 线性相关. 而 $\boldsymbol{\alpha}_3 = 2\boldsymbol{\alpha}_1 + 3\boldsymbol{\alpha}_2$ 表示了向量 $\boldsymbol{\alpha}_3$ 可以在向量组 $\boldsymbol{\alpha}_1,\boldsymbol{\alpha}_2$ 上进行分解. 或者说,可以由 $\boldsymbol{\alpha}_1,\boldsymbol{\alpha}_2$ 合成 $\boldsymbol{\alpha}_3$. 所以,对于由 3 个向量构成的向量组,线性相关可以理解为所说的分解、或合成. 当构成向量组的向量个数多于 3 个,也可以这样去理解.

如果齐次线性方程组

$$\begin{cases} a_{11}x_1 + a_{12}x_2 + \cdots + a_{1n}x_n = 0 \\ a_{21}x_1 + a_{22}x_1 + \cdots + a_{2n}x_n = 0 \\ \cdots\cdots\cdots\cdots\cdots \\ a_{m1}x_1 + a_{m2}x_2 + \cdots + a_{mn}x_n = 0 \end{cases} \tag{3-6}$$

有非零解 $x_1 = k_1, x_2 = k_2, \cdots, x_n = k_n$,将其代入式(3-6)并写成矩阵形式有

$$k_1 \begin{bmatrix} a_{11} \\ a_{21} \\ \vdots \\ a_{m1} \end{bmatrix} + k_2 \begin{bmatrix} a_{12} \\ a_{21} \\ \vdots \\ a_{m2} \end{bmatrix} + \cdots + k_n \begin{bmatrix} a_{1n} \\ a_{2n} \\ \vdots \\ a_{mn} \end{bmatrix} = \begin{bmatrix} 0 \\ 0 \\ \vdots \\ 0 \end{bmatrix} \tag{3-7}$$

写出方程组(3-6)的系数矩阵 A,并将其按列分块

$$A = \begin{bmatrix} a_{11} & a_{12} & \cdots & a_{1n} \\ a_{21} & a_{22} & \cdots & a_{m} \\ \vdots & \vdots & & \vdots \\ a_{m1} & a_{m2} & \cdots & a_{mn} \end{bmatrix} = [\boldsymbol{\alpha}_1, \boldsymbol{\alpha}_2, \cdots, \boldsymbol{\alpha}_n]$$

式(3-7)可写为

$$k_1\boldsymbol{\alpha}_1 + k_2\boldsymbol{\alpha}_2 + \cdots + k_n\boldsymbol{\alpha}_n = \boldsymbol{0} \tag{3-8}$$

式(3-8)表明:若齐次线性方程组(3-6)有非零解,则其系数矩阵 A 的列向量组 $\boldsymbol{\alpha}_1,\boldsymbol{\alpha}_2,\cdots,\boldsymbol{\alpha}_n$ 有系数不全为零的线性组合等于零向量. 易知其逆亦真. 齐次线性方程组(3-6)有非零解是需要条件的,这个条件恰恰就是(3-8)式.

定义 3.3.1' 给定向量组 $\boldsymbol{\alpha}_1,\boldsymbol{\alpha}_2,\cdots,\boldsymbol{\alpha}_m$,若有不全为零的数 $k_1,k_2,\cdots,k_m$ 使

$$k_1\boldsymbol{\alpha}_1 + k_2\boldsymbol{\alpha}_2 + \cdots + k_m\boldsymbol{\alpha}_m = \boldsymbol{0}$$

称向量组 $\boldsymbol{\alpha}_1,\boldsymbol{\alpha}_2,\cdots,\boldsymbol{\alpha}_m$ 线性相关. 否则称 $\boldsymbol{\alpha}_1,\boldsymbol{\alpha}_2,\cdots,\boldsymbol{\alpha}_m$ 线性无关.

定义 3.3.1'有简单的物理意义. 设 $\boldsymbol{\alpha}_1,\boldsymbol{\alpha}_2,\cdots,\boldsymbol{\alpha}_m$ 是作用于同一点的力系,若有不全为零的数 $k_1,k_2,\cdots,k_m$ 使

$$k_1\boldsymbol{\alpha}_1 + k_2\boldsymbol{\alpha}_2 + \cdots + k_m\boldsymbol{\alpha}_m = \boldsymbol{0}$$

则表明 $\boldsymbol{\alpha}_1,\boldsymbol{\alpha}_2,\cdots,\boldsymbol{\alpha}_m$ 是可平衡力系,所以线性相关的力系是可平衡力系. 如果一个力系是不可平衡的,或失去了平衡,那么相应的结构便不稳定.

例 3.3.3 对向量组

$$e_1 = \begin{bmatrix} 1 \\ 0 \\ 0 \end{bmatrix}, e_2 = \begin{bmatrix} 0 \\ 1 \\ 0 \end{bmatrix}, e_3 = \begin{bmatrix} 0 \\ 0 \\ 1 \end{bmatrix}$$

只有系数全为零的线性组合等于零向量

$$0\,e_1 + 0\,e_2 + 0\,e_3 = \boldsymbol{0}$$

所以 e_1, e_2, e_3 线性无关. 而对向量组

$$\boldsymbol{\alpha}_1 = \begin{bmatrix} 1 \\ -1 \\ 1 \end{bmatrix}, \boldsymbol{\alpha}_2 = \begin{bmatrix} -1 \\ 0 \\ 1 \end{bmatrix}, \boldsymbol{\alpha}_3 = \begin{bmatrix} -1 \\ -2 \\ 5 \end{bmatrix}, \boldsymbol{\alpha}_4 = \begin{bmatrix} 1 \\ 2 \\ 3 \end{bmatrix}.$$

自然有

$$0\,\boldsymbol{\alpha}_1 + 0\,\boldsymbol{\alpha}_2 + 0\,\boldsymbol{\alpha}_3 + 0\,\boldsymbol{\alpha}_4 = \boldsymbol{0}$$

但还有系数不全为零的线性组合等于零向量

$$2 \begin{bmatrix} 1 \\ -1 \\ 1 \end{bmatrix} + 3 \begin{bmatrix} -1 \\ 0 \\ 1 \end{bmatrix} + (-1) \begin{bmatrix} -1 \\ -2 \\ 5 \end{bmatrix} + 0 \begin{bmatrix} 1 \\ 2 \\ 3 \end{bmatrix} = \begin{bmatrix} 0 \\ 0 \\ 0 \end{bmatrix} \qquad (3\text{-}9)$$

所以 $\boldsymbol{\alpha}_1, \boldsymbol{\alpha}_2, \boldsymbol{\alpha}_3, \boldsymbol{\alpha}_4$ 线性相关.

　　将例 3.3.3 中的向量组 $\boldsymbol{\alpha}_1, \boldsymbol{\alpha}_2, \boldsymbol{\alpha}_3, \boldsymbol{\alpha}_4$ 与向量组 e_1, e_2, e_3 相比较,可以想象,向量 $\boldsymbol{\alpha}_1$, $\boldsymbol{\alpha}_2, \boldsymbol{\alpha}_3, \boldsymbol{\alpha}_4$ 间蕴含了某种关系,正是因为这种关系才导致式(3-9)成立. 而 e_1, e_2, e_3 之间正因为缺少这种关系,不能够有系数不全为零的线性组合等于零向量. 为了将这两种向量组加以区别,给出了线性相关的概念. 所说的"关系",正是向量组中有某个向量是其余向量的线性组合. 向量组 $\boldsymbol{\alpha}_1, \boldsymbol{\alpha}_2, \boldsymbol{\alpha}_3, \boldsymbol{\alpha}_4$ 中,有 $\boldsymbol{\alpha}_3 = 2\boldsymbol{\alpha}_1 + 3\boldsymbol{\alpha}_2$,才有式(3-9). 下面证明定义3.3.1与定义 3.3.1′等价.

　　设向量组 $\boldsymbol{\alpha}_1, \boldsymbol{\alpha}_2, \cdots, \boldsymbol{\alpha}_m$ 按定义 3.3.1 线性相关. 则其中有某个向量是其余向量的线性组合. 不妨设

$$\boldsymbol{\alpha}_i = k_1 \boldsymbol{\alpha}_1 + \cdots + k_{i-1} \boldsymbol{\alpha}_{i-1} + k_{i+1} \boldsymbol{\alpha}_{i+1} + \cdots + k_m \boldsymbol{\alpha}_m$$

则有

$$k_1 \boldsymbol{\alpha}_1 + \cdots + k_{i-1} \boldsymbol{\alpha}_{i-1} + (-1)\boldsymbol{\alpha}_i + k_{i+1} \boldsymbol{\alpha}_{i+1} + \cdots + k_m \boldsymbol{\alpha}_m = \boldsymbol{0} \qquad (3\text{-}10)$$

式(3-10)左端的系数 $k_1, \cdots, k_{i-1}, -1, k_{i+11}, \cdots, k_m$ 不全为零. 故按定义 3.3.1′ $\boldsymbol{\alpha}_1, \boldsymbol{\alpha}_2, \cdots, \boldsymbol{\alpha}_m$ 线性相关.

　　再设向量组 $\boldsymbol{\alpha}_1, \boldsymbol{\alpha}_2, \cdots, \boldsymbol{\alpha}_m$ 按定义 3.3.1′线性相关,则有

$$k_1 \boldsymbol{\alpha}_1 + k_2 \boldsymbol{\alpha}_2 + \cdots + k_m \boldsymbol{\alpha}_m = \boldsymbol{0}$$

其中 $k_1, k_2, \cdots, k_m$ 不全为零. 不妨设 $k_j \neq 0$,则有

$$k_j \boldsymbol{\alpha}_j = -k_1 \boldsymbol{\alpha}_1 - \cdots - k_{j-1} \boldsymbol{\alpha}_{j-1} - k_{j+1} \boldsymbol{\alpha}_{j+1} - \cdots - k_m \boldsymbol{\alpha}_m$$

因 $k_j \neq 0$,有

$$\boldsymbol{\alpha}_j = -\frac{k_1}{k_j} \boldsymbol{\alpha}_1 - \cdots - \frac{k_{j-1}}{k_j} \boldsymbol{\alpha}_{j-1} - \frac{k_{j+1}}{k_j} \boldsymbol{\alpha}_{j+1} - \cdots - \frac{k_m}{k_j} \boldsymbol{\alpha}_m \qquad (3\text{-}11)$$

式(3-11)表明 $\boldsymbol{\alpha}_1, \boldsymbol{\alpha}_2, \cdots, \boldsymbol{\alpha}_m$ 中有 $\boldsymbol{\alpha}_j$ 可用其余向量线性表示. 所以按定义 3.3.1 $\boldsymbol{\alpha}_1, \boldsymbol{\alpha}_2, \cdots, \boldsymbol{\alpha}_m$ 线性相关. 因此定义 3.3.1 与定义 3.3.1′等价.

　　对给定的列向量组 $\boldsymbol{\alpha}_1, \boldsymbol{\alpha}_2, \cdots, \boldsymbol{\alpha}_m$ 如何判断是否线性相关? 我们以 $\boldsymbol{\alpha}_1, \boldsymbol{\alpha}_2, \cdots, \boldsymbol{\alpha}_m$ 为列向量构成矩阵 A,如果向量组 $A: \boldsymbol{\alpha}_1, \boldsymbol{\alpha}_2, \cdots, \boldsymbol{\alpha}_m$ 线性相关,按定义 3.3.1 就有某个向量是其余向量的线性组合,不妨设这个向量就是 $\boldsymbol{\alpha}_m$,则会有

$$A = [\boldsymbol{\alpha}_1, \boldsymbol{\alpha}_2, \cdots, \boldsymbol{\alpha}_{m-1}, \boldsymbol{\alpha}_m] \xrightarrow{\text{列变换}} [\boldsymbol{\alpha}_1, \boldsymbol{\alpha}_2, \cdots, \boldsymbol{\alpha}_{m-1}, \boldsymbol{0}]$$

所以有 $R_2[A] = R_2[\boldsymbol{\alpha}_1, \boldsymbol{\alpha}_2, \cdots, \boldsymbol{\alpha}_{m-1}, \boldsymbol{0}] < m$. 于是看到,向量组的线性相关性与由此向量

组构成的矩阵的秩有联系.

定理 3.3.1　向量组 $A:\boldsymbol{\alpha}_1,\boldsymbol{\alpha}_2,\cdots,\boldsymbol{\alpha}_m$ 线性相关的充分必要条件是 $R[A_{n\times m}]<m$.

证明　**必要性**　设向量组 $A:\boldsymbol{\alpha}_1,\boldsymbol{\alpha}_2,\cdots,\boldsymbol{\alpha}_m$ 线性相关,据定义 3.3.1,则有某个向量是其余向量的线性结合. 设此向量为 $\boldsymbol{\alpha}_j$,则对矩阵 A 施以初等列变换,可有

$$A=[\boldsymbol{\alpha}_1,\boldsymbol{\alpha}_2,\cdots\boldsymbol{\alpha}_j\cdots\boldsymbol{\alpha}_m]\xrightarrow{\text{列变换}}[\boldsymbol{\alpha}_1\cdots\boldsymbol{\alpha}_{j-1},\boldsymbol{0},\boldsymbol{\alpha}_{j+1}\cdots\boldsymbol{\alpha}_m].$$

而矩阵经初等变换其秩不变,所以

$$R_2[A]=R_2[\boldsymbol{\alpha}_1,\cdots,\boldsymbol{\alpha}_{j-1},\boldsymbol{0},\boldsymbol{\alpha}_{j+1},\cdots,\boldsymbol{\alpha}_m]<m$$

即 $R[A]<m$.

充分性　设 $R[A_{n\times m}]<m$,则矩阵 $A_{n\times m}$ 的列秩 $R_2[A_{n\times m}]<m$. 如果向量组 $A_{n\times m}:\boldsymbol{\alpha}_1,\boldsymbol{\alpha}_2,\cdots,\boldsymbol{\alpha}_m$ 线性无关,则其中无任何向量是其余向量的线性组合. 所以,矩阵 A 经列变换不会出现零列,故 $R[A_{n\times m}]=R_2[A_{n\times m}]=m$,与条件矛盾. 所以向量组 $A:\boldsymbol{\alpha}_1,\boldsymbol{\alpha}_2,\cdots,\boldsymbol{\alpha}_m$ 线性相关.

证毕.

据定理 3.3.1 为判断列向量组 $\boldsymbol{\alpha}_1,\boldsymbol{\alpha}_2,\cdots,\boldsymbol{\alpha}_m$ 是否线性相关,可先写出矩阵 $A=[\boldsymbol{\alpha}_1,\boldsymbol{\alpha}_2,\cdots,\boldsymbol{\alpha}_m]$,并对 A 施以初等行变换求 $R[A_{n\times m}]$. 当 $R[A_{n\times m}]$ 小于向量组所含向量个数 m,则 $\boldsymbol{\alpha}_1,\boldsymbol{\alpha}_2,\cdots,\boldsymbol{\alpha}_m$ 线性相关. 反之,则线性无关.

例 3.3.4　设

$$\boldsymbol{\alpha}_1=\begin{bmatrix}1\\2\\-1\\5\end{bmatrix},\quad\boldsymbol{\alpha}_2=\begin{bmatrix}2\\-1\\1\\1\end{bmatrix},\quad\boldsymbol{\alpha}_3=\begin{bmatrix}4\\3\\-1\\11\end{bmatrix},$$

试问 $\boldsymbol{\alpha}_1,\boldsymbol{\alpha}_2,\boldsymbol{\alpha}_3$ 是否线性相关?

解　$A_{4\times3}=\begin{bmatrix}1&2&4\\2&-1&3\\-1&1&-1\\5&1&11\end{bmatrix}\rightarrow\begin{bmatrix}1&2&4\\0&-5&-5\\0&3&3\\0&-9&-9\end{bmatrix}\rightarrow\begin{bmatrix}1&2&4\\0&1&1\\0&0&0\\0&0&0\end{bmatrix}$

$R[A]=2<3$,所以 $\boldsymbol{\alpha}_1,\boldsymbol{\alpha}_2,\boldsymbol{\alpha}_3$ 线性相关.

例 3.3.5　设 $\boldsymbol{\alpha}_1=\begin{bmatrix}0\\1\\1\\1\end{bmatrix},\quad\boldsymbol{\alpha}_2=\begin{bmatrix}1\\0\\1\\1\end{bmatrix},\quad\boldsymbol{\alpha}_3=\begin{bmatrix}1\\1\\0\\1\end{bmatrix},\quad\boldsymbol{\alpha}_4=\begin{bmatrix}1\\1\\1\\0\end{bmatrix},$

试问 $\boldsymbol{\alpha}_1,\boldsymbol{\alpha}_2,\boldsymbol{\alpha}_3,\boldsymbol{\alpha}_4$ 是否线性相关?

解　$A=\begin{bmatrix}0&1&1&1\\1&0&1&1\\1&1&0&1\\1&1&1&0\end{bmatrix}$

此即 §3.2 节中的例 3.2.3 中的矩阵 A,已求得 $R(A_{4\times4})=4$ 等于该列向量组中的向量个

数 4,所以 $\boldsymbol{\alpha}_1,\boldsymbol{\alpha}_2,\boldsymbol{\alpha}_3,\boldsymbol{\alpha}_4$ 线性无关.

例 3.3.6 R^n 的基本向量组

$$e_1=\begin{bmatrix}1\\0\\\vdots\\0\end{bmatrix},e_2=\begin{bmatrix}0\\1\\\vdots\\0\end{bmatrix},\cdots,e_n=\begin{bmatrix}0\\\vdots\\0\\1\end{bmatrix}$$

线性无关.

定理 3.3.1 是判定向量组线性相关性的基本定理. 下面给出的推论,是针对某种情况,或为了以后内容的展开做好准备.

推论 (1) $n+1$ 个 n 维向量必线性相关.

证明 $R[A_{n\times n+1}]=R_1[A_{n\times n+1}]\leqslant n<n+1$,

所以 $\boldsymbol{\alpha}_1,\boldsymbol{\alpha}_2,\cdots,\boldsymbol{\alpha}_{n+1}$ 线性相关.

证毕.

设 $\boldsymbol{\alpha}_1,\boldsymbol{\alpha}_2,\boldsymbol{\alpha}_3$ 是同一平面上的 3 个向量,如果 $\boldsymbol{\alpha}_1,\boldsymbol{\alpha}_2$ 不平行,则 $\boldsymbol{\alpha}_3$ 一定可由 $\boldsymbol{\alpha}_1,\boldsymbol{\alpha}_2$ 线性表示,即 $\boldsymbol{\alpha}_1,\boldsymbol{\alpha}_2,\boldsymbol{\alpha}_3$ 线性相关;如果 $\boldsymbol{\alpha}_1$ 与 $\boldsymbol{\alpha}_2$ 平行,则 $\boldsymbol{\alpha}_1=k\boldsymbol{\alpha}_2+0\boldsymbol{\alpha}_3.\boldsymbol{\alpha}_1,\boldsymbol{\alpha}_2,\boldsymbol{\alpha}_3$ 也线性相关. 这正是推论(1)在二维几何空间 R^2 中的写照.

(2) n 个 n 维向量 $A:\boldsymbol{\alpha}_1,\boldsymbol{\alpha}_2,\cdots,\boldsymbol{\alpha}_n$ 线性相关的充分必要条件是 $|A|=0$.

证明 **必要性** 设 $A:\boldsymbol{\alpha}_1,\boldsymbol{\alpha}_2,\cdots,\boldsymbol{\alpha}_n$ 线性相关,则据定理 3.3.1,$R[A_{n\times n}]<n$. 则 A 经行变换必出现零行,再根据§1.3 节中定理 1.3.1 有 $|A|=0$.

充分性 设 $|A|=0$,如果向量组 $A:\boldsymbol{\alpha}_1,\boldsymbol{\alpha}_2,\cdots,\boldsymbol{\alpha}_n$ 线性无关,则 $R[A_{n\times n}]=n$. 故 $|A|\neq 0$ 与条件矛盾. 所以,$\boldsymbol{\alpha}_1,\boldsymbol{\alpha}_2,\cdots,\boldsymbol{\alpha}_n$ 线性相关.

证毕.

例 3.3.7 $e_1=\begin{bmatrix}1\\0\\0\end{bmatrix}$, $e_2=\begin{bmatrix}0\\1\\0\end{bmatrix}$, $e_3=\begin{bmatrix}0\\0\\1\end{bmatrix}$ 线性无关,考虑向量组

$$e_1'=\begin{bmatrix}1\\0\\0\\1\\2\end{bmatrix}, \quad e_2'=\begin{bmatrix}0\\1\\0\\-1\\0\end{bmatrix}, \quad e_3'=\begin{bmatrix}0\\0\\1\\1\\-1\end{bmatrix}$$

是否线性相关? 我们称 e_1',e_2',e_3' 是由 e_1,e_2,e_3 扩充分量而成的五维向量组. 由 e_1',e_2',e_3' 构成矩阵 A

$$A=\begin{bmatrix}1&0&0\\0&1&0\\0&0&1\\1&-1&1\\2&0&-1\end{bmatrix}\xrightarrow{\text{行变}}\begin{bmatrix}1&0&0\\0&1&0\\0&0&1\\0&-1&1\\0&0&-1\end{bmatrix}\rightarrow\begin{bmatrix}1&0&0\\0&1&0\\0&0&1\\0&0&1\\0&0&-1\end{bmatrix}\rightarrow\begin{bmatrix}1&0&0\\0&1&0\\0&0&1\\0&0&0\\0&0&0\end{bmatrix}$$

$R[A_{5\times3}]=3$，所以 e'_1,e'_2,e'_3 线性无关. 一般情形有推论

（3）设 $r(r<n)$ 维向量组 $A_{r\times m}:\boldsymbol{\alpha}_1,\boldsymbol{\alpha}_2,\cdots,\boldsymbol{\alpha}_m$ 线性无关，则对其扩充分量而成的 n 维向量组 $B_{n\times m}:\boldsymbol{\alpha}'_1,\boldsymbol{\alpha}'_2,\cdots,\boldsymbol{\alpha}'_m$ 仍线性无关.

证明　将矩阵 $B_{n\times m}$ 看成是由 $A_{r\times m}$ 增添了行向量而得到，便有
$$R[B_{n\times m}]=R_1[B_{n\times m}]\geqslant R_1[A_{r\times m}]=R[A_{r\times m}]=m.$$
而矩阵 $B_{n\times m}$ 只有 m 列，所以
$$R[B_{n\times m}]=R_2[B_{n\times m}]\leqslant m$$
所以 $R[B_{n\times m}]=m$. 故向量组 $B_{n\times m}:\boldsymbol{\alpha}'_1,\boldsymbol{\alpha}'_2,\cdots,\boldsymbol{\alpha}'_n$ 线性无关.

证毕.

（4）等价的线性无关向量组，所含向量的个数相同.

证明　设线性无关的两个向量组 $A_{n\times r_1}:\boldsymbol{\alpha}_1,\boldsymbol{\alpha}_2,\cdots,\boldsymbol{\alpha}_{r_1}$ 与 $B_{n\times r_2}:\boldsymbol{\beta}_1,\boldsymbol{\beta}_2,\cdots,\boldsymbol{\beta}_{r_2}$ 等价，由 §3.2 节中矩阵的秩的性质（1），有 $R[A_{n\times r_1}]=R[B_{n\times r_2}]$. 而这两个向量组均线性无关，有 $R[A_{n\times r_1}]=r_1,R[B_{n\times n}]=r_2$，故 $r_1=r_2$. 所以这两个向量组所含的向量个数相同.

证毕.

当 $R[A_{n\times m}]$ 无法计算，或不能确定时，便不能运用定理 3.3.1 来判定向量组 $A_{n\times m}:\boldsymbol{\alpha}_1,\boldsymbol{\alpha}_2,\cdots,\boldsymbol{\alpha}_m$ 的线性相关性. 这时要借助于向量组 $A:\boldsymbol{\alpha}_1,\boldsymbol{\alpha}_2,\cdots,\boldsymbol{\alpha}_m$ 与其他向量组的关系来判定. 我们有推论

（5）设向量组 $A:\boldsymbol{\alpha}_1,\boldsymbol{\alpha}_2,\cdots,\boldsymbol{\alpha}_m$ 可由向量组 $B:\boldsymbol{\beta}_1,\boldsymbol{\beta}_2,\cdots,\boldsymbol{\beta}_l$ 线性表示，且 $m>l$，则 $\boldsymbol{\alpha}_1,\boldsymbol{\alpha}_2,\cdots,\boldsymbol{\alpha}_m$ 线性相关.

证明　因向量组 $A:\boldsymbol{\alpha}_1,\boldsymbol{\alpha}_2,\cdots,\boldsymbol{\alpha}_m$ 可由 $B:\boldsymbol{\beta}_1,\boldsymbol{\beta}_2,\cdots,\boldsymbol{\beta}_l$ 线性表示，所以 $R[A_{n\times m}]\leqslant R[B_{n\times l}]\leqslant l<m$. 由定理 3.3.1 知 $\boldsymbol{\alpha}_1,\boldsymbol{\alpha}_2,\cdots,\boldsymbol{\alpha}_m$ 线性相关.

证毕.

类似于"R^n 中任一向量可由 $e_1,e_2,\cdots e_n$ 唯一地线性表示"，有更一般化的结论：

定理 3.3.2　设向量组 $A:\boldsymbol{\alpha}_1,\boldsymbol{\alpha}_2,\cdots,\boldsymbol{\alpha}_m$ 线性无关，而向量组 $B:\boldsymbol{\alpha}_1,\boldsymbol{\alpha}_2,\cdots,\boldsymbol{\alpha}_m,\boldsymbol{\beta}$ 线性相关，则 $\boldsymbol{\beta}$ 可唯一地由 $\boldsymbol{\alpha}_1,\boldsymbol{\alpha}_2,\cdots,\boldsymbol{\alpha}_m$ 线性表示.

证明　因 $\boldsymbol{\alpha}_1,\boldsymbol{\alpha}_2,\cdots,\boldsymbol{\alpha}_m,\boldsymbol{\beta}$ 线性相关，故有不全为零的数 $k_1,\cdots,k_m,k_{m+1}$ 使下式成立.
$$k_1\boldsymbol{\alpha}_1+\cdots+k_m\boldsymbol{\alpha}_m+k_{m+1}\boldsymbol{\beta}=\mathbf{0}$$
其中 $k_{m+1}\neq0$（否则会导致 $\boldsymbol{\alpha}_1,\boldsymbol{\alpha}_2,\cdots,\boldsymbol{\alpha}_m$ 线性相关），便有
$$\boldsymbol{\beta}=-\frac{k_1}{k_{m+1}}\boldsymbol{\alpha}_1-\cdots-\frac{k_m}{k_{m+1}}\boldsymbol{\alpha}_m$$
所以 $\boldsymbol{\beta}$ 可由 $\boldsymbol{\alpha}_1,\boldsymbol{\alpha}_2,\cdots,\boldsymbol{\alpha}_m$ 线性表示. 如果有
$$\boldsymbol{\beta}=l_1\boldsymbol{\alpha}_1+l_2\boldsymbol{\alpha}_2+\cdots+l_m\boldsymbol{\alpha}_m$$
及
$$\boldsymbol{\beta}=t_1\boldsymbol{\alpha}_1+t_2\boldsymbol{\alpha}_2+\cdots+t_m\boldsymbol{\alpha}_m$$
则二式相减得
$$(l_1-t_1)\boldsymbol{\alpha}_1+(l_2-t_2)\boldsymbol{\alpha}_2+\cdots+(l_m-t_m)\boldsymbol{\alpha}_m=\mathbf{0}$$
因为 $\boldsymbol{\alpha}_1,\boldsymbol{\alpha}_2,\cdots,\boldsymbol{\alpha}_m$ 线性无关，上式中各项的系数必全等于零. 所以 $l_i=t_i(i=1,2,\cdots,m)$，故 $\boldsymbol{\beta}$ 由 $\boldsymbol{\alpha}_1,\boldsymbol{\alpha}_2,\cdots,\boldsymbol{\alpha}_m$ 唯一地线性表示.

证毕.

线性相关性理论内容多而且比较抽象.为使读者掌握重要结论和领悟精神,叙述过程中不为枝节而影响主干,将可以直接由线性相关的定义得到的结论置于本节之末,并请读者思考证明.

(1)只含一个向量的向量组 α 线性相关,则 α 为零向量.

(2)含有零向量的向量组线性相关.

(3)向量组的部分组线性相关,则此向量组线性相关.

我们经常用到的是结论(3)的逆否命题:

线性无关向量组的任何部分组皆线性无关.

§3.4　极大无关组与向量组的秩

例 3.4.1　非齐次线性方程组

$$\begin{cases} x_1 +2x_2 -x_3 + x_4 =1 \\ 2x_1 - x_2 +x_3 +2x_4 =2 \\ x_1 + x_2 +x_3 + x_4 =1 \\ 3x_1 + x_2 \qquad +3x_4 =3 \end{cases} \tag{3-12}$$

的增广矩阵为

$$[A,B]=\begin{bmatrix} 1 & 2 & -1 & 1 & 1 \\ 2 & -1 & 1 & 2 & 2 \\ 1 & 1 & 1 & 1 & 1 \\ 3 & 1 & 0 & 3 & 3 \end{bmatrix}$$

方程组(3-12)可以由其第一、第二个方程消去第四方程,得到与(3-12)等价的方程组

$$\begin{cases} x_1 +2x_2 -x_3 + x_4 =1 \\ 2x_1 - x_2 +x_3 +2x_4 =2 \\ x_1 + x_2 +x_3 + x_4 =1 \end{cases} \tag{3-13}$$

方程组(3-13)中还有能被消去的方程吗?我们写出(3-13)相应的增广矩阵 C,并施以初等行变换求秩

$$C=\begin{bmatrix} 1 & 2 & -1 & 1 & 1 \\ 2 & -1 & 1 & 2 & 2 \\ 1 & 1 & 1 & 1 & 1 \end{bmatrix} \longrightarrow \begin{bmatrix} 1 & 2 & -1 & 1 & 1 \\ 0 & -5 & 3 & 0 & 0 \\ 0 & -1 & 2 & 0 & 0 \end{bmatrix} \xrightarrow{r_2-5r_3}$$

$$\begin{bmatrix} 1 & 2 & -1 & 1 & 1 \\ 0 & 0 & -7 & 0 & 0 \\ 1 & -1 & 2 & 0 & 0 \end{bmatrix} \longrightarrow \begin{bmatrix} 1 & 2 & -1 & 1 & 1 \\ 0 & -1 & 2 & 0 & 0 \\ 0 & 0 & 1 & 0 & 0 \end{bmatrix}$$

$R[C]=3$,表明矩阵 C 的 3 个行向量线性无关.所以,其中任何一个向量均不能由其余向量线性表示.所以方程组(3-13)不含有能被消去的方程.而方程组(3-13)与原方程组(3-12)等价,说明原方程组(3-12)的前 3 个方程是方程组的核心、实质所在,而第 4 个方

程是多余的.

通过对例 3.4.1 消元过程的分析,我们可以想象,方程组(3-1)

$$\begin{cases} a_{11}x_1 + a_{12}x_2 + \cdots + a_{1n}x_n = b_1 \\ a_{21}x_1 + a_{22}x_2 + \cdots + a_{m}x_n = b_2 \\ \cdots\cdots\cdots\cdots\cdots \\ a_{m1}x_1 + a_{m2}x_2 + \cdots + a_{mn}x_n = b_m \end{cases}$$

如果其中有多余的方程,那么,成为方程组(3-1)核心的那些方程在方程组(3-1)的增广矩阵中对应的行向量组是线性无关的. 如果再将方程组(3-1)中多余方程对应的行向量添入其中,则就变成线性相关组了. 正如例 3.4.1 方程组(3-12)的增广矩阵$[A,B]$的前三行线性无关. 如果把多余的第 4 个方程对应的行向量添入其中,则这 4 个行向量线性相关. 由此,我们引入

定义 3.4.1 设向量组的一个部分组线性无关,但若从原向量组的其余向量中任取一个添入其中,所得的向量组便线性相关,称此部分组是原向量组的一个极大无关组.

根据 §3.3 节中的定理 3.3.2,容易得到与定义 3.4.1 等价的定义:

定义 3.4.1′ 设向量组的一个部分向量组线性无关,而原向量组中的任一向量皆可由其线性表示. 称此部分组是原向量组的一个极大无关组.

例 3.4.2 试写出向量组

$$\boldsymbol{\alpha}_1 = \begin{bmatrix} 2 \\ 4 \\ 2 \end{bmatrix}, \boldsymbol{\alpha}_2 = \begin{bmatrix} 1 \\ 1 \\ 0 \end{bmatrix}, \boldsymbol{\alpha}_3 = \begin{bmatrix} 2 \\ 3 \\ 1 \end{bmatrix}, \boldsymbol{\alpha}_4 = \begin{bmatrix} 3 \\ 5 \\ 2 \end{bmatrix},$$

的一个极大无关组,并将其余向量用此组表示.

解 我们写出以 $\boldsymbol{\alpha}_1, \boldsymbol{\alpha}_2, \boldsymbol{\alpha}_3, \boldsymbol{\alpha}_4$ 为列向量的矩阵 A,并施以初等行变换求$R[A]$.

$$A = \begin{bmatrix} 2 & 1 & 2 & 3 \\ 4 & 1 & 3 & 5 \\ 2 & 0 & 1 & 2 \end{bmatrix} \longrightarrow \begin{bmatrix} 2 & 1 & 2 & 3 \\ 0 & -1 & -1 & -1 \\ 0 & -1 & -1 & -1 \end{bmatrix} \longrightarrow \begin{bmatrix} 2 & 1 & 2 & 3 \\ 0 & 1 & 1 & 1 \\ 0 & 0 & 0 & 0 \end{bmatrix} \longrightarrow$$

$$\begin{bmatrix} 2 & 0 & 1 & 2 \\ 0 & 1 & 1 & 1 \\ 0 & 0 & 0 & 0 \end{bmatrix} \longrightarrow \begin{bmatrix} 1 & 0 & \frac{1}{2} & 1 \\ 0 & 1 & 1 & 1 \\ 0 & 0 & 0 & 0 \end{bmatrix}$$

注意,我们没有交换矩阵的列.参阅 §3.2 节的例 3.2.2,一个向量是否能由其他几个向量线性表示,相当于对应的非齐次线性方程组是否有解. 再回忆用矩阵方法解非齐次线性方程组的情形,便知有

$$\boldsymbol{\alpha}_3 = \frac{1}{2}\boldsymbol{\alpha}_1 + \boldsymbol{\alpha}_2, \boldsymbol{\alpha}_4 = \boldsymbol{\alpha}_1 + \boldsymbol{\alpha}_2$$

而 $\boldsymbol{\alpha}_1$ 与 $\boldsymbol{\alpha}_2$ 的对应分量不成比例. 所以 $\boldsymbol{\alpha}_1, \boldsymbol{\alpha}_2$ 线性无关. 因此 $\boldsymbol{\alpha}_1, \boldsymbol{\alpha}_2$ 是 $\boldsymbol{\alpha}_1, \boldsymbol{\alpha}_2, \boldsymbol{\alpha}_3, \boldsymbol{\alpha}_4$ 的一个极大无关组.

还可以将上例中第 3 个矩阵作如下的行变换

$$\begin{bmatrix} 2 & 1 & 2 & 3 \\ 0 & 1 & 1 & 1 \\ 0 & 0 & 0 & 0 \end{bmatrix} \xrightarrow{r_1-2r_2} \begin{bmatrix} 2 & -1 & 0 & 1 \\ 0 & 1 & 1 & 1 \\ 0 & 0 & 0 & 0 \end{bmatrix} \rightarrow \begin{bmatrix} 1 & -\dfrac{1}{2} & 0 & \dfrac{1}{2} \\ 0 & 1 & 1 & 1 \\ 0 & 0 & 0 & 0 \end{bmatrix}$$

便有

$$\boldsymbol{\alpha}_2 = -\frac{1}{2}\boldsymbol{\alpha}_1 + \boldsymbol{\alpha}_3, \boldsymbol{\alpha}_4 = \frac{1}{2}\boldsymbol{\alpha}_1 + \boldsymbol{\alpha}_3$$

而且 $\boldsymbol{\alpha}_1, \boldsymbol{\alpha}_3$ 线性无关,所以,$\boldsymbol{\alpha}_1, \boldsymbol{\alpha}_3$ 也是 $\boldsymbol{\alpha}_1, \boldsymbol{\alpha}_2, \boldsymbol{\alpha}_3, \boldsymbol{\alpha}_4$ 的一个极大无关组. 同理又有

$$\begin{bmatrix} 2 & 1 & 2 & 3 \\ 0 & 1 & 1 & 1 \\ 0 & 0 & 0 & 0 \end{bmatrix} \xrightarrow{r_1-3r_2} \begin{bmatrix} 2 & -2 & -1 & 0 \\ 0 & 1 & 1 & 1 \\ 0 & 0 & 0 & 0 \end{bmatrix} \rightarrow \begin{bmatrix} 1 & -1 & -\dfrac{1}{2} & 0 \\ 0 & 1 & 1 & 1 \\ 0 & 0 & 0 & 0 \end{bmatrix}$$

$$\boldsymbol{\alpha}_2 = -\boldsymbol{\alpha}_1 + \boldsymbol{\alpha}_4, \boldsymbol{\alpha}_3 = -\frac{1}{2}\boldsymbol{\alpha}_1 + \boldsymbol{\alpha}_4$$

$\boldsymbol{\alpha}_1, \boldsymbol{\alpha}_4$ 线性无关. $\boldsymbol{\alpha}_1, \boldsymbol{\alpha}_4$ 也是 $\boldsymbol{\alpha}_1, \boldsymbol{\alpha}_2, \boldsymbol{\alpha}_3, \boldsymbol{\alpha}_4$ 的一个极大无关组.

例 3.4.3　向量组

$$\boldsymbol{e}_1 = \begin{bmatrix} 1 \\ 0 \\ 0 \end{bmatrix}, \boldsymbol{e}_2 = \begin{bmatrix} 0 \\ 1 \\ 0 \end{bmatrix}, \boldsymbol{e}_3 = \begin{bmatrix} 0 \\ 0 \\ 1 \end{bmatrix}$$

的极大无关组是 $\boldsymbol{e}_1, \boldsymbol{e}_2, \boldsymbol{e}_3$.

容易明了,线性无关的向量组的极大无关组是其自身.

由例 3.4.2 看到,一个向量组可能有几个极大无关组,它们有什么共性? 另外,极大无关组,与原向量组之间有什么关系? 根据极大无关组的定义 3.4.1′,容易得到

推论　(1) 极大无关组与原向量组等价.

容易理解极大无关组与原向量组之间可以相互线性表出,所以它们之间有等价关系.

如果一向量组有两个极大无关组,那么它们都与原向量组等价,所以它们之间也等价. 而它们又都是线性无关组. 又根据定理 3.3.1 的推论(4),它们含有向量的个数相同. 所以有

(2) 向量组的极大无关组所含向量个数相同.

推论(2)更深刻地揭示了矩阵行秩的唯一性,也说明了对一个线性方程组用消元法求解,最终保留的方程的个数是唯一确定的.

推论(2)反映了向量组的极大无关组的共性,极大无关组的固有性质. 由此引出重要概念:

定义 3.4.2　向量组 $\boldsymbol{\alpha}_1, \boldsymbol{\alpha}_2, \cdots, \boldsymbol{\alpha}_m$ 的极大无关组中所含向量的个数称为这个向量组的秩,记作 $r(\boldsymbol{\alpha}_1, \boldsymbol{\alpha}_2, \cdots, \boldsymbol{\alpha}_m)$.

设列向量组 $\boldsymbol{\alpha}_1, \boldsymbol{\alpha}_2, \cdots, \boldsymbol{\alpha}_m$ 的秩是 r,则 $\boldsymbol{\alpha}_1, \boldsymbol{\alpha}_2, \cdots, \boldsymbol{\alpha}_m$ 中有 r 个向量线性无关,而其余 $m-r$ 个向量均是这 r 个向量的线性组合. 如果用 $\boldsymbol{\alpha}_1, \boldsymbol{\alpha}_2, \cdots, \boldsymbol{\alpha}_m$ 构成矩阵 $A = [\boldsymbol{\alpha}_1, \boldsymbol{\alpha}_2, \cdots, \boldsymbol{\alpha}_m]$,对 A 施以初等列变换,则可用这 r 个列向量将 A 中其余 $m-r$ 个列化为零列. 由于这 r 个列向量线性无关,如果再进行列变换,将不会出现零列. 所以 r 又是矩阵 A 的列秩

$R_2[A]$. 而 $R_2[A]=R[A]$,所以向量组 $\boldsymbol{\alpha}_1,\boldsymbol{\alpha}_2,\cdots,\boldsymbol{\alpha}_m$ 的秩等于由 $\boldsymbol{\alpha}_1,\boldsymbol{\alpha}_2,\cdots,\boldsymbol{\alpha}_m$ 构成的矩阵 A 的秩. 即

$$r(\boldsymbol{\alpha}_1,\boldsymbol{\alpha}_2,\cdots,\boldsymbol{\alpha}_m)=R[A] \tag{3-14}$$

所以我们在§3.2节和§3.3节中得到的关于向量组 $A:\boldsymbol{\alpha}_1,\boldsymbol{\alpha}_2,\cdots,\boldsymbol{\alpha}_m$ 的线性相关性与 $R[A]$ 之间的关系的各个结论,当将其中的 $R[A]$ 换为 $r(\boldsymbol{\alpha}_1,\boldsymbol{\alpha}_2,\cdots,\boldsymbol{\alpha}_m)$ 后依然成立. 如

向量组 $A:\boldsymbol{\alpha}_1,\boldsymbol{\alpha}_2,\cdots,\boldsymbol{\alpha}_m$ 线性相关的充分必要条件是 $r(\boldsymbol{\alpha}_1,\boldsymbol{\alpha}_2,\cdots,\boldsymbol{\alpha}_m)<m$.

向量组 $A:\boldsymbol{\alpha}_1,\boldsymbol{\alpha}_2,\cdots,\boldsymbol{\alpha}_m$ 与 $B:\boldsymbol{\beta}_1,\boldsymbol{\beta}_2,\cdots,\boldsymbol{\beta}_l$ 等价,则

$$r(\boldsymbol{\alpha}_1,\boldsymbol{\alpha}_2,\cdots,\boldsymbol{\alpha}_m)=r(\boldsymbol{\beta}_1,\boldsymbol{\beta}_2,\cdots,\boldsymbol{\beta}_l)$$

其他结论就不再一一列出.

注意:如果给出的是行向量组 $\boldsymbol{\alpha}_1,\boldsymbol{\alpha}_2,\cdots,\boldsymbol{\alpha}_m$,若只是要求它的秩,那么将 $\boldsymbol{\alpha}_1,\boldsymbol{\alpha}_2,\cdots,\boldsymbol{\alpha}_m$ 写成矩阵

$$B=\begin{bmatrix}\boldsymbol{\alpha}_1\\\boldsymbol{\alpha}_2\\\vdots\\\boldsymbol{\alpha}_m\end{bmatrix}$$

对 B 施行初等行变换求行秩 $R_1[B]$ 即是向量组 $\boldsymbol{\alpha}_1,\boldsymbol{\alpha}_2,\cdots,\boldsymbol{\alpha}_m$ 的秩;如果还要求写出一个极大无关组,甚至还要求将其余向量用此组线性表示,则将所给的行向量转置构成矩阵 A,进行初等行变换来作比较方便.

例 3.4.4 设

$$\boldsymbol{\alpha}_1=\begin{bmatrix}1&-1&0&3\end{bmatrix},\quad \boldsymbol{\alpha}_2=\begin{bmatrix}2&1&1&-1\end{bmatrix},$$
$$\boldsymbol{\alpha}_3=\begin{bmatrix}0&1&2&1\end{bmatrix},\quad \boldsymbol{\alpha}_4=\begin{bmatrix}-1&0&3&6\end{bmatrix},$$

$\boldsymbol{\alpha}_1,\boldsymbol{\alpha}_2,\boldsymbol{\alpha}_3,\boldsymbol{\alpha}_4$ 是否线性相关? 若相关写出一个极大无关组,并将其余向量用此组表示.

解 为判定线性相关性,需要求向量组的秩,设

$$A=\begin{bmatrix}1&2&0&-1\\-1&1&1&0\\0&1&2&3\\3&-1&1&6\end{bmatrix}\xrightarrow{行变换}\begin{bmatrix}1&2&0&-1\\0&3&1&-1\\0&1&2&3\\0&-7&1&9\end{bmatrix}$$

$$\xrightarrow{r_2\leftrightarrow r_3}\begin{bmatrix}1&2&0&-1\\0&1&2&3\\0&3&1&-1\\0&-7&1&9\end{bmatrix}\xrightarrow[r_4+7r_2]{r_3-3r_2}\begin{bmatrix}1&2&0&-1\\0&1&2&3\\0&0&-5&-10\\0&0&15&30\end{bmatrix}$$

$$\rightarrow\begin{bmatrix}1&2&0&-1\\0&1&2&3\\0&0&1&2\\0&0&0&0\end{bmatrix}\xrightarrow{r_2-2r_3}\begin{bmatrix}1&2&0&-1\\0&1&0&-1\\0&0&1&2\\0&0&0&0\end{bmatrix}\rightarrow\begin{bmatrix}1&0&0&1\\0&1&0&-1\\0&0&1&2\\0&0&0&0\end{bmatrix}$$

$r(\boldsymbol{\alpha}_1,\boldsymbol{\alpha}_2,\boldsymbol{\alpha}_3,\boldsymbol{\alpha}_4)=R[A]=3<4,\boldsymbol{\alpha}_1,\boldsymbol{\alpha}_2,\boldsymbol{\alpha}_3,\boldsymbol{\alpha}_4$ 线性相关. $\boldsymbol{\alpha}_1,\boldsymbol{\alpha}_2,\boldsymbol{\alpha}_3$ 是一个极大无关组,而且

$$\boldsymbol{\alpha}_4 = \boldsymbol{\alpha}_1 - \boldsymbol{\alpha}_2 + 2\boldsymbol{\alpha}_3$$

如果将上面最后一个矩阵继续作行变换,会得到

$$
\begin{array}{cccc}
\boldsymbol{\alpha}_1 & \boldsymbol{\alpha}_2 & \boldsymbol{\alpha}_3 & \boldsymbol{\alpha}_4 \\
\end{array}
\left[
\begin{array}{cccc}
1 & 0 & -\dfrac{1}{2} & 0 \\
0 & 1 & \dfrac{1}{2} & 0 \\
0 & 0 & \dfrac{1}{2} & 1 \\
0 & 0 & 0 & 0 \\
\end{array}
\right]
$$

所以 $\boldsymbol{\alpha}_1, \boldsymbol{\alpha}_2, \boldsymbol{\alpha}_4$ 也是原向量组的一个极大无关组,而且

$$\boldsymbol{\alpha}_3 = -\frac{1}{2}\boldsymbol{\alpha}_1 + \frac{1}{2}\boldsymbol{\alpha}_2 + \frac{1}{2}\boldsymbol{\alpha}_4$$

由例 3.4.1 和例 3.4.4 的解算过程可以看出求给定向量组的极大无关组的方法:将由给定的向量组构成的矩阵 A 施以初等行变换,当将 A 化为阶梯形矩阵后,在每一个台阶上选定一个列,由这些列所对应的原向量组中的那些向量,即是一个极大无关组.

为了使读者对极大无关组的概念理解的比较好,我们再进行一点阐述.

例 3.4.5 设向量组

$$
\boldsymbol{e}_1 = \begin{bmatrix} 1 \\ 0 \\ 0 \end{bmatrix}, \boldsymbol{e}_2 = \begin{bmatrix} 0 \\ 1 \\ 0 \end{bmatrix}, \boldsymbol{e}_3 = \begin{bmatrix} 0 \\ 0 \\ 1 \end{bmatrix}, \boldsymbol{\alpha} = \begin{bmatrix} 1 \\ 2 \\ 3 \end{bmatrix} \tag{3-15}
$$

显然 $\boldsymbol{e}_1, \boldsymbol{e}_2, \boldsymbol{e}_3$ 是向量组(3-15)的一个极大无关组;因为 R^3 中的任一向量都可由向量组 $\boldsymbol{e}_1, \boldsymbol{e}_2, \boldsymbol{e}_3$ 线性表示. 或者说,由 $\boldsymbol{e}_1, \boldsymbol{e}_2, \boldsymbol{e}_3$ 以线性组合的形式可以生成 R^3 中的任何向量. 即

$$R^3 = \{a_1\boldsymbol{e}_1 + a_2\boldsymbol{e}_2 + a_3\boldsymbol{e}_3 \mid a_1, a_2, a_3 \in R\}$$

当式中的 a_1, a_2, a_3 取遍全体实数,就生成了三维向量空间 R^3. 所以,从用线性组合的形式生成其他向量的意义上讲,向量组 $\boldsymbol{e}_1, \boldsymbol{e}_2, \boldsymbol{e}_3$ 的效果与向量组 $\boldsymbol{e}_1, \boldsymbol{e}_2, \boldsymbol{e}_3, \boldsymbol{\alpha}$ 的效果是一致的,并不因为其中少了 $\boldsymbol{\alpha}$ 而受到影响. 推论(1)所说的极大无关组与原向量组等价,指的就是在以线性组合的形式生成其他向量,或以线性组合的形式表示其他向量的意义上效果的一致性. 正是在这个意义上,我们说极大无关组是原向量组线性关系的核心,它可以代表整个向量组. 对于一个向量组,找到了它的极大无关组就把握住了这个向量组. 所以,找出一个向量组的极大无关组,就是一项由表及里,去粗取精,去伪存真,透过现象抓到本质地工作. 用消元法解线性方程组的过程中,剔除多余的方程,最终保留下来的方程就是原方程组的核心(的化简、变形).

§3.5　向量组的线性相关性及矩阵的秩的进一步讨论

如果向量组 $A: \boldsymbol{\alpha}_1, \boldsymbol{\alpha}_2, \cdots, \boldsymbol{\alpha}_m$ 中向量的分量没有给出,便不能计算 $R[A]$,在这种情况下,我们可以利用向量组 $A: \boldsymbol{\alpha}_1, \boldsymbol{\alpha}_2, \cdots, \boldsymbol{\alpha}_m$ 和其他向量组的关系来判定 $\boldsymbol{\alpha}_1, \boldsymbol{\alpha}_2, \cdots, \boldsymbol{\alpha}_m$ 的线

性相关性. 在§3.3节我们已给出定理3.3.1的推论(5)向量组$A:\boldsymbol{\alpha}_1,\boldsymbol{\alpha}_2,\cdots,\boldsymbol{\alpha}_m$可由向量组$B:\boldsymbol{\beta}_1,\boldsymbol{\beta}_2,\cdots,\boldsymbol{\beta}_l$线性表示,且$m>l$,则$\boldsymbol{\alpha}_1,\boldsymbol{\alpha}_2,\cdots,\boldsymbol{\alpha}_m$线性相关. 如果未满足条件$m>l$,则命题失效. 所以欲判断向量组$A:\boldsymbol{\alpha}_1,\boldsymbol{\alpha}_2,\cdots,\boldsymbol{\alpha}_m$的线性相关性需要寻找新的办法.

对于给出分量的向量组$A:\boldsymbol{\alpha}_1,\boldsymbol{\alpha}_2,\cdots,\boldsymbol{\alpha}_m$可设

$$\boldsymbol{\alpha}_i = a_{1i}\boldsymbol{e}_1 + a_{2i}\boldsymbol{e}_2 + \cdots a_{ni}\boldsymbol{e}_n \quad (i=1,2,\cdots,m)$$

上式可写为

$$\boldsymbol{\alpha}_i = (\boldsymbol{e}_1,\boldsymbol{e}_2,\cdots,\boldsymbol{e}_n)\begin{bmatrix} a_{1i} \\ a_{2i} \\ \vdots \\ a_{ni} \end{bmatrix} \quad (i=1,2,\cdots,m)$$

所以

$$(\boldsymbol{\alpha}_1,\boldsymbol{\alpha}_2,\cdots,\boldsymbol{\alpha}_m) = (\boldsymbol{e}_1,\boldsymbol{e}_2,\cdots,\boldsymbol{e}_n)\begin{bmatrix} a_{11} & a_{12} & \cdots & a_{1m} \\ a_{21} & a_{22} & \cdots & a_{2m} \\ \vdots & \vdots & & \vdots \\ a_{n1} & a_{n2} & \cdots & a_{nm} \end{bmatrix}$$

$$= (\boldsymbol{e}_1,\boldsymbol{e}_2,\cdots,\boldsymbol{e}_n)A \tag{3-16}$$

§3.4节中的式(3-14)

$$r(\boldsymbol{\alpha}_1,\boldsymbol{\alpha}_2,\cdots,\boldsymbol{\alpha}_m) = R[A]$$

成立的原因也可以用矩阵的秩的性质来解释:由于式(3-16)中右端的向量组

$$\boldsymbol{e}_1,\boldsymbol{e}_2,\cdots,\boldsymbol{e}_n$$

线性无关,如果用向量组$\boldsymbol{e}_1,\boldsymbol{e}_2,\cdots,\boldsymbol{e}_n$构成的矩阵左乘$A$,便是用满秩矩阵$E$左乘$A$,所以其秩等于$R[A]$. 如果将式(3-16)一般化会有什么情况? 下面就来讨论这个问题.

设向量组$A:\boldsymbol{\alpha}_1,\boldsymbol{\alpha}_2,\cdots,\boldsymbol{\alpha}_m$可由向量组$B:\boldsymbol{\beta}_1,\boldsymbol{\beta}_2,\cdots,\boldsymbol{\beta}_l$线性表示

$$\boldsymbol{\alpha}_i = k_{1i}\boldsymbol{\beta}_1 + k_{2i}\boldsymbol{\beta}_2 + \cdots + k_{li}\boldsymbol{\beta}_l \quad (i=1,2,\cdots,m)$$

写成向量组的形式便有

$$(\boldsymbol{\alpha}_1,\boldsymbol{\alpha}_2,\cdots,\boldsymbol{\alpha}_m) = (\boldsymbol{\beta}_1,\boldsymbol{\beta}_2,\cdots,\boldsymbol{\beta}_l)\begin{bmatrix} k_{11} & k_{12} & \cdots & k_{1m} \\ k_{21} & k_{22} & \cdots & k_{2m} \\ \vdots & \vdots & & \vdots \\ k_{l1} & k_{l2} & \cdots & k_{lm} \end{bmatrix} \tag{3-17}$$

向量$\boldsymbol{\alpha}_i(i=1,2,\cdots,m)$及$\boldsymbol{\beta}_j(j=1,2,\cdots,l)$的分量均未给出,但可设为

$$\boldsymbol{\alpha}_i = \begin{bmatrix} a_{1i} \\ a_{2i} \\ \vdots \\ a_{ni} \end{bmatrix} \quad (i=1,2,\cdots,m)$$

$$\boldsymbol{\beta}_j = \begin{bmatrix} b_{1j} \\ b_{2j} \\ \vdots \\ b_{nj} \end{bmatrix} \quad (j=1,2,\cdots,l)$$

代入式(3-17)中,便有

$$\begin{bmatrix} a_{11} & a_{12} & \cdots & a_{1m} \\ a_{21} & a_{22} & \cdots & a_{2m} \\ \vdots & \vdots & & \vdots \\ a_{n1} & a_{n2} & \cdots & a_{nm} \end{bmatrix} = \begin{bmatrix} b_{11} & b_{12} & \cdots & b_{1l} \\ b_{21} & b_{22} & \cdots & b_{2l} \\ \vdots & \vdots & & \vdots \\ b_{n1} & b_{n2} & \cdots & b_{nl} \end{bmatrix} \begin{bmatrix} k_{11} & k_{12} & \cdots & k_{1m} \\ k_{21} & k_{22} & \cdots & k_{2m} \\ \vdots & \vdots & & \vdots \\ k_{l1} & k_{l2} & \cdots & k_{lm} \end{bmatrix}$$

简单记为

$$A_{n\times m} = B_{n\times l} K_{l\times m} \tag{3-18}$$

式(3-18)中的矩阵 $K_{l\times m}$ 按条件 $A:\alpha_1,\alpha_2,\cdots,\alpha_m$ 可由 $B:\beta_1,\beta_2,\cdots,\beta_l$ 线性表示,所以 $K_{l\times m}$ 中的元素是已知数. 如果仿照(3-16)式中 $e_1,e_2,\cdots,e_n$ 线性无关,在这里设向量组

$$\beta_1,\beta_2,\cdots,\beta_l$$

线性无关,则 $R[B]=l$. 所以 B 的行秩也等于 l. 因此对 B 施以一系列的初等行变换,可以将 $B_{n\times l}$ 化为

$$\begin{bmatrix} 1 & 0 & \cdots & 0 \\ 0 & 1 & \cdots & 0 \\ \vdots & \vdots & & \vdots \\ 0 & 0 & \cdots & 1 \\ 0 & 0 & \cdots & 0 \\ \vdots & \vdots & & \vdots \\ 0 & 0 & \cdots & 0 \end{bmatrix}_{n\times l} = \begin{bmatrix} E_l \\ O_{n-l\times l} \end{bmatrix}$$

所以有初等矩阵 $P_1,P_2,\cdots,P_s$,使

$$P_s\cdots P_2 P_1 B = \begin{bmatrix} E_l \\ O_{n-l\times l} \end{bmatrix}$$

设

$$P = P_s\cdots P_2 P_1$$

则对式(3-18)两端左乘矩阵 P,便得

$$PA = PBK = \begin{bmatrix} E_l \\ O_{n-l\times l} \end{bmatrix} K_{l\times m} = \begin{bmatrix} K_{l\times m} \\ O_{n-l\times m} \end{bmatrix}$$

因初等矩阵是可逆矩阵,所以 P 可逆. 因此有

$$R[A] = R[PA] = R\begin{bmatrix} K_{l\times m} \\ O_{n-l\times m} \end{bmatrix} = R[K]$$

所以得到如下:

定理 3.5.1 设向量组 $B_{n\times l}:\beta_1,\beta_2,\cdots,\beta_l$ 线性无关,向量组 $A:\alpha_1,\alpha_2,\cdots,\alpha_m$ 可由 $\beta_1,\beta_2,\cdots,\beta_l$ 线性表出为

$$A_{n\times m} = B_{n\times l} K_{l\times m} \tag{3-19}$$

则 $R[A]=R[K]$.

例 3.5.1 设 $\alpha_1,\alpha_2,\alpha_3$ 线性无关,证明 $\alpha_1+\alpha_2,\alpha_2+\alpha_3,\alpha_1+\alpha_3$ 线性无关.

证明 $(\alpha_1+\alpha_2,\alpha_2+\alpha_3,\alpha_1+\alpha_3)=(\alpha_1,\alpha_2,\alpha_3)\begin{bmatrix} 1 & 0 & 1 \\ 1 & 1 & 0 \\ 0 & 1 & 1 \end{bmatrix}$

$$
\begin{bmatrix} 1 & 0 & 1 \\ 1 & 1 & 0 \\ 0 & 1 & 1 \end{bmatrix} \rightarrow \begin{bmatrix} 1 & 0 & 1 \\ 0 & 1 & -1 \\ 0 & 1 & 1 \end{bmatrix} \rightarrow \begin{bmatrix} 1 & 0 & 1 \\ 0 & 1 & -1 \\ 0 & 0 & 2 \end{bmatrix}
$$

因 $\pmb{\alpha}_1,\pmb{\alpha}_2,\pmb{\alpha}_3$ 线性无关,由定理 3.5.1,所以 $r(\pmb{\alpha}_1+\pmb{\alpha}_2,\pmb{\alpha}_2+\pmb{\alpha}_3,\pmb{\alpha}_1+\pmb{\alpha}_3)=3$. 故向量组 $\pmb{\alpha}_1+\pmb{\alpha}_2,\pmb{\alpha}_2+\pmb{\alpha}_3,\pmb{\alpha}_1+\pmb{\alpha}_3$ 线性无关.

定理 3.5.1 的作用在于,虽然向量组 $A:\pmb{\alpha}_1,\pmb{\alpha}_2,\cdots,\pmb{\alpha}_m$ 未给出分量,不能计算 $R[A]$,但是借助它能由向量组 $B:\pmb{\beta}_1,\pmb{\beta}_2,\cdots,\pmb{\beta}_l$ 线性表出 $A=BK$,而矩阵 K 是已知的,可以计算 $R[K]$. 再由于 $B:\pmb{\beta}_1,\pmb{\beta}_2,\cdots,\pmb{\beta}_l$ 的线性无关,造成 $R[A]=R[K]$. 知道了 $R[A]$,再与 A 的列数 m 比较就可判定 $\pmb{\alpha}_1,\pmb{\alpha}_2,\cdots,\pmb{\alpha}_m$ 的线性相关性.

下面对矩阵的秩再作进一步的讨论. 为此先介绍一个概念.

设有矩阵 $B_{m\times n}$,选定 $B_{m\times n}$ 的 $k(k\leqslant m,$且 $k\leqslant n)$ 行,k 列,位于这些行与列交叉位置的 k^2 个元素,保持位置不变构成的 k 阶行列式,称作矩阵 B 的 k 阶子式.

例 3.5.2 写出 $B=\begin{bmatrix} 1 & 2 & 3 & 4 \\ 5 & 6 & 7 & 8 \\ 9 & 10 & 11 & 12 \\ 13 & 14 & 15 & 16 \end{bmatrix}$ 的几个二阶子式和三阶子式.

解 $\begin{vmatrix} 1 & 2 \\ 9 & 10 \end{vmatrix},\begin{vmatrix} 2 & 4 \\ 6 & 8 \end{vmatrix},\begin{vmatrix} 1 & 4 \\ 13 & 16 \end{vmatrix}$ 均是 B 的二阶子式,$\begin{vmatrix} 1 & 2 & 3 \\ 5 & 6 & 7 \\ 9 & 10 & 11 \end{vmatrix}$,

$\begin{vmatrix} 1 & 3 & 4 \\ 9 & 11 & 12 \\ 13 & 15 & 16 \end{vmatrix}$ 均是 B 的三阶子式.

由定理 3.3.1 的推论(2)可知

n 个 n 维向量 $A_{n\times n}:\pmb{\alpha}_1,\pmb{\alpha}_2,\cdots,\pmb{\alpha}_n$ 线性无关的充分必要条件是 $|A|\neq 0$. 显然此时 $R[A]=n$.

上述结论反映了方阵满秩和这个方阵的行列式有关. 如果方阵降秩又当如何? 对于一般矩阵的秩又会与什么行列式有关?

我们从一个满秩的 r 阶方阵 $A_{r\times r}$ 开始,对 $A_{r\times r}$ 增添新的列,构成矩阵 $B_{r\times n}$.

$$
B_{r\times n} = \begin{bmatrix} a_{11} & \cdots & a_{1r} & \times & \times & \cdots & \times \\ \vdots & & \vdots & \vdots & \vdots & & \vdots \\ a_{r1} & \cdots & a_{rr} & \times & \times & \cdots & \times \end{bmatrix}
$$

由于 $A_{r\times r}$ 满秩,所以行向量组

$$
[a_{11},\cdots,a_{1r}]
$$
$$
[a_{21},\cdots,a_{2r}]
$$
$$
\cdots\cdots\cdots\cdots
$$
$$
[a_{r1},\cdots,a_{rr}]
$$

线性无关,而矩阵 $B_{r\times n}$ 的行向量可以看成是由上述 r 个行向量扩充分量而得的向量组,所以仍保持线性无关(根据定理 3.3.1 的推论(3)). 因此 $R[B]=r$. 再对矩阵 B 增添一行,

构成 $r+1$ 行 n 列矩阵 C,但仍保持秩为 r.那么矩阵 C 的前 $r+1$ 个列向量构成的行列式便必须等于零(否则会使 $R[C]=r+1$).同理,矩阵 C 的任何一个 $r+1$ 阶子式都得等于零.由此可知,如果对矩阵 $B_{r\times n}$ 增添到有 m 个行的矩阵 $B_{m\times n}$,而仍保持秩为 r,则 $B_{m\times n}$ 中不能出现有不等于零的 $r+1$ 阶子式.于是引出

定理 3.5.2 矩阵 $A_{m\times n}$ 的秩等于 r 的充分必要条件是:A 有 r 阶不等于零的子式,而且 A 的所有 $r+1$ 阶子式都等于零.

证明 **必要性** 设矩阵 A 的秩是 r,则 A 的任意 $r+1$ 个行向量都线性相关.所以 A 的任意 $r+1$ 阶子式相应矩阵的行向量组也线性相关(否则将导致 A 有 $r+1$ 个行向量线性无关).故由定理 3.3.1 推论(2)可知,A 的任何 $r+1$ 阶子式都等于零.由 $R(A)=r$,所以 A 中有 r 行线性无关.不妨设 A 的前 r 行线性无关,以这些行构成的矩阵

$$B=\begin{bmatrix} a_{11} & a_{12} & \cdots & a_{1n} \\ \vdots & \vdots & & \vdots \\ a_{r1} & a_{r2} & \cdots & a_{rn} \end{bmatrix}$$

的行秩就是 r,因而 B 的列秩也等于 r.所以 B 有 r 个列向量线性无关,不妨设 B 的前 r 列线性无关,则有

$$\begin{vmatrix} a_{11} & \cdots & a_{1r} \\ \vdots & & \vdots \\ a_{r1} & \cdots & a_{rr} \end{vmatrix} \neq 0$$

此即为矩阵 A 的左上角 r 阶子式不等于零.

充分性 设 A 有 r 阶子式不等于零,不妨设 A 的左上角 r 阶子式不等于零,则 A 的前 r 个行向量线性无关,所以 $R(A)\geq r$.再设 A 的所有 $r+1$ 阶子式都等于零,则由行列式按行展开的定理知,A 的高于 $r+1$ 阶的子式也全都等于零.于是 A 的高于 r 阶的子式全都等于零.如果 $R[A]>r$,则由已证明的必要性知,A 有高于 r 阶的子式不等于零.产生矛盾,所以 $R[A]=r$.

证毕.

定理 3.5.2 的意义不在于利用定理求 $R[A]$,而是它揭示了矩阵 A 的秩与 A 的子式间的关系:

若 A 有 r 阶的子式不等于零,则 $R(A)\geq r$.

若 A 的所有 t 阶子式都等于零,则 $R(A)<t$.

$R(A)=r$ 的充分必要条件是,A 的不等于零的子式的最高阶数为 r.

§3.6　齐次线性方程组有非零解的条件及解的结构

设齐次线性方程组

$$\begin{cases} a_{11}x_1+a_{12}x_2+\cdots+a_{1n}x_n=0 \\ a_{21}x_1+a_{22}x_2+\cdots+a_{2n}x_n=0 \\ \qquad\cdots\cdots\cdots\cdots \\ a_{m1}x_1+a_{m2}x_2+\cdots+a_{mn}x_n=0 \end{cases} \tag{3-20}$$

以 $A_{m \times n}$ 记其系数矩阵

$$A_{m \times n} = \begin{bmatrix} a_{11} & a_{12} & \cdots & a_{1n} \\ a_{21} & a_{22} & \cdots & a_{2n} \\ \vdots & \vdots & & \vdots \\ a_{m1} & a_{m2} & \cdots & a_{mn} \end{bmatrix}$$

我们仍以 $\boldsymbol{\alpha}_1, \boldsymbol{\alpha}_2, \cdots, \boldsymbol{\alpha}_n. \boldsymbol{0}$ 分别记方程组(3-20)的系数列及常数列列向量,则方程组(3-20)可写成矩阵形式

$$x_1 \boldsymbol{\alpha}_1 + x_2 \boldsymbol{\alpha}_2 + \cdots + x_n \boldsymbol{\alpha}_n = \boldsymbol{0} \qquad (3\text{-}21)$$

如果方程组(3-20)有非零解 $k_1, k_2, \cdots, k_n$. 则有

$$k_1 \boldsymbol{\alpha}_1 + k_2 \boldsymbol{\alpha}_2 + \cdots + k_n \boldsymbol{\alpha}_n = \boldsymbol{0} \qquad (3\text{-}22)$$

因数 $k_1, k_2, \cdots, k_n$ 不全为零,所以式(3-22)表明向量组 $\boldsymbol{\alpha}_1, \boldsymbol{\alpha}_2, \cdots, \boldsymbol{\alpha}_n$ 线性相关. 所以

$$r(\boldsymbol{\alpha}_1, \boldsymbol{\alpha}_2, \cdots, \boldsymbol{\alpha}_n) = R[A_{m \times n}] < n$$

反之,如果 $R[A_{m \times n}] < n$,则方程组(3-20)系数矩阵 A 的列向量组 $\boldsymbol{\alpha}_1, \boldsymbol{\alpha}_2, \cdots, \boldsymbol{\alpha}_n$ 线性相关. 故有不全为零的数 $c_1, c_2, \cdots, c_n$ 使

$$c_1 \boldsymbol{\alpha}_1 + c_2 \boldsymbol{\alpha}_2 + \cdots + c_n \boldsymbol{\alpha}_n = \boldsymbol{0} \qquad (3\text{-}23)$$

式(3-23)表明 $x_1 = c_1, x_2 = c_2, \cdots, x_n = c_n$ 为方程组(3-20)的解. 而 $c_1, c_2, \cdots, c_n$ 不全为零,所以齐次线性方程组(3-20)有非零解. 于是得到

定理 3.6.1 齐次线性方程组(3-20)有非零解的充分必要条件是其系数矩阵的秩小于未知数的个数 $R[A_{m \times n}] < n$.

推论 方程个数等于未知数个数的齐次线性方程组有非零解的充分必要条件是其系数矩阵的行列式等于零.

例 3.6.1 给定

$$\begin{cases} \lambda x_1 + x_2 + x_3 = 0 \\ x_1 + \lambda x_2 + x_3 = 0 \\ x_1 + x_2 + \lambda x_3 = 0 \end{cases}$$

当参数 λ 取何值时有非零解.

解 $A = \begin{bmatrix} \lambda & 1 & 1 \\ 1 & \lambda & 1 \\ 1 & 1 & \lambda \end{bmatrix} \longrightarrow \begin{bmatrix} 1 & 1 & \lambda \\ 1 & \lambda & 1 \\ 1 & 1 & \lambda \end{bmatrix} \longrightarrow \begin{bmatrix} 1 & 1 & \lambda \\ 0 & \lambda-1 & 1-\lambda \\ \lambda-1 & 0 & 1-\lambda \end{bmatrix}$

$\xrightarrow{\lambda \neq 1} \begin{bmatrix} 1 & 1 & \lambda \\ 0 & 1 & -1 \\ 1 & 0 & -1 \end{bmatrix} \longrightarrow \begin{bmatrix} 1 & 1 & \lambda \\ 0 & 1 & -1 \\ 0 & -1 & -1-\lambda \end{bmatrix} \longrightarrow \begin{bmatrix} 1 & 1 & \lambda \\ 0 & 1 & -1 \\ 0 & 0 & -2-\lambda \end{bmatrix}$

当 $\lambda = -2$ 时 $R(A) = 2 < 3$ 原方程组有非零解.

当 $\lambda = 1$ 时 $R(A) = 1 < 3$ 原方程组也有非零解.

例 3.6.1 中的参数 $\lambda = -2$ 时,方程组可化简为

$$\begin{cases} x_1 + x_2 - 2x_3 = 0 \\ x_2 - x_3 = 0 \end{cases}$$

可得到一般解

$$\begin{cases} x_1 = x_3 \\ x_2 = x_3 \\ x_3 = x_3 \end{cases}$$

其中 x_3 是自由未知量. 只要令 x_3 为不等于零的数,就可得到原方程组的非零解. 所以齐次线性方程组一旦有自由未知量,就有无穷多个非零解. 那么这些解之间有没有关系? 如何求出,如何把握这无穷多个非零解? 是我们要讨论的问题. 此前我们先讨论一下齐次线性方程组当有非零解时,解的性质,并且为了书写简单明了,我们将齐次线性方程组 (3-20)写成矩阵形式

$$AX = \mathbf{0} \tag{3-24}$$

其中 A 仍为方程组(3-20)的系数矩阵,而

$$X = \begin{bmatrix} x_1 \\ x_2 \\ \vdots \\ x_n \end{bmatrix}, \qquad \mathbf{0} = \begin{bmatrix} 0 \\ 0 \\ \vdots \\ 0 \end{bmatrix}_{m \times 1}$$

如果列向量

$$\boldsymbol{\xi} = \begin{bmatrix} c_1 \\ c_2 \\ \vdots \\ c_n \end{bmatrix}$$

是式(3-24)的解,即 $A\boldsymbol{\xi} = \mathbf{0}$. 则

$$X = \boldsymbol{\xi} = \begin{bmatrix} c_1 \\ c_2 \\ \vdots \\ c_n \end{bmatrix}$$

$x_1 = c_1, x_2 = c_2, \cdots, x_n = c_n$ 就是齐次方程组(3-20)的解. 所以也称 $\boldsymbol{\xi}$ 是方程组(3-20)的解.

齐次线性方程组(3-20)解的性质:

(1) 设 $\boldsymbol{\xi}$ 是方程组(3-20)的解,则 $k\boldsymbol{\xi}$ 也是方程组(3-20)的解.

因 $\boldsymbol{\xi}$ 是方程组(3-20)的解便有 $A\boldsymbol{\xi} = \mathbf{0}$. 而

$A(k\boldsymbol{\xi}) = kA\boldsymbol{\xi} = k\mathbf{0} = \mathbf{0}$,所以 $k\boldsymbol{\xi}$ 是方程组(3-20)的解.

(2) 设 $\boldsymbol{\xi}_1, \boldsymbol{\xi}_2$ 是方程组(3-20)的解,则 $\boldsymbol{\xi}_1 + \boldsymbol{\xi}_2$ 也是方程组(3-20)的解.

$A(\boldsymbol{\xi}_1 + \boldsymbol{\xi}_2) = A\boldsymbol{\xi}_1 + A\boldsymbol{\xi}_2 = \mathbf{0} + \mathbf{0} = \mathbf{0}$,所以 $\boldsymbol{\xi}_1 + \boldsymbol{\xi}_2$ 是方程组(3-20)的解.

由性质(1)、(2),若 $\boldsymbol{\xi}_1, \boldsymbol{\xi}_2, \cdots, \boldsymbol{\xi}_t$ 是方程组(3-20)的解,则 $k_1\boldsymbol{\xi}_1 + k_2\boldsymbol{\xi}_2 \cdots + k_t\boldsymbol{\xi}_t$ 也是方程组(3-20)的解. 所以这就给我们如何把握方程组(3-20)的无穷多个解的问题提供了思路——找它的极大无关组. 如果找到了方程组(3-20)全体解的极大无关组,则方程组(3-20)的任何一个解都能由这个解组线性表示. 或者由它求得. 于是我们引出

定义 3.6.1　设 $\xi_1, \xi_2, \cdots, \xi_t$ 是齐次线性方程组(3-20)的 t 个线性无关的解,而且方程组(3-20)的任一解均能由其线性表示,称 $\xi_1, \xi_2, \cdots, \xi_t$ 是方程组(3-20)的一个基础解系.

由定理 3.6.1 齐次线性方程组(3-20)系数矩阵 A 的秩 $R[A] = r < n$ 时,有无穷多个非零解. 现在我们就把方程组(3-20)的基础解系求出来.

由 $R[A] = r < n$,根据定理 3.5.2,矩阵 A 有 r 阶不等于零的子式,不妨设 A 的左上角 r 阶子式

$$\begin{vmatrix} a_{11} & \cdots & a_{1r} \\ \vdots & & \vdots \\ a_{r1} & \cdots & a_{rr} \end{vmatrix} \neq 0 \tag{3-25}$$

则 A 的前 r 行线性无关,且是 A 的行向量组的极大无关组,所以 A 的后 $n-r$ 个行向量均能由其线性表示. 故对 A 施以初等行变换,可将 A 的后 $n-r$ 行全都化为零行,记作 A_1

$$A_1 = \begin{bmatrix} a_{11} & \cdots & a_{1r} & \cdots & a_{1n} \\ \vdots & & \vdots & & \vdots \\ a_{r1} & \cdots & a_{rr} & \cdots & a_{rn} \\ 0 & \cdots & 0 & \cdots & 0 \\ \vdots & & \vdots & & \vdots \\ 0 & \cdots & 0 & \cdots & 0 \end{bmatrix}$$

又因(3-25)式,A_1 的左上角 r 阶方阵

$$\begin{bmatrix} a_{11} & \cdots & a_{1r} \\ \vdots & & \vdots \\ a_{r1} & \cdots & a_{rr} \end{bmatrix}$$

可逆,所以对矩阵 A_1 施以初等行变换,可将矩阵 A_1 化为

$$A_2 = \begin{bmatrix} 1 & 0 & \cdots & 0 & c_{1r+1} & \cdots & c_{1n} \\ 0 & 1 & \cdots & 0 & c_{2r+1} & \cdots & c_{2n} \\ \vdots & \vdots & & \vdots & \vdots & & \vdots \\ 0 & 0 & \cdots & 1 & c_{rr+1} & \cdots & c_{rn} \\ 0 & \cdots & & 0 & 0 & \cdots & 0 \\ \vdots & & & \vdots & \vdots & & \vdots \\ 0 & \cdots & & 0 & 0 & \cdots & 0 \end{bmatrix}$$

由 A_2 就能写出齐次线性方程组(3-20)的一般解

$$\begin{cases} x_1 = -c_{1r+1}x_{r+1} - c_{1r+2}x_{r+2} - \cdots - c_{1n}x_n \\ x_2 = -c_{2r+1}x_{r+1} - c_{2r+1}x_{r+2} - \cdots - c_{2n}x_n \\ \qquad\qquad \cdots\cdots\cdots\cdots \\ x_r = -c_{rr+1}x_{r+1} - c_{rr+2}x_{r+2} - \cdots - c_{rn}x_n \\ x_{r+1} = \quad x_{r+1} \\ x_{r+2} = \qquad\qquad x_{r+2} \\ \qquad\qquad \cdots\cdots\cdots\cdots \\ x_n = \qquad\qquad\qquad\qquad x_n \end{cases} \tag{3-26}$$

式(3-26)可以写成向量形式

$$
\begin{bmatrix} x_1 \\ x_2 \\ \vdots \\ x_r \\ x_{r+1} \\ x_{r+2} \\ \vdots \\ x_n \end{bmatrix} = x_{r+1} \begin{bmatrix} -c_{1r+1} \\ -c_{2r+1} \\ \vdots \\ -c_{rr+1} \\ 1 \\ 0 \\ \vdots \\ 0 \end{bmatrix} + x_{r+2} \begin{bmatrix} -c_{1r+2} \\ -c_{2r+2} \\ \vdots \\ -c_{rr+2} \\ 0 \\ 1 \\ \vdots \\ 0 \end{bmatrix} + \cdots + x_n \begin{bmatrix} -c_{1n} \\ -c_{2n} \\ \vdots \\ -c_{rn} \\ 0 \\ 0 \\ \vdots \\ 1 \end{bmatrix}
\tag{3-27}
$$

式(3-26)和式(3-27)中的 $x_{r+1}, x_{r+2}, \cdots, x_n$ 是自由未知量. 当令其分别取 $n-r$ 组值

$$
\begin{bmatrix} x_{r+1} \\ x_{r+2} \\ \vdots \\ x_n \end{bmatrix} = \begin{bmatrix} 1 \\ 0 \\ \vdots \\ 0 \end{bmatrix}, \begin{bmatrix} 0 \\ 1 \\ \vdots \\ 0 \end{bmatrix}, \cdots, \begin{bmatrix} 0 \\ \vdots \\ 0 \\ 1 \end{bmatrix}
$$

并分别代入式(3-26)便分别唯一的得到(3-20)的解

$$
\boldsymbol{\xi}_1 = \begin{bmatrix} -c_{1r+1} \\ -c_{2r+1} \\ \vdots \\ -c_{rr+1} \\ 1 \\ 0 \\ \vdots \\ 0 \end{bmatrix}, \quad \boldsymbol{\xi}_2 = \begin{bmatrix} -c_{1r+2} \\ -c_{2r+2} \\ \vdots \\ -c_{rr+2} \\ 0 \\ 1 \\ \vdots \\ 0 \end{bmatrix}, \quad \cdots, \quad \boldsymbol{\xi}_{n-r} = \begin{bmatrix} -c_{1n} \\ -c_{2n} \\ \vdots \\ -c_{rn} \\ 0 \\ \vdots \\ 0 \\ 1 \end{bmatrix}
$$

显然 $\boldsymbol{\xi}_1, \boldsymbol{\xi}_2, \cdots, \boldsymbol{\xi}_{n-r}$ 是齐次线性方程组 $n-r$ 个线性无关的解. 那么 $\boldsymbol{\xi}_1, \boldsymbol{\xi}_2, \cdots \boldsymbol{\xi}_{n-r}$ 是不是方程组(3-20)的基础解系呢? 就看方程组(3-20)的任一解能不能由 $\boldsymbol{\xi}_1, \boldsymbol{\xi}_2, \cdots, \boldsymbol{\xi}_{n-r}$ 线性表示.

设

$$
\boldsymbol{\xi} = \begin{bmatrix} d_1 \\ d_2 \\ \vdots \\ d_r \\ d_{r+1} \\ \vdots \\ d_n \end{bmatrix} \text{ 是方程组(3-20) 的一个解.}
$$

令(3-26)式中的自由未知量 $x_{r+1}, \cdots, x_n$ 分别取值 $d_{r+1}, \cdots, d_n$, 由(3-26)式便唯一地得到 $x_1, \cdots, x_r$ 的值分别为 $d_1, \cdots, d_r$. 有

$$\xi = \begin{bmatrix} d_1 \\ \vdots \\ d_r \\ d_{r+1} \\ d_{r+2} \\ \vdots \\ d_n \end{bmatrix} = d_{r+1} \begin{bmatrix} -c_{1r+1} \\ \vdots \\ -c_{rr+1} \\ 1 \\ 0 \\ \vdots \\ 0 \end{bmatrix} + d_{r+2} \begin{bmatrix} -c_{1r+2} \\ \vdots \\ -c_{rr+2} \\ 0 \\ 1 \\ \vdots \\ 0 \end{bmatrix} + \cdots + d_n \begin{bmatrix} -c_n \\ \vdots \\ -c_m \\ 0 \\ 0 \\ \vdots \\ 1 \end{bmatrix}$$

即
$$\xi = d_{r+1}\xi_1 + d_{r+2}\xi_2 + \cdots + d_n\xi_{n-r}$$

即方程组(3-20)的任一解 ξ 可以由 $\xi_1, \xi_2, \cdots, \xi_{n-r}$ 线性表示. 所以 $\xi_1, \xi_2, \cdots, \xi_{n-r}$ 是齐次线性方程组(3-20)的基础解系,于是得到

定理 3.6.2　设齐次线性方程组(3-20)系数矩阵 $A_{m \times n}$ 的秩为 r,且 $r < n$,则该方程组有基础解系 $\xi_1, \xi_2, \cdots, \xi_{n-r}$. 方程组(3-20)的全体解表示为

$$\xi = k_1\xi_2 + k_2\xi_2 + \cdots + k_{n-r}\xi_{n-r} \qquad (k_1, k_2, \cdots, k_{n-r} \in R)$$

以后我们称上式为齐次线性方程组的通解.

例 3.6.2　求齐次线性方程组的一个基础解系和通解.

$$\begin{cases} x_1 + x_2 + x_3 + x_4 + x_5 = 0 \\ 3x_1 + 2x_2 + x_3 \quad\ - 3x_5 = 0 \\ \quad\ x_2 + 2x_3 + 3x_4 + 6x_5 = 0 \\ 5x_1 + 4x_2 + 3x_3 + 2x_4 + 6x_5 = 0 \end{cases}$$

解　$A = \begin{bmatrix} 1 & 1 & 1 & 1 & 1 \\ 3 & 2 & 1 & 0 & -3 \\ 0 & 1 & 2 & 3 & 6 \\ 5 & 4 & 3 & 2 & 6 \end{bmatrix} \rightarrow \begin{bmatrix} 1 & 1 & 1 & 1 & 1 \\ 0 & -1 & -2 & -3 & -6 \\ 0 & 1 & 2 & 3 & 6 \\ 0 & -1 & -2 & -3 & 1 \end{bmatrix}$

$$\rightarrow \begin{bmatrix} 1 & 1 & 1 & 1 & 1 \\ 0 & 1 & 2 & 3 & 6 \\ 0 & 0 & 0 & 0 & 7 \\ 0 & 0 & 0 & 0 & 0 \end{bmatrix} \rightarrow \begin{bmatrix} 1 & 0 & -1 & -2 & -5 \\ 0 & 1 & 2 & 3 & 6 \\ 0 & 0 & 0 & 0 & 1 \\ 0 & 0 & 0 & 0 & 0 \end{bmatrix}$$

$$\rightarrow \begin{bmatrix} 1 & 0 & -1 & -2 & 0 \\ 0 & 1 & 2 & 3 & 0 \\ 0 & 0 & 0 & 0 & 1 \\ 0 & 0 & 0 & 0 & 0 \end{bmatrix}$$

$$\begin{cases} x_1 = \quad\ x_3 + 2x_4 \\ x_2 = -2x_3 - 3x_4 \qquad \text{(自由未知量是 } x_3, x_4) \\ x_5 = 0 \end{cases}$$

$$令\begin{bmatrix}x_3\\x_4\end{bmatrix}=\begin{bmatrix}1\\0\end{bmatrix},\quad 得\quad \boldsymbol{\xi}_1=\begin{bmatrix}1\\-2\\1\\0\\0\end{bmatrix}$$

$$令\begin{bmatrix}x_3\\x_4\end{bmatrix}=\begin{bmatrix}0\\1\end{bmatrix},\quad 得\quad \boldsymbol{\xi}_2=\begin{bmatrix}2\\-3\\0\\1\\0\end{bmatrix}$$

基础解系为

$$\boldsymbol{\xi}_1=\begin{bmatrix}1\\-2\\1\\0\\0\end{bmatrix},\boldsymbol{\xi}_2=\begin{bmatrix}2\\-3\\0\\1\\0\end{bmatrix}$$

通解为

$$\boldsymbol{\xi}=k_1\begin{bmatrix}-1\\-2\\1\\0\\0\end{bmatrix}+k_2\begin{bmatrix}2\\-3\\0\\1\\0\end{bmatrix}\qquad (k_1,k_2,\in R)$$

注意在求基础解系的过程中,对自由未知量命值不能都取零值,因为这样只能得到原方程组的零解.

§3.7　非齐次线性方程组有解的条件及解的结构

设非齐次线性方程组

$$\begin{cases}a_{11}x_1+a_{12}x_2+\cdots+a_{1n}x_n=b_1\\a_{21}x_1+a_{22}x_2+\cdots+a_{2n}x_n=b_2\\\qquad\cdots\cdots\cdots\cdots\\a_{m1}x_1+a_{m2}x_2+\cdots+a_{mn}x_n=b_m\end{cases}\tag{3-28}$$

以 $A_{m\times n}$ 记其系数矩阵,以 $[A,B]$ 记其增广矩阵

$$[A,B]=\begin{bmatrix}a_{11}&a_{12}&\cdots&a_{1n}&b_1\\a_{21}&a_{22}&\cdots&a_{2n}&b_2\\\vdots&\vdots&&\vdots&\vdots\\a_{m1}&a_{m2}&\cdots&a_{mn}&b_m\end{bmatrix}$$

仍以 $\boldsymbol{\alpha}_1,\boldsymbol{\alpha}_2,\cdots,\boldsymbol{\alpha}_n$ 记 A 的列向量,以 $\boldsymbol{\beta}$ 记 $[A,B]$ 中的方程组(3-28)常数列列向量,则方程

组(3-28)可写成向量形式

$$x_1\boldsymbol{\alpha}_1 + x_2\boldsymbol{\alpha}_2 + \cdots + x_n\boldsymbol{\alpha}_n = \boldsymbol{\beta} \tag{3-29}$$

如果方程组(3-28)有解 $x_1 = k_1, x_2 = k_2, \cdots, x_n = k_n$,将其代入式(3-29),得

$$k_1\boldsymbol{\alpha}_1 + k_2\boldsymbol{\alpha}_2 + \cdots + k_n\boldsymbol{\alpha}_n = \boldsymbol{\beta}$$

所以向量组

$$A: \boldsymbol{\alpha}_1, \boldsymbol{\alpha}_2, \cdots, \boldsymbol{\alpha}_n \tag{3-30}$$

与向量组

$$[A, B]: \boldsymbol{\alpha}_1, \boldsymbol{\alpha}_2, \cdots, \boldsymbol{\alpha}_n, \boldsymbol{\beta} \tag{3-31}$$

等价. 因此

$$R[A] = R[A, B]$$

反之,如果设方程组(3-28)系数矩阵 A 的秩等于增广矩阵 $[A, B]$ 的秩 $R[A] = R[A, B] = r$,不妨设

$$\boldsymbol{\alpha}_1, \boldsymbol{\alpha}_2, \cdots, \boldsymbol{\alpha}_r \tag{3-32}$$

为向量组

$$A: \boldsymbol{\alpha}_1, \boldsymbol{\alpha}_2, \cdots, \boldsymbol{\alpha}_r, \boldsymbol{\alpha}_{r+1} \cdots \boldsymbol{\alpha}_n$$

的极大无关组. 那么,$\boldsymbol{\alpha}_1, \boldsymbol{\alpha}_2, \cdots, \boldsymbol{\alpha}_r$ 也是向量组

$$[A, B]: \boldsymbol{\alpha}_1, \boldsymbol{\alpha}_2, \cdots, \boldsymbol{\alpha}_r, \boldsymbol{\alpha}_{r+1} \cdots \boldsymbol{\alpha}_n, \boldsymbol{\beta}$$

的线性无关的部分组. 由

$$R[A, B] = R[A] = r$$

所以 $\boldsymbol{\alpha}_1, \boldsymbol{\alpha}_2, \cdots, \boldsymbol{\alpha}_r$ 也是 $[A, B]: \boldsymbol{\alpha}_1 \cdots \boldsymbol{\alpha}_r, \boldsymbol{\alpha}_{r+1} \cdots \boldsymbol{\alpha}_n, \boldsymbol{\beta}$ 的极大无关组,因此 $\boldsymbol{\beta}$ 可由 $\boldsymbol{\alpha}_1, \boldsymbol{\alpha}_2, \cdots, \boldsymbol{\alpha}_r$ 线性表示,故有

$$c_1\boldsymbol{\alpha}_1 + c_2\boldsymbol{\alpha}_2 + \cdots + c_n\boldsymbol{\alpha}_n = \boldsymbol{\beta}$$

所以

$$\boldsymbol{\eta} = \begin{bmatrix} c_1 \\ c_2 \\ \vdots \\ c_n \end{bmatrix} \quad 即 \quad x_1 = c_1, x_2 = c_2, \cdots, x_n = c_n$$

是非齐次线性方程组(3-28)的解,于是得到

定理 3.7.1 非齐次线性方程组(3-28)有解的充分必要条件是方程组系数矩阵的秩等于增广矩阵的秩.

设 $R[A_{m \times n}] = R[A, B] = r$,

如果 $r = n$,则方程组(3-28)没有自由未知量,所以有唯一的解.

如果 $r < n$,则方程组(3-28)有自由未知量,故有无穷多解. 此时方程组(3-28)的解具有什么结构? 又如何表示它的全部解? 是需要解决的问题.

为了方便我们将与非齐次线性方程组(3-28)有相同系数矩阵 $A_{m \times n}$ 的齐次线性方程组(3-20)称作方程组(3-28)的导出组. 并分别将它们写成矩阵形式

$$AX = \boldsymbol{\beta} \tag{3-28$'$}$$

$$AX = \boldsymbol{0} \tag{3-20$'$}$$

如果有列向量 $\boldsymbol{\eta},\boldsymbol{\xi}$ 分别满足式$(3\text{-}28')$、$(3\text{-}20')$

$$A\boldsymbol{\eta}=\boldsymbol{\beta}, \qquad A\boldsymbol{\xi}=\mathbf{0}$$

则 $\boldsymbol{\eta},\boldsymbol{\xi}$ 分别是方程组$(3\text{-}28)$、$(3\text{-}20)$的解.

非齐次线性方程组解的性质:

（1）设 $\boldsymbol{\eta}$ 是方程组$(3\text{-}28)$的解,$\boldsymbol{\xi}$ 是方程组$(3\text{-}28)$导出组$(3\text{-}20)$的解,则 $\boldsymbol{\eta}+\boldsymbol{\xi}$ 是方程组$(3\text{-}28)$的解.

因为 $A(\boldsymbol{\eta}+\boldsymbol{\xi})=A\boldsymbol{\eta}+A\boldsymbol{\xi}=\boldsymbol{\beta}+\mathbf{0}=\boldsymbol{\beta}$. 所以 $\boldsymbol{\eta}+\boldsymbol{\xi}$ 是非齐次方程组$(3\text{-}28)$的解.

（2）设 $\boldsymbol{\eta},\boldsymbol{\eta}_0$ 均是方程组$(3\text{-}28)$的解. 则 $\boldsymbol{\eta}-\boldsymbol{\eta}_0$ 是导出组$(3\text{-}20)$的解.

因为 $A(\boldsymbol{\eta}-\boldsymbol{\eta}_0)=A\boldsymbol{\eta}-A\boldsymbol{\eta}_0=\boldsymbol{\beta}-\boldsymbol{\beta}=\mathbf{0}$. 所以 $\boldsymbol{\eta}-\boldsymbol{\eta}_0$ 是导出组$(3\text{-}20)$的解.

令

$$\boldsymbol{\xi}=\boldsymbol{\eta}-\boldsymbol{\eta}_0$$

故

$$\boldsymbol{\eta}=\boldsymbol{\eta}_0+\boldsymbol{\xi}$$

于是有

定理 3.7.2　设非齐次线性方程组$(3\text{-}28)$系数矩阵、增广矩阵的秩都等于 r 且 $r<n$,则有无穷多解,且可表示为

$$\boldsymbol{\eta}=\boldsymbol{\eta}_0+\sum_{i=1}^{n-r}k_i\boldsymbol{\xi}_i \qquad (k_1,k_2,\cdots,k_{n-r}\in R)$$

其中 $\boldsymbol{\eta}_0$ 为方程组$(3\text{-}28)$的一个特解. $\boldsymbol{\xi}_1,\boldsymbol{\xi}_2,\cdots,\boldsymbol{\xi}_{n-r}$ 为导出组$(3\text{-}20)$的基础解系.

我们称上式为方程组$(3\text{-}28)$的通解.

例 3.7.1　设

$$\begin{cases} x_1+x_2+\lambda x_3=1 \\ x_1+\lambda x_2+x_3=\lambda \\ \lambda x_1+x_2+x_3=\lambda^2 \end{cases}$$

试问参数 λ 为何值时方程组无解,有唯一解,有无穷多解并在此时求通解.

解　$[A,B]=\begin{bmatrix} 1 & 1 & \lambda & 1 \\ 1 & \lambda & 1 & \lambda \\ \lambda & 1 & 1 & \lambda^2 \end{bmatrix}\longrightarrow\begin{bmatrix} 1 & 1 & \lambda & 1 \\ 0 & \lambda-1 & 1-\lambda & \lambda-1 \\ \lambda-1 & 0 & 1-\lambda & \lambda^2-1 \end{bmatrix}$

$\xrightarrow{\lambda\neq1}\begin{bmatrix} 1 & 1 & \lambda & 1 \\ 0 & 1 & -1 & 1 \\ 1 & 0 & -1 & \lambda+1 \end{bmatrix}\longrightarrow\begin{bmatrix} 1 & 1 & \lambda & 1 \\ 0 & 1 & -1 & 1 \\ 0 & -1 & -1-\lambda & \lambda \end{bmatrix}$

$\longrightarrow\begin{bmatrix} 1 & 1 & \lambda & 1 \\ 0 & 1 & -1 & 1 \\ 0 & 0 & -2-\lambda & \lambda+1 \end{bmatrix}$

当 $\lambda=-2,R[A]=2,R[A,B]=3$ 方程组无解.

当 $\lambda\neq-2,\lambda\neq1,R[A]=R[A,B]=3$ 方程组有唯一解.

当 $\lambda=1,R[A]=R[A,B]=1$ 方程组有无穷多解.

此时

$$[A,B] = \begin{bmatrix} 1 & 1 & 1 & 1 \\ 1 & 1 & 1 & 1 \\ 1 & 1 & 1 & 1 \end{bmatrix} \longrightarrow \left[\begin{array}{ccc|c} 1 & 1 & 1 & 1 \\ 0 & 0 & 0 & 0 \\ 0 & 0 & 0 & 0 \end{array} \right]$$

$$x_1 = -x_2 - x_3 + 1$$

令 $\begin{bmatrix} x_2 \\ x_3 \end{bmatrix} = \begin{bmatrix} 0 \\ 0 \end{bmatrix}$,得特解 $\boldsymbol{\eta}_0 = \begin{bmatrix} 1 \\ 0 \\ 0 \end{bmatrix}$

再求导出组的基础解系

令 $\begin{bmatrix} x_2 \\ x_3 \end{bmatrix} = \begin{bmatrix} 1 \\ 0 \end{bmatrix}$,得 $\boldsymbol{\xi}_1 = \begin{bmatrix} -1 \\ 1 \\ 0 \end{bmatrix}$

令 $\begin{bmatrix} x_2 \\ x_3 \end{bmatrix} = \begin{bmatrix} 0 \\ 1 \end{bmatrix}$,得 $\boldsymbol{\xi}_2 = \begin{bmatrix} -1 \\ 0 \\ 1 \end{bmatrix}$

$$\boldsymbol{\eta} = \begin{bmatrix} 1 \\ 0 \\ 0 \end{bmatrix} + k_1 \begin{bmatrix} -1 \\ 1 \\ 0 \end{bmatrix} + k_2 \begin{bmatrix} -1 \\ 0 \\ 1 \end{bmatrix} \qquad (k_1, k_2, \in R)$$

注意:在求导出组的基础解系时,因为导出组是齐次方程组,所以要将增广矩阵最终化简后的矩阵中的最后一列认作是零列,或者将一般解中的常数项认作是零.

本 章 小 结

一、本章内容展开思路

1.方程组 $AX=B$ 有没有解,及解的情况取决于方程之间的关系.而方程的要素是系数和常数项,即可用向量对应于方程.所以研究方程间的关系,可转化为研究向量间的关系,从而引入了 n 维向量空间 R^n 的概念,用向量方法研究方程组.

2.由向量组 $B:\boldsymbol{\beta}_1,\boldsymbol{\beta}_2,\cdots,\boldsymbol{\beta}_l$ 可用向量组 $A:\boldsymbol{\alpha}_1,\boldsymbol{\alpha}_2,\cdots,\boldsymbol{\alpha}_m$ 线性表出,它们有关系 $R_2(B) \leqslant R_2(A)$,引出了定理 3.2.1,并用此定理证明了矩阵的行秩等于列秩,引出了矩阵的秩的定义.

3.由方程组 $AX=B$ 有解,引出了线性相关的定义 3.3.1.由齐次方程组 $AX=0$ 有非零解,引出了线性相关的定义 $3.3.1'$,并证明了二者等价.

4.由向量组 $A:\boldsymbol{\alpha}_1,\boldsymbol{\alpha}_2,\cdots,\boldsymbol{\alpha}_m$ 线性相关有 $R[A]<m$,引出了判定向量组 $A:\boldsymbol{\alpha}_1,\boldsymbol{\alpha}_2,\cdots,\boldsymbol{\alpha}_m$ 线性相关性的定理 3.3.1,并得到了常用的 5 个结论.

5.类似解方程组消去多余的方程的思路,为了揭示向量组 $A:\boldsymbol{\alpha}_1,\boldsymbol{\alpha}_2,\cdots,\boldsymbol{\alpha}_m$ 线性关系的核心,引入了极大无关组的概念.它与原向量组等价,且一个向量组的不同的极大无关组所含向量个数相同,提出了向量组的秩的定义,有 $r(\boldsymbol{\alpha}_1,\boldsymbol{\alpha}_2,\cdots,\boldsymbol{\alpha}_m)=R[A]$.

6.进一步研究发现矩阵 A 的秩与 A 的不等于零的子式阶数有关,得到了 $R[A]=r$ 的充要条件即定理 3.5.2.

7. 为了判定未给出分量的向量组的线性相关性,给出了定理 3.5.1.

8. 利用线性相关性理论得到了 $AX=0$ 有非零解的充要条件是 $R[A]=r<n$,而且此时有基础解系其中含有 $n-r$ 个线性无关的解.

9. 利用线性相关性理论得到了 $AX=B$ 有解的充要条件是 $R[A]=R[A,B]=r$. 当 $r<n$ 时有无穷多解,其通解为

$$\boldsymbol{\eta}=\boldsymbol{\eta}_0+\sum_{i=1}^{n-r}k_i\boldsymbol{\xi}_i$$

二、教学大纲要求

1. 了解 n 维向量空间的概念. 了解线性组合,线性表示,线性表出和等价向量组的概念.

2. 理解线性相关,线性无关的定义. 了解判定向量组线性相关的重要结论,并会对给出的向量组判明其是否线性相关.

3. 理解极大无关组的概念,知道极大无关组与原向量的关系. 了解向量组的秩的概念. 会求向量组的秩和极大无关组.

4. 理解齐次线性方程组有非零解的充要条件,会求基础解系和通解.

5. 理解非齐次线性方程组有解的充分必要条件,会求方程组的通解.

习　题　三

1. 用初等变换求下列矩阵的秩.

(1) $A=\begin{bmatrix}1&2&3&4\\-1&-1&-4&-2\\3&4&11&8\end{bmatrix}$　(2) $B=\begin{bmatrix}1&-2&2&-1&1\\2&-4&8&0&2\\-2&4&-2&3&3\\3&-6&0&-6&4\end{bmatrix}$

(3) $C=\begin{bmatrix}3&2&-1&-3&-1\\2&-1&3&1&-3\\7&0&5&-1&-8\end{bmatrix}$　(4) $D=\begin{bmatrix}2&1&8&3&7\\2&-3&0&7&5\\3&-2&5&8&0\\1&0&3&2&0\end{bmatrix}$

2. 试确定参数 λ,使矩阵的秩最小.

(1) $\begin{bmatrix}1&\lambda&-1&2\\2&-1&\lambda&5\\1&10&-6&1\end{bmatrix}$　(2) $\begin{bmatrix}1&2&-1&-2&0\\2&-1&-1&1&1\\3&1&-2&-1&\lambda\end{bmatrix}$

3. 设

$$\boldsymbol{\alpha}_1=\begin{bmatrix}1\\1\\0\end{bmatrix},\quad \boldsymbol{\alpha}_2=\begin{bmatrix}0\\1\\1\end{bmatrix},\quad \boldsymbol{\alpha}_3=\begin{bmatrix}3\\4\\0\end{bmatrix},$$

求 $\boldsymbol{\alpha}_1-\boldsymbol{\alpha}_2$ 及 $3\boldsymbol{\alpha}_1+2\boldsymbol{\alpha}_2-\boldsymbol{\alpha}_3$.

4. 下列向量组中的向量 $\boldsymbol{\beta}$ 能否由其余向量线性表示? 若能,写出线性表示式.

(1) $\boldsymbol{\beta}=\begin{bmatrix}4\\3\end{bmatrix}$, $\quad\boldsymbol{\alpha}_1=\begin{bmatrix}2\\1\end{bmatrix}$, $\quad\boldsymbol{\alpha}_2=\begin{bmatrix}-1\\1\end{bmatrix}$.

(2) $\boldsymbol{\beta}=\begin{bmatrix}1\\1\\1\end{bmatrix}$, $\quad\boldsymbol{\alpha}_1=\begin{bmatrix}0\\1\\-1\end{bmatrix}$, $\quad\boldsymbol{\alpha}_2=\begin{bmatrix}1\\1\\0\end{bmatrix}$, $\quad\boldsymbol{\alpha}_3=\begin{bmatrix}1\\0\\2\end{bmatrix}$.

(3) $\boldsymbol{\beta}=\begin{bmatrix}1\\2\\0\end{bmatrix}$, $\quad\boldsymbol{\alpha}_1=\begin{bmatrix}2\\-11\\0\end{bmatrix}$, $\quad\boldsymbol{\alpha}_2=\begin{bmatrix}1\\0\\2\end{bmatrix}$.

5.判定下列向量组是否线性相关?

(1) $\boldsymbol{\alpha}_1=\begin{bmatrix}-1\\3\\1\end{bmatrix}$, $\quad\boldsymbol{\alpha}_2=\begin{bmatrix}2\\1\\0\end{bmatrix}$, $\quad\boldsymbol{\alpha}_3=\begin{bmatrix}1\\4\\1\end{bmatrix}$.

(2) $\boldsymbol{\beta}_1=\begin{bmatrix}2\\3\\0\end{bmatrix}$, $\quad\boldsymbol{\beta}_2=\begin{bmatrix}-1\\4\\0\end{bmatrix}$, $\quad\boldsymbol{\beta}_3=\begin{bmatrix}0\\0\\2\end{bmatrix}$.

6.λ 取何值使 $\boldsymbol{\alpha}_1,\boldsymbol{\alpha}_2,\boldsymbol{\alpha}_3$ 线性相关?

$$\boldsymbol{\alpha}_1=\begin{bmatrix}\lambda\\1\\1\end{bmatrix}, \quad \boldsymbol{\alpha}_2=\begin{bmatrix}1\\\lambda\\-1\end{bmatrix}, \quad \boldsymbol{\alpha}_3=\begin{bmatrix}1\\-1\\\lambda\end{bmatrix}.$$

7.设 $\boldsymbol{\alpha}_1,\boldsymbol{\alpha}_2,\boldsymbol{\alpha}_3$ 线性无关,且 $\boldsymbol{\beta}_1=\boldsymbol{\alpha}_1+\boldsymbol{\alpha}_2,\boldsymbol{\beta}_2=\boldsymbol{\alpha}_2+\boldsymbol{\alpha}_3,\boldsymbol{\beta}_3=\boldsymbol{\alpha}_1+\boldsymbol{\alpha}_3$. 证明 $\boldsymbol{\beta}_1,\boldsymbol{\beta}_2,\boldsymbol{\beta}_3$ 线性无关.

8.设 $\boldsymbol{\beta}_1=\boldsymbol{\alpha}_1,\boldsymbol{\beta}_2=\boldsymbol{\alpha}_1+\boldsymbol{\alpha}_2,\cdots,\boldsymbol{\beta}_r=\boldsymbol{\alpha}_1+\boldsymbol{\alpha}_2+\cdots+\boldsymbol{\alpha}_r$,且向量组 $\boldsymbol{\alpha}_1,\boldsymbol{\alpha}_2,\cdots,\boldsymbol{\alpha}_r$ 线性无关,证明 $\boldsymbol{\beta}_1,\boldsymbol{\beta}_2,\cdots,\boldsymbol{\beta}_r$ 线性无关.

9.设 $\boldsymbol{\beta}_1=\boldsymbol{\alpha}_1+\boldsymbol{\alpha}_2,\boldsymbol{\beta}_2=\boldsymbol{\alpha}_2+\boldsymbol{\alpha}_3,\boldsymbol{\beta}_3=\boldsymbol{\alpha}_3+\boldsymbol{\alpha}_4,\boldsymbol{\beta}_4=\boldsymbol{\alpha}_4+\boldsymbol{\alpha}_1$,证明向量组 $\boldsymbol{\beta}_1,\boldsymbol{\beta}_2,\boldsymbol{\beta}_3,\boldsymbol{\beta}_4$ 线性相关.

10.设 $\boldsymbol{\alpha}_1,\boldsymbol{\alpha}_2,\cdots,\boldsymbol{\alpha}_n$ 是一组 n 维向量,证明它们线性无关的充分必要条件是:任一 n 维向量都可由它们线性表示.

11.设 $\begin{cases}\boldsymbol{\beta}_1=\boldsymbol{\alpha}_2+\boldsymbol{\alpha}_3+\cdots+\boldsymbol{\alpha}_n\\\boldsymbol{\beta}_2=\boldsymbol{\alpha}_1+\boldsymbol{\alpha}_3+\cdots+\boldsymbol{\alpha}_n\\\cdots\cdots\cdots\cdots\cdots\\\boldsymbol{\beta}_n=\boldsymbol{\alpha}_1+\boldsymbol{\alpha}_2+\cdots+\boldsymbol{\alpha}_{n-1}\end{cases}$

证明向量组 $\boldsymbol{\alpha}_1,\boldsymbol{\alpha}_2,\cdots,\boldsymbol{\alpha}_n$ 与向量组 $\boldsymbol{\beta}_1,\boldsymbol{\beta}_2,\cdots,\boldsymbol{\beta}_n$ 等价.

12.已知 3 阶方阵 A 与 3 维列向量 X 满足 $A^3X=3AX-A^2X$,且向量组 X,AX,A^2X 线性无关

(1)记 $P=(X,AX,A^2X)$,求 3 阶矩阵 B,使 $AP=PB$.

(2)求 $|A|$.

13. 设

$$\boldsymbol{\alpha}_1 = \begin{bmatrix} 1 \\ k \\ 2 \end{bmatrix}, \quad \boldsymbol{\alpha}_2 = \begin{bmatrix} 1 \\ k \\ 1 \end{bmatrix}, \quad \boldsymbol{\alpha}_3 = \begin{bmatrix} -2 \\ k+2 \\ -1 \end{bmatrix},$$

(1) k 为何值时 $\boldsymbol{\alpha}_1,\boldsymbol{\alpha}_2,\boldsymbol{\alpha}_3$ 线性相关?

(2) k 为何值时 $\boldsymbol{\alpha}_1,\boldsymbol{\alpha}_2,\boldsymbol{\alpha}_3$ 线性无关?

14. 设

$$\boldsymbol{\alpha}_1 = \begin{bmatrix} a \\ 2 \\ 10 \end{bmatrix}, \quad \boldsymbol{\alpha}_2 = \begin{bmatrix} -2 \\ 1 \\ 5 \end{bmatrix}, \quad \boldsymbol{\alpha}_3 = \begin{bmatrix} -1 \\ 1 \\ 4 \end{bmatrix}, \boldsymbol{\beta} = \begin{bmatrix} 1 \\ b \\ -1 \end{bmatrix},$$

当 a,b 为何值时使

(1) $\boldsymbol{\beta}$ 不能由 $\boldsymbol{\alpha}_1,\boldsymbol{\alpha}_2,\boldsymbol{\alpha}_3$ 线性表示.

(2) $\boldsymbol{\beta}$ 能由 $\boldsymbol{\alpha}_1,\boldsymbol{\alpha}_2,\boldsymbol{\alpha}_3$ 线性表示且唯一.

(3) $\boldsymbol{\beta}$ 能由 $\boldsymbol{\alpha}_1,\boldsymbol{\alpha}_2,\boldsymbol{\alpha}_3$ 线性表示,但表示式不唯一.

15. 设

$$\boldsymbol{\alpha}_1 = \begin{bmatrix} 1 \\ 2 \\ -1 \end{bmatrix}, \quad \boldsymbol{\alpha}_2 = \begin{bmatrix} -1 \\ -2 \\ 2 \end{bmatrix}, \quad \boldsymbol{\alpha}_3 = \begin{bmatrix} 1 \\ 2 \\ 3 \end{bmatrix},$$

求该向量组的一个极大无关组,并用它表示其余向量.

16. 设

$$\boldsymbol{\alpha}_1 = \begin{bmatrix} 1 \\ 2 \\ 1 \\ 2 \end{bmatrix}, \quad \boldsymbol{\alpha}_2 = \begin{bmatrix} 1 \\ 0 \\ 3 \\ 1 \end{bmatrix}, \quad \boldsymbol{\alpha}_3 = \begin{bmatrix} 2 \\ -1 \\ 0 \\ 1 \end{bmatrix}, \quad \boldsymbol{\alpha}_4 = \begin{bmatrix} 2 \\ 1 \\ -2 \\ 2 \end{bmatrix},$$

求该向量组的一个极大无关组,并用它表示其余向量.

17. 设向量组

$$\boldsymbol{\alpha}_1 = \begin{bmatrix} 1 \\ 3 \\ 2 \\ 0 \end{bmatrix}, \quad \boldsymbol{\alpha}_2 = \begin{bmatrix} 7 \\ 0 \\ 14 \\ 3 \end{bmatrix}, \quad \boldsymbol{\alpha}_3 = \begin{bmatrix} 2 \\ -1 \\ 0 \\ 1 \end{bmatrix}, \quad \boldsymbol{\alpha}_4 = \begin{bmatrix} 5 \\ 1 \\ 6 \\ 2 \end{bmatrix}, \quad \boldsymbol{\alpha}_5 = \begin{bmatrix} 2 \\ -1 \\ 4 \\ 1 \end{bmatrix},$$

(1) 求向量组的秩.

(2) 求此向量组的一个极大无关组.

(3) 用此极大无关组表示其余向量.

18. 求齐次线性方程组的通解

$$\begin{cases} x_1 - 2x_2 + x_3 + x_4 = 0 \\ x_1 - 2x_2 + x_3 - x_4 = 0 \\ x_1 - 2x_2 + x_3 + 5x_4 = 0 \end{cases}$$

19. 求齐次线性方程组的通解

$$\begin{cases} x_1+ x_2+ x_3 + x_4 + x_5=0 \\ 3x_1+2x_2+ x_3 + x_4 - x_5=0 \\ x_2+2x_3+2x_4+6x_5=0 \\ 5x_1+4x_2+3x_3+3x_4 - x_5=0 \end{cases}$$

20. 参数 λ 取何值时, 使齐次线性方程组

$$\begin{cases} \lambda x_1+ x_2+ x_3=0 \\ x_1+\lambda x_2+ x_3=0 \\ x_1+ x_2+\lambda x_3=0 \end{cases}$$

有非零解? 并求通解.

21. 求下列非齐次线性方程的通解

(1) $\begin{cases} x_1- x_2- x_3+ x_4=0 \\ x_1- x_2+ x_3-3x_4=-2 \\ x_1- x_2-2x_3+3x_4=1 \end{cases}$　(2) $\begin{cases} 2x_1+ x_2- x_3+x_4=1 \\ x_1+2x_2+ x_3-x_4=2 \\ x_1+ x_2+2x_3+x_4=3 \end{cases}$

(3) $\begin{cases} x_1+ x_2 =5 \\ 2x_1+ x_2+ x_3+2x_4=1 \\ 5x_1+3x_2+2x_3+2x_4=3 \end{cases}$　(4) $\begin{cases} x_1+ x_2+2x_3+ x_4=1 \\ x_1+2x_2+ x_3- x_4=4 \\ 2x_1- x_2- x_3+ x_4=-3 \\ 5x_1+4x_2+3x_3+2x_4=-2 \end{cases}$

22. 数 λ 为何值, 下列线性方程组无解, 有唯一解, 有无穷多解? 并在有无穷多解时求出它的通解.

(1) $\begin{cases} \lambda x_1+ x_2+ x_3=1 \\ x_1+\lambda x_2+ x_3=\lambda \\ x_1+ x_2+\lambda^2 x_3=\lambda^2 \end{cases}$　(2) $\begin{cases} -2x_1+ x_2+ x_3=-2 \\ x_1-2x_2+ x_3=\lambda \\ x_1+ x_2-2x_3=\lambda^2 \end{cases}$

23. 设四元非齐次线性方程组的系数矩阵的秩为3, 已知 $\boldsymbol{\eta}_1, \boldsymbol{\eta}_2, \boldsymbol{\eta}_3$ 是它的三个解向量. 且

$$\boldsymbol{\eta}_1 = \begin{bmatrix} 2 \\ 3 \\ 4 \\ 5 \end{bmatrix}, \quad \boldsymbol{\eta}_2 + \boldsymbol{\eta}_3 = \begin{bmatrix} 1 \\ 2 \\ 3 \\ 4 \end{bmatrix},$$

求该方程组的通解.

24. 设 $A=\begin{bmatrix} 2 & -2 & 1 & 3 \\ 9 & -5 & 2 & 8 \end{bmatrix}$, 求一个 4×2 矩阵 B, 使 $AB=0$, 且 $R(B)=2$.

25. 求一个齐次方程组, 使它的基础解系为

$$\boldsymbol{\xi}_1 = \begin{bmatrix} 0 \\ 1 \\ 2 \\ 3 \end{bmatrix}, \boldsymbol{\xi}_2 = \begin{bmatrix} 3 \\ 2 \\ 1 \\ 0 \end{bmatrix}$$

26. 设 A 为 n 阶方阵 $(n\geqslant 2)$, A^* 为 A 的伴随矩阵, 证明

$$R(A^*) = \begin{cases} n & \text{当 } R(A) = n, \\ 1 & \text{当 } R(A) = n-1, \\ 0 & \text{当 } R(A) \leqslant n-2. \end{cases}$$

27. 设 $\boldsymbol{\eta}^*$ 是非齐次线性方程组 $AX = B$ 的一个解，$\boldsymbol{\xi}_1, \boldsymbol{\xi}_2, \cdots, \boldsymbol{\xi}_{n-r}$ 是对应的齐次线性方程组的一个基础解系，证明

(1) $\boldsymbol{\eta}^*, \boldsymbol{\xi}_1, \boldsymbol{\xi}_2, \cdots, \boldsymbol{\xi}_{n-r}$ 线性无关.

(2) $\boldsymbol{\eta}^*, \boldsymbol{\eta}^* + \boldsymbol{\xi}_1, \cdots, \boldsymbol{\eta}^* + \boldsymbol{\xi}_{n-r}$ 线性无关.

28. 设 $R[A_{n \times m}] = m, R[B_{n \times (n-m)}] = n-m$，且 $AB = O$. 证明：若 $AX = O$ 有解 $\boldsymbol{\xi}$，则必存在唯一的 $\boldsymbol{\eta}$ 使 $B\boldsymbol{\eta} = \boldsymbol{\xi}$.

29. 设 $A_{n \times n} X = O$ 的系数行列式 $|A| = 0$，且 $|A|$ 中某个元素 a_{ij} 的代数余子式 $A_{ij} \neq 0$，证明该方程组的通解为

$$k \begin{bmatrix} A_{i1} \\ A_{i2} \\ \vdots \\ A_{in} \end{bmatrix} \qquad (k \in R)$$

30. 设 A 是 n 阶方阵 $A \neq E$ 且 $R[A] + R[A-E] = n$. E 为 n 阶单位矩阵. 证明 $AX = O$ 有非零解.

第四章　矩阵的特征值与特征向量

在工程技术领域中,稳定性是被广泛关注的问题. 而研究的方法大多是利用特征值理论. 本章欲介绍的矩阵的特征值和特征向量,就是相关内容的基础知识.

§4.1　R^n 中的基与基变换

在三维向量空间 R^3 中,任一向量可以用向量组

$$e_1 = \begin{bmatrix} 1 \\ 0 \\ 0 \end{bmatrix}, \quad e_2 = \begin{bmatrix} 0 \\ 1 \\ 0 \end{bmatrix}, \quad e_3 = \begin{bmatrix} 0 \\ 0 \\ 1 \end{bmatrix} \tag{4-1}$$

线性表示,同时也能用向量组

$$e_1' = \begin{bmatrix} 2 \\ 0 \\ 0 \end{bmatrix}, \quad e_2' = \begin{bmatrix} 0 \\ 2 \\ 0 \end{bmatrix}, \quad e_3' = \begin{bmatrix} 0 \\ 0 \\ 2 \end{bmatrix} \tag{4-1'}$$

线性表示. 向量组(4-1)及(4-1')都是 R^3 的极大无关组.

定义 4.1.1　n 维向量空间 R^n 中的向量组 $\xi_1,\xi_2,\cdots,\xi_n$ 满足

(1) $\xi_1,\xi_2,\cdots,\xi_n$ 线性无关.

(2) R^n 中的任一向量皆可由 $\xi_1,\xi_2,\cdots,\xi_n$ 线性表示.

称 $\xi_1,\xi_2,\cdots,\xi_n$ 为 R^n 的一组基,基中含有向量的个数称为空间的维数.

例 4.1.1　设

$$\xi_1 = \begin{bmatrix} 1 \\ 0 \\ 1 \\ 0 \end{bmatrix}, \quad \xi_2 = \begin{bmatrix} 0 \\ 1 \\ 0 \\ 1 \end{bmatrix}, \quad \xi_3 = \begin{bmatrix} 1 \\ 1 \\ 0 \\ 0 \end{bmatrix}, \quad \xi_4 = \begin{bmatrix} 0 \\ 0 \\ 1 \\ 1 \end{bmatrix}$$

ξ_1,ξ_2,ξ_3,ξ_4 能否成为 R^4 的一组基?

解

$$A = \begin{bmatrix} 1 & 0 & 1 & 0 \\ 0 & 1 & 1 & 0 \\ 1 & 0 & 0 & 1 \\ 0 & 1 & 0 & 1 \end{bmatrix} \rightarrow \begin{bmatrix} 1 & 0 & 1 & 0 \\ 0 & 1 & 1 & 0 \\ 0 & 0 & -1 & 1 \\ 0 & 1 & 0 & 1 \end{bmatrix} \xrightarrow{r_4 - r_2} \begin{bmatrix} 1 & 0 & 1 & 0 \\ 0 & 1 & 1 & 0 \\ 0 & 0 & -1 & 1 \\ 0 & 0 & -1 & 1 \end{bmatrix}$$

$$\rightarrow \begin{bmatrix} 1 & 0 & 1 & 0 \\ 0 & 1 & 1 & 0 \\ 0 & 0 & -1 & 1 \\ 0 & 0 & 0 & 0 \end{bmatrix}$$

$R[A]=3<4$，所以 $\boldsymbol{\xi}_1,\boldsymbol{\xi}_2,\boldsymbol{\xi}_3,\boldsymbol{\xi}_4$ 线性相关，不能成为 R^4 的一组基.

设 $\boldsymbol{\xi}_1,\boldsymbol{\xi}_2,\cdots,\boldsymbol{\xi}_n$ 是 R^n 的一组基，$\boldsymbol{\eta}_1,\boldsymbol{\eta}_2,\cdots,\boldsymbol{\eta}_n$ 是 R^n 的另一组基，它们之间有什么关系？

如果以基 $\boldsymbol{\xi}_1,\boldsymbol{\xi}_2,\cdots,\boldsymbol{\xi}_n$ 为旧基，$\boldsymbol{\eta}_1,\boldsymbol{\eta}_2,\cdots,\boldsymbol{\eta}_n$ 为新基，新基中的每个基向量 $\boldsymbol{\eta}_i(i=1,2,\cdots,n)$ 也都是 R^n 中的向量，所以有

$$
\begin{aligned}
\boldsymbol{\eta}_1 &= p_{11}\boldsymbol{\xi}_1 + p_{21}\boldsymbol{\xi}_2 + \cdots + p_{n1}\boldsymbol{\xi}_n \\
\boldsymbol{\eta}_2 &= p_{12}\boldsymbol{\xi}_1 + p_{22}\boldsymbol{\xi}_2 + \cdots + p_{n2}\boldsymbol{\xi}_n \\
&\cdots\cdots\cdots\cdots \\
\boldsymbol{\eta}_n &= p_{1n}\boldsymbol{\xi}_1 + p_{2n}\boldsymbol{\xi}_2 + \cdots + p_{nn}\boldsymbol{\xi}_n
\end{aligned} \tag{4-2}
$$

式(4-2)可用矩阵表示为

$$
(\boldsymbol{\eta}_1,\boldsymbol{\eta}_2,\cdots,\boldsymbol{\eta}_n) = (\boldsymbol{\xi}_1,\boldsymbol{\xi}_2,\cdots,\boldsymbol{\xi}_n)
\begin{bmatrix}
p_{11} & p_{12} & \cdots & p_{1n} \\
p_{21} & p_{22} & \cdots & p_{2n} \\
\vdots & \vdots & & \vdots \\
p_{n1} & p_{n2} & \cdots & p_{nn}
\end{bmatrix}
$$

或简写为

$$
(\boldsymbol{\eta}_1,\boldsymbol{\eta}_2,\cdots,\boldsymbol{\eta}_n) = (\boldsymbol{\xi}_1,\boldsymbol{\xi}_2,\cdots,\boldsymbol{\xi}_n)P \tag{4-3}
$$

其中

$$
P = \begin{bmatrix}
p_{11} & p_{12} & \cdots & p_{1n} \\
p_{21} & p_{22} & \cdots & p_{2n} \\
\vdots & \vdots & & \vdots \\
p_{n1} & p_{n2} & \cdots & p_{nn}
\end{bmatrix}
$$

因 $\boldsymbol{\eta}_1,\boldsymbol{\eta}_2,\cdots\boldsymbol{\eta}_n$ 线性无关，故 $r(\boldsymbol{\eta}_1,\boldsymbol{\eta}_2,\cdots,\boldsymbol{\eta}_n)=n$，据定理 3.5.1(或定理 3.2.1 的推论(1))有

$$
R[P] = r(\boldsymbol{\eta}_1,\boldsymbol{\eta}_2,\cdots,\boldsymbol{\eta}_n) = n
$$

因此矩阵 P 可逆，对(4-3)式两端右乘 P^{-1}，得

$$
(\boldsymbol{\xi}_1,\boldsymbol{\xi}_2\cdots\boldsymbol{\xi}_n) = (\boldsymbol{\eta}_1,\boldsymbol{\eta}_2\cdots\boldsymbol{\eta}_n)P^{-1} \tag{4-4}
$$

我们称式(4-3)为由旧基 $\boldsymbol{\xi}_1,\boldsymbol{\xi}_2,\cdots,\boldsymbol{\xi}_n$ 到新基 $\boldsymbol{\eta}_1,\boldsymbol{\eta}_2,\cdots,\boldsymbol{\eta}_n$ 的基变换式，其中 P 称为过渡矩阵. 式(4-4)称为由新基 $\boldsymbol{\eta}_1,\boldsymbol{\eta}_2,\cdots,\boldsymbol{\eta}_n$ 到旧基 $\boldsymbol{\xi}_1,\boldsymbol{\xi}_2,\cdots,\boldsymbol{\xi}_n$ 的基变换式，其中 P^{-1} 为过渡矩阵.

设向量 $\boldsymbol{\alpha}$ 在这两个基下的表达式分别为

$$
\boldsymbol{\alpha} = x_1\boldsymbol{\xi}_1 + x_2\boldsymbol{\xi}_2 + \cdots + x_n\boldsymbol{\xi}_n = (\boldsymbol{\xi}_1,\boldsymbol{\xi}_2,\cdots,\boldsymbol{\xi}_n)
\begin{bmatrix}
x_1 \\
x_2 \\
\vdots \\
x_n
\end{bmatrix}
$$

$$
= (\boldsymbol{\xi}_1,\boldsymbol{\xi}_2,\cdots\boldsymbol{\xi}_n)X
$$

$$\boldsymbol{\alpha} = y_1\boldsymbol{\eta}_1 + y_2\boldsymbol{\eta}_2 + \cdots + y_n\boldsymbol{\eta}_n = (\boldsymbol{\eta}_1,\boldsymbol{\eta}_2,\cdots,\boldsymbol{\eta}_n)\begin{bmatrix} y_1 \\ y_2 \\ \vdots \\ y_n \end{bmatrix}$$

$$= (\boldsymbol{\eta}_1,\boldsymbol{\eta}_2,\cdots,\boldsymbol{\eta}_n)Y$$

其中

$$X = \begin{bmatrix} x_1 \\ x_2 \\ \vdots \\ x_n \end{bmatrix}, \quad Y = \begin{bmatrix} y_1 \\ y_2 \\ \vdots \\ y_n \end{bmatrix}$$

利用式(4-4)可求得 $\boldsymbol{\alpha}$ 在这两个基下的坐标 X,Y 之间的关系

$$\boldsymbol{\alpha} = (\boldsymbol{\xi}_1,\boldsymbol{\xi}_2,\cdots,\boldsymbol{\xi}_n)X = (\boldsymbol{\eta}_1,\boldsymbol{\eta}_2,\cdots,\boldsymbol{\eta}_n)P^{-1}X$$

所以

$$Y = P^{-1}X \tag{4-5}$$
$$X = PY \tag{4-6}$$

式(4-5)、式(4-6)称作坐标变换式.

例 4.1.2 求向量

$$\boldsymbol{\alpha} = \begin{bmatrix} 1 \\ 2 \\ 3 \end{bmatrix}$$

在基

$$\boldsymbol{\eta}_1 = \begin{bmatrix} 1 \\ 0 \\ 0 \end{bmatrix}, \quad \boldsymbol{\eta}_2 = \begin{bmatrix} 0 \\ 1 \\ 1 \end{bmatrix}, \quad \boldsymbol{\eta}_3 = \begin{bmatrix} 0 \\ 1 \\ 2 \end{bmatrix}$$

下的表达式.

解　$\boldsymbol{\alpha} = \begin{bmatrix} 1 \\ 2 \\ 3 \end{bmatrix} = e_1 + 2e_2 + 3e_3 = (e_1,e_2,e_3)\begin{bmatrix} 1 \\ 2 \\ 3 \end{bmatrix}$

$(\boldsymbol{\eta}_1,\boldsymbol{\eta}_2,\boldsymbol{\eta}_3) = (e_1,e_2,e_3)\begin{bmatrix} 1 & 0 & 0 \\ 0 & 1 & 1 \\ 0 & 1 & 2 \end{bmatrix}$

$(e_1,e_2,e_3) = (\boldsymbol{\eta}_1,\boldsymbol{\eta}_2,\boldsymbol{\eta}_3)\begin{bmatrix} 1 & 0 & 0 \\ 0 & 1 & 1 \\ 0 & 1 & 2 \end{bmatrix}^{-1} = (\boldsymbol{\eta}_1,\boldsymbol{\eta}_2,\boldsymbol{\eta}_3)\begin{bmatrix} 1 & 0 & 0 \\ 0 & 2 & -1 \\ 0 & -1 & 1 \end{bmatrix}$

$\boldsymbol{\alpha} = (e_1,e_2,e_3)\begin{bmatrix} 1 \\ 2 \\ 3 \end{bmatrix} = (\boldsymbol{\eta}_1,\boldsymbol{\eta}_2,\boldsymbol{\eta}_3)\begin{bmatrix} 1 & 0 & 0 \\ 0 & 2 & -1 \\ 0 & -1 & 1 \end{bmatrix}\begin{bmatrix} 1 \\ 2 \\ 3 \end{bmatrix} = (\boldsymbol{\eta}_1,\boldsymbol{\eta}_2,\boldsymbol{\eta}_3)\begin{bmatrix} 1 \\ 1 \\ 1 \end{bmatrix}$

所以

$$\boldsymbol{\alpha} = \boldsymbol{\eta}_1 + \boldsymbol{\eta}_2 + \boldsymbol{\eta}_3$$

例 4.1.3　在 R^3 中,由基 $\boldsymbol{\xi}_1,\boldsymbol{\xi}_2,\boldsymbol{\xi}_3$ 到新基 $\boldsymbol{\eta}_1,\boldsymbol{\eta}_2,\boldsymbol{\eta}_3$ 的过渡矩阵

$$P = \begin{bmatrix} 1 & -1 & 0 \\ 0 & 1 & -1 \\ 0 & 0 & 1 \end{bmatrix}$$

求向量 $\boldsymbol{\alpha}=-\boldsymbol{\xi}_1-2\boldsymbol{\xi}_2+5\boldsymbol{\xi}_3$ 在基 $\boldsymbol{\eta}_1,\boldsymbol{\eta}_2,\boldsymbol{\eta}_3$ 下的表达式.

解　$(\boldsymbol{\eta}_1,\boldsymbol{\eta}_2,\boldsymbol{\eta}_3)=(\boldsymbol{\xi}_1,\boldsymbol{\xi}_2,\boldsymbol{\xi}_3)\begin{bmatrix} 1 & -1 & 0 \\ 0 & 1 & -1 \\ 0 & 0 & 1 \end{bmatrix}$

$(\boldsymbol{\xi}_1,\boldsymbol{\xi}_2,\boldsymbol{\xi}_3)=(\boldsymbol{\eta}_1,\boldsymbol{\eta}_2,\boldsymbol{\eta}_3)\begin{bmatrix} 1 & -1 & 0 \\ 0 & 1 & -1 \\ 0 & 0 & 1 \end{bmatrix}^{-1}=(\boldsymbol{\eta}_1,\boldsymbol{\eta}_2,\boldsymbol{\eta}_3)\begin{bmatrix} 1 & 1 & 1 \\ 0 & 1 & 1 \\ 0 & 0 & 1 \end{bmatrix}$

$\boldsymbol{\alpha}=-\boldsymbol{\xi}_1-2\boldsymbol{\xi}_2+5\boldsymbol{\xi}_3=(\boldsymbol{\xi}_1,\boldsymbol{\xi}_2,\boldsymbol{\xi}_3)\begin{bmatrix} -1 \\ -2 \\ 5 \end{bmatrix}=(\boldsymbol{\eta}_1,\boldsymbol{\eta}_2,\boldsymbol{\eta}_3)\begin{bmatrix} 1 & 1 & 1 \\ 0 & 1 & 1 \\ 0 & 0 & 1 \end{bmatrix}\begin{bmatrix} -1 \\ -2 \\ 5 \end{bmatrix}$

$=(\boldsymbol{\eta}_1,\boldsymbol{\eta}_2,\boldsymbol{\eta}_3)\begin{bmatrix} 2 \\ 3 \\ 5 \end{bmatrix}=2\boldsymbol{\eta}_1+3\boldsymbol{\eta}_2+5\boldsymbol{\eta}_3$

§4.2　线性变换及其矩阵表示

　　如图 4-1 所示,平面 Π 上的向量 $\boldsymbol{\alpha}$,经过点光源 /A 的照射作用,在与 Π 平行的平面 Π_1 上形成它的像,记作 /A$\boldsymbol{\alpha}$. 这里符号 /A 表示作用,/A$\boldsymbol{\alpha}$ 表示作用的效果,即得到的 $\boldsymbol{\alpha}$ 的像. 设在平面 Π 上 3 个向量 $\boldsymbol{\alpha},\boldsymbol{\beta},\boldsymbol{\gamma}$ 有关系 $\boldsymbol{\alpha}+\boldsymbol{\beta}=\boldsymbol{\gamma}$. 那么在经过点光源的照射作用之后,在平面 Π_1 上得到 $\boldsymbol{\alpha},\boldsymbol{\beta},\boldsymbol{\gamma}$ 各自的像 /A$\boldsymbol{\alpha}$、/A$\boldsymbol{\beta}$ 和 /A$\boldsymbol{\gamma}$,而且有关系

/A$\boldsymbol{\gamma}$= /A$\boldsymbol{\alpha}$+ /A$\boldsymbol{\beta}$

而 $\boldsymbol{\gamma}=\boldsymbol{\alpha}+\boldsymbol{\beta}$

所以 /A$(\boldsymbol{\alpha}+\boldsymbol{\beta})$= /A$\boldsymbol{\alpha}$+ /A$\boldsymbol{\beta}$

同样有 /A$(2\boldsymbol{\alpha})$=2 /A$\boldsymbol{\alpha}$

上面的两个关系式是为大家容易理解的物理现象的写照. 有了这两个关系式,下面的式子就会成立

/A$(2\boldsymbol{\alpha}+3\boldsymbol{\beta})$= 2/A$\boldsymbol{\alpha}$+3/A$\boldsymbol{\beta}$

图 4-1

即向量线性组合的像,等于各向量像的保持系数不变的线性组合.

　　类似这种保持线性组合不变的作用,在工程实践中是很广泛的. 如电学中的拉普拉斯(LapLace)变换,光学中的傅里叶(Fourier)变换都具有这种特性. 因此有必要对这类变换(即作用)的规律性进行一般地研究. 所以我们引入线性变换的概念.

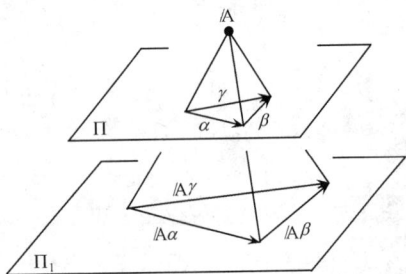

定义 4.2.1 设 $/\!A$ 为对 R^n 中向量的某种作用,满足

(1) 对 R^n 中任一向量 $\boldsymbol{\alpha}$ 皆有 $/\!A\boldsymbol{\alpha}\in R^n$.

(2) $/\!A(\boldsymbol{\alpha}+\boldsymbol{\beta})=/\!A\boldsymbol{\alpha}+/\!A\boldsymbol{\beta}$ $(\boldsymbol{\alpha},\boldsymbol{\beta}\in R^n)$.

(3) $/\!A(k\boldsymbol{\alpha})=k/\!A\boldsymbol{\alpha}$ $(k\in R,\boldsymbol{\alpha}\in R^n)$.

称 $/\!A$ 为 R^n 上的一个线性变换.

由定义 4.1.1 中的第(3)条,当 $k=0$ 时,有

$$/\!A0 = 0$$

即,零向量在线性变换 $/\!A$ 作用下的像是零向量.

上面所提到的拉普拉斯变换和傅里叶变换都是线性变换.

例 4.2.1 在次数不超过 n 的多项式集合 $P[x]_n$ 上,对其元素(多项式)求导数,就是一个在 $P[x]_n$ 上的线性变换.

根据线性变换的定义 4.2.1 显然有

$$/\!A(a_1\boldsymbol{\alpha}_1 + a_2\boldsymbol{\alpha}_2 + \cdots + a_s\boldsymbol{\alpha}_s) = a_1/\!A\boldsymbol{\alpha}_1 + a_2/\!A\boldsymbol{\alpha}_2 + \cdots + a_s/\!A\boldsymbol{\alpha}_s \tag{4-7}$$

如果 $\boldsymbol{\alpha}_1,\boldsymbol{\alpha}_1,\cdots\boldsymbol{\alpha}_s$ 线性相关,即有不全为零的数 $k_1,k_2,\cdots,k_s$ 使

$$k_1\boldsymbol{\alpha}_1 + k_2\boldsymbol{\alpha}_2 + \cdots + k_s\boldsymbol{\alpha}_s = \boldsymbol{0}$$

则有

$$k_1/\!A\boldsymbol{\alpha}_1 + k_2/\!A\boldsymbol{\alpha}_2 + \cdots + k_s/\!A\boldsymbol{\alpha}_s = /\!A(k_1\boldsymbol{\alpha}_1 + k_2\boldsymbol{\alpha}_2 + \cdots + k_s\boldsymbol{\alpha}_s)$$
$$= /\!A0 = 0$$

所以 $/\!A\boldsymbol{\alpha}_1,/\!A\boldsymbol{\alpha}_2,\cdots,/\!A\boldsymbol{\alpha}_s$ 也线性相关. 即若向量组 $\boldsymbol{\alpha}_1,\boldsymbol{\alpha}_2,\cdots,\boldsymbol{\alpha}_s$ 线性相关,则在 $/\!A$ 作用下的像 $/\!A\boldsymbol{\alpha}_1,/\!A\boldsymbol{\alpha}_2,\cdots,/\!A\boldsymbol{\alpha}_s$,仍保持线性相关.

下面讨论线性变换的矩阵表示问题,目的是想以矩阵为工具来研究线性变换.

R^n 中最重要的是 R^n 的基向量组,如果弄清了基向量组 $e_1,e_2,\cdots,e_n$ 在 $/\!A$ 的作用下的像 $/\!Ae_1,/\!Ae_2,\cdots,/\!Ae_n$,那么 R^n 中任一向量 $\boldsymbol{\alpha}$,经受变换 $/\!A$ 作用的像 $/\!A\boldsymbol{\alpha}$ 也就可以计算了.

因为 $/\!Ae_1,/\!Ae_2,\cdots,/\!Ae_n$ 仍是 R^n 中的向量,所以可设

$$\begin{aligned}/\!Ae_1 &= a_{11}e_1 + a_{21}e_2 + \cdots + a_{n1}e_n \\ /\!Ae_2 &= a_{12}e_1 + a_{22}e_2 + \cdots + a_{n2}e_n \\ &\cdots\cdots\cdots\cdots \\ /\!Ae_n &= a_{1n}e_1 + a_{2n}e_2 + \cdots + a_{nn}e_n\end{aligned} \tag{4-8}$$

将式(4-8)写为矩阵形式有

$$\begin{aligned}/\!A(e_1,e_2,\cdots e_n) &= (/\!Ae_1,/\!Ae_2,\cdots,/\!Ae_n) \\ &= (e_1,e_2,\cdots e_n)\begin{bmatrix} a_{11} & a_{12} & \cdots & a_{1n} \\ a_{21} & a_{22} & \cdots & a_{2n} \\ \vdots & \vdots & & \vdots \\ a_{n1} & a_{n2} & \cdots & a_{nn} \end{bmatrix} \\ &= (e_1,e_2,\cdots e_n)A\end{aligned} \tag{4-9}$$

其中

$$A = \begin{bmatrix} a_{11} & a_{12} & \cdots & a_{1n} \\ a_{21} & a_{22} & \cdots & a_{2n} \\ \vdots & \vdots & & \vdots \\ a_{n1} & a_{n2} & \cdots & a_{nn} \end{bmatrix}$$

将式(4-9)简写为

$$\text{/A}(\boldsymbol{e}_1, \boldsymbol{e}_2, \cdots, \boldsymbol{e}_n) = (\boldsymbol{e}_1, \boldsymbol{e}_2, \cdots, \boldsymbol{e}_n)A \tag{4-10}$$

其中矩阵 A 的第 i 列为向量 $\text{/A}\boldsymbol{e}_i$ 在基 $\boldsymbol{e}_1, \boldsymbol{e}_2, \cdots, \boldsymbol{e}_n$ 下的坐标($i=1,2,\cdots,n$). 我们称 A 为线性变换 /A 在基 $\boldsymbol{e}_1, \boldsymbol{e}_2, \cdots, \boldsymbol{e}_n$ 下的矩阵. 并将 $R[A]$ 规定为线性变换 /A 的秩.

　　设

$$\boldsymbol{\alpha} = a_1 \boldsymbol{e}_1 + a_2 \boldsymbol{e}_2 + \cdots + a_n \boldsymbol{e}_n = (\boldsymbol{e}_1, \boldsymbol{e}_2, \cdots, \boldsymbol{e}_n) \begin{bmatrix} a_1 \\ a_2 \\ \vdots \\ a_n \end{bmatrix}$$

则有

$$\text{/A}\boldsymbol{\alpha} = \text{/A}(\boldsymbol{e}_1, \boldsymbol{e}_2, \cdots, \boldsymbol{e}_n) \begin{bmatrix} a_1 \\ a_2 \\ \vdots \\ a_n \end{bmatrix} = (\boldsymbol{e}_1, \boldsymbol{e}_2, \cdots, \boldsymbol{e}_n) A \begin{bmatrix} a_1 \\ a_2 \\ \vdots \\ a_n \end{bmatrix} \tag{4-11}$$

即

$A \begin{bmatrix} a_1 \\ a_2 \\ \vdots \\ a_n \end{bmatrix}$ 为向量 $\text{/A}\boldsymbol{\alpha}$ 在基 $\boldsymbol{e}_1, \boldsymbol{e}_2, \cdots, \boldsymbol{e}_n$ 下的坐标.

　　如果有另一线性变换 |B,相应地会有

$$\text{|B}(\boldsymbol{e}_1, \boldsymbol{e}_2, \cdots, \boldsymbol{e}_n) = (\boldsymbol{e}_1, \boldsymbol{e}_2, \cdots, \boldsymbol{e}_n)B$$

若这两个变换效果有差异,则矩阵 $A \neq B$. 所以每个线性变换有它对应的矩阵. 反之亦然。因此线性变换与 n 阶方阵之间有一一对应的关系.

　　有时为了方便,不一定以 $\boldsymbol{e}_1, \boldsymbol{e}_2, \cdots, \boldsymbol{e}_n$ 为基. 那么同一个线性变换 /A,在不同基下的矩阵之间有什么关系是必须弄清楚的问题.

　　设线性变换 /A 在基 $\boldsymbol{\xi}_1, \boldsymbol{\xi}_2, \cdots, \boldsymbol{\xi}_n$ 下的矩阵为 A 即

$$\text{/A}(\boldsymbol{\xi}_1, \boldsymbol{\xi}_2, \cdots, \boldsymbol{\xi}_n) = (\boldsymbol{\xi}_1, \boldsymbol{\xi}_2, \cdots, \boldsymbol{\xi}_n)A$$

再设 /A 在基 $\boldsymbol{\eta}_1, \boldsymbol{\eta}_2, \cdots, \boldsymbol{\eta}_n$ 下的矩阵为 B

$$\text{/A}(\boldsymbol{\eta}_1, \boldsymbol{\eta}_2, \cdots, \boldsymbol{\eta}_n) = (\boldsymbol{\eta}_1, \boldsymbol{\eta}_2, \cdots, \boldsymbol{\eta}_n)B$$

又这两组基之间的关系为

$$(\boldsymbol{\eta}_1, \boldsymbol{\eta}_2, \cdots, \boldsymbol{\eta}_n) = (\boldsymbol{\xi}_1, \boldsymbol{\xi}_2, \cdots, \boldsymbol{\xi}_n)P$$

$$(\boldsymbol{\xi}_1, \boldsymbol{\xi}_2 \cdots, \boldsymbol{\xi}_n) = (\boldsymbol{\eta}_1, \boldsymbol{\eta}_2, \cdots, \boldsymbol{\eta}_n)P^{-1}$$

则有

$$/A(\boldsymbol{\eta}_1,\boldsymbol{\eta}_2,\cdots,\boldsymbol{\eta}_n)=/A[(\boldsymbol{\xi}_1,\boldsymbol{\xi}_2,\cdots,\boldsymbol{\xi}_n)P]=/A(\boldsymbol{\xi}_1,\boldsymbol{\xi}_2,\cdots,\boldsymbol{\xi}_n)P$$
$$=(\boldsymbol{\xi}_1,\boldsymbol{\xi}_2,\cdots,\boldsymbol{\xi}_n)AP=(\boldsymbol{\eta}_1,\boldsymbol{\eta}_2,\cdots,\boldsymbol{\eta}_n)P^{-1}AP$$

所以有

$$/A(\boldsymbol{\eta}_1,\boldsymbol{\eta}_2,\cdots,\boldsymbol{\eta}_n)=(\boldsymbol{\eta}_1,\boldsymbol{\eta}_2,\cdots,\boldsymbol{\eta}_n)P^{-1}AP$$

即线性变换 $/A$ 在基 $\boldsymbol{\eta}_1,\boldsymbol{\eta}_2,\cdots,\boldsymbol{\eta}_n$ 下的矩阵 $B=P^{-1}AP$,于是得到

定理 4.2.1 设 R^n 上的线性变换 $/A$ 在两个基

$$\boldsymbol{\xi}_1,\boldsymbol{\xi}_2,\cdots,\boldsymbol{\xi}_n;\qquad\boldsymbol{\eta}_1,\boldsymbol{\eta}_2,\cdots,\boldsymbol{\eta}_n$$

下的矩阵分别是 A 和 B,从基 $\boldsymbol{\xi}_1,\boldsymbol{\xi}_2,\cdots,\boldsymbol{\xi}_n$ 到基 $\boldsymbol{\eta}_1,\boldsymbol{\eta}_2,\cdots,\boldsymbol{\eta}_n$ 的过渡矩阵是 P,则 $B=P^{-1}AP$.

定义 4.2.2 对给定的矩阵 A、B,若有可逆矩阵 P 使 $B=P^{-1}AP$,称 A 相似于 B. 对矩阵 A 施以运算 $P^{-1}AP$ 称作对 A 进行了相似变换,P 为变换的矩阵.

定理 4.2.1 表明,同一线性变换在不同基下的矩阵有相似关系,正如同一个人由不同的照相机拍摄的照片相似. 既然一个线性变换在不同的基下有不同的矩阵表示,当然我们希望找到一个基,使所给的线性变换在这个基下的矩阵最简单. 这个问题在 §4.4 节中讨论.

§4.3 矩阵的特征值与特征向量

线性变换有很简单的几何意义,即直线经线性变换后的像还是直线. 或者说,向量 $\boldsymbol{\alpha}$ 经受线性变换 $/A$ 后的像 $/A\boldsymbol{\alpha}$ 还是向量. 但 $/A\boldsymbol{\alpha}$ 与 $\boldsymbol{\alpha}$ 可能方向不同,长度不等. 但如果有向量 $\boldsymbol{\xi}$,在经受线性变换 $/A$ 作用下的像 $/A\boldsymbol{\xi}$ 与 $\boldsymbol{\xi}$ 保持共线(即 $/A\boldsymbol{\xi}$ 与 $\boldsymbol{\xi}$ 线性相关),则体现了向量 $\boldsymbol{\xi}$ 对于线性变换 $/A$ 作用的稳定性. 特别,如果这种向量能够构成向量空间 R^n 的一个基,利用这组基研究 R^n 经受 $/A$ 作用的效果 $/A(R^n)$ 会比较方便(例子在本书的附录中). $/A\boldsymbol{\xi}$ 与 $\boldsymbol{\xi}$ 共线相当于 $/A\boldsymbol{\xi}$ 等于 $\boldsymbol{\xi}$ 的某个倍数. 于是我们引入特征值与特征向量的概念.

定义 4.3.1 设 $/A$ 是 R^n 上的线性变换,若有非零向量 $\boldsymbol{\xi}$,使

$$/A\boldsymbol{\xi}=\lambda\boldsymbol{\xi} \tag{4-12}$$

称数 λ 是线性变换 $/A$ 的特征值,$\boldsymbol{\xi}$ 是 $/A$ 的属于特征值 λ 的特征向量.

为了求出线性变换 $/A$ 的特征向量 $\boldsymbol{\xi}$,我们求其坐标即可,设式(4-12)式中的向量

$$\boldsymbol{\xi}=(e_1,e_2,\cdots e_n)\begin{bmatrix}a_1\\a_2\\\vdots\\a_n\end{bmatrix}$$

由式(4-11),得向量

$$/A\boldsymbol{\xi}=(e_1e_2\cdots e_n)A\begin{bmatrix}a_1\\a_2\\\vdots\\a_n\end{bmatrix}$$

其中 A 是线性变换 $\dot{/}A$ 在基 $e_1, e_2 \cdots e_n$ 下的矩阵. 式(4-12)等号两端的向量相等,则其在同一个基 $e_1, e_2, \cdots e_n$ 下的坐标相等,所以有

$$A\begin{bmatrix} a_1 \\ a_2 \\ \vdots \\ a_n \end{bmatrix} = \lambda \begin{bmatrix} a_1 \\ a_2 \\ \vdots \\ a_n \end{bmatrix}$$

为了书写方便我们仍以 $\boldsymbol{\xi}$ 记 $\begin{bmatrix} a_1 \\ a_2 \\ \vdots \\ a_n \end{bmatrix}$,再由于线性变换与矩阵的一一对应关系有与式(4-12)的对应关系式

$$A\boldsymbol{\xi} = \lambda\boldsymbol{\xi} \tag{4-13}$$

所以 λ 也称为矩阵 A 的特征值,$\boldsymbol{\xi}$ 为矩阵 A 的属于特征值 λ 的特征向量.

下面我们讨论如何求矩阵 A 的特征值 λ 及属于 λ 的特征向量.

设 λ_0 是 A 的特征值,$\boldsymbol{\xi}_0$ 是 A 的属于特征值 λ_0 的特征向量,则有

$$A\boldsymbol{\xi}_0 = \lambda_0\boldsymbol{\xi}_0 \qquad (\boldsymbol{\xi}_0 \neq \mathbf{0})$$
$$\lambda_0\boldsymbol{\xi}_0 - A\boldsymbol{\xi}_0 = \mathbf{0}$$
$$(\lambda_0 E - A)\boldsymbol{\xi}_0 = \mathbf{0} \tag{4-14}$$

式(4-14)表明列向量 $\boldsymbol{\xi}_0$ 是齐次线性方程组

$$(\lambda_0 E - A)X = \mathbf{0} \tag{4-15}$$

的非零解. 而齐次线性方程组(4-15)有非零解的充分必要条件(据定理 3.6.1 的推论)是其系数矩阵的行列式等于零. 即

$$|\lambda_0 E - A| = 0 \tag{4-16}$$

式(4-16)表明数 λ_0 是以 λ 为未知数的方程

$$|\lambda E - A| = 0 \tag{4-17}$$

的根.

因此我们明确了,矩阵 A 的特征值 λ_0 是方程 $|\lambda E - A| = 0$ 的根. 而 A 的属于特征值 λ_0 的特征向量 $\boldsymbol{\xi}_0$ 是 $(\lambda_0 E - A)X = \mathbf{0}$ 非零解.

我们称 $|\lambda E - A|$ 为矩阵 A 的特征多项式,称 $|\lambda E - A| = 0$ 为 A 的特征方程.

求矩阵 A 的特征值及特征向量的步骤如下:

(1) 求方程 $|\lambda E - A| = 0$ 的根 $\lambda_1, \lambda_2, \cdots, \lambda_s$.

(2) 对 λ_i 求 $(\lambda_i E - A)X = \mathbf{0}$ 的基础解系 $(i = 1, 2, \cdots, s)$.

例 4.3.1 设

$$A = \begin{bmatrix} 1 & 2 & 2 \\ 2 & 1 & 2 \\ 2 & 2 & 1 \end{bmatrix},$$

求 A 的特征值与特征向量.

解 $|\lambda E-A| = \begin{vmatrix} \lambda-1 & -2 & -2 \\ -2 & \lambda-1 & -2 \\ -2 & -2 & \lambda-1 \end{vmatrix} = \begin{vmatrix} \lambda-1 & -2 & 0 \\ -2 & \lambda-1 & -\lambda-1 \\ -2 & -2 & \lambda+1 \end{vmatrix}$

$$= \begin{vmatrix} \lambda-1 & -2 & 0 \\ -4 & \lambda-3 & 0 \\ -2 & -2 & \lambda+1 \end{vmatrix} = (\lambda+1) \begin{vmatrix} \lambda-1 & -2 \\ -4 & \lambda-3 \end{vmatrix}$$

$$= (\lambda+1)(\lambda^2-4\lambda-5) = (\lambda+1)^2(\lambda-5) = 0$$

得特征值 $\lambda_1 = \lambda_2 = -1, \lambda_3 = 5$.

当 $\lambda = -1$ 时,

$$(-E-A)X = \mathbf{0}$$

$$-E-A = \begin{bmatrix} -2 & -2 & -2 \\ -2 & -2 & -2 \\ -2 & -2 & -2 \end{bmatrix} \longrightarrow \begin{bmatrix} 1 & 1 & 1 \\ 0 & 0 & 0 \\ 0 & 0 & 0 \end{bmatrix}$$

$$x_1 = -x_2 - x_3$$

令 $\begin{bmatrix} x_2 \\ x_3 \end{bmatrix} = \begin{bmatrix} 1 \\ 0 \end{bmatrix}$, 得 $\boldsymbol{\xi}_1$ $\begin{bmatrix} -1 \\ 1 \\ 0 \end{bmatrix}$

令 $\begin{bmatrix} x_2 \\ x_3 \end{bmatrix} = \begin{bmatrix} 0 \\ 1 \end{bmatrix}$, 得 $\boldsymbol{\xi}_2 = \begin{bmatrix} -1 \\ 0 \\ 1 \end{bmatrix}$

当 $\lambda = 5$ 时,

$$(5E-A)X = \mathbf{0}$$

$$5E-A = \begin{bmatrix} 4 & -2 & -2 \\ -2 & 4 & -2 \\ -2 & -2 & 4 \end{bmatrix} \rightarrow \begin{bmatrix} 1 & 1 & -2 \\ -1 & 2 & -1 \\ 2 & -1 & -1 \end{bmatrix}$$

$$\rightarrow \begin{bmatrix} 1 & 1 & -2 \\ 0 & 3 & -3 \\ 0 & -3 & 3 \end{bmatrix} \rightarrow \begin{bmatrix} 1 & 1 & -2 \\ 0 & 1 & -1 \\ 0 & 0 & 0 \end{bmatrix} \rightarrow \begin{bmatrix} 1 & 0 & -1 \\ 0 & 1 & -1 \\ 0 & 0 & 0 \end{bmatrix}$$

$$\begin{cases} x_1 = x_3 \\ x_2 = x_3 \end{cases}$$

令 $x_3 = 1$, 得 $\boldsymbol{\xi}_3 = \begin{bmatrix} 1 \\ 1 \\ 1 \end{bmatrix}$

所以, A 的特征值为 $-1, 5$. 属于 -1 的特征向量为 $\boldsymbol{\xi}_1, \boldsymbol{\xi}_2$. 属于 5 的特征向量为 $\boldsymbol{\xi}_3$.

特征向量有如下性质:

(1) 如果 $\boldsymbol{\xi}$ 是 A 的属于特征值 λ 的特征向量,则 $k\boldsymbol{\xi}(k \neq 0)$ 也是 A 的属于特征值 λ 的特征向量.

由式(4-13)有

$$A(k\boldsymbol{\xi}) = kA\boldsymbol{\xi} = k\lambda\boldsymbol{\xi} = \lambda(k\boldsymbol{\xi})$$

（2）如果 $\boldsymbol{\xi}_1, \boldsymbol{\xi}_2$ 是 A 的属于特征值 λ 的特征向量，则 $\boldsymbol{\xi}_1, \boldsymbol{\xi}_2$ 的线性组合 $k_1\boldsymbol{\xi}_1 + k_2\boldsymbol{\xi}_2 (k_1, k_2$ 不同时为零)也是 A 的属于特征值 λ 的特征向量.

因有

$$A(k_1\boldsymbol{\xi}_1 + k_2\boldsymbol{\xi}_2) = A(k_1\boldsymbol{\xi}_1) + A(k_2\boldsymbol{\xi}_2)$$
$$= k_1\lambda\boldsymbol{\xi}_1 + k_2\lambda\boldsymbol{\xi}_2 = \lambda(k_1\boldsymbol{\xi}_1 + k_2\boldsymbol{\xi}_2)$$

（3）A 的属于互异特征值的特征向量线性无关.

证明　设 $A\boldsymbol{\xi}_1 = \lambda_1\boldsymbol{\xi}_1, A\boldsymbol{\xi}_2 = \lambda_2\boldsymbol{\xi}_2$，且 $\lambda_1 \neq \lambda_2$，再设

$$k_1\boldsymbol{\xi}_1 + k_2\boldsymbol{\xi}_2 = \mathbf{0} \tag{4-18}$$
$$A(k_1\boldsymbol{\xi}_1 + k_2\boldsymbol{\xi}_2) = k_1\lambda_1\boldsymbol{\xi}_1 + k_2\lambda_2\boldsymbol{\xi}_2 = \mathbf{0} \tag{4-19}$$

(4-19)$-\lambda_2 \cdot$ (4-18)得

$$k_1\lambda_1\boldsymbol{\xi}_1 - k_1\lambda_2\boldsymbol{\xi}_1 = \mathbf{0}$$
$$k_1(\lambda_1 - \lambda_2)\boldsymbol{\xi}_1 = \mathbf{0}$$

因 $\lambda_1 \neq \lambda_2, \boldsymbol{\xi}_1 \neq \mathbf{0}$，所以 $k_1 = 0$.

同理可证明 $k_2 = 0$，所以 $\boldsymbol{\xi}_1, \boldsymbol{\xi}_2$ 线性无关.

证毕.

在例 4.3.1 中，如果要求 A 的全部特征向量，则一部分是属于特征值-1的特征向量

$$k_1 \begin{bmatrix} -1 \\ 1 \\ 0 \end{bmatrix} + k_1 \begin{bmatrix} -1 \\ 0 \\ 1 \end{bmatrix} \quad (k_1, k_2, \in R, k_1, k_2 \text{ 不同时为零})$$

另一部分是属于特征值 5 的特征向量

$$k_3 \begin{bmatrix} 1 \\ 1 \\ 1 \end{bmatrix} \quad (k_3 \in R, k_3 \neq 0)$$

§4.4　相似矩阵与矩阵的对角化

在§4.2 节中我们从线性变换 $/A$ 在不同基下的矩阵之间的关系，提出了相似矩阵的概念.

对给定的矩阵 $A、B$，若有可逆矩阵 P，使 $B = P^{-1}AP$，称矩阵 A 相似于 B. 此时亦有

$$A = PBP^{-1} = (P^{-1})^{-1}BP^{-1}$$

所以 B 也相似于 A. 如果矩阵 A 相似于 B, B 又相似于 C，不难推知有 A 相似于 C.

既然相似矩阵是同一个线性变换在不同基下的矩阵，所以它们应该有共同的属性. 首先容易明白 A 相似于 B，则 $|A| = |B|$. 因为

$$|B| = |P^{-1}AP| = |P^{-1}||A||P| = |A|$$

再进一步有

定理 4.4.1　相似矩阵有相同的特征多项式(因此有相同的特征值).

证明　设矩阵 A 相似于 B,则有可逆矩阵 P,使 $B=P^{-1}AP$.

$$|\lambda E-B|=|\lambda E-P^{-1}AP|=|P^{-1}\lambda EP-P^{-1}AP|$$
$$=|P^{-1}(\lambda E-A)P|=|P^{-1}||\lambda E-A||P|$$
$$=|\lambda E-A|$$

证毕.

n 阶方阵 A 的特征值与 A 的主对角线上的元素及 A 的行列式有密切关系。在复数范围内方程 $|\lambda E-A|=0$ 有 n 个根,设其为 $\lambda_1,\lambda_2,\cdots,\lambda_n$,则有

$$|\lambda E-A|=(\lambda-\lambda_1)(\lambda-\lambda_2)\cdots(\lambda-\lambda_n) \tag{4-20}$$

上式右端 λ^{n-1} 的系数是 $-(\lambda_1+\lambda_2+\cdots+\lambda_n)$. 而左端 $|\lambda E-A|$ 若按行列式的定义逐次降阶展开后,最终便得到一个和式,其中各项皆是 $|\lambda E-A|$ 的不同行、不同列的 n 个元素的乘积,而且含有项

$$(\lambda-a_{11})(\lambda-a_{22})\cdots(\lambda-a_{nn}). \tag{4-20}'$$

如果还有某项含有形如 $(\lambda-a_{ii})$ 的 $n-1$ 个因子,如 $(\lambda-a_{22})(\lambda-a_{33})\cdots(\lambda-a_{nn})$,那么此项必是项(4-20)′. 如果有某项含有形如 $(\lambda-a_{ii})$ 的 $n-2$ 个因子,如 $(\lambda-a_{33})(\lambda-a_{44})\cdots(\lambda-a_{nn})$,那么此项应该是 $(-a_{12})(-a_{21})(\lambda-a_{33})\cdots(\lambda-a_{nn})$. 所以此项是 λ 的 $n-2$ 次多项式. 因此 $|\lambda E-A|$ 的展开式中 λ^n 和 λ^{n-1} 只能出现在项(4-20)′中. 比较(4-20)两端 λ^{n-1} 的系数,便有

$$a_{11}+a_{22}+\cdots+a_{nn}=\lambda_1+\lambda_2+\cdots+\lambda_n$$

(读者可用三阶方阵试之);若将 $\lambda=0$ 代入式(4-20)便得到

$$|-A|=(-1)^n\lambda_1\lambda_2\cdots\lambda_n$$

而 $|-A|=(-1)^n|A|$,所以有

$$|A|=\lambda_1\lambda_2\cdots\lambda_n$$

再由定理 4.4.1 便知,凡与 A 相似的矩阵其主对角线上元素的和(称作矩阵的迹)皆等于 $\lambda_1+\lambda_2+\cdots+\lambda_n$,其行列式皆等于 $\lambda_1\lambda_2\cdots\lambda_n$. 若 $|A|=0$,则 A 有零特征值.

例 4.4.1　设 $A=\begin{bmatrix}2&0&0\\0&0&1\\0&1&x\end{bmatrix}$,$B=\begin{bmatrix}2&0&0\\0&y&0\\0&0&-1\end{bmatrix}$,而且 A 相似于 B,试确定参数 x,y 的值.

解　由于 A 相似于 B,所以 $|A|=|B|$ 且有相同的迹,故有

$$\begin{cases}2\cdot(-1)=-2y\\2+x=1+y\end{cases}$$

得 $x=0,y=1$.

在 §4.3 节中已知,特征向量是在线性变换作用下具有稳定性的向量. 如果一个线性变换的线性无关的特征向量能够构成空间的一个基,可以设想此线性变换在这个基下的矩阵会有比较简单的形式.

我们将 §4.3 节中的例 4.3.1 中的矩阵

$$A=\begin{bmatrix}1&2&2\\2&1&2\\2&2&1\end{bmatrix}$$

看作是线性变换 /A 在基 e_1, e_2, e_3 下的矩阵. A 是三阶方阵而 A 有 3 个线性无关的特征向量

$$\xi_1 = \begin{bmatrix} -1 \\ 1 \\ 0 \end{bmatrix}, \quad \xi_2 = \begin{bmatrix} -1 \\ 0 \\ 1 \end{bmatrix}, \quad \xi_3 = \begin{bmatrix} 1 \\ 1 \\ 1 \end{bmatrix}$$

可以构成 R^3 的一个基. 我们求 /A 在基 ξ_1, ξ_2, ξ_3 下的矩阵 B.

$$(\xi_1, \xi_2, \xi_3) = (e_1, e_2, e_3) \begin{bmatrix} -1 & -1 & 1 \\ 1 & 0 & 1 \\ 0 & 1 & 1 \end{bmatrix} = (e_1, e_2, e_3) P$$

其中

$$P = \begin{bmatrix} -1 & -1 & 1 \\ 1 & 0 & 1 \\ 0 & 1 & 1 \end{bmatrix}$$

可求得

$$P^{-1} = \begin{bmatrix} -1 & -1 & 1 \\ 1 & 0 & 1 \\ 0 & 1 & 1 \end{bmatrix}^{-1} = \begin{bmatrix} -\dfrac{1}{3} & \dfrac{2}{3} & -\dfrac{1}{3} \\ -\dfrac{1}{3} & -\dfrac{1}{3} & \dfrac{2}{3} \\ \dfrac{1}{3} & \dfrac{1}{3} & \dfrac{1}{3} \end{bmatrix}$$

$$B = P^{-1} A P = \begin{bmatrix} -\dfrac{1}{3} & \dfrac{2}{3} & \dfrac{1}{3} \\ -\dfrac{1}{3} & -\dfrac{1}{3} & \dfrac{2}{3} \\ \dfrac{1}{3} & \dfrac{1}{3} & \dfrac{1}{3} \end{bmatrix} \begin{bmatrix} 1 & 2 & 2 \\ 2 & 1 & 2 \\ 2 & 2 & 1 \end{bmatrix} \begin{bmatrix} -1 & -1 & 1 \\ 1 & 0 & 1 \\ 0 & 1 & 1 \end{bmatrix}$$

$$= \frac{1}{3} \begin{bmatrix} -1 & 2 & -1 \\ -1 & -1 & 2 \\ 1 & 1 & 1 \end{bmatrix} \begin{bmatrix} 1 & 1 & 5 \\ -1 & 0 & 5 \\ 0 & -1 & 5 \end{bmatrix}$$

$$= \frac{1}{3} \begin{bmatrix} -3 & 0 & 0 \\ 0 & -3 & 0 \\ 0 & 0 & 15 \end{bmatrix} = \begin{bmatrix} -1 & 0 & 0 \\ 0 & -1 & 0 \\ 0 & 0 & 5 \end{bmatrix}$$

我们看到线性变换 /A, 在其特征向量构成的基 ξ_1, ξ_2, ξ_3 下的矩阵是对角阵

$$B = \begin{bmatrix} -1 & 0 & 0 \\ 0 & -1 & 0 \\ 0 & 0 & -5 \end{bmatrix}$$

即 A 相似于对角阵 B. 这不是个别情况, 我们有

定理 4.4.2 n 阶方阵 A 相似于对角矩阵的充分必要条件是, A 有 n 个线性无关的特征向量 $\xi_1, \xi_2, \cdots \xi_n$, 且

$$P^{-1}AP = \begin{bmatrix} \lambda_1 & & & \\ & \lambda_2 & & \\ & & \ddots & \\ & & & \lambda_n \end{bmatrix} \tag{4-21}$$

其中 $P=[\boldsymbol{\xi}_1,\boldsymbol{\xi}_2,\cdots,\boldsymbol{\xi}_n].\lambda_1,\lambda_2,\cdots,\lambda_n$ 为 $\boldsymbol{\xi}_1,\boldsymbol{\xi}_2,\cdots,\boldsymbol{\xi}_n$ 对应的特征值.

证明　必要性　设 A 相似于对角阵,即有可逆阵 $P=[\boldsymbol{\xi}_1,\boldsymbol{\xi}_2,\cdots,\boldsymbol{\xi}_n]$,使

$$P^{-1}AP = \begin{bmatrix} \lambda_1 & & & \\ & \lambda_2 & & \\ & & \ddots & \\ & & & \lambda_n \end{bmatrix}$$

对上式两端左乘 P.

$$AP = P\begin{bmatrix} \lambda_1 & & & \\ & \lambda_2 & & \\ & & \ddots & \\ & & & \lambda_n \end{bmatrix} \tag{4-22}$$

式(4-22)右端

$$P\begin{bmatrix} \lambda_1 & & & \\ & \lambda_2 & & \\ & & \ddots & \\ & & & \lambda_n \end{bmatrix} = [\boldsymbol{\xi}_1,\boldsymbol{\xi}_2,\cdots,\boldsymbol{\xi}_n]\begin{bmatrix} \lambda_1 & & & \\ & \lambda_2 & & \\ & & \ddots & \\ & & & \lambda_n \end{bmatrix}$$

$$= [\lambda_1\boldsymbol{\xi}_1,\lambda_2\boldsymbol{\xi}_2,\cdots,\lambda_n\boldsymbol{\xi}_n]$$

式(4-22)左端

$$AP = A[\boldsymbol{\xi}_1,\boldsymbol{\xi}_2,\cdots,\boldsymbol{\xi}_n] = [A\boldsymbol{\xi}_1,A\boldsymbol{\xi}_2,\cdots,A\boldsymbol{\xi}_n]$$

式(4-22)化为

$$[A\boldsymbol{\xi}_1,A\boldsymbol{\xi}_2,\cdots,A\boldsymbol{\xi}_n] = [\lambda_1\boldsymbol{\xi}_1,\lambda_2\boldsymbol{\xi}_2,\cdots,\lambda_n\boldsymbol{\xi}_n]$$

所以

$$A\boldsymbol{\xi}_i = \lambda_i\boldsymbol{\xi}_i \qquad (i = 1,2,\cdots,n)$$

因 $\boldsymbol{\xi}_i$ 是可逆矩阵 P 的列向量,故 $\boldsymbol{\xi}_1,\boldsymbol{\xi}_2,\cdots,\boldsymbol{\xi}_n$ 线性无关.因此若 A 相似于对角阵,则 A 有 n 个线性无关的特征向量 $\boldsymbol{\xi}_1,\boldsymbol{\xi}_2,\boldsymbol{\xi},\cdots,\boldsymbol{\xi}_n$.

充分性　设 A 有 n 个线性无关的特征向量

$$A\boldsymbol{\xi}_i = \lambda_i\boldsymbol{\xi}_i \qquad (i = 1,2,\cdots,n)$$

令 $P=[\boldsymbol{\xi}_1,\boldsymbol{\xi}_2,\cdots,\boldsymbol{\xi}_n]$

$$AP = A[\boldsymbol{\xi}_1,\boldsymbol{\xi}_2,\cdots,\boldsymbol{\xi}_n] = [A\boldsymbol{\xi}_1,A\boldsymbol{\xi}_2,\cdots,A\boldsymbol{\xi}_n]$$

$$= [\lambda_1\boldsymbol{\xi}_1,\lambda_2\boldsymbol{\xi}_2,\cdots,\lambda_n\boldsymbol{\xi}_n]$$

$$= [\boldsymbol{\xi}_1,\boldsymbol{\xi}_2,\cdots,\boldsymbol{\xi}_n]\begin{bmatrix} \lambda_1 & & & \\ & \lambda_2 & & \\ & & \ddots & \\ & & & \lambda_n \end{bmatrix} \tag{4-23}$$

$$= P \begin{bmatrix} \lambda_1 & & & \\ & \lambda_2 & & \\ & & \ddots & \\ & & & \lambda_n \end{bmatrix}$$

用 P^{-1} 左乘式(4-22)两端,得

$$P^{-1}AP = \begin{bmatrix} \lambda_1 & & & \\ & \lambda_2 & & \\ & & \ddots & \\ & & & \lambda_n \end{bmatrix}$$

即 A 相似于对角矩阵

证毕.

由定理 4.4.2 和特征向量的性质(3)容易得到

推论 A 有 n 个互异特征值,则 A 相似于对角矩阵.

A 相似于对角矩阵,亦称 A 可以对角化.

例 4.4.2 设

$$A = \begin{bmatrix} 1 & -1 & 1 \\ 2 & -2 & 2 \\ -1 & 1 & -1 \end{bmatrix}$$

试问 A 是否相似于对角矩阵?

解

$$|\lambda E - A| = \begin{vmatrix} \lambda-1 & 1 & -1 \\ -2 & \lambda+2 & -2 \\ 1 & -1 & \lambda+1 \end{vmatrix} = \begin{vmatrix} \lambda-1 & 1 & 0 \\ -2 & \lambda+2 & \lambda \\ 1 & -1 & \lambda \end{vmatrix}$$

$$= \lambda \begin{vmatrix} \lambda & 1 & 0 \\ \lambda & \lambda+2 & 1 \\ 0 & -1 & 1 \end{vmatrix} = \lambda^2 \begin{vmatrix} 1 & 1 & 0 \\ 1 & \lambda+2 & 1 \\ 0 & -1 & 1 \end{vmatrix}$$

$$= \lambda^2 \begin{vmatrix} 1 & 1 & 0 \\ 1 & \lambda+3 & 1 \\ 0 & 0 & 1 \end{vmatrix} = \lambda^2(\lambda+2) = 0$$

$$\lambda_1 = \lambda_2 = 0 \qquad \lambda_3 = -2$$

当 $\lambda = 0$ 时,

$$(0E - A)X = \mathbf{0}$$

$$-A = \begin{bmatrix} -1 & 1 & -1 \\ -2 & 2 & -2 \\ 1 & -1 & 1 \end{bmatrix} \rightarrow \begin{bmatrix} 1 & -1 & 1 \\ 0 & 0 & 0 \\ 0 & 0 & 0 \end{bmatrix}$$

$$x_1 = x_2 - x_3$$

$$令\begin{bmatrix} x_2 \\ x_3 \end{bmatrix} = \begin{bmatrix} 1 \\ 0 \end{bmatrix}, \quad 得\ \boldsymbol{\xi}_1 = \begin{bmatrix} 1 \\ 1 \\ 0 \end{bmatrix}$$

$$令\begin{bmatrix} x_2 \\ x_3 \end{bmatrix} = \begin{bmatrix} 0 \\ 1 \end{bmatrix}, 得\ \boldsymbol{\xi}_2 = \begin{bmatrix} -1 \\ 0 \\ 1 \end{bmatrix}$$

当 $\lambda = -2$ 时，

$$(-2E - A)X = \boldsymbol{0}$$

$$-2E - A = \begin{bmatrix} -3 & 1 & -1 \\ -2 & 0 & -2 \\ 1 & -1 & -1 \end{bmatrix} \rightarrow \begin{bmatrix} 1 & -1 & -1 \\ -2 & 0 & -2 \\ -3 & 1 & -1 \end{bmatrix}$$

$$\rightarrow \begin{bmatrix} 1 & -1 & -1 \\ 0 & -2 & -4 \\ 0 & -2 & -4 \end{bmatrix} \rightarrow \begin{bmatrix} 1 & -1 & -1 \\ 0 & 1 & 2 \\ 0 & 0 & 0 \end{bmatrix}$$

$$\rightarrow \begin{bmatrix} 1 & 0 & 1 \\ 0 & 1 & 2 \\ 0 & 0 & 0 \end{bmatrix}$$

$$\begin{cases} x_1 = -x_3 \\ x_2 = -2x_3 \end{cases}$$

$$令\ x_3 = 1, \quad 得\ \boldsymbol{\xi}_3 = \begin{bmatrix} -1 \\ -2 \\ 1 \end{bmatrix}$$

A 有 3 个线性无关的特征向量，且 A 为三阶方阵，所以 A 相似于对角阵.

$$P^{-1}AP = \begin{bmatrix} 0 & & \\ & 0 & \\ & & -2 \end{bmatrix}$$

其中

$$P = (\boldsymbol{\xi}_1, \boldsymbol{\xi}_2, \boldsymbol{\xi}_3) = \begin{bmatrix} 1 & -1 & -1 \\ 1 & 0 & -2 \\ 0 & 1 & 1 \end{bmatrix}$$

例 4.4.3 设

$$B = \begin{bmatrix} 3 & 1 & 0 \\ -4 & -1 & 0 \\ 4 & -8 & -2 \end{bmatrix}$$

试问 B 是否可对角化(即 B 是否相似于对角矩阵)?

解 $|\lambda E - B| = \begin{vmatrix} \lambda - 3 & -1 & 0 \\ 4 & \lambda + 1 & 0 \\ -4 & 8 & \lambda + 2 \end{vmatrix} = (\lambda + 2)\begin{vmatrix} \lambda - 3 & -1 \\ 4 & \lambda + 1 \end{vmatrix}$

$$=(\lambda+2)(\lambda-1)^2=0$$
$$\lambda_1=-2, \quad \lambda_2=\lambda_3=1$$

当 $\lambda=1$ 时，

$$(E-B)X=\mathbf{0}$$

$$E-B=\begin{bmatrix}-2 & -1 & 0 \\ 4 & 2 & 0 \\ -4 & 8 & 3\end{bmatrix}\rightarrow\begin{bmatrix}-2 & -1 & 0 \\ 0 & 0 & 0 \\ 0 & 10 & 3\end{bmatrix}$$

$$R[E-B]=2$$

所以，$(E-B)X=\mathbf{0}$ 的基础解系含 $3-2=1$ 个解. 故 B 的属于特征值 1 的线性无关的特征向量只有一个. 属于特征值 -2 的线性无关的特征向量也只能是一个（因为 -2 是 $|\lambda E-B|=0$ 的单根），所以矩阵 B 的线性无关的特征向量的个数为 2，少于 B 的阶数 3，故 B 不能对角化.

n 阶方阵 A 不能对角化的原因，发生在特征方程 $|\lambda E-A|=0$ 的重根上. 当 λ 是 $|\lambda E-A|=0$ 的 t 重根，而属于 λ 的线性无关的特征向量的个数少于 t，则 A 的线性无关的特征向量的个数小于 n，所以 A 不能对角化.

当 A 相似于对角矩阵时，可以方便的计算 A 的高次幂.

对给定的矩阵 A，若有可逆阵 P，使

$$P^{-1}AP=\begin{bmatrix}\lambda_1 & & & \\ & \lambda_2 & & \\ & & \ddots & \\ & & & \lambda_n\end{bmatrix}$$

将上式两端 k 次幂
左端

$$(P^{-1}AP)^k=(P^{-1}AP)(P^{-1}AP)\cdots(P^{-1}AP)=P^{-1}A^kP$$

右端为

$$\begin{bmatrix}\lambda_1 & & & \\ & \lambda_2 & & \\ & & \ddots & \\ & & & \lambda_n\end{bmatrix}^k=\begin{bmatrix}\lambda_1^k & & & \\ & \lambda_2^k & & \\ & & \ddots & \\ & & & \lambda_2^k\end{bmatrix}$$

所以

$$P^{-1}A^kP=\begin{bmatrix}\lambda_1^k & & & \\ & \lambda_2^k & & \\ & & \ddots & \\ & & & \lambda_n^k\end{bmatrix}$$

故

$$A^k = P \begin{bmatrix} \lambda_1^k & & & \\ & \lambda_2^k & & \\ & & \ddots & \\ & & & \lambda_n^k \end{bmatrix} P^{-1}$$

例 4.4.4 求例 4.3.1 中矩阵

$$A = \begin{bmatrix} 1 & 2 & 2 \\ 2 & 1 & 2 \\ 2 & 2 & 1 \end{bmatrix}$$

的五次幂 A^5.

解 由例 4.3.1 解的过程和 A 有特征值 $-1,5$,属于 -1 的特征向量

$$\boldsymbol{\xi}_1 = \begin{bmatrix} -1 \\ 1 \\ 0 \end{bmatrix} \qquad \boldsymbol{\xi}_2 = \begin{bmatrix} -1 \\ 0 \\ 1 \end{bmatrix}$$

属于 5 的特征向量

$$\boldsymbol{\xi}_3 = \begin{bmatrix} 1 \\ 1 \\ 1 \end{bmatrix}$$

$$P = \begin{bmatrix} -1 & -1 & 1 \\ 1 & 0 & 1 \\ 0 & 1 & 1 \end{bmatrix}$$

$$P^{-1} = \begin{bmatrix} -\dfrac{1}{3} & \dfrac{2}{3} & -\dfrac{1}{3} \\ -\dfrac{1}{3} & -\dfrac{1}{3} & \dfrac{2}{3} \\ \dfrac{1}{3} & \dfrac{1}{3} & \dfrac{1}{3} \end{bmatrix}$$

$$P^{-1}AP = \begin{bmatrix} -1 & & \\ & -1 & \\ & & 5 \end{bmatrix} \qquad P^{-1}A^5P = \begin{bmatrix} -1 & & \\ & -1 & \\ & & 5 \end{bmatrix}^5$$

$$A^5 = P \begin{bmatrix} -1 & & \\ & -1 & \\ & & 5 \end{bmatrix}^5 P^{-1}$$

$$= \frac{1}{3} \begin{bmatrix} -1 & -1 & 1 \\ 1 & 0 & 1 \\ 0 & 1 & 1 \end{bmatrix} \begin{bmatrix} -1 & & \\ & -1 & \\ & & 3125 \end{bmatrix} \begin{bmatrix} -1 & 2 & -1 \\ -1 & -1 & 2 \\ 1 & 1 & 1 \end{bmatrix}$$

$$= \frac{1}{3} \begin{bmatrix} 1 & 1 & 3125 \\ -1 & 0 & 3125 \\ 0 & -1 & 3125 \end{bmatrix} \begin{bmatrix} -1 & 2 & -1 \\ -1 & -1 & 2 \\ 1 & 1 & 1 \end{bmatrix}$$

$$= \frac{1}{3} \begin{bmatrix} 3123 & 3126 & 3126 \\ 3126 & 3123 & 3126 \\ 3126 & 3126 & 3123 \end{bmatrix} = \begin{bmatrix} 1401 & 1402 & 1402 \\ 1402 & 1401 & 1402 \\ 1042 & 1042 & 1041 \end{bmatrix}$$

本 章 小 结

一、本章内容展开思路

1. 从"作用"的意义上引入了线性变换的概念. 并通过线性变换 /A 对 R^n 的基向量组的作用效果

$$\text{/A}(e_1, e_2, \cdots, e_n) = (\text{/A}e_1, \text{/A}e_2, \cdots, \text{/A}e_n) = (e_1, e_2, \cdots, e_n)A$$

引出了线性变换 /A 在基下的矩阵的概念.

2. 基的选取可以根据实际的需要,所以讨论了线性变换 /A 在不同的基下的矩阵之间的关系(相似),得到定理 4.2.1.

3. 从在经过线性变换 /A 的作用下保持稳定的意义上,引入矩阵的特征向量的概念 /A$\xi_0 = \lambda_0 \xi_0 (\xi_0 \neq 0)$并知道了:特征值 λ_0 是 A 的特征方程 $|\lambda E - A| = 0$ 的根,特征向量 ξ_0 是 $(\lambda_0 E - A)X = 0$ 的非零解. 从而知道了求 A 的特征值及特征向量的方法.

4. 最简单的方阵属对角矩阵. 线性变换 /A 能否在某个基下的矩阵是对角矩阵? 相应的问题便是 A 是否能相似于对角阵. 我们得到了 A 相似于对角阵的充分必要条件是: A 有 n 个线性无关的特征向量. 即定理 4.4.2. 又根据特征向量的性质有推论:A 有 n 个互异特征值,则 A 相似于对角阵.

二、教学大纲要求

1. 理解线性变换在某个基下的矩阵表示,和同一线性变换在不同基下的矩阵之间的关系.

2. 深刻理解矩阵的特征值和特征向量的概念,能熟练地计算 A 的特征值与特征向量.

3. 掌握矩阵 A 相似于对角阵的条件和相似矩阵的共性.

习 题 四

1. 求下列矩阵的特征值和特征向量.

(1) $A = \begin{bmatrix} 3 & 4 \\ 5 & 2 \end{bmatrix}$ (2) $B = \begin{bmatrix} 1 & 2 & 3 \\ 2 & 1 & 3 \\ 3 & 3 & 6 \end{bmatrix}$

(3) $C = \begin{bmatrix} -1 & 1 & 0 \\ -4 & 3 & 0 \\ 1 & 0 & 2 \end{bmatrix}$ (4) $D = \begin{bmatrix} 1 & 1 & 1 & 1 \\ 1 & 1 & -1 & -1 \\ 1 & -1 & 1 & -1 \\ 1 & -1 & -1 & 1 \end{bmatrix}$

2. 下列矩阵是否相似于对角矩阵? 如果是,求出可逆矩阵 P,使 $P^{-1}AP$ 为对角阵.

$$(1)\ A=\begin{bmatrix}2&0&0\\1&2&-1\\1&0&1\end{bmatrix}\quad(2)\ B=\begin{bmatrix}1&1&0\\0&1&1\\0&0&1\end{bmatrix}$$

3. 设 $A=\begin{bmatrix}4&6&0\\-3&-5&0\\-3&-6&1\end{bmatrix}$ 求 A^{100}.

4. 设矩阵 A 有特征值 λ, ξ 为 A 的属于 λ 的特征向量,证明以下各结论.

(1) A^2 有特征值 λ^2.

(2) 当 $\lambda\neq0$ 时 A^{-1} 有特征值 $\dfrac{1}{\lambda}$.

(3) 当 $\lambda\neq0$ 时 A^* 有特征值 $\dfrac{|A|}{\lambda}$.

(4) aA 有特征值 $a\lambda$.

(5) $aA+bE$ 有特征值 $a\lambda+b$.

5. 设 $A^2-3A+2E=O$,证明 A 的特征值为 1 和 2.

6. 设 A 为 n 阶矩阵,证明 A^T 与 A 有相同的特征值.

7. 已知 3 阶方阵 A 的特征值为 $1,2,3$,求 $|A^3-5A^2+7A|$.

8. 已知 3 阶方阵 A 的特征值为 $1,2,-3$,求 $|A^*+3A+2E|$.

9. 设 $A=\begin{bmatrix}1&-2&-4\\-2&x&-2\\-4&-2&1\end{bmatrix}$ 与 $B=\begin{bmatrix}5&&\\&-4&\\&&y\end{bmatrix}$ 相似,求 x,y.

10. 已知 $\boldsymbol{\xi}=\begin{bmatrix}1\\1\\-1\end{bmatrix}$ 是矩阵 $A=\begin{bmatrix}2&-1&2\\5&m&3\\-1&n&-2\end{bmatrix}$ 的一个特征向量,求参数 m,n 及特征向量 $\boldsymbol{\xi}$ 对应的特征值.

11. 设 $A=\begin{bmatrix}2&0&1\\3&1&x\\4&0&5\end{bmatrix}$ 可以对角化,求 x.

12. 设 3 阶方阵 A 的特征值 $\lambda_1=2,\lambda_2=-2,\lambda_3=1$,对应的特征向量依次为

$$\xi_1=\begin{bmatrix}0\\1\\1\end{bmatrix},\quad\xi_2=\begin{bmatrix}1\\1\\1\end{bmatrix},\quad\xi_3=\begin{bmatrix}1\\1\\0\end{bmatrix}$$

求 A.

13. 已知 3 阶方阵 A 的 3 个特征值 $1,1,2$ 对应的特征向量依次为

$$\xi_1=\begin{bmatrix}1\\2\\1\end{bmatrix},\xi_2=\begin{bmatrix}1\\1\\0\end{bmatrix},\xi_3=\begin{bmatrix}2\\0\\-1\end{bmatrix}$$

求 A.

14. 已知 $A=\begin{bmatrix} 3 & 2 & -1 \\ a & -2 & 2 \\ 3 & b & -1 \end{bmatrix}$ 有一特征向量 $\xi=\begin{bmatrix} 1 \\ -2 \\ 3 \end{bmatrix}$,求 a,b.

15. 已知 $A=\begin{bmatrix} 2 & 0 & 0 \\ 0 & 0 & 1 \\ 0 & 1 & x \end{bmatrix}$ 的伴随矩阵 A^* 有一特征值为 -2,求 x.

16. 设 $A=\begin{bmatrix} 1 & a & -3 \\ -1 & 4 & -3 \\ 1 & -2 & 5 \end{bmatrix}$ 的特征方程有重根,判断 a 为何值时 A 能否对角化,并

说明理由.

*第五章 二 次 型

二次型的理论起源于解析几何中的二次曲线和二次曲面的理论.随着生产实践的需要和科学技术的发展,提出与二次曲线、二次曲面相类似的问题,需要研究一般的 n 个变量的情形,从而形成了二次型的一般理论.本章以矩阵为工具解决二次型化为标准形的问题.并给出工程实践中经常用到的关于二次型为正定型的判定方法.

§5.1 二次型及其矩阵表示

在直角坐标系 OXY 中,方程

$$\frac{5}{2}x^2 + 3xy + \frac{5}{2}y^2 = 1 \tag{5-1}$$

表示的是以坐标系原点为对称中心的有心二次曲线.但它表示的是椭圆?还是双曲线?一时是看不出来的.如果将坐标系 OXY 绕 O 点沿逆时针方向旋转 $45°$ 角,取作新的坐标系 $OX'Y'$ 那么方程(5-1)表示的二次曲线在新坐标系下就具有新的方程.由新系 $OX'Y'$ 与旧系 OXY 的几何关系,平面上的点 M 在新系的坐标 (x', y') 和在旧系的坐标 (x, y) 之间的坐标变换式(参见公式(2-8))

$$\begin{cases} x = \cos 45° x' - \sin 45° y' \\ y = \sin 45° x' + \cos 45° y' \end{cases} \tag{5-2}$$

将其代入原方程就会得到

$$4x'^2 + y'^2 = 1 \tag{5-3}$$

方程(5-3)就是原二次曲线在新坐标系 $OX'Y'$ 下的方程.我们立即看出这是一个椭圆,且长半轴为 1,短半轴为 $\frac{1}{2}$,短轴与 OX' 重合,长轴与 OY' 重合.

对上述问题解决的过程可以用矩阵方法进行.

(1) 将方程(5-1)的左端写成矩阵形式

$$\frac{5}{2}x^2 + 3xy + \frac{5}{2}y^2 = [x, y] \begin{bmatrix} \frac{5}{2} & \frac{3}{2} \\ \frac{3}{2} & \frac{5}{2} \end{bmatrix} \begin{bmatrix} x \\ y \end{bmatrix} \tag{5-4}$$

(2) 将坐标变换式(5-2)写成矩阵形式

$$\begin{bmatrix} x \\ y \end{bmatrix} = \begin{bmatrix} \frac{\sqrt{2}}{2} & -\frac{\sqrt{2}}{2} \\ \frac{\sqrt{2}}{2} & \frac{\sqrt{2}}{2} \end{bmatrix} \begin{bmatrix} x' \\ y' \end{bmatrix} \tag{5-5}$$

（3）将式(5-5)代入式(5-4)右端

$$[x,y]\begin{bmatrix} \dfrac{5}{2} & \dfrac{3}{2} \\ \dfrac{3}{2} & \dfrac{5}{2} \end{bmatrix}\begin{bmatrix} x \\ y \end{bmatrix} = [x',y']\begin{bmatrix} \dfrac{\sqrt{2}}{2} & \dfrac{\sqrt{2}}{2} \\ -\dfrac{\sqrt{2}}{2} & \dfrac{\sqrt{2}}{2} \end{bmatrix}\begin{bmatrix} \dfrac{5}{2} & \dfrac{3}{2} \\ \dfrac{3}{2} & \dfrac{5}{2} \end{bmatrix}\begin{bmatrix} \dfrac{\sqrt{2}}{2} & -\dfrac{\sqrt{2}}{2} \\ \dfrac{\sqrt{2}}{2} & \dfrac{\sqrt{2}}{2} \end{bmatrix}\begin{bmatrix} x' \\ y' \end{bmatrix}$$

$$= \left(\dfrac{\sqrt{2}}{2}\right)^2 \dfrac{1}{2}[x',y']\begin{bmatrix} 1 & 1 \\ -1 & 1 \end{bmatrix}\begin{bmatrix} 5 & 3 \\ 3 & 5 \end{bmatrix}\begin{bmatrix} 1 & -1 \\ 1 & 1 \end{bmatrix}\begin{bmatrix} x' \\ y' \end{bmatrix}$$

$$= \dfrac{1}{4}[x',y']\begin{bmatrix} 8 & 8 \\ -2 & 2 \end{bmatrix}\begin{bmatrix} 1 & -1 \\ 1 & 1 \end{bmatrix}\begin{bmatrix} x' \\ y' \end{bmatrix} = \dfrac{1}{4}[x',y']\begin{bmatrix} 16 & 0 \\ 0 & 4 \end{bmatrix}\begin{bmatrix} x' \\ y' \end{bmatrix}$$

$$= [x',y']\begin{bmatrix} 4 & 0 \\ 0 & 1 \end{bmatrix}\begin{bmatrix} x' \\ y' \end{bmatrix} = 4x'^2 + y'^2$$

所以得到

$$4x'^2 + y'^2 = 1$$

可以看到，对判定方程(5-1)表示什么曲线的问题，用矩阵方法也可以解决. 为了看清过程的实质，我们采用一般的矩阵符号.

第一步，将方程(5-1)左端用矩阵表示

$$\dfrac{5}{2}x^2 + 3xy + \dfrac{5}{2}y^2 = X^{\mathrm{T}}AX$$

其中 $X = \begin{bmatrix} x \\ y \end{bmatrix}$，$\quad A = \begin{bmatrix} \dfrac{5}{2} & \dfrac{3}{2} \\ \dfrac{3}{2} & \dfrac{5}{2} \end{bmatrix}$（注意 A 为实对称矩阵）

第二步，将坐标变换式(5-2)表示为

$$X = CY$$

其中 $\qquad\qquad Y = \begin{bmatrix} x' \\ y' \end{bmatrix}$，$\quad C = \begin{bmatrix} \dfrac{\sqrt{2}}{2} & -\dfrac{\sqrt{2}}{2} \\ \dfrac{\sqrt{2}}{2} & \dfrac{\sqrt{2}}{2} \end{bmatrix}$

第三步，计算 $X^{\mathrm{T}}AX$

$$X^{\mathrm{T}}AX = (CY)^{\mathrm{T}}A(CY) = Y^{\mathrm{T}}(C^{\mathrm{T}}AC)Y \tag{5-6}$$

式(5-6)的左端是曲线(5-1)在原坐标系 Oxy 中的方程的左端. 式(5-6)的右端是原曲线在新坐标系中的方程(5-3)的左端，正因为式(5-6)右端中的矩阵 $C^{\mathrm{T}}AC$

$$[C^{\mathrm{T}}AC]^{\mathrm{T}} = C^{\mathrm{T}}A^{\mathrm{T}}C = C^{\mathrm{T}}AC$$

是对称矩阵，且

$$C^{\mathrm{T}}AC = \begin{bmatrix} 4 & 0 \\ 0 & 1 \end{bmatrix}$$

又是对角矩阵，才使曲线在新坐标系下的方程中不含 x', y' 的乘积项，因此能立即识别该曲线是椭圆.

这个过程的实质是对给定的对称矩阵 A，找一可逆矩阵 C，使 $C^{\mathrm{T}}AC$ 为对角矩阵. 这

个问题的解决并不困难. 而欲找一个适当的坐标系, 使原曲线在新系中的方程为标准方程
(不含变量的乘积项)却是非常困难的. 由此提出了将变量的二次齐次式, 化为新变量的平
方和的问题. 即二次型化为标准形问题.

定义 5.1.1 变量 $x_1, x_2, \cdots, x_n$ 的二次齐次式

$$
\begin{aligned}
f(x_1, x_2, \cdots, x_n) = {} & a_{11}x_1^2 + 2a_{12}x_1x_2 + \cdots + 2a_{1n}x_1x_n \\
& + a_{22}x_2^2 + 2a_{23}x_2x_3 + \cdots + 2a_{2n}x_2x_n \\
& + \cdots \\
& + a_{nn}x_n^2
\end{aligned}
\tag{5-7}
$$

称为一个 n 元二次型.

设 A 为对称矩阵,

$$
A = \begin{bmatrix} a_{11} & a_{12} & \cdots & a_{1n} \\ a_{21} & a_{22} & \cdots & a_{2n} \\ \vdots & \vdots & & \vdots \\ a_{n1} & a_{n2} & \cdots & a_{nn} \end{bmatrix}, \quad a_{ij} = a_{ji} \quad \begin{pmatrix} i = 1, 2, \cdots, n \\ j = 1, 2, \cdots, n \end{pmatrix}
$$

$$
X = \begin{bmatrix} x_1 \\ x_2 \\ \vdots \\ x_n \end{bmatrix}
$$

计算矩阵乘积

$$
\begin{aligned}
X^{\mathrm{T}}AX = {} & [x_1, x_2, \cdots, x_n] \begin{bmatrix} a_{11} & a_{12} & \cdots & a_{1n} \\ a_{21} & a_{22} & \cdots & a_{2n} \\ \vdots & \vdots & & \vdots \\ a_{n1} & a_{n2} & \cdots & a_{nn} \end{bmatrix} \begin{bmatrix} x_1 \\ x_2 \\ \vdots \\ x_n \end{bmatrix} \\
= {} & \left[\sum_{i=1}^{n} a_{i1}x_i, \sum_{i=1}^{n} a_{i2}x_i, \cdots, \sum_{i=1}^{n} a_{in}x_i \right] \begin{bmatrix} x_1 \\ x_2 \\ \vdots \\ x_n \end{bmatrix} \\
= {} & x_1 \sum_{i=1}^{n} x_{i1}x_i + x_2 \sum_{i=1}^{n} a_{i2}x_i + \cdots + x_n \sum_{i=1}^{n} a_{in}x_i \\
= {} & x_1(a_{11}x_1 + a_{21}x_2 + \cdots + a_{n1}x_n) \\
& + x_2(a_{12}x_1 + a_{22}x_2 + \cdots + a_{n2}x_n) \\
& + \cdots \\
& + x_n(a_{1n}x_1 + a_{2n}x_n + \cdots + a_{nn}x_n) \\
= {} & a_{11}x_1^2 + a_{21}x_1x_2 + \cdots + a_{n1}x_1x_n \\
& + a_{21}x_2x_1 + a_{22}x_2^2 + \cdots + a_{n2}x_2x_n \\
& + \cdots \\
& + a_{1n}x_nx_1 + a_{2n}x_nx_2 + \cdots + a_{nn}x_n^2
\end{aligned}
$$

$$= a_{11}x_1^2 + 2a_{12}x_1x_2 + \cdots + 2a_{1n}x_n$$
$$+ a_{22}x_2^2 + 2a_{23}x_2x_3 + \cdots + 2a_{2n}x_2x_n$$
$$+ \cdots + a_{nn}x_n^2$$
$$= f(x_1, x_2, \cdots, x_n)$$

所以一个 n 元二次型可用矩阵表示

$$f(x_1, x_2, \cdots, x_n) = X^{\mathrm{T}}AX \tag{5-8}$$

其中 A 称为二次型 $f(x_1, x_2, \cdots, x_n)$ 的矩阵,并称 $R[A]$ 为二次型的秩.

例 5.1.1 写出二次型 $f(x_1, x_2, x_3) = x_1^2 + 2x_1x_2 + 2x_1x_3 + 2x_2^2 + 4x_2x_3 + x_3^2$ 的矩阵 A.

解 $A = \begin{bmatrix} 1 & 1 & 1 \\ 1 & 2 & 2 \\ 1 & 2 & 1 \end{bmatrix}$.

例 5.1.2 写出与矩阵 B 对应的二次型

$$B = \begin{bmatrix} -1 & 2 & 1 \\ 2 & 0 & -1 \\ 1 & -1 & 3 \end{bmatrix}$$

解 $f(x_1, x_2, x_3) = -x_1^2 + 4x_1x_2 + 2x_1x_3 - 2x_2x_3 + 3x_3^2$

定义 5.1.2 设 $x_1, x_2, \cdots, x_n; y_1, y_2, \cdots, y_n$ 是两组变量,关系式

$$\begin{cases} x_1 = c_{11}y_1 + c_{12}y_2 + \cdots + c_{1n}y_n \\ x_2 = c_{21}y_1 + c_{22}y_2 + \cdots + c_{2n}y_n \\ \cdots\cdots\cdots\cdots\cdots \\ x_n = c_{n1}y_1 + c_{n2}y_2 + \cdots + c_{nn}y_n \end{cases} \tag{5-9}$$

称为由 $x_1, x_2, \cdots, x_n$,到 $y_1, y_2, \cdots, y_n$ 的线性替换.

令 $X = \begin{bmatrix} x_1 \\ x_2 \\ \vdots \\ x_n \end{bmatrix}$ $\quad Y = \begin{bmatrix} y_1 \\ y_2 \\ \vdots \\ y_n \end{bmatrix}$ $\quad C = \begin{bmatrix} c_{11} & c_{12} & \cdots & c_{1n} \\ c_{21} & c_{22} & \cdots & c_{2n} \\ \vdots & \vdots & & \vdots \\ c_{n1} & c_{n2} & \cdots & c_{nn} \end{bmatrix}$

线性替换式(5-9)可写为

$$X = CY$$

如果 $|C| \neq 0$,称式(5-9)为满秩的线性替换.

如果将式(5-8)中的 X 用 $X = CY$ 代入,有

$$f(x_1, x_2, \cdots, x_n) = X^{\mathrm{T}}AX \xrightarrow{\quad X = CY \quad} [CY]^{\mathrm{T}}A[CY] = Y^{\mathrm{T}}C^{\mathrm{T}}ACY$$
$$= Y^{\mathrm{T}}(C^{\mathrm{T}}AC)Y \tag{5-10}$$

而 $C^{\mathrm{T}}AC$ 是对称矩阵,所以式(5-10)右端

$$Y^{\mathrm{T}}(C^{\mathrm{T}}AC)Y$$

是新变量 $y_1, y_2, \cdots, y_n$ 的二次型.

定义 5.1.3 设 A, B 为对称矩阵,若有可逆矩阵 C,使

$$B = C^T A C$$

称矩阵 A 合同于矩阵 B. 对矩阵 A 施以运算 $C^T A C$ 称作对 A 进行了合同变换, C 为变换的矩阵.

此时显然有

$$A = (C^T)^{-1} B C^{-1} = (C^{-1})^T B C^{-1}$$ 即 B 合同于 A.

式(5-10)说明以 $x_1, x_2, \cdots, x_n$ 为变量的二次型, 经满秩的线性替换 $X = CY$, 化为变量 $y_1, y_2, \cdots, y_n$ 的二次型, 这两个二次型的矩阵之间有合同关系. 所以, 给定的二次型能否化为标准形的问题, 相当于对称矩阵 A, 是否合同于对角矩阵的问题, 这些内容在下节讨论.

§5.2 化实二次型为标准形

将实二次型化为标准形, 我们有

定理 5.2.1 实二次型恒可经满秩的线性替换化为标准形, 或任一实对称矩阵合同于对角矩阵.

定理的证明超出本书范围, 不再给出.

以下介绍几种化二次型为标准形的方法.

(1) 合同变换法.

设 A 为实对称矩阵, 据定理 5.2.1, 有可逆矩阵 C, 使 $C^T A C = B$ 为对角矩阵.

因 C 为可逆矩阵, 所以可以分解为一系列初等矩阵 $C_1, C_2, \cdots, C_s$ 的乘积

$$C = C_1 C_2 \cdots C_s$$
$$C^T = C_s^T \cdots C_2^T C_1^T$$

初等矩阵的转置还是初等矩阵, 所以

$$C^T A C = C_s^T \cdots C_2^T C_1^T A C_1 C_2 \cdots C_s \tag{5-11}$$

因矩阵乘法有结合律, 式(5-11)右端可写为

$$C_s^T (\cdots C_3^T (C_2^T (C_1^T A C_1) C_2) C_3 \cdots) C_s \tag{5-12}$$

即以 C 为变换矩阵对 A 的合同变换, 可以用一系列分别以 $C_1, C_2, \cdots, C_s$ 为变换矩阵的合同变换来实现.

用初等矩阵 C_1 右乘 A 的作用, 相当于对 A 实行了一次相应的列初等变换, 那么 C_1^T 左乘矩阵 A 又会对 A 起什么作用呢? 我们举例来看, 设

$$A = \begin{bmatrix} 1 & 0 & 2 \\ 0 & 1 & 3 \\ 2 & 3 & 4 \end{bmatrix} \qquad C_1 = \begin{bmatrix} 1 & 0 & 0 \\ 0 & 1 & 0 \\ 2 & 0 & 1 \end{bmatrix}$$

$$A C_1 = \begin{bmatrix} 1 & 0 & 2 \\ 0 & 1 & 3 \\ 2 & 3 & 4 \end{bmatrix} \begin{bmatrix} 1 & 0 & 0 \\ 0 & 1 & 0 \\ 2 & 0 & 1 \end{bmatrix} = \begin{bmatrix} 5 & 0 & 2 \\ 6 & 1 & 3 \\ 10 & 3 & 4 \end{bmatrix}$$

$$C_1^T A = \begin{bmatrix} 1 & 0 & 2 \\ 0 & 1 & 0 \\ 0 & 0 & 1 \end{bmatrix} \begin{bmatrix} 1 & 0 & 2 \\ 0 & 1 & 3 \\ 2 & 3 & 4 \end{bmatrix} = \begin{bmatrix} 5 & 6 & 10 \\ 0 & 1 & 3 \\ 2 & 3 & 4 \end{bmatrix}$$

C_1 右乘 A 效果是将 A 的第 3 列的两倍加到第一列. C_1^{T} 左乘 A 的效果是将 A 的第 3 行的两倍加到第一行.

所以式(5-12)对 A 进行的一系列合同变换可以这样进行:对 A 进行一次列变换,得到 AC_1,紧接着对 AC_1 进行同类型的行变换得到 $C_1^{\mathrm{T}}AC_1$. 这样对 A 就完成了一次合同变换,再对矩阵 $C_1^{\mathrm{T}}AC_1$,进行相仿的作法,就得到了矩阵 $C_2^{\mathrm{T}}(C_1^{\mathrm{T}}AC_1)C_2$,如此继续下去,直到出现对角阵为止. 另有

$$C = E\,C_1 C_2 \cdots C_s \tag{5-13}$$

对比式(5-12)和式(5-13),会发现对 A 和对 E 进行的初等列变换完全是相同的,所以我们可写出 $2n \times n$ 矩阵 $\left[\dfrac{A}{E}\right]$,对其进行列变换,而只对 $2n \times n$ 矩阵的上半部分进行相应的行变换,……直到 $2n \times n$ 矩阵的上半部分变为对角矩阵,这时,下半部分即是矩阵 C. 这一过程可示意如下

$$\underline{C_s^{\mathrm{T}} \cdots C_2^{\mathrm{T}} C_1^{\mathrm{T}}} \left[\frac{A}{E}\right] C_1 C_2 \cdots C_s = \left[\frac{B}{C}\right]$$

其中 B 为对角矩阵,C 为对 A 进行合同变换的变换矩阵.

注意用合同变换将 A 化为对角矩阵并不是唯一的.

例 5.2.1　试判定方程

$$x^2 + 4xy - 4xz + 4y^2 - 2yz = 1$$

表示哪种有心二次曲面? 并写出所作的线性替换.

解　方程的左端为 3 个变量的二次型,所以应将这个二次型标准化. 写出矩阵

$$\left[\frac{A}{E}\right] = \begin{bmatrix} 1 & 2 & -2 \\ 2 & 4 & -1 \\ -2 & -1 & 0 \\ \hline 1 & 0 & 0 \\ 0 & 1 & 0 \\ 0 & 0 & 1 \end{bmatrix} \xrightarrow{c_3 + c_2} \begin{bmatrix} 1 & 2 & 0 \\ 2 & 4 & 3 \\ -2 & -1 & -1 \\ \hline 1 & 0 & 0 \\ 0 & 1 & 1 \\ 0 & 0 & 1 \end{bmatrix} \xrightarrow{r_3 + r_2} \begin{bmatrix} 1 & 2 & 0 \\ 2 & 4 & 3 \\ 0 & 3 & 2 \\ \hline 1 & 0 & 0 \\ 0 & 1 & 1 \\ 0 & 0 & 1 \end{bmatrix}$$

$$\xrightarrow{c_2 - 2c_1} \begin{bmatrix} 1 & 0 & 0 \\ 2 & 0 & 3 \\ 0 & 3 & 2 \\ \hline 1 & -2 & 0 \\ 0 & 1 & 1 \\ 0 & 0 & 1 \end{bmatrix} \xrightarrow{r_2 - 2r_1} \begin{bmatrix} 1 & 0 & 0 \\ 0 & 0 & 3 \\ 0 & 3 & 2 \\ \hline 1 & -2 & 0 \\ 0 & 1 & 1 \\ 0 & 0 & 1 \end{bmatrix}$$

$$\xrightarrow{c_2 - \frac{3}{2}c_3} \begin{bmatrix} 1 & 0 & 0 \\ 0 & -\frac{9}{2} & 3 \\ 0 & 0 & 2 \\ \hline 1 & -2 & 0 \\ 0 & -\frac{1}{2} & 1 \\ 0 & -\frac{3}{2} & 1 \end{bmatrix} \xrightarrow{r_2 - \frac{3}{2}r_3} \begin{bmatrix} 1 & 0 & 0 \\ 0 & -\frac{9}{2} & 0 \\ 0 & 0 & 2 \\ \hline 1 & -2 & 0 \\ 0 & -\frac{1}{2} & 1 \\ 0 & -\frac{3}{2} & 1 \end{bmatrix}$$

原方程化为

$$x_1^2 - \frac{9}{2}y_1^2 + 2z_1^2 = 1$$

所以原方程表示的是双曲面.

$$C = \begin{bmatrix} 1 & -2 & 0 \\ 0 & -\dfrac{1}{2} & 1 \\ 0 & -\dfrac{3}{2} & 1 \end{bmatrix}$$

$$\begin{bmatrix} x \\ y \\ z \end{bmatrix} = \begin{bmatrix} 1 & -2 & 0 \\ 0 & -\dfrac{1}{2} & 1 \\ 0 & -\dfrac{3}{2} & 1 \end{bmatrix} \begin{bmatrix} x_1 \\ y_1 \\ z_1 \end{bmatrix} = \begin{bmatrix} x_1 - 2y_1 \\ -\dfrac{1}{2}y_1 + z_1 \\ -\dfrac{3}{2}y_1 + z_1 \end{bmatrix}$$

所采用的线性替换是

$$\begin{cases} x = x_1 - 2y_1 \\ y = -\dfrac{1}{2}y_1 + z_1 \\ z = -\dfrac{3}{2}y_1 + z_1 \end{cases}$$

例 5.2.2 方程 $2xy + 2yz = 1$ 表示哪种曲面?

解

$$\left[\frac{A}{E}\right] = \begin{bmatrix} 0 & 1 & 0 \\ 1 & 0 & 1 \\ 0 & 1 & 0 \\ \hline 1 & 0 & 0 \\ 0 & 1 & 0 \\ 0 & 0 & 1 \end{bmatrix} \xrightarrow{c_1 + c_2} \begin{bmatrix} 1 & 1 & 0 \\ 1 & 0 & 1 \\ 1 & 1 & 0 \\ \hline 1 & 0 & 0 \\ 1 & 1 & 0 \\ 0 & 0 & 1 \end{bmatrix} \xrightarrow{r_1 + r_2} \begin{bmatrix} 2 & 1 & 1 \\ 1 & 0 & 1 \\ 1 & 1 & 0 \\ \hline 1 & 0 & 0 \\ 1 & 1 & 0 \\ 0 & 0 & 1 \end{bmatrix}$$

$$\xrightarrow{c_3 - c_2} \begin{bmatrix} 2 & 1 & 0 \\ 1 & 0 & 1 \\ 1 & 1 & -1 \\ \hline 1 & 0 & 0 \\ 1 & 1 & -1 \\ 0 & 0 & 1 \end{bmatrix} \xrightarrow{r_3 - r_2} \begin{bmatrix} 2 & 1 & 0 \\ 1 & 0 & 1 \\ 0 & 1 & -2 \\ \hline 1 & 0 & 0 \\ 1 & 1 & -1 \\ 0 & 0 & 1 \end{bmatrix}$$

$$\xrightarrow{c_2-\frac{1}{2}c_1}
\begin{bmatrix}
2 & 0 & 0 \\
1 & -\dfrac{1}{2} & 1 \\
0 & 1 & -2 \\
\hline
1 & -\dfrac{1}{2} & 0 \\
1 & \dfrac{1}{2} & -1 \\
0 & 0 & 1
\end{bmatrix}
\xrightarrow{r_2-\frac{1}{2}r_1}
\begin{bmatrix}
2 & 0 & 0 \\
0 & -\dfrac{1}{2} & 1 \\
0 & 1 & -2 \\
\hline
1 & -\dfrac{1}{2} & 0 \\
1 & \dfrac{1}{2} & -1 \\
0 & 0 & 1
\end{bmatrix}$$

$$\xrightarrow{c_2+\frac{1}{2}c_3}
\begin{bmatrix}
2 & 0 & 0 \\
0 & 0 & 1 \\
0 & 0 & -2 \\
\hline
1 & -\dfrac{1}{2} & 0 \\
1 & 0 & -1 \\
0 & \dfrac{1}{2} & 1
\end{bmatrix}
\xrightarrow{r_2+\frac{1}{2}r_3}
\begin{bmatrix}
2 & 0 & 0 \\
0 & 0 & 0 \\
0 & 0 & -2 \\
\hline
1 & -\dfrac{1}{2} & 0 \\
1 & 0 & -1 \\
0 & \dfrac{1}{2} & 1
\end{bmatrix}$$

原方程化为

$$2x_1^2 - 2z_1^2 = 1$$

所以原方程表示的是一个双曲柱面.

$$\begin{bmatrix} x \\ y \\ z \end{bmatrix} = \begin{bmatrix} 1 & -\dfrac{1}{2} & 0 \\ 1 & 0 & -1 \\ 0 & \dfrac{1}{2} & 1 \end{bmatrix} \begin{bmatrix} x_1 \\ y_1 \\ z_1 \end{bmatrix} = \begin{bmatrix} x_1 - \dfrac{1}{2}y_1 \\ x_1 - z_1 \\ \dfrac{1}{2}y_1 + z_1 \end{bmatrix}$$

所采用的线性替换是

$$\begin{cases} x = x_1 - \dfrac{1}{2}y_1 \\ y = x_1 - z_1 \\ z = \dfrac{1}{2}y_1 + z_1 \end{cases}$$

(2)配方法.

例 5.2.3　将 $f(x_1,x_2,x_3)=x_1x_2+x_2x_3$,化为标准形.

解　$f=x_1x_2+x_2x_3$

$$令\begin{cases} x_1 = y_1 + y_2 \\ x_2 = y_1 - y_2 \\ x_3 = y_3 \end{cases} \quad 或 \begin{bmatrix} x_1 \\ x_2 \\ x_3 \end{bmatrix} = \begin{bmatrix} 1 & 1 & 0 \\ 1 & -1 & 0 \\ 0 & 0 & 1 \end{bmatrix} \begin{bmatrix} y_1 \\ y_2 \\ y_3 \end{bmatrix}$$

$$f = (y_1+y_2)(y_1-y_2) - (y_1-y_2)y_3 = y_1^2 - y_2^2 - y_1y_3 + y_2y_3$$

$$= (y_1 - \frac{1}{2}y_3)^2 - \frac{1}{4}y_3^2 - y_2^2 + y_2y_3$$

$$= (y_1 - \frac{1}{2}y_3)^2 - (y_2 - \frac{1}{2}y_3)^2$$

令 $\begin{cases} z_1 = y_1 - \frac{1}{2}y_3 \\ z_2 = y_2 - \frac{1}{2}z_3 \\ z_3 = y_3 \end{cases}$ 或 $\begin{bmatrix} z_1 \\ z_2 \\ z_3 \end{bmatrix} = \begin{bmatrix} 1 & 0 & -\frac{1}{2} \\ 0 & 1 & -\frac{1}{2} \\ 0 & 0 & 1 \end{bmatrix} \begin{bmatrix} y_1 \\ y_2 \\ y_3 \end{bmatrix}$ $f = z_1^2 - z_2^2$

所采用的线性替换是

$$\begin{bmatrix} x_1 \\ x_2 \\ x_3 \end{bmatrix} = \begin{bmatrix} 1 & 1 & 0 \\ 1 & -1 & 0 \\ 0 & 0 & 1 \end{bmatrix} \begin{bmatrix} y_1 \\ y_2 \\ y_3 \end{bmatrix} = \begin{bmatrix} 1 & 1 & 0 \\ 1 & -1 & 0 \\ 0 & 0 & 1 \end{bmatrix} \begin{bmatrix} 1 & 0 & -\frac{1}{2} \\ 0 & 1 & -\frac{1}{2} \\ 0 & 0 & 1 \end{bmatrix}^{-1} \begin{bmatrix} z_1 \\ z_2 \\ z_3 \end{bmatrix}$$

$$= \begin{bmatrix} 1 & 1 & 0 \\ 1 & -1 & 0 \\ 0 & 0 & 1 \end{bmatrix} \begin{bmatrix} 1 & 0 & \frac{1}{2} \\ 0 & 1 & \frac{1}{2} \\ 0 & 0 & 1 \end{bmatrix} \begin{bmatrix} z_1 \\ z_2 \\ z_3 \end{bmatrix} = \begin{bmatrix} 1 & 1 & 1 \\ 1 & -1 & 0 \\ 0 & 0 & 1 \end{bmatrix} \begin{bmatrix} z_1 \\ z_2 \\ z_3 \end{bmatrix}$$

或 $\begin{cases} x_1 = z_1 + z_2 + z_3 \\ x_2 = z_1 - z_2 \\ x_3 = z_3 \end{cases}$

下面的 §5.3～§5.5 节内容是介绍用正交的线性替换化二次型为标准形,目的是保持几何图形的度量性质不变.学时数少于 48 及高职高专的同学可直接阅读 §5.6 节.

§5.3 向量的内积、长度与正交

在高等数学中的解析几何部分,曾介绍了几何空间 R^2、R^3 中向量的数量积.向量的长度、夹角,投影以及图形面积的计算都用到了数量积.向量

$$\boldsymbol{\alpha} = \begin{bmatrix} a_1 \\ a_2 \\ a_3 \end{bmatrix} \qquad \boldsymbol{\beta} = \begin{bmatrix} b_1 \\ b_2 \\ b_3 \end{bmatrix}$$

的数量积的坐标表达式是

$$\boldsymbol{\alpha} \cdot \boldsymbol{\beta} = a_1 b_1 + a_2 b_2 + a_3 b_3$$

现在我们称数量积为内积,符号改为 $(\boldsymbol{\alpha} \cdot \boldsymbol{\beta})$.在 n 维向量空间 R^n 中也有度量性质内容的计算,我们仿照二维、三维的情形,引入

定义 5.3.1 设 $\boldsymbol{\alpha}, \boldsymbol{\beta}$ 为 R^n 中的向量

$$\boldsymbol{\alpha} = \begin{bmatrix} a_1 \\ a_2 \\ \vdots \\ a_n \end{bmatrix} \qquad \boldsymbol{\beta} = \begin{bmatrix} b_1 \\ b_2 \\ \vdots \\ b_n \end{bmatrix}$$

称数 $(\boldsymbol{\alpha} \cdot \boldsymbol{\beta}) = a_1 b_1 + a_2 b_2 + \cdots + a_n b_n$ 为向量 $\boldsymbol{\alpha}, \boldsymbol{\beta}$ 的内积.

内积又可用矩阵表示为

$$(\boldsymbol{\alpha} \cdot \boldsymbol{\beta}) = [a_1, a_2, \cdots, a_n] \begin{bmatrix} b_1 \\ b_2 \\ \vdots \\ b_n \end{bmatrix} = \boldsymbol{\alpha}^{\mathrm{T}} \boldsymbol{\beta}$$

内积具有如下性质(其中 $\boldsymbol{\alpha}, \boldsymbol{\beta}, \boldsymbol{\gamma}$ 为向量,k 为实数):

(1) $(\boldsymbol{\alpha} \cdot \boldsymbol{\beta}) = (\boldsymbol{\beta} \cdot \boldsymbol{\alpha})$

(2) $(k\boldsymbol{\alpha} \cdot \boldsymbol{\beta}) = k(\boldsymbol{\alpha} \cdot \boldsymbol{\beta})$

(3) $((\boldsymbol{\alpha} + \boldsymbol{\beta}) \cdot \boldsymbol{\gamma}) = (\boldsymbol{\alpha} \cdot \boldsymbol{\gamma}) + (\boldsymbol{\beta} \cdot \boldsymbol{\gamma})$

(4) 当且仅当 $\boldsymbol{\alpha} = \mathbf{0}$ 时 $(\boldsymbol{\alpha} \cdot \boldsymbol{\alpha}) = 0$;当 $\boldsymbol{\alpha} \neq \mathbf{0}$ 时,$(\boldsymbol{\alpha}, \boldsymbol{\alpha}) > 0$

再定义向量的长度和向量的夹角

定义 5.3.2 设向量

$$\boldsymbol{\alpha} = \begin{bmatrix} a_1 \\ a_2 \\ \vdots \\ a_n \end{bmatrix}, \quad \boldsymbol{\beta} = \begin{bmatrix} b_1 \\ b_2 \\ \vdots \\ b_n \end{bmatrix}$$

称 $\| \boldsymbol{\alpha} \| = \sqrt{(\boldsymbol{\alpha} \cdot \boldsymbol{\alpha})} = \sqrt{a_1^2 + a_2^2 + \cdots + a_n^2}$

为向量 $\boldsymbol{\alpha}$ 的长度.

称

$$\theta = \arccos \frac{(\boldsymbol{\alpha} \cdot \boldsymbol{\beta})}{\| \boldsymbol{\alpha} \| \cdot \| \boldsymbol{\beta} \|} \qquad 0 \leqslant \theta \leqslant \pi$$

为向量 $\boldsymbol{\alpha}, \boldsymbol{\beta}$ 的夹角.

向量的长度具有下述性质:

(1) 当 $\boldsymbol{\alpha} \neq \mathbf{0}$ 时 $\| \boldsymbol{\alpha} \| > 0$;当且仅当 $\boldsymbol{\alpha} = \mathbf{0}$ 时 $\| \boldsymbol{\alpha} \| = 0$.

(2) $\| k\boldsymbol{\alpha} \| = |k| \ \| \boldsymbol{\alpha} \|$.

(3) $\| \boldsymbol{\alpha} + \boldsymbol{\beta} \| \leqslant \| \boldsymbol{\alpha} \| + \| \boldsymbol{\beta} \|$(三角不等式,证明从略).

当向量 $\boldsymbol{\alpha}, \boldsymbol{\beta}$ 的内积 $(\boldsymbol{\alpha} \cdot \boldsymbol{\beta}) = 0$ 时称 $\boldsymbol{\alpha}, \boldsymbol{\beta}$ 成正交. 显然,零向量与任何向量成正交.

在 R^3 中我们经常用到的基本向量组 e_1, e_2, e_3 中的向量,两两正交,而且 e_1, e_2, e_3 线性无关,与此相仿,在 R^n 中有

定理 5.3.1 设 $\boldsymbol{\alpha}_1, \boldsymbol{\alpha}_2, \cdots, \boldsymbol{\alpha}_m$ 是一组两两正交的非零向量,则 $\boldsymbol{\alpha}_1, \boldsymbol{\alpha}_2, \cdots, \boldsymbol{\alpha}_m$ 线性无关.

证 设有数 $k_1, k_2, \cdots, k_m$ 使

$$k_1 \boldsymbol{\alpha}_1 + k_2 \boldsymbol{\alpha}_2 + \cdots + k_m \boldsymbol{\alpha}_m = \mathbf{0}$$

用向量 $\boldsymbol{\alpha}_1$ 和上式两端的向量作内积,相当于用矩阵 $\boldsymbol{\alpha}_1^{\mathrm{T}}$ 左乘上式两端,得

$$k_1 \boldsymbol{\alpha}_1^{\mathrm{T}} \boldsymbol{\alpha}_1 = 0$$

而 $\boldsymbol{\alpha}_1 \neq \mathbf{0}$,故 $\boldsymbol{\alpha}_1^{\mathrm{T}} \boldsymbol{\alpha}_1 = \| \boldsymbol{\alpha}_1 \| \neq 0$,所以 $k_1 = 0$. 同理可证 $k_2 = 0, \cdots, k_m = 0$,于是向量组 $\boldsymbol{\alpha}_1, \boldsymbol{\alpha}_2, \cdots, \boldsymbol{\alpha}_m$ 线性无关.

证毕.

例 5.3.1　在 R^3 中求一个非零向量与 $\boldsymbol{\alpha}_1 = \begin{bmatrix} 1 \\ 1 \\ 1 \end{bmatrix}$，$\boldsymbol{\alpha}_2 = \begin{bmatrix} 1 \\ 2 \\ 1 \end{bmatrix}$ 成正交.

解　设 $\boldsymbol{x} = \begin{bmatrix} x_1 \\ x_2 \\ x_3 \end{bmatrix}$ 为所求的向量，则

$$(\boldsymbol{\alpha}_1 \cdot \boldsymbol{x}) = \boldsymbol{\alpha}_1^{\mathrm{T}} \boldsymbol{x} = [1,1,1] \begin{bmatrix} x_1 \\ x_2 \\ x_3 \end{bmatrix} = 0$$

$$(\boldsymbol{\alpha}_2 \cdot \boldsymbol{x}) = \boldsymbol{\alpha}_2^{\mathrm{T}} \boldsymbol{x} = [1,2,1] \begin{bmatrix} x_1 \\ x_2 \\ x_3 \end{bmatrix} = 0$$

所以相当于求如下齐次线性方程组的非零解

$$\begin{bmatrix} 1 & 1 & 1 \\ 1 & 2 & 1 \end{bmatrix} \begin{bmatrix} x_1 \\ x_2 \\ x_3 \end{bmatrix} = \begin{bmatrix} 0 \\ 0 \end{bmatrix}$$

$$\begin{bmatrix} 1 & 1 & 1 \\ 1 & 2 & 1 \end{bmatrix} \longrightarrow \begin{bmatrix} 1 & 1 & 1 \\ 0 & 1 & 0 \end{bmatrix} \longrightarrow \begin{bmatrix} 1 & 0 & 1 \\ 0 & 1 & 0 \end{bmatrix}$$

$$\begin{cases} x_1 = -x_3 \\ x_2 = 0 \end{cases}$$

令 $x_3 = 1$ 得

$$\boldsymbol{x} = \begin{bmatrix} -1 \\ 0 \\ 1 \end{bmatrix}$$

实际上 $k\boldsymbol{x}(k \in R)$ 皆与 $\boldsymbol{\alpha}_1, \boldsymbol{\alpha}_2$ 成正交.

§5.4　正交矩阵与正交变换

在 R^n 中经常使用的基是基本向量组

$$\boldsymbol{e}_1 = \begin{bmatrix} 1 \\ 0 \\ \vdots \\ 0 \end{bmatrix}, \quad \boldsymbol{e}_2 = \begin{bmatrix} 0 \\ 1 \\ \vdots \\ 0 \end{bmatrix}, \cdots, \boldsymbol{e}_n = \begin{bmatrix} 0 \\ \vdots \\ 0 \\ 1 \end{bmatrix}$$

它的特点是基向量之间两两正交，且长度都等于 1. 具有这种特点的基不是唯一的.

定义 5.4.1　设 $\boldsymbol{\xi}_1, \boldsymbol{\xi}_2, \cdots, \boldsymbol{\xi}_n$ 是两两正交的非零向量，则称 $\boldsymbol{\xi}_1, \boldsymbol{\xi}_2, \cdots \boldsymbol{\xi}_n$ 是 R^n 的一组正交基. 如果再满足 $\|\boldsymbol{\xi}_i\| = 1 (i = 1, 2, \cdots, n)$，则称其为 R^n 的一组标准正交基.

例 5.4.1 容易验证

$$\boldsymbol{\xi}_1 = \begin{bmatrix} \dfrac{1}{\sqrt{2}} \\ \dfrac{1}{\sqrt{2}} \\ 0 \\ 0 \end{bmatrix} \quad \boldsymbol{\xi}_2 = \begin{bmatrix} \dfrac{1}{\sqrt{2}} \\ -\dfrac{1}{\sqrt{2}} \\ 0 \\ 0 \end{bmatrix} \quad \boldsymbol{\xi}_3 = \begin{bmatrix} 0 \\ 0 \\ \dfrac{1}{\sqrt{2}} \\ \dfrac{1}{\sqrt{2}} \end{bmatrix} \quad \boldsymbol{\xi}_4 = \begin{bmatrix} 0 \\ 0 \\ \dfrac{1}{\sqrt{2}} \\ -\dfrac{1}{\sqrt{2}} \end{bmatrix}$$

是 R^4 的一组标准正交基.

设 $\boldsymbol{\alpha}_1, \boldsymbol{\alpha}_2, \cdots, \boldsymbol{\alpha}_n$ 是 R^n 的一组标准正交基

$$\boldsymbol{\alpha}_1 = a_{11}\boldsymbol{e}_1 + a_{21}\boldsymbol{e}_2 + \cdots + a_{n1}\boldsymbol{e}_n$$
$$\boldsymbol{\alpha}_2 = a_{12}\boldsymbol{e}_1 + a_{22}\boldsymbol{e}_2 + \cdots + a_{n2}\boldsymbol{e}_n$$
$$\cdots\cdots\cdots\cdots$$
$$\boldsymbol{\alpha}_n = a_{1n}\boldsymbol{e}_1 + a_{2n}\boldsymbol{e}_2 + \cdots + a_{nn}\boldsymbol{e}_n$$

上式可用矩阵表示为

$$(\boldsymbol{\alpha}_1, \boldsymbol{\alpha}_2, \cdots, \boldsymbol{\alpha}_n) = (\boldsymbol{e}_1, \boldsymbol{e}_2, \cdots, \boldsymbol{e}_n)\begin{bmatrix} a_{11} & a_{12} & \cdots & a_{1n} \\ a_{21} & a_{22} & \cdots & a_{2n} \\ \vdots & \vdots & & \vdots \\ a_{n1} & a_{n2} & \cdots & a_{nn} \end{bmatrix} \tag{5-14}$$

由于 $\boldsymbol{\alpha}_1, \boldsymbol{\alpha}_2, \cdots, \boldsymbol{\alpha}_n$ 是 R^n 的标准正交基,所以

$$(\boldsymbol{\alpha}_i \cdot \boldsymbol{\alpha}_j) = \begin{cases} 0 & i \neq j \\ 1 & i = j \end{cases}$$

因此有

$$\boldsymbol{\alpha}_i^{\mathrm{T}}\boldsymbol{\alpha}_j = [a_{1i}, a_{2i}, \cdots, a_{ni}]\begin{bmatrix} a_{1j} \\ a_{2j} \\ \vdots \\ a_{nj} \end{bmatrix} = \begin{cases} 0 & i \neq j \\ 1 & i = j \end{cases} \tag{5-15}$$

式(5-15)表明式(5-14)右端的 n 阶方阵的列向量之间成正交,而且列向量的长度皆为 1. 因此引出

定义 5.4.2 若方阵 A 的列向量间成正交,且列向量的长度皆等于 1,则称 A 为正交矩阵.

上面一段叙述表明 R^n 的任意一组标准正交基的基向量在基本向量组 $\boldsymbol{e}_1, \boldsymbol{e}_2, \cdots, \boldsymbol{e}_n$ 下的坐标构成的矩阵,都是正交矩阵.

设 A 为正交矩阵,则 A 的列向量满足式(5-15),便有

$$A^{\mathrm{T}}A = \begin{bmatrix} a_{11} & a_{21} & \cdots & a_{n1} \\ a_{12} & a_{22} & \cdots & a_{n2} \\ \vdots & \vdots & & \vdots \\ a_{1n} & a_{2n} & \cdots & a_{nn} \end{bmatrix}\begin{bmatrix} a_{11} & a_{12} & \cdots & a_{1n} \\ a_{21} & a_{22} & \cdots & a_{2n} \\ \vdots & \vdots & & \vdots \\ a_{n1} & a_{n2} & \cdots & a_{nn} \end{bmatrix} = \begin{bmatrix} 1 & & & \\ & 1 & & \\ & & \ddots & \\ & & & 1 \end{bmatrix}$$

所以

$$A^{\mathrm{T}} = A^{-1}$$

反之,如果有 $A^T = A^{-1}$,则容易推得(5-15)式,即 A 为正交矩阵.所以有

定义 5.4.2′ 设给定矩阵 A 满足

$$A^T = A^{-1}$$

则称 A 为正交矩阵.

定义 5.4.2′用到的场合较多,特别是在证明、推导过程中,经常用到定义5.4.2′.

例 5.4.2 设 A 为正交矩阵,证明 A^{-1}、A^* 均为正交矩阵.

证 $(A^{-1})^T A^{-1} = (A^T)^T A^{-1} = A A^{-1} = E$

所以 A^{-1} 为正交矩阵.

由 $A^{-1} = \dfrac{1}{|A|} A^*$,得 $A^* = |A| A^{-1}$

有 $(A^*)^{-1} = \dfrac{1}{|A|} A$

及 $(A^*)^T = |A|(A^{-1})^T = |A|(A^T)^T = |A| A$

而因为 A 是正交矩阵

$$A^T A = E$$

所以 $|A^T||A| = 1$,$|A|^2 = 1$,

故 $|A| = \pm 1$

不论 $|A| = 1$ 或 $|A| = -1$,皆有 $(A^*)^T = (A^*)^{-1}$

所以 A^* 为正交矩阵.

正交矩阵具有如下性质:

(1) A,B 皆为正交矩阵,则 AB 为正交矩阵.

证 $(AB)^T = B^T A^T = B^{-1} A^{-1} = (AB)^{-1}$

所以 AB 为正交矩阵.

(2) A 为正交矩阵,则 $|A| = 1$ 或 -1.

(性质(2)在例 5.4.2 中已证过)

利用性质(1)和例 5.4.2 的结论容易证明 R^n 的一组标准正交基在其他任何一组标准正交基下的矩阵皆为正交矩阵.即标准正交基之间的过渡矩阵是正交矩阵.

正交矩阵在工程实践中有重要的应用.在 §4.2 节中,介绍了线性变换及其矩阵表示.下面引入正交变换的概念.

定义 5.4.3 设 R^n 上的线性变换 $/\!\!A$ 在任意一组标准正交基下的矩阵都是正交矩阵,则称 $/\!\!A$ 是正交变换.

正交变换有很好的特性.

设 $/\!\!A$ 是 R^n 上的一个正交变换

$$/\!\!A(e_1, e_2, \cdots, e_n) = (e_1, e_2, \cdots, e_n) A$$

则 A 为正交矩阵.

再设 $\boldsymbol{\alpha}、\boldsymbol{\beta} \in R^n$

$$\boldsymbol{\alpha} = (e_1, e_2, \cdots, e_n)\begin{bmatrix} a_1 \\ a_2 \\ \vdots \\ a_n \end{bmatrix}, \quad \boldsymbol{\beta} = (e_1, e_2, \cdots, e_n)\begin{bmatrix} b_1 \\ b_2 \\ \vdots \\ b_n \end{bmatrix}$$

则

$$\mathscr{A}\boldsymbol{\alpha} = (e_1, e_2, \cdots, e_n) A \begin{bmatrix} a_1 \\ a_2 \\ \vdots \\ a_n \end{bmatrix}, \quad \mathscr{A}\boldsymbol{\beta} = (e_1, e_2, \cdots, e_n) A \begin{bmatrix} b_1 \\ b_2 \\ \vdots \\ b_n \end{bmatrix}$$

计算向量 $\mathscr{A}\boldsymbol{\alpha}$, $\mathscr{A}\boldsymbol{\beta}$ 的内积

$$(\mathscr{A}\boldsymbol{\alpha} \cdot \mathscr{A}\boldsymbol{\beta}) = \left(A \begin{bmatrix} a_1 \\ a_2 \\ \vdots \\ a_n \end{bmatrix} \right)^{\mathrm{T}} A \begin{bmatrix} b_1 \\ b_2 \\ \vdots \\ b_n \end{bmatrix} = [a_1, a_2, \cdots, a_n] A^T A \begin{bmatrix} b_1 \\ b_2 \\ \vdots \\ b_n \end{bmatrix}$$

$$= [a_1, a_2, \cdots, a_n] \begin{bmatrix} b_1 \\ b_2 \\ \vdots \\ b_n \end{bmatrix} = (\boldsymbol{\alpha} \cdot \boldsymbol{\beta})$$

上式表明向量 $\boldsymbol{\alpha}, \boldsymbol{\beta}$ 经过正交变换 $\mathscr{A}$ 作用后的像 $\mathscr{A}\boldsymbol{\alpha}$, $\mathscr{A}\boldsymbol{\beta}$ 的内积,与 $\boldsymbol{\alpha}, \boldsymbol{\beta}$ 的内积相等,即在正交变换下向量的内积保持不变. R^n 中向量的长度和夹角都是由内积定义的(定义 5.3.2),所以向量经正交变换后其长度,及向量间的夹角也保持不变. 这个性质在几何上,力学上是经常用到的,物体或力系的刚性位移、旋转,就是物体、力系经过了正交变换作用的结果.

§5.5　施密特正交化及用正交变换化实二次型为标准形

为了介绍用正交的线性替换化二次型为标准形,需要先介绍施密特(Schmidt)正交化方法. 我们以三维情形讲述,易使大家理解. n 维的情形只给出公式便可.

我们先介绍几个简单概念.

(1) 称 $\boldsymbol{\alpha}^0 = \dfrac{1}{\|\boldsymbol{\alpha}\|}\boldsymbol{\alpha}$ 为向量 $\boldsymbol{\alpha}$ 的方向向量,它的方向与 $\boldsymbol{\alpha}$ 一致,长度等于 1.

(2) 给定向量 $\boldsymbol{\alpha}, \boldsymbol{\gamma}$ 称

$$(\boldsymbol{\gamma} \cdot \boldsymbol{\alpha}^0) = \left(\boldsymbol{\gamma} \cdot \frac{1}{\|\boldsymbol{\alpha}\|}\boldsymbol{\alpha} \right) = \frac{1}{\|\boldsymbol{\alpha}\|}(\boldsymbol{\gamma} \cdot \boldsymbol{\alpha})$$

为向量 $\boldsymbol{\gamma}$ 在 $\boldsymbol{\alpha}$ 上的投影.

(3) 给定向量 $\boldsymbol{\alpha}, \boldsymbol{\gamma}$ 称

$$(\boldsymbol{\gamma} \cdot \boldsymbol{\alpha}^0)\boldsymbol{\alpha}^0 = \frac{1}{\|\boldsymbol{\alpha}\|}(\boldsymbol{\gamma} \cdot \boldsymbol{\alpha}) \frac{1}{\|\boldsymbol{\alpha}\|}\boldsymbol{\alpha} = \frac{(\boldsymbol{\gamma} \cdot \boldsymbol{\alpha})}{\|\boldsymbol{\alpha}\|^2}\boldsymbol{\alpha} = \frac{(\boldsymbol{\gamma} \cdot \boldsymbol{\alpha})}{(\boldsymbol{\alpha} \cdot \boldsymbol{\alpha})}\boldsymbol{\alpha}$$

为向量 $\boldsymbol{\gamma}$ 在 $\boldsymbol{\alpha}$ 上的投影向量.

设 $\boldsymbol{\alpha}_1, \boldsymbol{\alpha}_2, \boldsymbol{\alpha}_3$ 是 R^3 的一组基,先由它作出一组正交基 $\boldsymbol{\beta}_1, \boldsymbol{\beta}_2, \boldsymbol{\beta}_3$ 再由此作出一组标准正交基,这就是施密特正交化.

先将 $\boldsymbol{\alpha}_1, \boldsymbol{\alpha}_2, \boldsymbol{\alpha}_3$ 正交化

取 $\boldsymbol{\beta}_1 = \boldsymbol{\alpha}_1$

再取

$$\boldsymbol{\beta}_2 = \boldsymbol{\alpha}_2 - \frac{(\boldsymbol{\alpha}_2 \cdot \boldsymbol{\beta}_1)}{(\boldsymbol{\beta}_1 \cdot \boldsymbol{\beta}_1)} \boldsymbol{\beta}_1 \tag{5-16}$$

即 $\boldsymbol{\beta}_2$ 等于 $\boldsymbol{\alpha}_2$ 减去 $\boldsymbol{\alpha}_2$ 在 $\boldsymbol{\beta}_1$ 上的投影向量. 由于 $\boldsymbol{\beta}_1 = \boldsymbol{\alpha}_1$, $\boldsymbol{\beta}_2$ 相当于 $\boldsymbol{\alpha}_2$ 减去 $\boldsymbol{\alpha}_2$ 在 $\boldsymbol{\alpha}_1$ 上的投影向量, 所以 $\boldsymbol{\beta}_2$ 与 $\boldsymbol{\beta}_1$ 正交(见图 5-1).

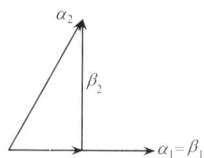 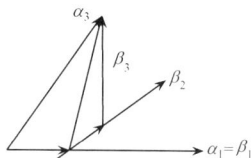

图 5-1　　　　　　　　　　　　　　　　　图 5-2

再取

$$\boldsymbol{\beta}_3 = \boldsymbol{\alpha}_3 - \frac{(\boldsymbol{\alpha}_3 \cdot \boldsymbol{\beta}_1)}{(\boldsymbol{\beta}_1 \cdot \boldsymbol{\beta}_1)} \boldsymbol{\beta}_1 - \frac{(\boldsymbol{\alpha}_3 \cdot \boldsymbol{\beta}_2)}{(\boldsymbol{\beta}_2 \cdot \boldsymbol{\beta}_2)} \boldsymbol{\beta}_2 \tag{5-17}$$

上式右端相当于 $\boldsymbol{\alpha}_3$ 减去 $\boldsymbol{\alpha}_3$ 在 $\boldsymbol{\beta}_1$ 上的投影向量, 再减去 $\boldsymbol{\alpha}_3$ 在 $\boldsymbol{\beta}_2$ 上的投影向量(见图 5-2)由立体几何知识可知 $\boldsymbol{\beta}_3$ 与 $\boldsymbol{\beta}_2$, $\boldsymbol{\beta}_1$ 正交.

至此, 我们由给定的基 $\boldsymbol{\alpha}_1$, $\boldsymbol{\alpha}_2$, $\boldsymbol{\alpha}_3$ 出发, 得到了正交基, $\boldsymbol{\beta}_1$, $\boldsymbol{\beta}_2$, $\boldsymbol{\beta}_3$. 再将其单位化

取 $\boldsymbol{\xi}_1 = \dfrac{1}{\|\boldsymbol{\beta}_1\|} \boldsymbol{\beta}_1$, $\quad \boldsymbol{\xi}_2 = \dfrac{1}{\|\boldsymbol{\beta}_2\|} \boldsymbol{\beta}_2$, $\quad \boldsymbol{\xi}_3 = \dfrac{1}{\|\boldsymbol{\beta}_3\|} \boldsymbol{\beta}_3$,

则 $\boldsymbol{\xi}_1$, $\boldsymbol{\xi}_2$, $\boldsymbol{\xi}_3$ 便是一组标准正交基.

对于 n 维的情形, 做法完全与上相仿. 由式(5-16)和式(5-17)结构的规律性, 得知

$$\boldsymbol{\beta}_n = \boldsymbol{\alpha}_n - \frac{(\boldsymbol{\alpha}_n \cdot \boldsymbol{\beta}_1)}{(\boldsymbol{\beta}_1 \cdot \boldsymbol{\beta}_1)} \boldsymbol{\beta}_1 - \frac{(\boldsymbol{\alpha}_n \cdot \boldsymbol{\beta}_2)}{(\boldsymbol{\beta}_2 \cdot \boldsymbol{\beta}_2)} \boldsymbol{\beta}_2 - \cdots - \frac{(\boldsymbol{\alpha}_n \cdot \boldsymbol{\beta}_{n-1})}{(\boldsymbol{\beta}_{n-1} \cdot \boldsymbol{\beta}_{n-1})} \boldsymbol{\beta}_{n-1}$$

$$\tag{5-18}$$

$\boldsymbol{\beta}_1$, $\boldsymbol{\beta}_2$, $\cdots$, $\boldsymbol{\beta}_n$ 便是由给定的基 $\boldsymbol{\alpha}_1$, $\boldsymbol{\alpha}_2$, $\cdots$, $\boldsymbol{\alpha}_n$ 作出的正交基, 再将其单位化就会得到标准正交基.

例 5.5.1　试由 R^3 的基 $\boldsymbol{\alpha}_1$, $\boldsymbol{\alpha}_2$, $\boldsymbol{\alpha}_3$ 作出一组标准正交基.

$$\boldsymbol{\alpha}_1 = \begin{bmatrix} 1 \\ 0 \\ 1 \end{bmatrix}, \qquad \boldsymbol{\alpha}_2 = \begin{bmatrix} 1 \\ 1 \\ 0 \end{bmatrix}, \qquad \boldsymbol{\alpha}_3 = \begin{bmatrix} 0 \\ 1 \\ 1 \end{bmatrix}$$

解　先正交化

取　$\boldsymbol{\beta}_1 = \begin{bmatrix} 1 \\ 0 \\ 1 \end{bmatrix}$

$$\boldsymbol{\beta}_2 = \begin{bmatrix} 1 \\ 1 \\ 0 \end{bmatrix} - \frac{1+0+0}{2} \begin{bmatrix} 1 \\ 0 \\ 1 \end{bmatrix} = \begin{bmatrix} 1 \\ 1 \\ 0 \end{bmatrix} - \frac{1}{2} \begin{bmatrix} 1 \\ 0 \\ 1 \end{bmatrix} = \begin{bmatrix} \frac{1}{2} \\ 1 \\ -\frac{1}{2} \end{bmatrix}$$

$$\boldsymbol{\beta}_3 = \begin{bmatrix} 0 \\ 1 \\ 1 \end{bmatrix} - \frac{1}{2} \begin{bmatrix} 1 \\ 0 \\ 1 \end{bmatrix} - \frac{\frac{1}{2}}{\frac{3}{2}} \begin{bmatrix} \frac{1}{2} \\ 1 \\ -\frac{1}{2} \end{bmatrix} = \begin{bmatrix} -\frac{2}{3} \\ \frac{2}{3} \\ \frac{2}{3} \end{bmatrix}$$

再单位化

$$令 \quad \boldsymbol{\xi}_1 = \frac{1}{\|\boldsymbol{\beta}_1\|} \boldsymbol{\beta}_1 = \begin{bmatrix} \frac{1}{\sqrt{2}} \\ 0 \\ \frac{1}{\sqrt{2}} \end{bmatrix}$$

$$\boldsymbol{\xi}_2 = \frac{1}{\|\boldsymbol{\beta}_2\|} \boldsymbol{\beta}_2 = \begin{bmatrix} \frac{1}{\sqrt{6}} \\ \frac{2}{\sqrt{6}} \\ -\frac{1}{\sqrt{6}} \end{bmatrix}, \quad \boldsymbol{\xi}_3 = \frac{1}{\|\boldsymbol{\beta}_3\|} \boldsymbol{\beta}_3 = \begin{bmatrix} -\frac{1}{\sqrt{3}} \\ \frac{1}{\sqrt{3}} \\ \frac{1}{\sqrt{3}} \end{bmatrix}$$

$\boldsymbol{\xi}_1, \boldsymbol{\xi}_2, \boldsymbol{\xi}_3$ 便是由 $\boldsymbol{\alpha}_1, \boldsymbol{\alpha}_2, \boldsymbol{\alpha}_3$ 作出的一组标准正交基.

现在介绍用正交的线性替换(也可称作变换)化二次型为标准形.

设实对称矩阵 A 为二次型 $f(x_1, x_2, \cdots, x_n)$ 的矩阵,根据定理 5.2.1 有可逆矩阵 C,使 $C^{\mathrm{T}}AC$ 为对角矩阵. 如果 C 为正交矩阵,则有

$$C^{\mathrm{T}} = C^{-1}$$

故 $C^{-1}AC$ 为对角矩阵. 与第四章的内容相联系,可知对角矩阵 $C^{-1}AC$ 为

$$C^{-1}AC = \begin{bmatrix} \lambda_1 & & & \\ & \lambda_2 & & \\ & & \ddots & \\ & & & \lambda_n \end{bmatrix}$$

其中的 $\lambda_1, \lambda_2, \cdots, \lambda_n$ 为 A 的特征值,矩阵 C 的列向量依次为 A 的分别属于 $\lambda_1, \lambda_2, \cdots, \lambda_n$ 的特征向量. 而且 A 的属于不同特征值的特征向量间线性无关. 在此矩阵 A 还是实对称矩阵. 那么实对称矩阵 A 的特征向量间可能会有更特殊的关系,不妨讨论如下.

设 A 为实对称矩阵,且

$$A\boldsymbol{\alpha}_1 = \lambda_1 \boldsymbol{\alpha}_1, \quad A\boldsymbol{\alpha}_2 = \lambda \boldsymbol{\alpha}_2, \quad \lambda_1 \neq \lambda_2$$

计算内积

$$(A\boldsymbol{\alpha}_1 \cdot \boldsymbol{\alpha}_2) = (\lambda_1\boldsymbol{\alpha}_1 \cdot \boldsymbol{\alpha}_2) = \lambda_1(\boldsymbol{\alpha}_1 \cdot \boldsymbol{\alpha}_2) = \lambda_1\boldsymbol{\alpha}_1^T\boldsymbol{\alpha}_2$$

又有

$$(A\boldsymbol{\alpha}_1 \cdot \boldsymbol{\alpha}_2) = (A\boldsymbol{\alpha}_1)^T\boldsymbol{\alpha}_2 = \boldsymbol{\alpha}_1^T A^T\boldsymbol{\alpha}_2 = \boldsymbol{\alpha}_1^T(A^T\boldsymbol{\alpha}_2)$$
$$= \boldsymbol{\alpha}_1^T(A\boldsymbol{\alpha}_2) = \boldsymbol{\alpha}_1^T(\lambda_2\boldsymbol{\alpha}_2) = \lambda_2\boldsymbol{\alpha}_1^T\boldsymbol{\alpha}_2$$

所以
$$\lambda_1\boldsymbol{\alpha}_1^T\boldsymbol{\alpha}_2 = \lambda_2\boldsymbol{\alpha}_1^T\boldsymbol{\alpha}_2$$

而 $\lambda_1 \neq \lambda_2$，所以 $\boldsymbol{\alpha}_1^T\boldsymbol{\alpha}_2 = 0$，即 $\boldsymbol{\alpha}_1,\boldsymbol{\alpha}_2$ 正交，所以得到

定理 5.5.1 实对称矩阵的属于不同特征值的特征向量相互正交.

由定理 5.2.1 和定理 5.5.1 以及特征向量的性质，可知有

定理 5.5.2 实二次型恒可经正交的线性替换化为标准形.

例 5.5.2 试用正交变换将二次型
$$f(x_1,x_2,x_3) = -x_1^2 + 4x_1x_2 - x_2^2 + 4x_1x_3 - 4x_2x_3 - x_3^2$$
化为标准形，并写出所用的变换.

解
$$A = \begin{bmatrix} -1 & 2 & 2 \\ 2 & -1 & -2 \\ 2 & -2 & -1 \end{bmatrix}$$

$$|\lambda E - A| = \begin{vmatrix} \lambda+1 & -2 & -2 \\ -2 & \lambda+1 & 2 \\ -2 & 2 & \lambda+1 \end{vmatrix} \xlongequal{\gamma_2+\gamma_1} \begin{vmatrix} \lambda+1 & -2 & -2 \\ \lambda-1 & \lambda-1 & 0 \\ -2 & 2 & \lambda+1 \end{vmatrix} = (\lambda-1)$$

$$\begin{vmatrix} \lambda+1 & -2 & -2 \\ 1 & 1 & 0 \\ -2 & 2 & \lambda+1 \end{vmatrix} \xlongequal{c_1-c_2} (\lambda-1)\begin{vmatrix} \lambda+3 & -2 & -2 \\ 0 & 1 & 0 \\ -4 & 2 & \lambda+1 \end{vmatrix}$$

$$= (\lambda-1)\begin{vmatrix} \lambda+3 & -2 \\ -4 & \lambda+1 \end{vmatrix} = (\lambda-1)[\lambda^2+4\lambda+3-8]$$

$$= (\lambda-1)[\lambda^2+4\lambda-5] = (\lambda-1)^2(\lambda+5) = 0$$

A 的特征值 $\lambda_1 = \lambda_2 = 1, \lambda_3 = -5$

当 $\lambda = 1$ 时，
$$(1 \cdot E - A)X = \mathbf{0}$$

$$E - A = \begin{bmatrix} 2 & -2 & -2 \\ -2 & 2 & 2 \\ -2 & 2 & 2 \end{bmatrix} \rightarrow \begin{bmatrix} 1 & -1 & -1 \\ 0 & 0 & 0 \\ 0 & 0 & 0 \end{bmatrix}$$

$$x_1 = x_2 + x_3$$

$$令 \begin{bmatrix} x_2 \\ x_3 \end{bmatrix} = \begin{bmatrix} 1 \\ 0 \end{bmatrix}, \quad \boldsymbol{\xi}_1 = \begin{bmatrix} 1 \\ 1 \\ 0 \end{bmatrix}$$

$$令 \begin{bmatrix} x_2 \\ x_3 \end{bmatrix} = \begin{bmatrix} 0 \\ 1 \end{bmatrix}, \quad \boldsymbol{\xi}_2 = \begin{bmatrix} 1 \\ 0 \\ 1 \end{bmatrix}$$

当 $\lambda = -5$ 时，
$$(-5E - A)X = B$$

$$-5E-A=\begin{bmatrix}-4&-2&-2\\-2&-4&2\\-2&2&-4\end{bmatrix}\longrightarrow\begin{bmatrix}2&1&1\\1&2&-1\\0&6&-6\end{bmatrix}\xrightarrow[\text{且 }r_1\leftrightarrow r_2]{r_1-2r_2}\begin{bmatrix}1&2&-1\\0&-3&3\\0&1&-1\end{bmatrix}$$

$$\longrightarrow\begin{bmatrix}1&2&-1\\0&1&-1\\0&0&0\end{bmatrix}\longrightarrow\begin{bmatrix}1&0&1\\0&1&-1\\0&0&0\end{bmatrix}$$

$$\begin{cases}x_1=-x_3\\x_2=x_3\end{cases}$$

令 $x_3=1$, $\quad\boldsymbol{\xi}_3=\begin{bmatrix}-1\\1\\1\end{bmatrix}$

因为 $\lambda_1\neq\lambda_3,\lambda_2\neq\lambda_3$，所以 $\boldsymbol{\xi}_1,\boldsymbol{\xi}_2$ 皆与 $\boldsymbol{\xi}_3$ 正交. 故只需将 $\boldsymbol{\xi}_1,\boldsymbol{\xi}_2$ 正交化，单位化.

令 $\boldsymbol{\beta}_1=\boldsymbol{\xi}_1=\begin{bmatrix}1\\1\\0\end{bmatrix}$

$$\boldsymbol{\beta}_2=\boldsymbol{\xi}_2-\frac{(\boldsymbol{\xi}_2\cdot\boldsymbol{\beta}_1)}{(\boldsymbol{\beta}_1\cdot\boldsymbol{\beta}_1)}\boldsymbol{\beta}_1=\begin{bmatrix}1\\0\\1\end{bmatrix}-\frac{1}{2}\begin{bmatrix}1\\1\\0\end{bmatrix}=\begin{bmatrix}\frac{1}{2}\\-\frac{1}{2}\\1\end{bmatrix}$$

取 $\boldsymbol{\eta}_1=\frac{1}{\|\boldsymbol{\beta}\|}\boldsymbol{\beta}_1=\frac{1}{\sqrt{2}}\begin{bmatrix}1\\1\\0\end{bmatrix}=\begin{bmatrix}\frac{1}{\sqrt{2}}\\\frac{1}{\sqrt{2}}\\0\end{bmatrix}$

$$\boldsymbol{\eta}_2=\frac{1}{\|\boldsymbol{\beta}_2\|}\boldsymbol{\beta}_2=\frac{1}{\sqrt{\frac{3}{2}}}\begin{bmatrix}\frac{1}{2}\\-\frac{1}{2}\\1\end{bmatrix}=\begin{bmatrix}\frac{1}{\sqrt{6}}\\-\frac{1}{\sqrt{6}}\\\sqrt{\frac{2}{3}}\end{bmatrix}$$

再将 $\boldsymbol{\xi}_3$ 单位化取作 $\boldsymbol{\eta}_3$

$$\boldsymbol{\eta}_3=\frac{1}{\|\boldsymbol{\xi}_3\|}\boldsymbol{\xi}_3=\frac{1}{\sqrt{3}}\begin{bmatrix}-1\\1\\1\end{bmatrix}=\begin{bmatrix}-\frac{1}{\sqrt{3}}\\\frac{1}{\sqrt{3}}\\\frac{1}{\sqrt{3}}\end{bmatrix}$$

所以变换矩阵

$$C = \begin{bmatrix} \dfrac{1}{\sqrt{2}} & \dfrac{1}{\sqrt{6}} & -\dfrac{1}{\sqrt{3}} \\ \dfrac{1}{\sqrt{2}} & -\dfrac{1}{\sqrt{6}} & \dfrac{1}{\sqrt{3}} \\ 0 & \sqrt{\dfrac{2}{3}} & \dfrac{1}{\sqrt{3}} \end{bmatrix}$$

所作的变换为

$$\begin{bmatrix} x_1 \\ x_2 \\ x_3 \end{bmatrix} = \begin{bmatrix} \dfrac{1}{\sqrt{2}} & \dfrac{1}{\sqrt{6}} & -\dfrac{1}{\sqrt{3}} \\ \dfrac{1}{\sqrt{2}} & -\dfrac{1}{\sqrt{6}} & \dfrac{1}{\sqrt{3}} \\ 0 & \sqrt{\dfrac{2}{3}} & \dfrac{1}{\sqrt{3}} \end{bmatrix} \begin{bmatrix} y_1 \\ y_2 \\ y_3 \end{bmatrix}$$

$$\begin{cases} x_1 = \dfrac{1}{\sqrt{2}}y_1 + \dfrac{1}{\sqrt{6}}y_2 - \dfrac{1}{\sqrt{3}}y_3 \\ x_2 = \dfrac{1}{\sqrt{2}}y_1 - \dfrac{1}{\sqrt{6}}y_2 + \dfrac{1}{\sqrt{3}}y_3 \\ x_3 = \sqrt{\dfrac{2}{3}}y_2 + \dfrac{1}{\sqrt{3}}y_3 \end{cases}$$

原二次型经上述变换后化为

$$f(y_1, y_2, y_3) = y_1^2 + y_2^2 - 5y_3^2$$

§5.6 惯性定理与正定二次型

细心的读者对将实二次型化为新变量的平方和可能提出疑问,会不会将原来为椭圆曲线误判为双曲线? 或者出现相反的误判问题. 我们有

定理 5.6.1 实二次型 $f(x_1,x_2,\cdots,x_n)=X^{\mathrm{T}}AX$ 恒可经满秩的线性替换 $X=CY$ 化为标准形

$$f = a_1 y_1^2 + \cdots + a_t y_t^2 - a_{t+1} y_{t+1}^2 \cdots - a_r y_r^2$$

其中正项个数 t,及负项个数 $r-t(r=R[A])$ 不因所选取的替换不同而改变.

证明从略.

定理 5.6.1 通常称作惯性定理. 有心二次曲线和二次曲面的分类,是根据其标准方程中的 n,r,t 来确定的. 例如,当 $n=2$ 时,$r=2,t=2$,图形为椭圆. $n=2$ 时,$r=2,t=1$ 图形为双曲线. 当 $n=3$ 时,$r=2,t=2$ 则是椭圆柱面. 惯性定理就是不会出现误判有心二次曲线、曲面所属类型的保障.

在科学技术和工程应用中,实二次型中的正定二次型占有特殊地位. 我们给出它的定义和判别条件(不进行证明)

定义 5.6.1 给定实二次型 $f(x_2,x_2,\cdots,x_n)=X^{\mathrm{T}}AX$,如果对任意一组不全为零的

数 $c_1, c_2, \cdots, c_n$ 皆有

$$f(c_1, c_2, \cdots, c_n) > 0$$

称此二次型为正定的. 其对应的矩阵 A 称为正定矩阵.

在电工电子学中, 有时为了描述一个电路的特性, 会用到描述电路特性的矩阵是不是正定矩阵.

定理 5.6.2 实二次型 $f(x_1, x_2, \cdots, x_n) = X^{\mathrm{T}} AX$ 为正定的充分必要条件是, A 有 n 个正特征值.

或者说, 实对称矩阵 A 为正定矩阵的充分必要条件是, A 有 n 个正特征值.

下面再介绍另一个判定方法.

定理 5.6.3 实二次型 $f(x_1, x_2, \cdots, x_n) = X^{\mathrm{T}} AX$ 为正定的充分必要条件是, 矩阵 A 的顺序主子式 (A 的左上角各阶子行列式) 皆大于零.

或者说, 实对称矩阵 A 为正定矩阵的充分必要条件是, A 的顺序主子式皆大于零.

例 5.6.1 $f(x_1, x_2, x_3) = 5x^2 + 6y^2 + 4z^2 - 4xy - 4xz$ 是否为正定的?

解 $A = \begin{bmatrix} 5 & -2 & -2 \\ -2 & 6 & 0 \\ -2 & 0 & 4 \end{bmatrix}$

A 的各阶主写式为

$$5 > 0, \quad \begin{vmatrix} 5 & -2 \\ -2 & 6 \end{vmatrix} = 26 > 0, \quad \begin{vmatrix} 5 & -2 & -2 \\ -2 & 6 & 0 \\ -2 & 0 & 4 \end{vmatrix} = 80 > 0$$

所以 f 是正定的.

本 章 小 结

一、本章内容展开思路

1. 由采取适当的坐标变换, 解决识别曲线 $\frac{5}{2}x^2 + 3xy + \frac{5}{2}y^2 = 1$ 属哪类有心二次曲线问题, 引入了二次型的概念, 和将二次型化为标准形 (新变量的平方和) 问题. 当将解决问题的过程用矩阵方法剖析后, 是一个对给定的实对称矩阵 A, 找一可逆阵 C, 使 $C^{\mathrm{T}} AC$ 为对角阵的问题. 所以介绍了二次型的矩阵表示, 和二次型在不同基下的矩阵之间的关系 (合同).

2. 有定理 5.2.1 作保障, 实二次型 $f = x^{\mathrm{T}} AX$ 恒可经满秩的线性替换 $X = CY$ 化为标准形. 或实对称矩阵 A 合同于对角矩阵. 重点介绍了利用合同变换将 A 化为对角阵的方法 (并求出变换矩阵 C), 另外又介绍了配方法.

3. 化二次型为平方和是否会发生混淆误判? 我们有惯性定理 5.6.1 实二次型化为标准形后, 其中正项个数和负项个数是固定不变的, 所以不会误判.

4. 介绍了正定二次型和正定矩阵的概念及 A 为正定矩阵的两种充分必要条件.

5. 介绍了向量的内积, 正交和正交矩阵, 以及用正交变换化实二次型为标准形的方法.

二、教学大纲要求

1. 了解二次型的概念.掌握二次型的矩阵表示.

2. 熟练掌握用正交变换法将实对称矩阵 A,化为对角矩阵.

3. 了解惯性定理.

4. 掌握判断 A 为正定矩阵的两种充分必要条件.

习 题 五

1. 写出下列二次型的矩阵.

(1) $f=x_1^2-2x_1x_2+4x_1x_3-2x_2^2+8x_2x_3+3x_3^2$

(2) $f=x_1^2+2x_1x_2-x_1x_3+2x_2^2$

(3) $f=x_1x_2-x_3x_4$

2. 用矩阵的合同变换法将下列二次型化为标形,并求变换矩阵.

(1) $f=x_1^2+6x_1x_2+11x_2^2-4x_1x_3-4x_2x_3+9x_3^2$

(2) $f=2x_1x_2+2x_1x_3-6x_2x_3$

(3) $f=x_1^2+4x_1x_2-4x_1x_3+4x_2^2-2x_2x_3$

3. 在直角坐标系中方程

$x^2+2y^2+5z^2+2xy+2xz+8yz=1$

表示什么曲面?

4. 求与向量 $\alpha=\begin{bmatrix}1\\1\\1\end{bmatrix}$ 及 $\beta=\begin{bmatrix}1\\0\\-1\end{bmatrix}$ 成正交的向量.

5. 求与平面 $2x+y+z+1=0$ 平行,且与向量 $\alpha=\begin{bmatrix}1\\1\\-1\end{bmatrix}$ 成正交的向量.

6. 设 α 为 n 维列向量且 $\alpha^T\alpha=1$,令 $H=E-2\alpha\alpha^T$.
证明 H 是正交矩阵.

7. 设 A 为 3 阶对称方阵,有特征值 $\lambda_1=1,\lambda_2=-1,\lambda_3=0$.
λ_1、λ_2 对应的特征向量为

$$\xi_1=\begin{bmatrix}1\\2\\2\end{bmatrix}, \quad \xi_2=\begin{bmatrix}2\\1\\-2\end{bmatrix}$$

求 A.

8. 设 A 为 3 阶对称方阵,有特征值 $\lambda_1=6,\lambda_2=\lambda_3=3$. 与特征值 $\lambda_1=6$ 对应的特征向量为 $\xi_1=[1,1,1]^T$,求 A.

9. 证明对称阵 A 为正定的充分必要条件是:存在可逆矩阵 U,使 $A=U^TU$.

10. 判定下列二次型是否为正定二次型.

(1) $f=6x_1^2-4x_1x_2+5x_2^2+4x_1x_3+7x_3^2$

(2) $f = x_1^2 - 2x_1x_2 + x_2^2 - 2x_2x_3 + 3x_3^2$

(3) $f = 5x_1^2 - 4x_1x_2 + x_2^2 - 8x_1x_3 - 4x_2x_3 + 5x_3^2$

11. 参数 λ 取何值时使下列二次型为正定二次型.

(1) $f = x_1^2 + 2\lambda x_1x_2 + x_2^2 - 2x_1x_3 + 4x_2x_3 + 5x_3^2$

(2) $f = x_1^2 + 2x_1x_2 + x_2^2 + 2\lambda x_2x_3 + x_3^2$

12. 用正交变换化下列二次型为标准形,并写出变换矩阵.

(1) $f = 2x_1^2 + 3x_2^2 + 4x_2x_3 + 3x_3^2$

(2) $f = 2x_1x_2 + 2x_1x_3 + 2x_2x_3$

(3) $f = 2x_1^2 + x_2^2 - 4x_1x_2 - 4x_2x_3$

(4) $f = 4x_1^2 + 3x_2^2 + 3x_3^2 + 2x_2x_3$

13. 已知二次型 $f = 2x_1^2 + 3x_2^2 + 3x_3^2 + 2ax_2x_3$ $(a > 0)$ 可通过正交变换化为 $f = y_1^2 + 2y_2^2 + 5y_3^2$,求参数 a 及所用正交变换的矩阵.

14. 设 A 为 $m \times n$ 实矩阵且 $n < m$,证明 A^TA 为正定矩阵的充分必要条件是 $R[A] = n$.

15. 设 A 为 m 阶正定矩阵,B 为 $m \times n$ 实矩阵 $(n \leqslant m)$,证明 B^TAB 为正定矩阵的充分必要条件是 $R[B] = n$.

第六章　线性规划初步

线性规划是近代应用数学中运筹学的一个重要分支,它研究的问题可分为两类,一类是资源的数量确定,如何合理利用,合理调配,使得完成的任务、创造的效益最大.另一类是任务确定,如何统筹安排,用最少的资源来完成这项任务.两类问题本质是相同的,即都是求最优值或最优方案.不论是解决工程技术中的最优化问题,或是交通,经济,商业中的管理和决策问题,线性规划都能发挥重要作用,它是现代经济管理科学的重要手段.

§6.1　线性规划问题及数学模型

一、实际问题线性规划数学模型的建立

例 6.1.1　某厂下属两个车间,生产甲、乙两种产品,每件产品都必须经过第一、第二车间加工,第一车间加工每件甲、乙产品所需时间分别为 8 小时和 4 小时,第二车间加工每件甲、乙产品所需时间分别为 2 小时和 6 小时,每生产一件甲、乙产品可获利润分别为 3 百元和 4 百元,现该厂一、二车间可供使用的工时分别为 160 小时和 60 小时,如表 6.1 所示.试问生产甲、乙产品各多少件使该厂获利润最大?

表 6.1

单位产品所需时间　　品种　　　车间	甲	乙	可供工时
一车间	8	4	160
二车间	2	6	60

分析　设该厂生产甲、乙两种产品的件数分别为 x_1、x_2,则问题为求未知量 x_1, x_2 的值,使其满足约束条件

$$\begin{cases} 8x_1 + 4x_2 \leqslant 160 \\ 2x_1 + 6x_2 \leqslant 60 \\ x_1 \geqslant 0, x_2 \geqslant 0 \end{cases}$$

并能使目标函数

$$z = 3x_1 + 4x_2$$

取得最大值.

$$\max z = 3x_1 + 4x_2.$$

例 6.1.2　设某建筑公司在 B_1, B_2, B_3 三处工地施工,分别需要砖的数量为 17 万块、18 万块,15 万块,两个砖厂 A_1、A_2 产量分别为 23 万块和 27 万块,自砖厂至各工地的运价见表 6.2,问如何调运才能使总运费最省?

表 6.2　　　　　　　　　　　　　　　　单位:元/万块

运价 工地 砖厂	B_1	B_2	B_3
A_1	50	60	70
A_2	60	110	160

分析　设 x_{ij} 表示由砖厂 A_i 运往工地 B_j 砖的数量(单位:万块)$(i=1,2;j=1,2,3)$,列出表 6.3

表 6.3　　　　　　　　　　　　　　　　单位:万块

运送量 工地 砖厂	B_1	B_2	B_3	产量
A_1	x_{11}	x_{12}	x_{13}	23
A_2	x_{21}	x_{22}	x_{23}	27
需用量	17	18	15	50

此问题便是要求出一组未知量 $x_{ij}(i=1,2;j=1,2,3)$ 的值,使其满足约束条件

$$\begin{cases} x_{11}+x_{12}+x_{13}=23 \\ x_{21}+x_{22}+x_{23}=27 \\ x_{11}+x_{21}=17 \\ x_{12}+x_{22}=18 \\ x_{13}+x_{23}=15 \\ x_{ij}\geqslant 0 \quad (i=1,2;j=1,2,3) \end{cases}$$

并使目标函数

$$z=50x_{11}+60x_{12}+70x_{13}+60x_{21}+110x_{22}+160x_{23}$$

取得最小值,即

$$\min z=50x_{11}+60x_{12}+70x_{13}+60x_{21}+110x_{22}+160x_{23}$$

二、数学模型

由上述二例可以看出它们都是最优化问题,且具有如下的共同特征:

(1)用一组未知数 $(x_1,x_2,\cdots,x_n)$ 表示某一方案,以后我们称这些未知数为决策变量.

(2)这些未知数满足一定的条件,这些条件可用一组线性方程或线性不等式表示.

(3)有一个线性的目标函数,要求未知数在满足约束条件下,使目标函数取得最大值或最小值.

定义 6.1.1　求一组变量的值,使其满足一组线性的约束条件(线性等式或不等式),并使一线性的目标函数达到最大值或最小值,称这类问题为线性规划问题.它的一般形式表示为目标函数

$$\max(\min)z=c_1x_1+c_2x_2+\cdots+c_nx_n,$$

其中 $x_1, x_2, \cdots, x_n$ 满足以下约束条件

$$\begin{cases} a_{11}x_1 + a_{12}x_2 + \cdots + a_{1n}x_n \leqslant (=, \geqslant) b_1 \\ a_{21}x_1 + a_{22}x_2 + \cdots + a_{2n}x_n \leqslant (=, \geqslant) b_2 \\ \qquad\qquad \cdots\cdots\cdots\cdots\cdots \\ a_{m1}x_1 + a_{m2}x_2 + \cdots + a_{mn}x_n \leqslant (=, \geqslant) b_m \\ x_1 \geqslant 0, x_2 \geqslant 0, \cdots, x_n \geqslant 0, \end{cases}$$

由于实际问题不同,有的是求目标函数的最大值,也有的是求目标函数的最小值,我们可以容易地将其统一化为求目标函数的最大值.约束条件中＝、≥、≤的差异给线性规划问题的求解带来一些麻烦,我们想办法采取措施将不等号全改为等号.这就使约束条件变成非齐次线性方程组,便于利用我们已掌握的知识帮助解决新的问题.

三、线性规划问题的标准形式

通常都要设法将线性规划的一般形式化为如下的标准形式:

$$\max z = c_1x_1 + c_2x_2 + \cdots + c_nx_n$$

$$\begin{cases} a_{11}x_1 + a_{12}x_2 + \cdots + a_{1n}x_n = b_1 \\ a_{21}x_1 + a_{22}x_2 + \cdots + a_{2n}x_n = b_2 \\ \qquad\qquad \cdots\cdots\cdots\cdots \\ a_{m1}x_1 + a_{m2}x_2 + \cdots + a_{mn}x_n = b_m \\ x_1 \geqslant 0, x_2 \geqslant 0, \cdots, x_n \geqslant 0 \end{cases}$$

并且其中所有的常数项 $b_i \geqslant 0 (i = 1, 2, \cdots, m)$.

对于非标准形式的线性规划问题,可以通过以下方法化为标准形式.

(1) 若约束条件右边是负数,则对些条件两边同乘以"-1". 使每一个约束条件的右边均为非负常数;若约束条件的左端带有绝对值,则要先去掉绝对值符号,将一个约束条件变为两个约束条件.

(2) 若约束条件右边已为非负常数,条件中的不等号是"$\leqslant$"或"$\geqslant$"时,可加上或减去一个非负变量 $x_t(t > m)$,使此约束条件变为等式,且称 x_t 为松弛变量.

(3) 若决策变量没有非负的限制,则作如下处理:

① 若 $x_i \leqslant 0$,则令 $x'_i = -x_i$ 换掉 x_i.

② 若 x_i 无符号限制,则令 $x_i = x'_i - x''_i$ 换掉 x_i 而要求 $x'_i \geqslant 0, x''_i \geqslant 0$.

(4) 若模型是求目标函数的最小值,则可令 $z' = -z$,即

$$\min z = c_1x_1 + c_2x_2 + \cdots + c_nx_n \longrightarrow \max z' = -(c_1x_1 + c_2x_2 + \cdots + c_nx_n)$$

例 6.1.3　将下列线性规划问题化为标准形式.

$$\max z = x_1 + 2x_2 + 3x_3$$

$$\begin{cases} |\ 3x_1 + 2x_2 + 3x_3\ | \leqslant 8 \\ 2x_1 + x_2 \leqslant -5 \\ x_1 \leqslant 0, x_2 \geqslant 0, x_3 \geqslant 0 \end{cases}$$

解　(1)先处理带绝对值的约束条件,

$$|\ 3x_1 + 2x_2 + x_3\ | \leqslant 8$$

等价地变为两个约束条件

$$3x_1 + 2x_2 + x_3 \leqslant 8$$
$$3x_1 + 2x_2 + x_3 \geqslant -8$$

对两个右端为负常数项的约束条件乘以(-1)，并因 $x_1 \leqslant 0$，令 $x_1 = -x_1'$，将原线性规划问题化为

$$\max z = -x_1' + 2x_2 + 3x_3$$
$$\begin{cases} -3x_1' + 2x_2 + x_3 \leqslant 8 \\ 3x_1' - 2x_2 - x_3 \leqslant 8 \\ 2x_1' - x_2 \geqslant 5 \\ x_1' \geqslant 0, x_2 \geqslant 0, x_3 \geqslant 0 \end{cases}$$

(2)引入松弛变量将约束条件中的不等号变为等号，则将原线性规划化为如下标准形式.

$$\max z = -x_1' + 2x_2 + 3x_3$$
$$\begin{cases} -3x_1' + 2x_2 + x_3 + x_4 = 8 \\ 3x_1' - 2x_2 - x_3 + x_5 = 8 \\ 2x_1' - x_2 - x_6 = 5 \\ x_1', x_2, x_3, x_4, x_5, x_6 \geqslant 0 \end{cases}$$

例 6.1.4 将下面的线性规划问题化为标准形式.

$$\min z = -5x_1 + 10x_2 - 15x_3$$
$$\begin{cases} 3x_1 + 3x_2 + 3x_3 \leqslant 25 \\ 2x_1 - 2x_2 + 2x_3 \geqslant 5 \\ 3x_1 - 2x_2 - 2x_3 = 7 \\ x_1 \geqslant 0, x_2 \geqslant 0, x_3 \text{ 无符号约束} \end{cases}$$

解 令 $z' = -z$，把目标函数化为求最大值；再令 $x_3 = x_3' - x_3''(x_3', x_3'' \geqslant 0)$，把无符号限制的 x_3 换掉；在第一个约束条件中加上一个松弛变量 x_4，并在第 2 个约束条件中减去松弛变量 x_5，便将原线性规划化为标准形式

$$\max z' = 5x_1 - 10x_2 + 15(x_3' - x_3'')$$
$$\begin{cases} 3x_1 + 3x_2 + 3(x_3' - x_3'') + x_4 = 25 \\ 2x_1 - 2x_2 + 2(x_3' - x_3'') - x_5 = 5 \\ 3x_1 - 2x_2 - 2(x_3' - x_3'') = 7 \\ x_1, x_2, x_3', x_3'', x_4, x_5 \geqslant 0 \end{cases}$$

§6.2　线性规划问题的图解法及解的性质

一、线性规划问题的图解法

图解法是指用在直角坐标系中作图，来求解性规划问题的一种方法，简单、直观、适合求解两个决策变量的线性规划问题.

例 6.2.1 用图解法求解下面的线性规划问题

$$\max z = 3x_1 + 4x_2$$

$$\begin{cases} 2x_1 + x_2 \leqslant 40 \\ x_1 + 3x_2 \leqslant 30 \\ x_1, x_2 \geqslant 0 \end{cases}$$

解 先找出坐标满足约束条件的点集合 K,再在 K 中寻求坐标使目标函数取得最大值的点. 为了叙述方便,我们将点的坐标满足约束条件,或使目标函数取最大值,称作相应的点具有这些特征.

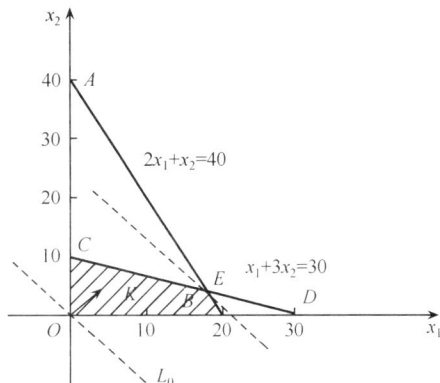

图 6.1

(1) 在平面上以 x_1 为横轴,x_2 为纵轴建立直角坐标系. 因 $x_1, x_2 \geqslant 0$,所以线性规划问题的解 (x_1^*, x_2^*) 应当在第 Ⅰ 象限. 将约束条件 $2x_1 + x_2 \leqslant 40$ 先取等式便是直线 $2x_1 + x_2 = 40$,此直线及其左下方的点皆满足 $2x_1 + x_2 \leqslant 40$. 直线 $2x_1 + x_2 = 40$ 与 $x_1 \geqslant 0, x_2 \geqslant 0$ 构成三角形 $\triangle OAB$(如图 6.1 所示),则 $\triangle OAB$ 内部及边界上的所有点皆满足约束条件 $2x_1 + x_2 \leqslant 40$ 及 $x_1, x_2 \geqslant 0$. 同理,满足约束条件 $x_1 + 3x_2 \leqslant 30$ 及 $x_1, x_2 \geqslant 0$ 的所有点是图 6.1 中 $\triangle OCD$ 内部及边界上所有的点. 因此,$\triangle OAB$ 与 $\triangle OCD$ 的重合部分,即凸四边形 $OCEB$(图 6.1 中的阴影部分)的任何点皆满足线性规划的所有约束条件,便是我们要找的点集合 K. O, C, E, B 均称作 K 的极点(不能成为 K 中任何线段的内点).

(2)将目标函数 $z = 3x_1 + 4x_2$ 变形为

$$x_2 = -\frac{3}{4}x_1 + \frac{z}{4}$$

对于任意给定的 z,它的图象都是斜率为 $-\dfrac{3}{4}$ 的直线,所以 $x_2 = -\dfrac{3}{4}x_1 + \dfrac{z}{4}$ 的图象是一族斜率为 $-\dfrac{3}{4}$ 的平行线,其中每一条直线都有与之对应的 z 的值,而且将此直线上任一点的坐标代入目标函数均会得到同一个 z 值,我们将其称之为这一线性规划的等值线. 我们要设法找到与 z 的最大值相对应的那条等值线.

令 $z = 0$,有 $x_2 = -\dfrac{3}{4}x_1$ 是过原点斜率为 $-\dfrac{3}{4}$ 的直线称其为直线 L_0. 由于目标函数中 x_1, x_2 的系数皆大于零. 所以将直线 L_0 沿第 Ⅰ 象限分角线且远离原点平行移动,对应的目标函数的值便随之增大. 当移动到凸四边形 $OCEB$ 的顶点 E 时,便得到使目标函数 z 取最大值的那条等值线. E 点的坐标可由

$$\begin{cases} 2x_1 + x_2 = 40 \\ x_1 + 3x_2 = 30 \end{cases}$$

解出 $x_1 = 18, x_2 = 4$. 即当决策变量的值 $x_1^* = 18, x_2^* = 4$ 时目标函数可取得最大值为

$$z^* = 3x_1^* + 4x_2^* = (3 \times 18 + 4 \times 4) 百元 = 70 百元.$$

通过上例,对求解线性规划问题有了一点了解,下面介绍有关的一些概念.

二、线性规化问题的解

1. 可行解

满足线性规划所有的约束条件的任意一组决策变量的取值都称为该线性规划的一个可行解. 所有可行解构成的集合称为该线性规划的可行解域, 记为 K.

′2. 最优解

使线性规划的目标函数达到最优值(最大值或最小值)的任一可行解都称为该线性规划的一个最优解. 线性规划的最优解不一定唯一, 若有多个最优解, 则所有最优解构成的集合称为该线性规划的最优解域.

三、解的性质

线性规划在理论上是比较成熟的一个分支, 而且应用广泛, 我们重在介绍它的方法, 操作, 所以不加证明地给出线性规划问题解的有关结论.

定理 6.2.1 线性规划问题的可行解集为凸集, 即连接任意两个可行解的线段上的点仍是可行解.

§6.3 单 纯 形 法

一、基本概念

一个标准形式的线性规划问题的求解可以看作是, 第一步求它的可行解, 即线性约束方程组的常数列列向量 b, 用各个变量系数列列向量的非负系数的线性表示. 第二步是解决使目标函数取最大值的问题.

例 6.3.1 设向量 $b=(5,0,21)^T$, 矩阵

$$A = \begin{bmatrix} 1 & 1 & 1 & 0 & 0 \\ -1 & 1 & 0 & 1 & 0 \\ 6 & 2 & 0 & 0 & 1 \end{bmatrix}$$

试将 b 用 A 的列向量组线性表示.

解 设 P_1、P_2、P_3、P_4、P_5 依序为 A 的列向量, 容易看出 $R[A]=3$, 令 $X=(x_1,x_2,x_3)^T$

$$AX = b$$

$$\begin{bmatrix} 1 & 1 & 1 & 0 & 0 & | & 5 \\ -1 & 1 & 0 & 1 & 0 & | & 0 \\ 6 & 2 & 0 & 0 & 1 & | & 21 \end{bmatrix} \xrightarrow{\text{行变换}} \cdots \rightarrow \begin{bmatrix} 1 & 0 & 0 & -\frac{1}{4} & \frac{1}{8} & | & \frac{21}{8} \\ 0 & 1 & 0 & \frac{1}{4} & \frac{1}{8} & | & \frac{21}{8} \\ 0 & 0 & 1 & -\frac{1}{2} & -\frac{1}{4} & | & -\frac{1}{4} \end{bmatrix}$$ 将 x_4, x_5 作为自由未

知量并令 $x_4 = x_5 = 0$, 得 $x_1 = \frac{21}{8}, x_2 = \frac{21}{8}, x_3 = -\frac{1}{4}$.

$$b = \frac{21}{8}P_1 + \frac{21}{8}P_2 - \frac{1}{4}P_3.$$

线性表示式中出现了负系数 $x_3 = -\frac{1}{4} < 0$,若联系到线性规划问题,$x_3 < 0$ 未满足非负条件;但还可以将 x_1, x_2 当作自由未知量,并令 $x_1 = x_2 = 0$,由增广矩阵直接得到 $x_3 = 5$,$x_4 = 0, x_5 = 21$.

$$b = 5P_3 + 21P_5.$$

此时有 $x_1, x_2, x_3, x_4, x_5 \geqslant 0$ 满足线性规划的全部约束条件.

出现上述情况差异的原因是 A 有 5 个列向量,但 $R[A] = 3$,所以 A 的列向量极大无关组只能含有 3 个向量,而极大无关组并不唯一,造成了有的线性表达式中的系数皆非负,有的出现了负数. 我们看到极大无天组的选取,影响到线性表示中系数的符号,因此,为了解线性规划问题. 我们还需要引入几个概念.

设线性规划问题已化为标准形式.

$$\max z = \sum_{i=1}^{n} c_i x_i$$

$$\begin{cases} \sum_{i=1}^{n} a_{ij} x_j = b_i & (i = 1, 2, \cdots, m) \\ x_j \geqslant 0 & (j = 1, 2, \cdots, n) \end{cases}$$

设系数矩阵 $A = [a_{ij}]_{m \times n}$ 的秩 $R[A] = m$,A 的列向量为 $P_1, P_2, \cdots, P_n$,即

$$A = [P_1, P_2, \cdots, P_n]$$

如果能从 A 的 n 个列向量中选出 m 个线性无关的列向量 $P_{B1}, \cdots, P_{Bn}$,则称矩阵 $B = [P_{B1}, P_{B2}, \cdots, B_{Bn}]$ 为线性规划问题的一个基矩阵,简称基,其对应的变量 $x_{B1}, x_{B2}, \cdots,$ x_{Bn} 称作关于基 B 的基变量,其它变量均称为非基变量. 若令非基变量全为零,则由方程组

$$\sum_{i=1}^{n} a_{ij} x_j = b_i \quad (i = 1, 2, \cdots, m)$$

可求出解 $(x_1, x_2, \cdots, x_n)^T$,称这组解为线性规划问题关于基 B 的基本解. 如果解中所有分量皆为非负数,则称这组基本解为关于基 B 的基本可行解. 如对于由例 6.3.1 中的 b 和 A 构成的线性规划问题

$$\max z = \sum_{j=1}^{5} c_j x_j$$

$$\begin{cases} Ax = b \\ x_j \geqslant 0 \quad (j = 1, 2, 3, 4, 5), \end{cases}$$

取

$$B_1 = \begin{bmatrix} 1 & 1 & 1 \\ -1 & 1 & 0 \\ 6 & 2 & 0 \end{bmatrix}, \qquad B_2 = \begin{bmatrix} 1 & 0 & 0 \\ 0 & 1 & 0 \\ 0 & 0 & 1 \end{bmatrix}$$

都是这一线性规划问题的基,由 B_1 得到的解 $\left(\frac{21}{8}, \frac{21}{8}, -\frac{1}{4}, 0, 0 \right)^T$ 只是规划问题的基本

解,由 B_2 得到的解 $(0.0,5,0.21)^T$ 才是基本可行解.

二、单纯形法的有关结论及求解线性规划问题的迭代过程演示

定理 6.3.1　　若线性规划存在可行解,则一定存在基本可行解.

定理 6.3.2　　可行解集 K 中的点 X 是极点的充分必要条件是 X 为基本可行解.

定理 6.3.3　　线性规划问题如果存在最优解,则一定存在最优的基本可行解.

以上定理保障了极点与基本可行解是一一对应的,如果线性规划问题有最优解,那么必有极点使目标函数在该处达到最优值,这些重要结论为单纯形法提 供了依据和思路,下面仍以例 6.2.1 为例,演示一下单纯形法的基迭代过程. 将其化为标准形式为

$$\max z = 3x_1 + 4x_2$$
$$\begin{cases} 2x_1 + x_2 + x_3 = 40 \\ x_1 + 3x_2 + x_4 = 30 \\ x_1, x_2, x_3, x_4 \geqslant 0 \end{cases}$$

$$\begin{array}{cccc} x_1 & x_2 & x_3 & x_4 \end{array}$$
$$A = \begin{bmatrix} 2 & 1 & 1 & 0 \\ 1 & 3 & 0 & 1 \end{bmatrix}$$
$$\begin{array}{cccc} P_1 & P_2 & P_3 & P_4 \end{array}$$

由于 P_3, P_4 线性无关,可取 $B = \begin{bmatrix} 1 & 0 \\ 0 & 1 \end{bmatrix}$, P_3, P_4 为基向量,其对应的变量 x_3, x_4 为基变量, x_1, x_2 则为非基变量,令 $x_1 = x_2 = 0$,则由约束方程组

$$\begin{cases} 2x_1 + x_2 + x_3 = 40 \\ x_1 + 3x_2 + x_4 = 30 \end{cases}$$

可解得 $x_3 = 40, x_4 = 30$,即 $(0,0,40,30)^T$ 为此线性规划问题的一个基本可行解,其中 $x_1 = 0, x_2 = 0$,恰是可行解域 K 的顶点 $O(0,0)$,对应的目标函数值 $z = 3 \cdot 0 + 4 \cdot 0 = 0$. 我们将目标函数写成

$$z = 3x_1 + 4x_2 + 0x_3 + 0x_4$$

再将其写成下式,称作目标方程.

$$z - 3x_1 - 4x_2 - 0x_3 - 0x_4 = 0$$

目标方程中变量的系数称作检验数(在本例中是 $-3, -4, 0, 0$)为了使步骤清晰,将上式及约束方程组中的系数,常数项一并填入单纯形表 6.4 中.

表 6.4

基	z	x_1	x_2	x_3	x_4	解
z	1	-3	-4	0	0	0
x_3	0	2	1	1	0	40
x_4	0	1	3	0	1	30

表中第二、三、四行分别填写目标方程和约束方程中变量的系数。第一列填基变量,本例中即是 x_3, x_4 最后一列解中的 40,30 是基变量的值(对应着非基变量 $x_1 = x_2 = 0$ 时的

值),0 是指当 $x_1=0,x_2=0,x_3=40,x_4=30$ 时目标函数 z 的值.

目标函数取零显然不是最优值,由 $z=3x_1+4x_2$ 可以看出 x_1,x_2 的系数均为正数,无论是增大 x_1 或 x_2,都能使 z 值增大,但由于 x_2 的系数大于 x_1 的系数,故增大 x_2 较好,即选择 x_2(对应的检验数是-4)为新的基变量,称为调入变量.但是基变量只能有两个,所以要从旧基变量 x_3,x_4 中调出一个,称为调出变量.为了保证从一个基本可行解经迭代得到另一个基本可行解,规定选择调出变量的原则是:求出每个方程的常数项与调入变量系数的比值,取其中非负比值的最小者(不考虑负比值)所对应的旧基变量为调出变量.本例中有两个比值,为 $\frac{40}{1}=40,\frac{30}{3}=10$,小者是 $\frac{30}{3}=10$,对应着的旧基变量是 x_4,所以取 x_4 为调出变量,并称表中调入变量所在的列与调出变量所在的行的相交处的元素为主元素,且在主元素上画一方框.

表 6.5

基	z	x_1	x_2	x_3	x_4	解
z	1	-3	-4	0	0	0
x_3	0	2	1	1	0	40
x_4	0	1	$\boxed{3}$	0	1	30

现在将表 6.5 中的数字用矩阵表示,并对其进行初等行变换,将主元素化为 1,再将此列的其他元素化为零.

$$\begin{bmatrix} -3 & -4 & 0 & 0 & 0 \\ 2 & 1 & 1 & 0 & 40 \\ 1 & 3 & 0 & 1 & 30 \end{bmatrix} \xrightarrow{\frac{1}{3}r_3} \begin{bmatrix} -3 & -4 & 0 & 0 & 0 \\ 2 & 1 & 1 & 0 & 40 \\ \frac{1}{3} & 1 & 0 & \frac{1}{3} & 10 \end{bmatrix}$$

$$\xrightarrow{r_1+4r_3,\,r_2-r_3} \begin{bmatrix} -\frac{5}{3} & 0 & 0 & \frac{4}{3} & 40 \\ \frac{5}{3} & 0 & 1 & -\frac{1}{3} & 30 \\ \frac{1}{3} & 1 & 0 & \frac{1}{3} & 10 \end{bmatrix}$$

将最后一个矩阵中所有的元素相应地填入新的单纯形表 6.6 中.

表 6.6

基	z	x_1	x_2	x_3	x_4	解
z	1	$-\frac{5}{3}$	0	0	$\frac{4}{3}$	40
x_3	0	$\boxed{\frac{5}{3}}$	0	1	$-\frac{1}{3}$	30
x_2	0	$\frac{1}{3}$	1	0	$\frac{1}{3}$	10

此时基变量为 x_3,x_2,非基变量为 x_1,x_4,令非基变量为 0,得第二个基本可行解

$$x_1 = 0, x_2 = 10, x_3 = 30, x_4 = 0.$$

此时对应的目标函数值为

$$z = 3x_1 + 4x_2 = 3 \cdot 0 + 4 \cdot 10 = 40$$

经过了一次基迭代(即换基),目标函数值增加了 40.

从表 6.6 可以得出目标方程为

$$z - \frac{5}{3}x_1 + 0x_2 + 0x_3 + \frac{4}{3}x_4 = 40$$

目标函数是

$$z = \frac{5}{3}x_1 - \frac{4}{3}x_4 + 40$$

由于 z 的表达式中 x_1 的系数仍为正数(对应着的检验数是 $-\frac{5}{3}$)增大 x_1 仍能使目标函数值增大,所以再进行基迭代,确定 x_1 为调入变量,再按前述的方法确定调出变量和主元素,$\frac{30}{\frac{5}{3}} = 18$,$\frac{10}{\frac{1}{3}} = 30$,则 $\frac{5}{3}$ 对应着的基变量 x_3 为调出变量,$\frac{5}{3}$ 为主元素,此时可以对表

6.6 中的 $\frac{5}{3}$ 画方框,不另填表,直接写出相应的矩阵,并作初等行变换.

$$\begin{array}{c} z \\ x_3 \\ x_2 \end{array} \begin{bmatrix} -\frac{5}{3} & 0 & 0 & \frac{4}{3} & 40 \\ \frac{5}{3} & 0 & 1 & -\frac{1}{3} & 30 \\ \frac{1}{3} & 1 & 0 & \frac{1}{3} & 10 \end{bmatrix} \xrightarrow{\frac{3}{5} \times r_2} \begin{bmatrix} -\frac{5}{3} & 0 & 0 & \frac{4}{3} & 40 \\ 1 & 0 & \frac{3}{5} & -\frac{1}{5} & 18 \\ \frac{1}{3} & 1 & 0 & \frac{1}{3} & 10 \end{bmatrix}$$

$$\xrightarrow{r_1 + \frac{5}{3}r_2, r_3 - \frac{1}{3}r_2} \begin{bmatrix} 0 & 0 & 1 & 1 & 10 \\ 1 & 0 & \frac{3}{5} & -\frac{1}{5} & 18 \\ 0 & 1 & -\frac{1}{5} & \frac{2}{5} & 4 \end{bmatrix}$$

填入单纯形表 6.7 中.

表 6.7

基	z	x_1	x_2	x_3	x_4	解
z	1	0	0	1	1	70
x_1	0	1	0	$\frac{3}{5}$	$-\frac{1}{5}$	18
x_2	0	0	1	$-\frac{1}{5}$	$\frac{2}{5}$	4

此时基变量是 x_1, x_2,非基变量是 x_3, x_4,令 $x_3 = x_4 = 0$,得到基本可行解

$$x_1 = 18, x_2 = 4, x_3 = 0, x_4 = 0$$

对应的目标函数值,$z = 70$,此时目标方程为

$$z + 0x_1 + 0x_2 + x_3 + x_4 = 70$$

检验数皆为 0 和 1,目标函数

$$z = -0x_1 - 0x_2 - x_3 - x_4 + 70$$

由于四个变量的系数均非正数,无论增大哪一个变量都不会使 z 增大,所以目标函数 z 已达到最优值. 故 $x_1^* = 18, x_2^* = 4$ 是最优解,最优值为 $z^* = 70$.

三、求解步骤

用单纯形法解题,首先要将线性规划问题化为标准形式,如果系数矩阵 A 的秩为 m,而 A 中恰好有一个 m 阶的单位阵,则可以这个 m 阶单位阵的列向量为基向量,基向量所对应的变量为基变量,令非基变量全为 0,于是得到第一个基本可行解,称为初始基本可行解,再按以下步骤进行

(1)写出对应于初始基本可行解的单纯形表

(2)如果有某个负检验数,其所在的列中的数均为负数或 0,则无最优解.

(3)若此时检验数均为正数或 0,则已求得最优解;如果检验数中有负数,则选取负检验数中绝对值最大者对应的变量为调入变量,也可选取最左边的负检验数对应的变量为调入变量.

(4)将每个约束方程的常数项与调入变量的系数相比,取其中非负比值之最小者所在的方程对应的基变量为调出变量,并确定主元素.

(5)利用矩阵的初等行变换,将主元素化为 1,再将主元素所在列的其它元素化为 0,并填写新的单纯形表.

(6)若表中检验数均为正数或 0,则已是最优解,否则,继续上述过程,直到取得最优解为止.

例 6.3.2 用单纯形法求解线性规划问题

$$\min z = x_1 - 3x_2 + 2x_3$$

$$\begin{cases} 3x_1 - x_2 + 2x_3 \leqslant 7 \\ -2x_1 + x_2 \leqslant 12 \\ -4x_1 + 3x_2 + 8x_3 \leqslant 10 \\ x_1, x_2, x_3 \geqslant 0 \end{cases}$$

解 先化为标准形式

$$\max z' = -x_1 + 3x_2 - 2x_3$$

$$\begin{cases} 3x_1 - x_2 + 2x_3 + x_4 = 7 \\ -2x_1 + 4x_2 + x_5 = 12 \\ -4x_1 + 3x_2 + 8x_3 + x_6 = 10 \\ x_i \geqslant 0 (i = 1, 2, 3, 4, 5, 6) \end{cases}$$

$$A = \begin{bmatrix} 3 & -1 & 2 & 1 & 0 & 0 \\ -2 & 4 & 0 & 0 & 1 & 0 \\ -4 & 3 & 8 & 0 & 0 & 1 \end{bmatrix}$$

可以 A 的后 3 列为基向量,则 x_4, x_5, x_6 为基变量,x_1, x_2, x_3 为非基变量,填写单纯形表 6.8.

表 6.8

基	z''	x_1	x_2	x_3	x_4	x_5	x_6	解
z'	1	1	-3	2	0	0	0	0
x_4	0	3	-1	2	1	0	0	7
x_5	0	-2	$\boxed{4}$	0	0	1	0	12
x_6	0	-4	3	8	0	0	1	10

(1) 确定调入变量,只有一个负检验数-3,确定 x_2 为调入变量.

(2) 确定调出变量和主元素.

$$\frac{12}{4}=3, \frac{10}{3}=3.33\cdots, x_5 \text{ 为调出变量},4 \text{ 为主元素}$$

(3) 利用矩阵作初等行变换

$$\begin{matrix} z' \\ x_4 \\ x_5 \\ x_6 \end{matrix} \begin{bmatrix} 1 & -3 & 2 & 0 & 0 & 0 & 0 \\ 3 & -1 & 2 & 1 & 0 & 0 & 7 \\ -2 & 4 & 0 & 0 & 1 & 0 & 12 \\ -4 & 3 & 8 & 0 & 0 & 1 & 10 \end{bmatrix}$$

$$\longrightarrow \begin{bmatrix} 1 & -3 & 2 & 0 & 0 & 0 & 0 \\ 3 & -1 & 2 & 1 & 0 & 0 & 7 \\ -\dfrac{1}{2} & 1 & 0 & 0 & \dfrac{1}{4} & 0 & 3 \\ -4 & 3 & 8 & 0 & 0 & 1 & 10 \end{bmatrix}$$

$$\xrightarrow[r_4-3r_3]{r_1+3r_3,r_2+r_3} \begin{bmatrix} -\dfrac{1}{2} & 0 & 2 & 0 & \dfrac{3}{4} & 0 & 9 \\ \dfrac{5}{2} & 0 & 2 & 1 & \dfrac{1}{4} & 0 & 10 \\ -\dfrac{1}{2} & 1 & 0 & 0 & \dfrac{1}{4} & 0 & 3 \\ -\dfrac{5}{2} & 0 & 8 & 0 & -\dfrac{3}{4} & 1 & 1 \end{bmatrix}$$

检验数中有负数$-\dfrac{1}{2}$,需要换基,$-\dfrac{1}{2}$对应的变量是 x_1,确定 x_1 为调入变量,从上面最后一个矩阵可以看出,主元素只能取第 1 列中的$\dfrac{5}{2}$,对应的调出变量是 x_4,往下便是写出矩阵进行初等行变换

$$\begin{matrix} z' \\ x_4 \\ x_2 \\ x_5 \end{matrix} \begin{bmatrix} -\dfrac{1}{2} & 0 & 2 & 0 & \dfrac{3}{4} & 0 & 9 \\ \dfrac{5}{2} & 0 & 2 & 1 & \dfrac{1}{4} & 0 & 10 \\ -\dfrac{1}{2} & 1 & 0 & 0 & \dfrac{1}{4} & 0 & 3 \\ -\dfrac{5}{2} & 0 & 8 & 0 & -\dfrac{3}{4} & 1 & 1 \end{bmatrix}$$

$$\longrightarrow \begin{bmatrix} -\dfrac{1}{2} & 0 & 2 & 0 & \dfrac{3}{4} & 0 & 9 \\[2mm] 1 & 0 & \dfrac{4}{5} & \dfrac{2}{5} & \dfrac{1}{10} & 0 & 4 \\[2mm] -\dfrac{1}{2} & 1 & 0 & 0 & \dfrac{1}{4} & 0 & 3 \\[2mm] -\dfrac{5}{2} & 0 & 8 & 0 & -\dfrac{3}{4} & 1 & 1 \end{bmatrix}$$

$$\xrightarrow[\; r_4+\frac{5}{2}r_2 \;]{r_1+\frac{1}{2}r_2,\, r_3+\frac{1}{2}r_2} \begin{bmatrix} 0 & 0 & \dfrac{12}{5} & \dfrac{1}{5} & \dfrac{4}{5} & 0 & 11 \\[2mm] 1 & 0 & \dfrac{4}{5} & \dfrac{2}{5} & \dfrac{1}{10} & 0 & 4 \\[2mm] 0 & 1 & \dfrac{2}{5} & \dfrac{1}{5} & \dfrac{3}{10} & 0 & 5 \\[2mm] 0 & 0 & 10 & 1 & -\dfrac{1}{2} & 1 & 11 \end{bmatrix}$$

此时可看出检验数全为正数或 0,目标函数

$$z'=-\frac{12}{5}x_3-\frac{1}{5}x_4-\frac{4}{5}x_5$$

中的变量系数全为非正数,已达到最优解,相应的单纯形表成为最优单纯形表 6.9.

表 6.9

基	z'	x_1	x_2	x_3	x_4	x_5	x_6	解
z'	1	0	0	$\dfrac{12}{5}$	$\dfrac{1}{5}$	$\dfrac{4}{5}$	0	11
x_1	0	1	0	$\dfrac{4}{5}$	$\dfrac{2}{5}$	$\dfrac{1}{10}$	0	4
x_2	0	0	1	$\dfrac{2}{5}$	$\dfrac{1}{5}$	$\dfrac{3}{10}$	0	5
x_6	0	0	0	10	1	$-\dfrac{1}{2}$	1	11

基变量是 x_1,x_2,x_6,非基变量是 x_3,x_4,x_5,令非基变量 $x_3=x_4=x_5=0$,得到标准形式线性规划问题的最优解为

$$x_1^*=4,x_2^*=5,x_3^*=0,x_4^*=0,x_5^*=0,x_6^*=11$$

最优值 $\max z'=11$,故原线性规划问题的最优解为

$$x_1^*=4,x_2^*=5,x_3^*=0$$

最优值为

$$z^*=-11$$

如果约束条件方程组的系数矩阵 $A_{m\times n}$ 中没有现成的 $m\times m$ 单位阵 E,要找一个有基本可行解的基是不太容易的(特别是有带 $\geqslant$ 号的约束条件,其化为标准形式后,含有带负号的松弛变量,其对应的列向量不能作基向量).这时可以引入 m 个辅助变量 $y_1,y_2,\cdots,$

y_m,形成一个辅助线性规划问题的求解,请见下例.

例 6.3.3　求解线性规划问题

$$\max z = -4x_1 - 3x_3$$

$$\begin{cases} \dfrac{1}{2}x_1 + x_2 + \dfrac{1}{2}x_3 - \dfrac{2}{3}x_4 = 2 \\[2mm] \dfrac{3}{2}x_1 + \dfrac{3}{4}x_3 = 3 \\[2mm] x_1, x_2, x_3, x_4 \geqslant 0 \end{cases}$$

解　此问题含有两个约束方程 $m=2$,引入辅助变量 y_1, y_2,并将原问题的目标方程并入原约束方程组,构成辅助线性规划问题并求解.

$$\max z_1 = -y_1 - y_2$$

$$\begin{cases} z + 4x_1 + 3x_3 = 0 \\[2mm] y_1 + \dfrac{1}{2}x_1 + x_2 + \dfrac{1}{2}x_3 - \dfrac{2}{3}x_4 = 2 \\[2mm] y_2 + \dfrac{3}{2}x_1 + \dfrac{3}{4}x_3 = 3 \\[2mm] x_1, x_2, x_3, x_4, y_1, y_2 \geqslant 0 \end{cases}$$

现在有 3 个约束方程,7 个变量.写出目标函数 z_1 用 x_1, x_2, x_3, x_4 的表达式,并写出目标方程.

$$z_1 = -(y_1 + y_2) = -\left(-2x_1 - x_2 - \dfrac{5}{4}x_3 + \dfrac{2}{3}x_4 + 5\right)$$

$$z_1 - 2x_1 - x_2 - \dfrac{5}{4}x_3 + \dfrac{2}{3}x_4 = -5$$

填入单纯形表 6.10 中.

表 6.10

基	z_1	z	y_1	y_2	x_1	x_2	x_3	x_4	解
z_1	1	0	0	0	-2	-1	$-\dfrac{5}{4}$	$\dfrac{2}{3}$	$-5 = -y_1 - y_2$
z	0	1	0	0	4	0	3	0	0
y_1	0	0	1	0	$\dfrac{1}{2}$	1	$\dfrac{1}{2}$	$-\dfrac{2}{3}$	2
y_2	0	0	0	1	$\boxed{\dfrac{3}{2}}$	0	$\dfrac{3}{4}$	0	3

以 z, y_1, y_2 为基变量,令非基变量 $x_1 = x_2 = x_3 = x_4 = 0$,得基本可行解

$z = 0, y_1 = 2, y_2 = 3, x_1 = 0, x_3 = 0, x_4 = 0$,目标函数 $z_1 = -5$

取检验数 -2 对应的变量 x_1 为调入变量,主元素应是 $\dfrac{3}{2}$,y_2 是调出变量.

$$\begin{bmatrix} 0 & 0 & 0 & -2 & -1 & -\dfrac{5}{4} & \dfrac{2}{3} & -5 \\ 1 & 0 & 0 & 4 & 0 & 3 & 0 & 0 \\ 0 & 1 & 0 & \dfrac{1}{2} & 1 & \dfrac{1}{2} & -\dfrac{2}{3} & 2 \\ 0 & 0 & 1 & \dfrac{3}{2} & 0 & \dfrac{3}{4} & 0 & 3 \end{bmatrix} \xrightarrow{\;\frac{2}{3}\cdot r_4\;}$$

$$\begin{bmatrix} 0 & 0 & 0 & -2 & -1 & -\dfrac{5}{4} & \dfrac{2}{3} & -5 \\ 1 & 0 & 0 & 4 & 0 & 3 & 0 & 0 \\ 0 & 1 & 0 & \dfrac{1}{2} & 1 & \dfrac{1}{2} & -\dfrac{2}{3} & 2 \\ 0 & 0 & \dfrac{2}{3} & 1 & 0 & \dfrac{1}{2} & 0 & 2 \end{bmatrix}$$

$$\xrightarrow{}\begin{bmatrix} 0 & 0 & \dfrac{4}{3} & 0 & -1 & -\dfrac{1}{4} & -\dfrac{2}{3} & -1 \\ 1 & 0 & -\dfrac{8}{3} & 0 & 0 & 1 & 0 & -8 \\ 0 & 1 & -\dfrac{1}{3} & 0 & 1 & \dfrac{1}{4} & -\dfrac{2}{3} & 1 \\ 0 & 0 & \dfrac{2}{3} & 1 & 0 & \dfrac{1}{2} & 0 & 2 \end{bmatrix}$$

填写单纯形表 6.11.

表 6.11

基	z_1	z	y_1	y_2	x_1	x_2	x_3	x_4	解
z_1	1	0	0	$\dfrac{4}{3}$	0	-1	$-\dfrac{1}{4}$	$\dfrac{2}{3}$	-1
z	0	1	0	$-\dfrac{8}{3}$	0	0	1	0	-8
y_1	0	0	1	$-\dfrac{1}{3}$	0	$\boxed{1}$	$\dfrac{1}{4}$	$-\dfrac{2}{3}$	1
x_1	0	0	0	$\dfrac{2}{3}$	1	0	$\dfrac{1}{2}$	0	2

取检验数 -1 对应的 x_2 为调入变量，显然同列的 1 为主元素，y_1 为调出变量.

$$\begin{bmatrix} 0 & 0 & \dfrac{4}{3} & 0 & -1 & -\dfrac{1}{4} & -\dfrac{2}{3} & -1 \\ 1 & 0 & -\dfrac{8}{3} & 0 & 0 & 1 & 0 & -8 \\ 0 & 1 & -\dfrac{1}{3} & 0 & 1 & \dfrac{1}{4} & -\dfrac{2}{3} & 1 \\ 0 & 0 & \dfrac{2}{3} & 1 & 0 & \dfrac{1}{2} & 0 & 2 \end{bmatrix}$$

$$\xrightarrow{r_1+r_3}\begin{bmatrix} 0 & 1 & 1 & 0 & 0 & 0 & 0 & 0 \\ 1 & 0 & -\dfrac{8}{3} & 0 & 0 & 1 & 0 & -8 \\ 0 & 1 & -\dfrac{1}{3} & 0 & 1 & \dfrac{1}{4} & -\dfrac{2}{3} & 1 \\ 0 & 0 & \dfrac{2}{3} & 1 & 0 & \dfrac{1}{2} & 0 & 2 \end{bmatrix}$$

填写单纯形表 6.12.

表 6.12

基	z_1	z	y_1	y_2	x_1	x_2	x_3	x_4	解
z_1	1	0	1	1	0	0	0	0	0
z	0	1	0	$-\dfrac{8}{3}$	0	0	1	0	-8
x_2	0	0	1	$-\dfrac{1}{3}$	0	1	$\dfrac{1}{4}$	$-\dfrac{2}{3}$	1
x_1	0	0	0	$\dfrac{2}{3}$	1	0	$\dfrac{1}{2}$	0	2

检验数中已无负数,故已求得最优解.

$$x_1=2, x_2=1, x_3=x_4=0, y_1=y_2=0, z_1=0$$

原线性规代问题的最优解为

$$x_1^*=2, x_2^*=1, x_3^*=x_4^*=0. 最优值 z^*=-8.$$

本 章 小 结

一、本章内容展开思路

1. 通过一类实际问题归纳出问题的性质和特点,给出线性归划问题的数学模型.

(1) 有线性的目标函数.

(2) 自变量满足一组线性的约束条件.

(3) 求目标函数的最优值.

2. 将线性规划问题化为标准形式.

3. 通过二元线性规划的图解法,给出线性规划的可行解、可行解域和最优解等基本概念.

4. 介绍了单纯形法的有关概念、结论和方法步骤.

(1) 有关结论:如果线性规划问题存在最优解,则一定有最优基本解且可在可行解集 k 的某个极点处达到.

（2）基迭代过程.

二、教学大纲要求

1. 理解线性规划问题的概念.

2. 会将线性规划问题化为标准形式.

3. 掌握用单纯形法求线性规划问题的最优解.

习 题 六

1. 求解线性规划问题

$$\max z = 2x_1 + 5x_2$$

$$\begin{cases} x_1 + x_3 = 4 \\ x_2 + x_4 = 3 \\ x_1 + 2x_2 + x_5 = 8 \\ x_1, x_2, \cdots, x_5 \geqslant 0 \end{cases}$$

2. 求解线性规划问题

$$\max z = 6x_1 + 5x_2 + 3x_3$$

$$\begin{cases} x_1 + 2x_2 + 3x_3 \leqslant 9 \\ 2x_1 + x_2 + x_3 \leqslant 3 \\ x_1, x_2, x_3 \geqslant 0 \end{cases}$$

3. 求解线性规划问题（参照例 6.3.3）

$$\max z = -4x_1 - 3x_3$$

$$\begin{cases} \dfrac{1}{2}x_1 + x_2 + \dfrac{1}{2}x_3 - \dfrac{2}{3}x_4 = 2 \\ \dfrac{3}{2}x_1 + \dfrac{3}{4}x_3 = 3 \\ 3x_1 - 6x_2 + 4x_4 = 0 \\ x_1, x_2, x_3, x_4 \geqslant 0 \end{cases}$$

附录 线性代数应用举例

在众多的线性代数教材和参考书中,对于线性代数在工程实践中的应用叙述的很少,所以也就难以激发学生的学习兴趣.(美)David. Lay 著的《线性代数及其应用》一书(有中译本)介绍了线性代数广泛的应用于工程学、经济学、生态学、物理学、航空气动力学等领域.在本附录中,选取了该书中的部分例题和习题,以使读者了解到线性代数的广泛用途,增强学习线性代数的兴趣和信心.

一、线性方程组的应用

1.平衡化学方程式

例附.1 当丙烷气体燃烧时,丙烷 C_3H_8 与氧 O_2 结合生成二氧化碳 CO_2 和水 H_2O. 怎样配置这 4 种物质分子式前面的系数,写成一个平衡的化学方程式?

可以设在 C_3H_8、O_2、CO_2、H_2O 前的系数分别为未知量 x_1、x_2、x_3、x_4,即

$$x_1 C_3H_8 + x_2 O_2 = x_3 CO_2 + x_4 H_2O$$

为了求出 x_1、x_2、x_3、x_4 可以将每种物质按其分子式中所含元素的原子个数排序,形成向

量,如按碳、氢、氧的顺序.以向量 $\begin{bmatrix} 3 \\ 8 \\ 0 \end{bmatrix}$ 代表 C_3H_8,以 $\begin{bmatrix} 0 \\ 0 \\ 2 \end{bmatrix}$ 代表 O_2,以 $\begin{bmatrix} 1 \\ 0 \\ 2 \end{bmatrix}$ 代表 CO_2,以

$\begin{bmatrix} 0 \\ 2 \\ 1 \end{bmatrix}$ 代表 H_2O. 这样就得到向量方程

$$x_1 \begin{bmatrix} 3 \\ 8 \\ 0 \end{bmatrix} + x_2 \begin{bmatrix} 0 \\ 0 \\ 2 \end{bmatrix} = x_3 \begin{bmatrix} 1 \\ 0 \\ 2 \end{bmatrix} + x_4 \begin{bmatrix} 0 \\ 2 \\ 1 \end{bmatrix}$$

$$x_1 \begin{bmatrix} 3 \\ 8 \\ 0 \end{bmatrix} + x_2 \begin{bmatrix} 0 \\ 0 \\ 2 \end{bmatrix} - x_3 \begin{bmatrix} 1 \\ 0 \\ 2 \end{bmatrix} - x_4 \begin{bmatrix} 0 \\ 2 \\ 1 \end{bmatrix} = \begin{bmatrix} 0 \\ 0 \\ 0 \end{bmatrix}$$

$$\begin{bmatrix} 3 & 0 & -1 & 0 \\ 8 & 0 & 0 & -2 \\ 0 & 2 & -2 & -1 \end{bmatrix} \begin{bmatrix} x_1 \\ x_2 \\ x_3 \\ x_4 \end{bmatrix} = \begin{bmatrix} 0 \\ 0 \\ 0 \end{bmatrix}$$

上式即为丙烷燃烧过程的平衡化学方程式相应的线性方程组.下面即来求解.

$$\begin{bmatrix} 3 & 0 & -1 & 0 \\ 8 & 0 & 0 & -2 \\ 0 & 2 & -2 & -1 \end{bmatrix} \rightarrow \begin{bmatrix} 3 & 0 & -1 & 0 \\ 2 & 0 & 2 & -2 \\ 0 & 2 & -2 & -1 \end{bmatrix} \rightarrow \begin{bmatrix} 1 & 0 & -3 & 2 \\ 2 & 0 & 2 & -2 \\ 0 & 2 & -2 & -1 \end{bmatrix}$$

$$\rightarrow \begin{bmatrix} 1 & 0 & -3 & 2 \\ 0 & 0 & 8 & -6 \\ 0 & 2 & -2 & -1 \end{bmatrix} \rightarrow \begin{bmatrix} 1 & 0 & -3 & 2 \\ 0 & 2 & -2 & -1 \\ 0 & 0 & 4 & -3 \end{bmatrix} \rightarrow \begin{bmatrix} 1 & 0 & -3 & 2 \\ 0 & 2 & -2 & -1 \\ 0 & 0 & 1 & -\dfrac{3}{4} \end{bmatrix}$$

$$\rightarrow \begin{bmatrix} 1 & 0 & 0 & -\dfrac{1}{4} \\ 0 & 2 & 0 & -\dfrac{5}{2} \\ 0 & 0 & 1 & -\dfrac{3}{4} \end{bmatrix} \rightarrow \begin{bmatrix} 1 & 0 & 0 & -\dfrac{1}{4} \\ 0 & 1 & 0 & -\dfrac{5}{4} \\ 0 & 0 & 1 & -\dfrac{3}{4} \end{bmatrix}$$

得 $x_1 = \dfrac{1}{4}x_4, x_2 = \dfrac{5}{4}x_4, x_3 = \dfrac{3}{4}x_4$ 在此取最小的正整数解可令 $x_4 = 4$，得 $x_1 = 1, x_2 = 5, x_3 = 3, x_4 = 4$，即平衡化学方程式为

$$C_3H_8 + 5O_2 = 3CO_2 + 4H_2O$$

读者可以看到上述平衡化学方程式的方法的实质是向量法. 即我们用 4 个向量分别代表反应过程中的四种物质. 在这里要注意,各个向量的同维分量是相应物质的分子式中相同元素的原子个数,而且求的是最小正整数解.

2. 网络流问题

城市规划和交通管理人员监控某一网络状的市区道路的交通流量;电气工程师计算流程电路中的电流;经济学家分析通过分销商和零售商的网络从制造商到顾客的产品销售等等问题,都涉及网络流的计算问题.

例附. 2 图附-1 中的网络是巴尔的摩市区的车流量. 图中 A、B、C、D 是该市的四个道路交叉口,在网络中称作节点. 节点之间的连线称作分支,表示道路. 分支上的箭头标明了流向,箭头旁的数字或 x 表示车流量.

网络流的基本假设是网络的总流入量等于总流出量. 且流经一个节点的总输入量等于总输出量. 按图附-1 写出 A、B、C、D 每个节点的流入量和流出量便得到方程组

$$\begin{cases} 300 + 500 = x_1 + x_2 \\ x_2 + x_4 = x_3 + 300 \\ 100 + 400 = x_4 + x_5 \\ x_1 + x_5 = 600 \end{cases}$$

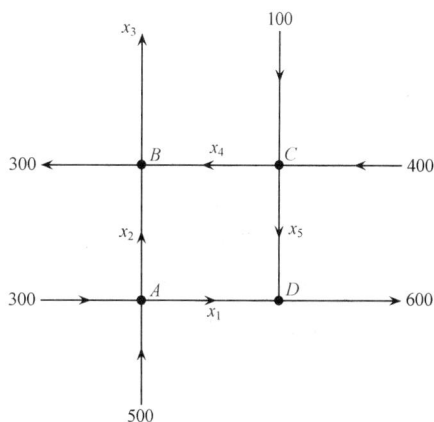

图附-1

增广矩阵为

$$\left[\begin{array}{ccccc|c} 1 & 1 & 0 & 0 & 0 & 800 \\ 0 & 1 & -1 & 1 & 0 & 300 \\ 0 & 0 & 0 & 1 & 1 & 500 \\ 1 & 0 & 0 & 0 & 1 & 600 \end{array}\right]$$

解得

$$x_1 = 600 - x_5$$
$$x_2 = 200 + x_5$$
$$x_3 = 400$$
$$x_4 = 500 - x_5$$
$$x_5 \text{是自由未知量}$$

3. 电路网络中电流的计算

电路网络中的电流可由线性方程组描述. 电源促使电荷在网络中流动, 当电流通过电阻(如灯泡、电动机等)时产生电压降. 按欧姆定律电压降为

$$V = RI$$

其中 V 以伏特量度, 电阻 R 以欧姆量度(用 Ω 表示), 电流 I 用安培表示.

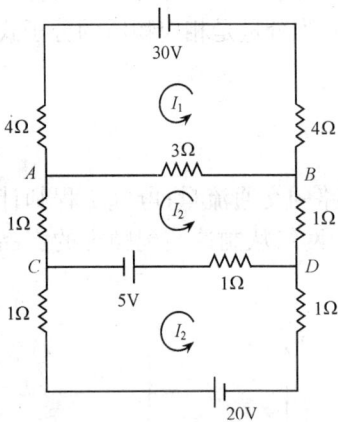

图附-2 中的网络包含三条闭通路, 在回路 $1,2,3$ 中流过的电流分别用 I_1, I_2, I_3 表示. 回路电流的指定方向是任意取定的. 若某一电流求出来是负值, 表示实际电流方向与图所选择的方向相反. 电路中的符号 ⊣⊢ 表示电池(电源), 长竖线为正极, 短竖线为负极. 若电流的方向是由电池的正极指向负极, 则电压为正. 否则电压为负.

图附-2

回路中电流服从基尔霍夫电压定律: 围绕一条回路同一方向的电压降 RI 的代数和等于围绕该回路的同一方向电动势的代数和.

现确定图附-2 网络中的三个回路的电流.

对于回路 1, 电流 I_1 通过 3 个电阻, 总电压降

$$4I_1 + 4I_1 + 3I_1 = 11I_1$$

回路 2 的电流流过回流 1 中 A 与 B 间的短分支, 对应的电压降 RI 为 $3I_2$ 伏特. 而回路 1 中分支 AB 间的电流方向与回路 2 中该分支的电流方向相反, 因此回路 1 中总的 RI 电压降为 $11I_1 - 3I_2$, 因回路 1 中的电动势为 $+30$ 伏特, 按基尔霍夫电压定律有方程

$$11I_1 - 3I_2 = 30$$

对于回路 2 有方程

$$-3I_1 + 6I_2 - I_3 = 5$$

其中的项 $-3I_1$ 来自回路 1 中分支 AB(电流方向与回路 2 的电流方向相反)的电流, 项 $6I_2$ 是回路 2 中所有电阻的和乘以回路电流 I_2. 项 $-I_3$ 是由回路 3 的电流通过 CD 分支 1

欧姆电阻引起的,而且与回路 2 电流方向相反.回路 3 的方程为
$$-I_2 + 3I_3 = -25$$

注意分支 CD 上的 5 伏特电池同时属于回路 2 和回路 3,但对回路 3,它是 -5 伏特,因它的方向与回路 3 所选择的方向相反.网络电路的电流由下列方程组得出

$$\begin{cases} 11I_1 - 3I_2 \quad\quad = 30 \\ -3I_1 + 6I_2 - I_3 = 5 \\ -I_2 + 3I_3 \quad\quad = -25 \end{cases} \qquad\qquad (\text{附 -1})$$

对其增广矩阵作行初等变换,可得解为
$$I_1 = 3 \text{ 安培}, I_2 = 1 \text{ 安培}, I_3 = -8 \text{ 安培}$$
I_3 取负值表示回路 3 中电流方向方向与图附-4 所选方向相反.

若将上面的方程组写成相应的向量方程,即为

$$I_1 \begin{bmatrix} 11 \\ -3 \\ 0 \end{bmatrix} + I_2 \begin{bmatrix} -3 \\ 6 \\ -1 \end{bmatrix} + I_3 \begin{bmatrix} 0 \\ -1 \\ 3 \end{bmatrix} = \begin{bmatrix} 30 \\ 5 \\ -25 \end{bmatrix} \qquad\qquad (\text{附 -2})$$

分别以 r_1, r_2, r_3 记上式左端第 1,2,3 项中的列向量.并称 r_1、r_2、r_3 分别为第 1、2、3 回路的电阻向量.容易看出,r_1, r_2, r_3 的第一分量分别是各回路电流流经第一回路中的电阻的代数值(即若与第一回路电流方向一致则取正值,相反则取负值).显然 r_1, r_2, r_3 的第二分量,第 3 分量亦具有类似的意义.

我们用 r_1, r_2, r_3 构成矩阵并记为
$$R = [r_1, r_2, r_3]$$
将三个回路中的电流 I_1, I_2, I_3 构成列向量记为
$$I = \begin{bmatrix} I_1 \\ I_2 \\ I_3 \end{bmatrix}$$
将三个回路中的电动势的代数和构成列向量并记为
$$V = \begin{bmatrix} 30 \\ 5 \\ -25 \end{bmatrix}$$
上述的向量方程(附-2)可写成矩阵方程
$$[r_1 r_2 r_3] \begin{bmatrix} I_1 \\ I_2 \\ I_3 \end{bmatrix} = \begin{bmatrix} 30 \\ 5 \\ -25 \end{bmatrix}$$
$$RI = V \qquad\qquad (\text{附 -3})$$

式(附-3)是网络电路图附-4 的矩阵方程,其形式就如简单电路中的欧姆定律.但注意式(附-3)中的 R 是以各回路中的电阻向量为列向量构成的矩阵.I 是各回路中电流为分量的列向量,V 是各回路中的电动势为分量的列向量.我们用向量矩阵的方法再计算一个题目.

例附. 3　如图附-3 所示的网络电路,试计算回路的电流.

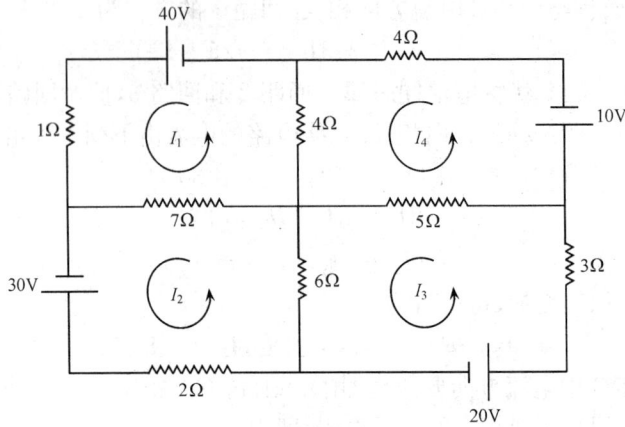

图附-3

解 设按图附-3 中所选择的电流方向. 先写出这 4 个回路中的电阻向量,并构成矩阵 R.

$$R = \begin{bmatrix} 1+7+4 & -7 & 0 & -4 \\ -7 & 7+2+6 & -6 & 0 \\ 0 & -6 & 5+6+3 & -5 \\ -4 & 0 & -5 & 4+4+5 \end{bmatrix} = \begin{bmatrix} 12 & -7 & 0 & -4 \\ -7 & 15 & -6 & 0 \\ 0 & -6 & 14 & -5 \\ -4 & 0 & -5 & 13 \end{bmatrix}$$

电动势向量

$$V = \begin{bmatrix} 40 \\ 30 \\ 20 \\ -10 \end{bmatrix}$$

矩阵方程为

$$R \begin{bmatrix} I_1 \\ I_2 \\ I_3 \\ I_4 \end{bmatrix} = V$$

其增广矩阵为

$$\begin{bmatrix} 12 & -7 & 0 & -4 & 40 \\ -7 & 15 & -6 & 0 & 30 \\ 0 & -6 & 14 & -5 & 20 \\ -4 & 0 & -5 & 13 & -10 \end{bmatrix}$$

经初等行变换后可解得

$I_1 = 11.43$ 安培, $I_2 = 10.55$ 安培, $I_3 = 8.04$ 安培, $I_4 = 5.84$ 安培

4. 人口流动问题

我们考虑人口在某一城市与它的周边地区之间迁移的简单模型.

固定一个初始年,例如 2000 年,用 r_0 和 s_0 分别表示该年城市和郊区的人口数.用 x_0 表示人口向量

$$x_0 = \begin{bmatrix} r_0 \\ s_0 \end{bmatrix}$$

对 2001 年及以后各年,把人口向量表示为

$$x_1 = \begin{bmatrix} r_1 \\ s_1 \end{bmatrix}, x_2 = \begin{bmatrix} r_2 \\ s_2 \end{bmatrix}, x_3 = \begin{bmatrix} r_3 \\ s_3 \end{bmatrix} \cdots$$

我们的目的是以数学形式表示这些向量的关系.

设经过人口调研考察的资料说明每年有 5% 的城市人口移居郊区(其余 95% 留在城市),而 3% 的郊区人口移居城市(其余 97% 留在郊区).一年后,原来城市中的人口 r_0 在城市和郊区的分布为

$$\begin{bmatrix} 0.95r_0 \\ 0.05r_0 \end{bmatrix} = r_0 \begin{bmatrix} 0.95 \\ 0.05 \end{bmatrix}$$

郊区 2000 年的人口 s_0 一年后的分配为

$$s_0 \begin{bmatrix} 0.03 \\ 0.97 \end{bmatrix}$$

则 2001 年人口的分配为

$$\begin{bmatrix} r_1 \\ s_1 \end{bmatrix} = r_0 \begin{bmatrix} 0.95 \\ 0.05 \end{bmatrix} + s_0 \begin{bmatrix} 0.03 \\ 0.97 \end{bmatrix} = \begin{bmatrix} 0.95 & 0.03 \\ 0.05 & 0.97 \end{bmatrix} \begin{bmatrix} r_0 \\ s_0 \end{bmatrix}$$

即

$$x_1 = Mx_0$$

其中 M 为移民矩阵

$$M = \begin{bmatrix} 0.95 & 0.97 \\ 0.05 & 0.03 \end{bmatrix}$$

同理有

$$x_2 = Mx_1, x_3 = Mx_2, \cdots, x_{k+1} = Mx_k \qquad (k = 0,1,2\cdots)$$

向量序列 $x_0, x_1, x_2, \cdots$ 描述了若干年中城市,郊区人口的状况.

例附.4 设 2000 年城市人口为 600 000 人,郊区人口为 400 000 人,求上述区域在 2001 年和 2002 年的人口状况.

解 2000 年的人口为 $x_0 = \begin{bmatrix} 600\ 000 \\ 400\ 000 \end{bmatrix}$

2001 年的人口状况 $x_1 = Mx_0 = \begin{bmatrix} 0.95 & 0.97 \\ 0.05 & 0.03 \end{bmatrix} \begin{bmatrix} 600\ 000 \\ 400\ 000 \end{bmatrix} = \begin{bmatrix} 582\ 000 \\ 418\ 000 \end{bmatrix}$

2002 年的人口状况为

$$x_2 = Mx_1 = \begin{bmatrix} 0.95 & 0.97 \\ 0.05 & 0.03 \end{bmatrix} \begin{bmatrix} 582\ 000 \\ 418\ 000 \end{bmatrix} = \begin{bmatrix} 565\ 440 \\ 434\ 500 \end{bmatrix}$$

上述的 $x_{k+1} = Mx_k (k = 0,1,2,\cdots)$ 是人口迁移模型.对向量 x_k 左乘一个矩阵 M 相当于对向量 x_k 进行了一次线性变换.之所以将人口迁移模型认为是线性的是基于两个事实.一

是从一个地区迁往另一地区的人口数与原地区的人口数量成正比. 二是几个地区迁入同一区的人口数应是这几个地区分别迁入这一地区人口数量的叠加.

5.平板的温度分布问题

在热传导的研究中,重要的问题是假设已知某一平板边界上的温度分布,来计算平板内部的温度分布.

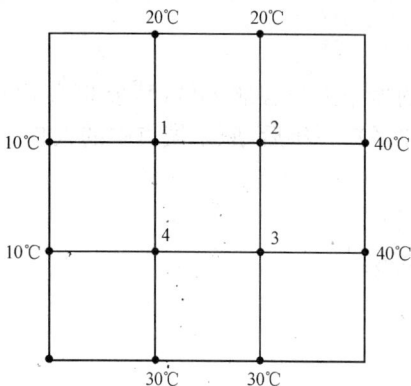

图附-4

例附.5　图附-4 表示一根金属梁的载面,忽略垂直于该截面方向上的热传导,图中的 4 个节点分别标以 1,2,3,4. 设 T_1, T_2, T_3, T_4 分别表示这 4 个节点处的温度,而且假设一个节点的温度近似等于 4 个与它最接近的节点(上,下,左,右)温度的平均值. 试计算图附-8 中 1,2,3,4 点处的温度 T_1, T_2, T_3, T_4.

解　按上述假设有

$$T_1 = \frac{1}{4}(20+10+T_4+T_2)$$

$$4T_1 - T_2 - T_4 = 30$$

上式是节点 1 处的温度关系式. 同理可建立节点 2,3,4 处的温度关系式. 经整理后 4 个关系式放在一起便得线性方程组

$$\begin{cases} 4T_1 - T_2 - T_4 = 30 \\ -T_1 + 4T_2 - T_3 = 60 \\ -T_2 + 4T_3 - T_4 = 70 \\ -T_1 - T_3 + 4T_4 = 40 \end{cases}$$

可解得 $T_1=20℃, T_2=27.5℃, T_3=30℃, T_4=22.5℃$

6.编制有营养的减肥食谱

一种在 20 世纪 80 年代很流行的食谱,称为剑桥食谱,是由 Alan H. Howard 博士领导的科学家团队经过八年对过度肥胖病人的临床研究,在剑桥大学研究编制出来的. 这种低热量的粉状食品精确地平衡了碳水化合物、高质量的蛋白质和脂肪. 并配合维生素、矿物质、微量元素和电解质于其中. 近年来数百万人应用这一食谱实现了快速和有效的减肥. 每种食品给人体提供了多种所需要的成分,然而人们食用多种食品若没有正确的比例效果就不佳. 例如,脱脂牛奶是蛋白质的主要来源,但含有过多的钙,因此用大豆粉来作为蛋白质的来源,它含有较少量的钙. 然而大豆粉含有过多的脂肪,因而加上乳清,因它含脂肪较少. 但是乳清又含有过多的碳水化合物…… 看来食品的搭配是个非常精细、复杂的问题. 为了说明问题,我们现在只考虑由脱脂牛奶、大豆粉和乳清三种食品构成的食谱,看它们应当如何搭配.

表附-1 是该食谱中的 3 种食物以及 100 克每种食物成分含有某些营养素的数量.

表附-1

营养素	每 100 克所含营养素			人体需要量/克
	脱脂牛奶	大豆粉	乳清	
蛋白质	36	51	13	33
碳水化合物	52	54	74	45
脂肪	0	7	1.1	3

例附.6　按表附-1求出脱脂牛奶、大豆粉和乳清的某种组合,使该食谱每天能供给表附-1中所规定的蛋白质、碳水化合物和脂肪的需要量.

解　将每 100 克脱脂牛奶看成向量,其分量是对蛋白质、碳水化合物、脂肪的含有量.即用向量 r_1

$$r_1 = \begin{bmatrix} 36 \\ 52 \\ 0 \end{bmatrix}$$

表示 100 克脱脂牛奶.同理,用向量 r_2,r_3 分别表示大豆粉和乳清.

$$r_2 = \begin{bmatrix} 51 \\ 54 \\ 7 \end{bmatrix} \qquad r_3 = \begin{bmatrix} 13 \\ 74 \\ 1.1 \end{bmatrix}$$

用向量 b 表示人体每天对蛋白质、碳水化合物、脂肪的需要量

$$b = \begin{bmatrix} 33 \\ 45 \\ 3 \end{bmatrix}$$

设 x_1、x_2、x_3 分别为脱脂牛奶、大豆粉和乳清的需求量,则有向量方程.

$$x_1 r_1 + x_2 r_2 + x_3 r_3 = b$$

相应的线性方程组的增广矩阵为

$$\begin{bmatrix} 36 & 51 & 13 & 33 \\ 52 & 54 & 74 & 45 \\ 0 & 7 & 1.1 & 3 \end{bmatrix}$$

经行初等变换可得解

$$x_1 = 0.277 \qquad x_2 = 0.392 \qquad x_3 = 0.233$$

实际上剑桥食谱的编制者考虑了 33 种食物给人体提供引种营养素.他们建立的线性方程组含有 33 个未知量,31 个方程.

7. 简单投入-产出模型

一个国家的经济可以分划为许多部门,如制造、交通、娱乐和服务业.假设我们知道每个部门的总产出,并知道该总产出是如何分配(交易)给其他经济部门的.称一个部门的总产出的货币值为该产出的价格.列昂惕夫(Wassily Leontief)证明了下面的结论.

存在能够指派给各个部门总产出的平衡价格,使得每个部门的总收入恰等于它的总

支出.

下面用例子说明如何求平衡价格. 为了简单明了我们只考虑三个经济部门的情况.

例附.7　假设一个经济系统由煤炭、电力和钢铁三个部门组成,各部门之间的分配如表附-2所示. 其中每一列中的数字表示该部门总产出的比例. 如第二列,将电力部门的总产出的 40% 分配给电力部门(电力部门自己也要用电). 因所有的产出都要分配(使用),所以每一列的数字之和等于 1. 表附-2 的行表示相应部门接受其他部门以及本部门的投入(即该部门总产出的成本).

表附-2

部门产出的分配			采购部门
煤　炭	电　力	钢　铁	
0	0.4	0.6	煤　炭
0.6	0.1	0.2	电　力
0.4	0.5	0.2	钢　铁

用符号 P_C, P_E, P_S 分别表示煤炭、电力和钢铁部门年度总产出的价值(即总产值),如果可能,求平衡价格使每个部门的收支平衡.

解　表附-2 的第一行说明煤炭部门接受采购 40% 的电力产出和 60% 的钢铁产出,这两个部门的总产出值分别为 P_E 和 P_S,煤炭部门必须支付电力部门 $0.4P_E$ 美元,支付钢铁部门 $0.6P_S$ 美元. 又煤炭部门的总收入 P_C(总产值)等于它的总支出,所以

$$P_C = 0.4P_E + 0.6P_S$$

同理有

$$P_E = 0.6P_C + 0.1P_E + 0.2P_S$$
$$P_S = 0.4P_C + 0.5P_E + 0.2P_S$$

整理后得

$$\begin{cases} P_C - 0.4P_E - 0.6P_S = 0 \\ -0.6P_C + 0.9P_E - 0.2P_S = 0 \\ -0.4P_C - 0.5P_E + 0.8P_S = 0 \end{cases}$$

可解出

$$P_C = 0.94P_S, P_E = 0.85P_S \quad P_S \text{ 为自由未知量.}$$

若取 P_S 为 1 亿美元,则煤炭部门年产值为 9400 万美元,电力部门总产值是 8400 万美元,钢铁部门总产值为 1 亿美元.

更进一步的投入-产出问题将在矩阵运算的应用中介绍.

二、矩阵运算的应用

1. 列昂惕夫投入-产出模型

20 世纪 40 年代美国哈佛大学教授列昂惕夫(Wassily Lentief)把美国经济分解为 500 个部门,例如煤炭工业、汽车工业、交通系统等等. 对于每个部门,他写出了一个描述

该部门的产出如何分配给其他经济部门的线性方程. 由于当时最大的计算机之一的 MarkⅡ还不能处理包含 500 个未知量的 500 个方程的方程组, 列昂惕夫只好把问题简化为包含 42 个未知量的 42 个方程的方程组. 为解这个方程组列昂惕夫花费了几个月的时间编写程序, 后在 MarkⅡ计算机上运算了 56 个小时得到答案. 他打开了研究经济数学模型新时代的大门. 1973 年列昂惕夫获得了诺贝尔经济学奖. 在他的工作中线性代数起着重要作用, 他所提出的投入一产出模型, 至今仍是世界各国广泛使用模型的基础.

　　设某个国家的经济体系分为 n 个部门, 这些部门生产商品和服务. 设 x 为 n 维向量空间 R^n 中的向量, 它的各个分量是 n 个部门一年中各自的产出, 称 x 为产出向量. 在经济体系中还有一部分部门, 它既不生产产品又不为其他部门提供服务, 该部门仅仅消费其他部门的产品或提供的服务, 这些部门构成向量 d, 称作最终需求量, 它列出经济体系中的各种非生产部门所需求的商品或服务. 此向量代表消费者需求、政府消费、出口或其他外部需求. 生产部门所需要的商品和服务称作中间需求. 列昂惕夫考虑是否存在某一生产水平 x 恰好满足中间需求与最终需求的和.

$$（总产出 \ x）=（中间需求）+（最终需求 \ d）$$

列昂惕夫的投入产出模型的基本假设是:

　　(1) 对每个部门有一个单位消费量, 它列出了该部门的单位产出所需的投入.

　　(2) 所有的投入与产出都是百万美元为单位, 而不用具体的单位如吨等 (假设商品和服务的价格为常数).

　　作为一个简单例子, 设经济体系由制造业、农业和服务业构成, 单位消费向量分别为 C_1, C_2, C_3 如表附-3 所示.

表附-3　每单位产出消费的投入

采购自↓	制造业	农业	服务业
制造业	0.50	0.40	0.20
农业	0.20	0.30	0.10
服务业	0.10	0.10	0.30
	↑	↑	↑
	C_1	C_2	C_3

$C_1 = \begin{bmatrix} 0.50 \\ 0.20 \\ 0.10 \end{bmatrix}$ 表示制造业一个单位 (百万美元) 的产出, 需要制造业的 0.5 百万美元的产出, 需要农业部门 0.2 百万美元的产出和需要服务业 0.1 百万美元的产出. C_2, C_3 与 C_1 具有同样的意义.

　　例附.8　如果制造业计划生产 100 个单位产品, 它将消费 (所需投入) 多少?

　　解

$$100C_1 = 100 \begin{bmatrix} 0.50 \\ 0.20 \\ 0.10 \end{bmatrix} = \begin{bmatrix} 50 \\ 20 \\ 10 \end{bmatrix}$$

即制造业为生产 100 个单位产品需要消费制造业中某些部门的 50 个单位产品以及消费农业部门的 20 个单位产品和服务业 10 个单位的服务业产品.

如果制造业计划生产 x_1 个单位的产出,则在生产过程中消费掉的中间需求是 x_1c_1. 类似地,若 x_2、x_3 是农业和服务业的计划产出,则 x_2c_2 和 x_3c_3 为它们的对应中间需求. 三个部门的中间需求为

$$（中间需求）= x_1c_1 + x_2c_2 + x_3c_3 = cx$$

上式中的 C 称作消耗矩阵

$$C = \begin{bmatrix} 0.50 & 0.40 & 0.20 \\ 0.20 & 0.30 & 0.10 \\ 0.10 & 0.10 & 0.30 \end{bmatrix}$$

列昂惕夫投入产出模型(或生产方程)为

$$x \quad = \quad cx \quad + \quad d$$
$$\uparrow \qquad\qquad \uparrow \qquad\qquad \uparrow$$
$$总产出 \qquad 中间需求 \qquad 最终需求$$

上式可改写为

$$(E-C)x = d \qquad （其中 E 为单位矩阵）$$

例附.9 考虑消耗矩阵为上面的 C 的经济体系,假设最终需求是制造业 50 个单位,农业 30 个单位,服务业 20 个单位,求生产水平 x.

解 $E-C = \begin{bmatrix} 1 & 0 & 0 \\ 0 & 1 & 0 \\ 0 & 0 & 1 \end{bmatrix} - \begin{bmatrix} 0.5 & 0.4 & 0.2 \\ 0.2 & 0.3 & 0.1 \\ 0.1 & 0.1 & 0.3 \end{bmatrix} = \begin{bmatrix} 0.5 & -0.4 & -0.2 \\ -0.2 & 0.7 & -0.1 \\ -0.1 & -0.1 & 0.7 \end{bmatrix}$

$$(E-c)X = d$$

增广矩阵为

$$\begin{bmatrix} 0.5 & -0.4 & -0.2 & | & 50 \\ -0.2 & 0.7 & -0.1 & | & 30 \\ -0.1 & -0.1 & 0.7 & | & 20 \end{bmatrix}$$

可解得

$$x_1 = 226 \qquad x_2 = 119 \qquad x_3 = 78$$

即按题目中的最终需求,制造业需生产 226 百万的产品,农业和服务业各需生产 119 百万美元和 78 百万美元的产品.

注意,消耗矩阵 C 和最终需求向量 d 中的元素皆为非负数. C 的每列元素的和应小于 1. 总产出向量 x 的元素也都是非负数.

2. 弹性梁的形变问题

如图附-5 所示,一根弹性梁在 1,2,3 三点处分别受力 f_1,f_2,f_3 的作用. 产生的变形(位移)分别为 y_1,y_2,y_3. 利用胡克定律可以证明

$$y = Df$$

其中 D 称为弹性矩阵,且

$$y = \begin{bmatrix} y_1 \\ y_2 \\ y_3 \end{bmatrix} \qquad f = \begin{bmatrix} f_1 \\ f_2 \\ f_3 \end{bmatrix}$$

称 D 的逆矩阵 D^{-1} 为刚性矩阵.试说明 D 与 D^{-1} 各列的物理意义.

解　设在 1,2,3 号点分别施加一个单位的力 e_1, e_2, e_3

$$e_1 = \begin{bmatrix} 1 \\ 0 \\ 0 \end{bmatrix} \qquad e_2 = \begin{bmatrix} 0 \\ 1 \\ 0 \end{bmatrix} \qquad e_3 = \begin{bmatrix} 0 \\ 0 \\ 1 \end{bmatrix}$$

$$D = DE = D[e_1, e_2, e_3] = [De_1, De_2, De_3]$$

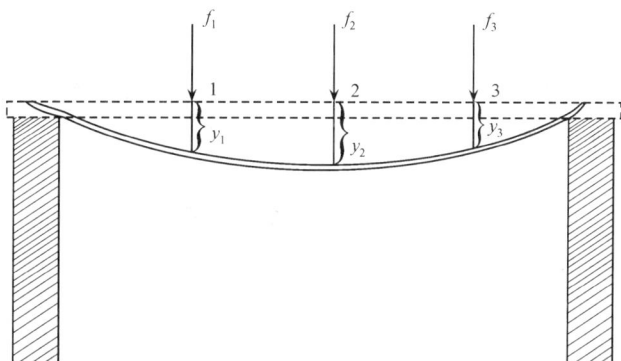

图附-5

所以弹性矩阵 D 的第一列为 De_1,即在 1 号点处施加 1 个单位的力,梁的 1 号点处的形变(即位移).注意此时在 2 号、3 号点受力均为零,因为此处的 e_1 相当于公式 $y=Df$ 中的力向量 f.

矩阵 D 的第二列 De_1,表示在 2 号点处受一个单位的力的作用,而在 1 号、3 号点未受力的情况下梁产生的形变.D 的第三列 De_3 意义同前.注意位移的符号:当受力方向与坐标系选取方向同向为正,反向为负.

由 $y=Df$,有

$$f = D^{-1}y$$

表示如果形变向量 y 为已知,那么该梁的受力情形应当是 $D^{-1}y$.

$$D^{-1} = D^{-1}E = D^{-1}[e_1, e_2, e_3] = [D^{-1}e_1, D^{-1}e_2, D^{-1}e_3]$$

上式中的 e_1, e_2, e_3 应理解为形变向量.即 e_1 为梁的 1 号点处产生 1 个单位的形变,而 2 号点、3 号点处形变为零.e_2, e_3 有类似的意义.那么刚性矩阵 D^{-1} 的第一列为 $D^{-1}e_1$,即欲使 1 号点处产生 1 个单位的形变,而 2 号点 3 号点处形变为零时梁的受力情况.D^{-1} 的第二列 $D^{-1}e_2$ 表示欲使该梁在 2 号点处产生 1 个单位的形变,向在 1,3 号点处的形变为零,梁的受力情况.D^{-1} 的第三列 $D^{-1}e_3$ 也有类似的意义.

例附.10　设如图附-11 所示弹性梁形变的弹性矩阵

$$D = \begin{bmatrix} 0.005 & 0.002 & 0.001 \\ 0.002 & 0.004 & 0.002 \\ 0.001 & 0.002 & 0.005 \end{bmatrix}$$

在 1,2,3 号点处所受的力分别为 30 磅、50 磅、20 磅. 求相应的变形.

解   根据分式 $y=Df$, 所以

$$\begin{bmatrix} y_1 \\ y_2 \\ y_3 \end{bmatrix} = \begin{bmatrix} 0.005 & 0.002 & 0.001 \\ 0.002 & 0.004 & 0.002 \\ 0.001 & 0.002 & 0.005 \end{bmatrix} \begin{bmatrix} 30 \\ 50 \\ 20 \end{bmatrix}$$

可得到 $y_1=0.27, y_2=0.3, y_2=0.23$. 即在梁的 1,2,3 号处的形变分别为 0.27 英寸、0.3 英寸和 0.23 英寸.

三、线性相关性与向量空间的应用

1. 基与基变换

在数学物理方程的求解中, 有时需要将一个函数在埃尔米特(Hermite)多项式系上展开. 前 4 个埃尔米特多项式为

$$1, 2t, -2+4t^2, -12t+8t^3$$

证明它们构成 $P[t]_3$(次数不超过 3 的多项式)的一个基.

证   设上述 4 个多项式由其在 $P[t]_3$ 的基

$$1, t, t^2, t^3$$

下的坐标构成的向量分别为 $\boldsymbol{\alpha}_1, \boldsymbol{\alpha}_2, \boldsymbol{\alpha}_3, \boldsymbol{\alpha}_4$. 易知

$$\boldsymbol{\alpha}_1 = \begin{bmatrix} 1 \\ 0 \\ 0 \\ 0 \end{bmatrix} \quad \boldsymbol{\alpha}_2 = \begin{bmatrix} 0 \\ 2 \\ 0 \\ 0 \end{bmatrix} \quad \boldsymbol{\alpha}_3 = \begin{bmatrix} -2 \\ 0 \\ 4 \\ 0 \end{bmatrix} \quad \boldsymbol{\alpha}_4 = \begin{bmatrix} 0 \\ -12 \\ 0 \\ 8 \end{bmatrix}$$

求向量组 $\boldsymbol{\alpha}_1, \boldsymbol{\alpha}_2, \boldsymbol{\alpha}_3, \boldsymbol{\alpha}_4$ 的秩. 若秩等于此向量组的向量个数, 则 $\boldsymbol{\alpha}_1, \boldsymbol{\alpha}_2, \boldsymbol{\alpha}_3, \boldsymbol{\alpha}_4$ 线性无关. 显然矩阵

$$\begin{bmatrix} 1 & 0 & -2 & 0 \\ 0 & 2 & 0 & -12 \\ 0 & 0 & 4 & 0 \\ 0 & 0 & 0 & 8 \end{bmatrix}$$

的秩等于 4, 即 $R(\boldsymbol{\alpha}_1, \boldsymbol{\alpha}_2, \boldsymbol{\alpha}_3, \boldsymbol{\alpha}_4)=4$ 所以 $\boldsymbol{\alpha}_1, \boldsymbol{\alpha}_2, \boldsymbol{\alpha}_3, \boldsymbol{\alpha}_4$ 线性无关, 故多项 $1, 2t, -2+4t^2, -12t+8t^3$ 构成 $P[t]_3$ 的一个基.

例附.11   求函数 $P(t)=7-12t-8t^2+12t^3$ 在上述的基下的表达式.

解   设向量 $\boldsymbol{\beta}_1=1, \boldsymbol{\beta}_2=2t, \boldsymbol{\beta}_3=-2+4t^2, \boldsymbol{\beta}_4=-12t+8t^3$

$\boldsymbol{\alpha}=P(t)=7-12t+-8t^2+12t^3$: 则有

$$(\boldsymbol{\beta}_1, \boldsymbol{\beta}_2, \boldsymbol{\beta}_3, \boldsymbol{\beta}_4) = [1, t, t^2, t^3] \begin{bmatrix} 1 & 0 & -2 & 0 \\ 0 & 2 & 0 & -12 \\ 0 & 0 & 4 & 0 \\ 0 & 0 & 0 & 8 \end{bmatrix}$$

$$\boldsymbol{\alpha} = \begin{bmatrix} 1,t,t^2,t^3 \end{bmatrix} \begin{bmatrix} 7 \\ -12 \\ -8 \\ 12 \end{bmatrix}$$

设

$$x_1\boldsymbol{\beta}_1 + x_2\boldsymbol{\beta}_2 + x_3\boldsymbol{\beta}_3 + x_4\boldsymbol{\beta}_4 = \boldsymbol{\alpha}$$

此向量方程组相应的线性方程组的增广矩阵为

$$\begin{bmatrix} 1 & 0 & -2 & 0 & 7 \\ 0 & 2 & 0 & -12 & -12 \\ 0 & 0 & 4 & 0 & -8 \\ 0 & 0 & 0 & 8 & 12 \end{bmatrix}$$

可解得 $x_1=3, x_2=3, x_3=-2, x_4=\dfrac{3}{2}$,故

$$7-12+-8t^2+12t^3 = 3 \cdot 1 + 3(2t) - 2(-2+4t^2) + \frac{3}{2}(-12t+8t^3)$$

2.在马尔可夫链中的应用——预测未来

在前面讨论人口流动问题中曾提出人口迁移矩阵

$$M = \begin{bmatrix} 095 & 0.03 \\ 0.05 & 0.97 \end{bmatrix}$$

如果将其中第一列元素认作是该地区居住在城市的人口经过一年仍留在城市的概率是0.95移居郊区的概率为0.05.将第二列元素也认作是类似的概率值,那么 M 的第一列和第二列就分别是两个概率向量.此时称 M 为一个随机矩阵.

现在我们考虑许多年后这一地区人口的居住情况.根据公式

$$x_{k+1}=M^k X_0 \qquad (k=1,2,\cdots)$$

设 x_0 是2000年人口居住情况,如果要估计2020年该地区人口居住情况,就需要计算矩阵 M 的1至20次幂分别与向量 x_0 的乘积,并观察所得到的向量序列

$$x_0, x_1, x_2, \cdots, x_{20}$$

的变化情况.这是十分麻烦的.如果矩阵 M 的阶数高计算量就非常大.而在马尔可夫链的研究中有

定理 若 $P_{n\times n}$ 是正则的随机矩阵(即存在正整数 k,使 P^K 的元素皆为正数),则 P 具有唯一的稳态向量 q(即满足 $Pq=q$),并且设 x_0 为任一初始状态,按 $x_{k+1}=Px_k$ $k=0,1,2,\cdots$,则当 $k\to\infty$ 时,马尔可夫链 $\{x_k\}$ 收敛到 q.

上面的矩阵 M 显然是正则随机矩阵,其稳态向量可如下求出.

设

$$Mq = q$$
$$(M-E)q = 0$$

此即一个以 q 的分量为未知量的线性齐次方程组,求出它的解即是 M 的稳态向量.

$$M-E=\begin{bmatrix} -0.05 & 0.03 \\ 0.05 & -0.03 \end{bmatrix}$$

$$\begin{bmatrix} -0.05 & 0.03 \\ 0.05 & -0.03 \end{bmatrix} \rightarrow \begin{bmatrix} -5 & 3 \\ 5 & -3 \end{bmatrix} \rightarrow \begin{bmatrix} -5 & 3 \\ 0 & 0 \end{bmatrix} \rightarrow \begin{bmatrix} 1 & -\dfrac{3}{5} \\ 0 & 0 \end{bmatrix}$$

$$x_1 = \frac{3}{5}x_2$$

令 $x_2=5$，则 M 的稳态向量

$$q=\begin{bmatrix} 3 \\ 5 \end{bmatrix}$$

但由于我们讨论的是该地区人口的居住分布情况，所以 q 也是概率向量，其分量之和应当等于 1，所以取

$$q=\begin{bmatrix} \dfrac{3}{8} \\ \dfrac{5}{8} \end{bmatrix}$$

即许多年后该地区约有 $\dfrac{3}{8}=37.5\%$ 的人民居住在城市，62.5% 的人居住在郊区.

四、特征值与特征向量的应用

1. 捕食者与食饵系统

在加利福尼亚州的红木森林深处，作为老鼠的主要捕食者，斑点猫头鹰的食物的 80% 是老鼠. 一只猫头鹰每月大约要吃掉 100 只左右的老鼠. 数学生态学家建立猫头鹰与老鼠的自然系统模型如下：

设 x_k 为系统在时间 k（单位是月）的状态. 将系统在时间 $k+1$ 的状态写为

$$x_{k+1}=Ax_k \quad (k=0,1,2,\cdots)$$

上式表示系统在时间 k 经受自然作用（视作线性变换，矩阵为 A）的结果便是系统在时间 $k+1$ 的状态.

设 Q_k 是该地区于时间 k 猫头鹰的数量（单位是只）. R_k 为老鼠的数量（单位是千只）. 向量

$$x_k=\begin{bmatrix} Q_k \\ R_k \end{bmatrix}$$

即表示系统（由猫头鹰和老鼠组成）在时间 k 的状态. 生态学家们的研究作出如下假设

$$Q_{k+1}=0.5Q_k+0.4R_k$$

$$R_{k+1}=-PQ_k+1.1R_k$$

其中 P 是按经验确定的参数，第一个方程中的 $0.5Q_k$ 表示，如果没有老鼠为食物，每月仅有一半的猫头鹰存活下来. 另一项 $(0.4)R_k$ 表示，假如有足够多的老鼠，猫头鹰每月增长的数量. 第二个方程中的第二项 $1.1R_k$ 表示，如果没有猫头鹰捕食老鼠，那么老鼠数量的

每月的增长率为 10%. 第一项 $-PQ_k$ 表示，由于猫头鹰的捕食而引起的老鼠死亡数量. 事实上一只猫头鹰每月平均吃掉 $1000P$ 只老鼠.

例附.12　当 $P=0.104$ 时试预测该系统的发展趋势.

解　当 $P=0.104$ 时，计算方程组

$$\begin{cases} 0.5Q_k + 0.4R_k = Q_{k+1} \\ -0.104Q_k + 1.1R_k = R_{k+1} \end{cases}$$

系数矩阵 A 的特征值为

$$\lambda_1 = 1.02, \qquad \lambda_2 = 0.58$$

相应的特征向量分别为

$$\boldsymbol{\xi}_1 = \begin{bmatrix} 10 \\ 13 \end{bmatrix}, \boldsymbol{\xi}_2 = \begin{bmatrix} 5 \\ 1 \end{bmatrix}$$

对于系统的状态方程

$$x_{k+1} = Ax_k \qquad (k=0,1,2\cdots)$$

可取初始向量

$$x_0 = c_1\boldsymbol{\xi}_1 + c_2\boldsymbol{\xi}_2 \qquad (\text{以 } \boldsymbol{\xi}_1, \boldsymbol{\xi}_2 \text{ 为基})$$

则有

$$x_1 = Ax_0 = c_1A\boldsymbol{\xi}_1 + c_2A\boldsymbol{\xi}_2 = c_1 1.02\boldsymbol{\xi}_1 + c_2 0.58\boldsymbol{\xi}_2$$
$$x_k = c_1(1.02)^k\boldsymbol{\xi}_1 + c_2(0.58)^k\boldsymbol{\xi}_2$$

所以当 k 充分大时 $(0.58)^k \approx 0$，故有

$$x_k = c_1(1.02)^k\boldsymbol{\xi}_1 = c_1 1.02^k \begin{bmatrix} 10 \\ 13 \end{bmatrix}$$
$$x_{k+1} = c_1(1.02)^{k+1}\boldsymbol{\xi}_1 = 1.02(c_1 1.02^k\boldsymbol{\xi}_1) = 1.02x_k$$

最后式子表明 x_k 的两个分量（猫头鹰、老鼠的数量）每月以大约 1.02 的倍数增长. 即月增长率皆为 2%. 对应每 10 只猫头鹰大约有 13000 只老鼠.

当取定一个初始向量 x_0，式 $x_0 = c_1\boldsymbol{\xi}_1 + c_2\boldsymbol{\xi}_2$ 中的两个系数 c_1, c_2 是可求的

$$X_0 = c_1\boldsymbol{\xi}_1 + c_2\boldsymbol{\xi}_2 = [\boldsymbol{\xi}_1, \boldsymbol{\xi}_2] \begin{bmatrix} c_1 \\ c_2 \end{bmatrix}$$

所以

$$\begin{bmatrix} c_1 \\ c_2 \end{bmatrix} = [\boldsymbol{\xi}_1, \boldsymbol{\xi}_2]^{-1} x_0$$

2. 离散线性动力系统与斑点猫头鹰

1990 年在利用与滥用太平洋西北部大面积森林问题上，北方的斑点猫头鹰成为一个争论的焦点. 环境保护学家试图说服联邦政府，如果采伐原始森林的行为得不到制止的话，猫头鹰将濒临灭绝的危险，因为猫头鹰喜好在那里居住. 而木材行业却说，如果政府出台伐木制止政策的话，预计将失去 3 万到 10 万个工作岗位. 数学生态学家们处于争论双方的中间. 双方都企图说服数学家们，于是数学生态学家们加快了对斑点猫头鹰种群的动力学研究. 猫头鹰的生命周期自然分为三个阶段：幼年期（1 岁以前）、半成年期（1 至 2

岁)、成年期(2 岁以后). 猫头鹰交配在半成年期和成年期,开始生育繁殖,可活到 20 岁左右.

　　研究种群动力学的第一步是建立以每年的种群量为区间的种群模型,时间为 $k=0$, $1,2,\cdots$通常可以假设每一个生命阶段雄性和雌性的比例为 $1:1$,而且只计算雌性猫头鹰. 第 k 年的种群量可用向量 $X_k=[j_k,s_k,a_k]^T$ 表示,其中 j_k,s_k 和 a_k 分别代表雌性猫头鹰在幼年期、半成年期和成年期的数量. 利用人口统计研究的方法,R. Lamberson 及其同事设计了如下的"阶段矩阵模型"

$$\begin{bmatrix} j_{k+1} \\ s_{k+1} \\ a_{k+1} \end{bmatrix} = \begin{bmatrix} 0 & 0 & 0.33 \\ 0.18 & 0 & 0 \\ 0 & 0.71 & 0.94 \end{bmatrix} \begin{bmatrix} j_k \\ s_k \\ a_k \end{bmatrix}$$

上式中的三阶方阵称作阶段矩阵,记为 A.

　　列出上式的原因是基于数学生态学家们的研究,第 $k+1$ 年中的幼年雌性猫头鹰的数量是第 k 年里成年雌性猫头鹰数量 a_k 的 0.33 倍(根据每一对猫头鹰的平均生殖率而定). 另有 18% 的幼年猫头鹰得以生存进入半成年期,71% 的半成年雌性猫头鹰和 94% 的成年雌性猫头鹰生存下来被计为下一年的成年猫头鹰数量.

　　阶段矩阵 A 中 0.18 是幼年猫头鹰的生存率,而实际上幼年猫头鹰的生存率是 60%,而且会离开自己的巢,但是只有其中的 30% 在弃巢后能够找到新的栖息地,其他的在寻建新家园的过程中失踪了.

　　阶段矩阵模型的形式是

$$X_{k+1}=AX_k \qquad\qquad (k=0,1,2,\cdots)$$

这种方程被称作动力系统(或离散线性动力系统),因为它描述的是系统随时间推移的变化. 为了求时间相当久远后方程的解,可以先计算矩阵 A 的特征值. 可求得 A 的特征值为

$$\lambda_1 = 0.98 \quad \lambda_2 = 0.02+0.021i \quad \lambda_3 = -0.02-0.21i$$

这样 A 就有了三个互异特征值,所以 A 有三个线性无关的特征向量,设其分别为 ξ_1,ξ_2, ξ_3,则 R^3 中任一向量皆可表为 ξ_1,ξ_2,ξ_3 的线性组合. 所以可令上述方程中的 X_0 为

$$X_0 = c_1\xi_1 + c_2\xi_2 + c_3\xi_3$$

将上式两端左乘矩阵 A,有

$$X_1 = AX_0 = c_1A\xi_1 + c_2A\xi_2 + c_3A\xi_3 = c_1\lambda_1\xi_1 + c_2\lambda_2\xi_3 + c_3\lambda_3\xi_3$$

$$X_k = c_1\lambda_1^k\xi_1 + c_2\lambda_2^k\xi_2 + c_3\lambda_3^k\xi_3$$

而 $|\lambda_1|^2 = 0.98^2 < 1$,$|\lambda_2|^2 = |\lambda_3|^2 = (-0.02)^2 + (0.21)^2 = 0.0405 < 1$

所以当 $k \to \infty$ 有 $X_k \to 0$. 即许多年后这个地区的斑点猫头鹰会全部灭亡. 这种结果的原因在于矩阵 A 中第二行一列的元素 0.18. 如果存活的幼年猫头鹰中的 50% 在离开巢后能找到新的栖息地,那么上面的 0.18 就会改为 0.3,即幼年猫头鹰的存活率为 0.3. 这样就使得 A 的特征值

$$\lambda_1 = 1.01, \lambda_2 = -0.03 + 0.26i, \lambda_3 = -0.03 - 0.26i$$

对应的特征向量 $\xi_1 = (10,3,31)^T$,ξ_2,ξ_3 为复向量. 这样就有

$$X_k = c_1(1.01)^k \begin{bmatrix} 10 \\ 3 \\ 31 \end{bmatrix} + c_2\lambda_2^k\xi_2 + c_3\lambda_3^k\xi_3$$

当 $k\to\infty$，ξ_2 和 ξ_3 皆趋于零向量. 而

$$X_1 = AX_0 = 1.01\xi_1 = 1.01\begin{bmatrix}10\\3\\31\end{bmatrix}$$

当 k 充分大时有

$$X_{k+1} = (1.01)^k\begin{bmatrix}10\\3\\31\end{bmatrix}$$

表明许多年后猫头鹰的年增长率是 1.01. 即猫头鹰的数量会缓慢增长，特征向量 ξ_1 的 3 个分量描述了猫头鹰在 3 个年龄段的数量的最终分布，每 31 只成年猫头鹰对应大约有 10 只幼年猫头鹰和 3 只半成年猫头鹰. 实际有相当数量的猫头鹰生活在树木稀疏的地方，这使得幼年猫头鹰能找到新的栖息地存活下来，所以这个百分比 50% 是有根据的.

按照数学生态学家们的分析研究的结果，政府应当出台相应的政策，制止滥伐森林.

3. 人口流动问题

在前面曾遇到某地区居住在城市和郊区的人口流动问题，建立了模型
$$X_{k+1}=MX_k \qquad (k=0,1,2,\cdots)$$
其中 M 是人口迁移矩阵
$$M = \begin{bmatrix}0.95 & 0.03\\0.05 & 0.97\end{bmatrix}$$

向量 X_k 的分量是时间 k（年）居住在城市的人口数和居住在郊区的人口数.

还是同样一个问题，试问经过许多年后该地区人口分布的情况如何？

我们可以用特征值特征向量的方法讨论，先求 M 的特征值.

$$[M-\lambda E]=\begin{bmatrix}0.95-\lambda & 0.03\\0.05 & 0.97-\lambda\end{bmatrix}=(0.95-\lambda)(0.97-\lambda)-0.03\times0.05$$
$$=\lambda^2-1.92\lambda+0.92$$
$$\lambda_1=1,\lambda_2=0.92$$

对应于 λ_1,λ_2 的特征向量分别是

$$\xi_1=\begin{bmatrix}3\\5\end{bmatrix}, \qquad \xi_2=\begin{bmatrix}1\\-1\end{bmatrix}$$

ξ_1,ξ_2 线性无关可以构成 R^2 的基. 设

$$X_0 = \begin{bmatrix}0.6\\0.4\end{bmatrix}（单位是千万）$$

$$X_0 = c_1\xi_1 + c_2\xi_2 = [\xi_1,\xi_2]\begin{bmatrix}c_1\\c_2\end{bmatrix}$$

$$\begin{bmatrix}c_1\\c_2\end{bmatrix}=[\xi_1,\xi_2]^{-1}\begin{bmatrix}0.6\\0.4\end{bmatrix}=\begin{bmatrix}3 & 1\\5 & -1\end{bmatrix}^{-1}\begin{bmatrix}0.6\\0.4\end{bmatrix}$$

$$=-\frac{1}{8}\begin{bmatrix}-1 & -1\\-5 & 3\end{bmatrix}\begin{bmatrix}0.6\\0.4\end{bmatrix}=\begin{bmatrix}0.125\\0.225\end{bmatrix}$$

$$X_0=0.125\boldsymbol{\xi}_1+0.225\boldsymbol{\xi}_2$$

$$X_1=MX_0=0.125M\boldsymbol{\xi}_1+0.225M\boldsymbol{\xi}_2=0.125\cdot1\cdot\boldsymbol{\xi}_1+0.225\cdot0.92\boldsymbol{\xi}_2$$

$$X_k=0.125\cdot1^k\boldsymbol{\xi}_1+0.25(0.92)^k\boldsymbol{\xi}_1$$

当 k 充分大时 $(0.92)^k\approx0$. 所以

$$X_k=0.125\begin{bmatrix}3\\5\end{bmatrix}$$

居住在城市与郊区人口的比例为 3 比 5,这个结果与利用马尔可夫链的讨论结果是一致的.

4.在求解线性微分方程组中的应用

形如　　　　　　$y'-3y=0$　　　　　　(y 是自变量 x 的函数)
含有未知函数的导数的方程称作微分方程.

欲求满足上述微分方程的解 $y(x)$. 可考虑方程的左端含有 y' 项和 y 的项,其和能等于零,必定 y' 和 y 属同类项,即 y' 与 y 是同类函数,容易想到 y 应是 e^x 形式的函数. 所以先设

$$y=c\mathrm{e}^{rx}(其中 c 为任一常数)$$

代入方程得

$$cr\mathrm{e}^{rx}-3c\mathrm{e}^{rx}=0$$
$$c\mathrm{e}^{rx}(r-3)=0$$
$$r-3=0\quad r=3$$

所以

$$y=c\mathrm{e}^{3x}$$

此即方程的通解.

设有微分方程组

$$\begin{cases}y_1'=3y_1\\y_2'=-5y_2\end{cases}$$

求方程组的通解.

易知 $y_1=c_1\mathrm{e}^{3x},y_2=c_2\mathrm{e}^{-5x}$ 即为通解

如果将上面的方程组写成矩阵形式则为

$$\begin{bmatrix}y_1'\\y_2'\end{bmatrix}=\begin{bmatrix}3 & 0\\0 & -5\end{bmatrix}\begin{bmatrix}y_1\\y_2\end{bmatrix}$$

它的解可写为

$$\begin{bmatrix}y_1\\y_2\end{bmatrix}=\begin{bmatrix}c_1\mathrm{e}^{3x}\\c_2\mathrm{e}^{-5x}\end{bmatrix}=c_1\begin{bmatrix}1\\0\end{bmatrix}\mathrm{e}^{3x}+c_2\begin{bmatrix}0\\1\end{bmatrix}\mathrm{e}^{-5x}$$

可以想像含 n 个未知函数的微分方程组

$$
\begin{bmatrix} y_1' \\ y_2' \\ \vdots \\ y_3' \end{bmatrix} = \begin{bmatrix} \lambda_1 & & & \\ & \lambda_2 & & \\ & & \ddots & \\ & & & \lambda_n \end{bmatrix} \begin{bmatrix} y_1 \\ y_2 \\ \vdots \\ y_n \end{bmatrix}
$$

会有通解为

$$
\begin{bmatrix} y_1 \\ y_2 \\ \vdots \\ y_3 \end{bmatrix} = c_1 \begin{bmatrix} 1 \\ 0 \\ \vdots \\ 0 \end{bmatrix} e^{\lambda_1 x} + c_2 \begin{bmatrix} 0 \\ 1 \\ \vdots \\ 0 \end{bmatrix} e^{\lambda_2 x} + \cdots + c_n \begin{bmatrix} 0 \\ \vdots \\ 0 \\ 1 \end{bmatrix} e^{\lambda_n x}
$$

上式右端函数 $e^{\lambda_i x}$ 指数的系数 λ_i 是方程组右端 n 阶方阵的特征值. 该项中的向量恰是 λ_i 对应的特征向量 ξ_1. 将该方程组写成一般形式且按矩阵写法便是

$$
Y' = AY
$$

当 A 为对角矩阵时, 其通解即为 $\xi_i e^{\lambda_i x}(i=1,2,\cdots,n)$ 的线性组合, 此处的 λ 为 A 的特征值, ξ_i 为 λ_i 对应的特征向量.

如果 A 不是对角矩阵, 而只是相似于对角阵. 那上述的方程组是否会有类似的结论.

设 A 相似于对角阵, $\lambda_1,\lambda_2,\cdots,\lambda_n$ 为 A 的特征值, 其对应的特征向量分别为 ξ_1,ξ_2, $\cdots,\xi_n$. 再设微分方程组 $y'=Ay$ 有形如

$$
Y = \begin{bmatrix} y_1 \\ y_2 \\ \vdots \\ y_n \end{bmatrix} = [\boldsymbol{\alpha}_1, \boldsymbol{\alpha}_2, \cdots, \boldsymbol{\alpha}_n] \begin{bmatrix} e^{\lambda_1 x} \\ e^{\lambda_2 x} \\ \vdots \\ e^{\lambda_n x} \end{bmatrix} \qquad (\boldsymbol{\alpha}_n \text{ 是 } n \text{ 维列向量 } i=1,2,\cdots,n)
$$

的解, 则

$$
Y' = \begin{bmatrix} y_1' \\ y_2' \\ \vdots \\ y_n' \end{bmatrix} = [\boldsymbol{\alpha}_1, \boldsymbol{\alpha}_2, \cdots, \boldsymbol{\alpha}_n] \begin{bmatrix} \lambda_1 e^{\lambda_1 x} \\ \lambda_2 e^{\lambda_2 x} \\ \vdots \\ \lambda_n e^{\lambda_n x} \end{bmatrix} = [\lambda_1 \boldsymbol{\alpha}_1, \lambda_2 \boldsymbol{\alpha}_2, \cdots, \lambda_n \boldsymbol{\alpha}_n] \begin{bmatrix} e^{\lambda_1 x} \\ e^{\lambda_2 x} \\ \vdots \\ e^{\lambda_n x} \end{bmatrix}
$$

而

$$
AY = A \begin{bmatrix} y_1 \\ y_2 \\ \vdots \\ y_n \end{bmatrix} = A[\boldsymbol{\alpha}_1, \boldsymbol{\alpha}_2, \cdots, \boldsymbol{\alpha}_n] \begin{bmatrix} e^{\lambda_1 x} \\ e^{\lambda_2 x} \\ \vdots \\ e^{\lambda_n x} \end{bmatrix} = [A\boldsymbol{\alpha}_1, A\boldsymbol{\alpha}_2, \cdots, A\boldsymbol{\alpha}_3] \begin{bmatrix} e^{\lambda_1 x} \\ e^{\lambda_2 x} \\ \vdots \\ e^{\lambda_n} \end{bmatrix}
$$

因 $Y'=AY$, 比较 Y' 和 AY 的表达式, 有

$$
A\boldsymbol{\alpha}_i = \lambda_i \boldsymbol{\alpha}_i (i=1,2,\cdots,n)
$$

即此处的向量 $\boldsymbol{\alpha}_i$ 是矩阵 A 的对应于特征值 λ_i 的特征向量, 所以 $\boldsymbol{\alpha}_i=\xi_i(i=1,2,\cdots,n)$. 所以线性微分方程组

$$
Y' = AY
$$

当 A 相似于对角矩阵时有形如

$$y = c_1 \boldsymbol{\xi}_1 \mathrm{e}^{\lambda_1 x} + c_2 \boldsymbol{\xi}_2 \mathrm{e}^{\lambda_2 x} + \cdots + c_n \boldsymbol{\xi}_n \mathrm{e}^{\lambda_n x}$$

的解. 其中 $\boldsymbol{\xi}_1, \boldsymbol{\xi}_2, \cdots, \boldsymbol{\xi}_n$ 分别为对应于 A 的特征值 $\lambda_1, \lambda_2, \cdots, \lambda_n$ 的特征向量. $c_1, c_2, \cdots, c_n$ 为任意常数.

例附. 13　图附-6 所示的电路可用微分方程组

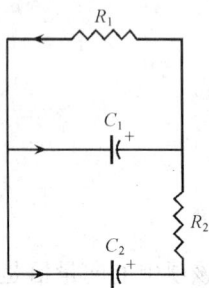

图附-6

$$\begin{bmatrix} V_1'(t) \\ V_2'(t) \end{bmatrix} = \begin{bmatrix} -\left(\dfrac{1}{R_1} + \dfrac{1}{R_2}\right) \cdot \dfrac{1}{C_1} & \dfrac{1}{R_2 C_1} \\ \dfrac{1}{R_2 C_2} & -\dfrac{1}{R_2 C_2} \end{bmatrix} \begin{bmatrix} V_1(t) \\ V_2(t) \end{bmatrix}$$

描述. 其中 $V_1(t)$ 和 $V_2(t)$ 是在时间 t 两个电容器的电压, 设电阻 R_1 为 1 欧姆, R_2 为 2 欧姆, 电容器 C_1 为 1 法拉, C_2 为 0.5 法拉, 并设电容器 C_1 的初始电压为 5 伏, C_2 为 4 伏. 求描述电压随时间变化的规律 $V_1(t)$ 和 $V_2(t)$.

解　由给出的数据, 方程组右端的矩阵

$$A = \begin{bmatrix} -1.5 & 0.5 \\ 1 & -1 \end{bmatrix}$$

再设

$$X = \begin{bmatrix} V_1(t) \\ V_2(t) \end{bmatrix}, X_0 = \begin{bmatrix} 5 \\ 4 \end{bmatrix}$$ 是 X 的初值. 方程组便是

$$\begin{bmatrix} V_1'(t) \\ V_2'(t) \end{bmatrix} = \begin{bmatrix} -1.5 & 0.5 \\ 1 & -1 \end{bmatrix} \begin{bmatrix} V_1(t) \\ V_2(t) \end{bmatrix}, \qquad X(0) = \begin{bmatrix} V_1(0) \\ V_2(0) \end{bmatrix} = \begin{bmatrix} 5 \\ 4 \end{bmatrix}$$

先求出 A 的特征值为 $\lambda_1 = -0.5, \lambda_2 = -2$, 对应的特征向量

$$\boldsymbol{\xi}_1 = \begin{bmatrix} 1 \\ 2 \end{bmatrix}, \boldsymbol{\xi}_2 = \begin{bmatrix} -1 \\ 1 \end{bmatrix}$$

故 A 相似于对角矩阵. 方程组有解

$$X(t) = c_1 \begin{bmatrix} 1 \\ 2 \end{bmatrix} \mathrm{e}^{-0.5t} + c_2 \begin{bmatrix} -1 \\ 1 \end{bmatrix} \mathrm{e}^{-2t}$$

由初始条件确定任意常数 c_1, c_2,

当 $t = 0, X(0) = c_1 \begin{bmatrix} 1 \\ 2 \end{bmatrix} + c_2 \begin{bmatrix} -1 \\ 1 \end{bmatrix} = \begin{bmatrix} 5 \\ 4 \end{bmatrix}$

$$c_1 - c_2 = 5$$
$$2c_1 + c_2 = 4$$

解得　　　　　　　　$c_1 = 3, c_2 = -2$

因此得到解

$$X(t) = 3 \begin{bmatrix} 1 \\ 2 \end{bmatrix} \mathrm{e}^{-0.5t} - 2 \begin{bmatrix} -1 \\ 1 \end{bmatrix} \mathrm{e}^{-2t}$$

或写为

$$\begin{bmatrix} V_1(t) \\ V_2(t) \end{bmatrix} = \begin{bmatrix} 3\mathrm{e}^{-0.5t} + 2\mathrm{e}^{-2t} \\ 6\mathrm{e}^{-0.5t} - 2\mathrm{e}^{-2t} \end{bmatrix}$$

例附. 14　假设粒子在平面的力场中运动, 其位置向量 X 满足 $X' = AX$, 其中

$$A = \begin{bmatrix} 4 & -5 \\ -2 & 1 \end{bmatrix}$$

求满足初始条件 $X_0 = X(0) = \begin{bmatrix} 2.9 \\ 2.6 \end{bmatrix}$ 的解 $X(t)$.

解 先求出 A 的特征值 $\lambda_1 = 6, \lambda_2 = -1$,相应的特征向量是 $\boldsymbol{\xi}_1 = (-5, 2)^{\mathrm{T}}, \boldsymbol{\xi}_2 = (1, 1)^{\mathrm{T}}$,故方程组有解

$$X(t) = c_1 \boldsymbol{\xi}_1 \mathrm{e}^{\lambda_1 \boldsymbol{\xi}_1} + c_2 \boldsymbol{\xi}_2 \mathrm{e}^{\lambda_2 \boldsymbol{\xi}_2} = c_1 \begin{bmatrix} -5 \\ 2 \end{bmatrix} \mathrm{e}^{6t} + c_2 \begin{bmatrix} 1 \\ 1 \end{bmatrix} \mathrm{e}^{-t}$$

因 $X_0 = X(0) = [2.9 \quad 2.6]^{\mathrm{T}}$,所以

$$c_1 \begin{bmatrix} -5 \\ 2 \end{bmatrix} + c_2 \begin{bmatrix} 1 \\ 1 \end{bmatrix} = \begin{bmatrix} 2.9 \\ 2.6 \end{bmatrix}$$

$$\begin{cases} -5c_1 + c_2 = 2.9 \\ 2c_1 + c_2 = 2.6 \end{cases}$$

$$c_1 = -\frac{3}{70}, c_2 = \frac{188}{70}$$

所以

$$X(t) = -\frac{3}{70} \begin{bmatrix} -5 \\ 2 \end{bmatrix} \mathrm{e}^{6t} + \frac{188}{70} \begin{bmatrix} 1 \\ 1 \end{bmatrix} \mathrm{e}^{-t}$$

在 David C. Lay 的《线性代数及其应用》中,详细列出了关于图像的拉伸、旋转和翻转的线性变换,以及实对称矩阵、二次型的应用. 由于涉及其他一些知识,故未撰入附录中. 有必要告诉大家,我们所学的线性代数内容是最基本的起码的基础知识,若应用在工程上还需再进一步学习,例如矩阵的正交三角分解,矩阵的范数,矩阵的奇异值分解和谱分解等等. 总之,线性代数在工程实践中是大有作为的.

第二篇　概率论与数理统计

第七章　随机事件与概率

§7.1　随机事件与概率

在日常生活和工程实践中会遇到很多事物或现象,我们称这些事物、现象为事件. 就事件发生或不发生的情况而言是有差别的. 例如,温度降至 0℃ 以下,水一定会结冰;温度升至 100℃,水一定会沸腾;重物失去支撑一定会下落. 所述 3 个例子中的事件发生的情况有一个共同之处,即当所述的条件具备,事件一定发生. 或者说这种试验进行多少次,相应的事件就发生多少次. 我们称这类事件为必然事件. 另一类事件发生的情况恰好与之相反,例如温度未降至 0℃,水结冰是不可能发生的. 温度未升至 100℃,水沸腾是不可能发生的. 重物有支撑,重物下落是不可能发生的. 这类事件发生情况的一个共同特点是,只要进行试验,该事件一定不发生. 我们称这类事件为不可能事件. 必然事件和不可能事件就其发生的情况而言都是确定性事件.

另外还有一类事件,其发生或者不发生都是不确定的. 例如,购买一张中奖的彩票;从一副扑克牌中任取一张为黑桃 A;明天下雨. 这些事件就其发生的情况也有共同点,即如果进行试验,事件有可能发生,但也可能不发生. 即这类事件的发生与否带有机会性. 机会好,购买的彩票中奖;机会不好,购得的彩票不中奖. 我们称这类事件为随机事件. 如果进行试验,这种事件可能发生,也可能不发生. 以后用字母 A,B,C 表示随机事件.

任何随机事件都伴随着有相应的试验,我们称这种试验为随机试验,记为 E. 它具有如下 3 个特点:

(1) 在试验之前知道(或明确)如果进行试验将会出现的各种可能的结果.

(2) 试验之前不能确定试验之后会出现哪一个结果.

(3) 能够具备相同的条件,使试验可以重复进行多次.

以上列举的购买彩票、抽牌都是随机试验. 某人向一目标进行射击也是随机试验,因为射击前就知道,如果进行射击可能出现的结果一个是击中目标,另一个是未击中目标. 但射击前不能确定发生哪一个结果. 可以重复多次进行射击. 所以某人向目标进行射击是随机试验.

根据以上的叙述,我们应该有两个认知:

(1) 试验结果具有排他性,即试验结果之间清晰可辨,不会发生亦此亦彼的情况.

(2) 每进行一次试验,只有一个试验结果出现,不会有不同的试验结果同时出现.

我们将随机试验 E 所有可能的结果 $e_1,e_2,\cdots$ 组成的集合称为 E 的样本空间,记作 Ω,$\Omega=\{e_1,e_2,\cdots\}$. 将 $e_1,e_2,\cdots$ 各自组成的单元集称为 E 的基本事件. 为了避免符号过于复杂,仍用 $e_1,e_2,\cdots$ 表示. 即符号 $e_i(i=1,2,\cdots)$ 既可表示 E 的结果,又可表示 E 的基本事件.

例 7.1.1　从 13 张黑桃牌中任取一张. 这个随机试验的试验结果有 13 个:黑桃 A,黑桃 2,黑桃 3,$\cdots$,黑桃 K. 可以用 $e_i(i=1,2,\cdots,13)$分别表示相应的试验结果. 那么这个随机试验的样本空间

$$\Omega = \{e_1,e_2,\cdots,e_{13}\}$$

有了基本事件和样本空间的概念,试验中的随机事件便可以得到更具体的描述.

例 7.1.2　从 13 张黑桃牌中任取一张,令 A、B、C 分别表示如下事件:

A:抽到的牌为偶数牌.

B:抽到的牌为奇数牌.

C:抽到的牌上号码不小于 10,且为偶数牌.

分析事件 A、B、C 各自内涵的构成.

对于事件 A,只要抽到的牌上的号码是偶数,A 就发生. 所以样本空间中对 A 的发生有利的场合是 $e_2,e_4,e_6,e_8,e_{10},e_{12}$ 等试验结果. 也可以说事件 A 包含了这些试验结果. 对此我们表示为

$$A = \{e_2,e_4,e_6,e_8,e_{10},e_{12}\}$$

对上式应理解为:右端集合中的任一试验结果发生,则事件 A 发生. 反之,A 发生,则右端集合中必有某一个试验结果发生. 这样,我们就把试验中的随机事件 A,看成了由试验的某些结果构成的集合. 即将事件 A(的构成)看成是试验样本空间 Ω 的一个子集合. 据此,有

$$B = \{e_1,e_3,e_5,e_7,e_9,e_{11},e_{13}\}$$
$$C = \{e_{10},e_{12}\}$$

以及试验中的必然事件是 Ω,不可能事件是空集 $\varnothing$.

因此我们对随机事件的认识应当是:

(1) 事件的发生或不发生都带有随机性.

(2) 从构成上来看,随机事件是样本空间的子集合.

(3) 事件发生的频率具有稳定性.

上述的第 3 条是基于人们的实践经验. 如在本章第 2 节中的重复投币试验,统计正面向上的频率,确有随着试验次数的增大而频率逐渐稳定在某个数附近的事实. 这一条也称作随机事件具有统计规律性. 可以这样说,目前人们能够处理的随机现象,都是具有统计规律性的随机现象. 随机性太强,例如从楼顶上向地面抛气球,统计气球的落地位置,可能抛一万次会有一万个不同的落点. 对于这样的随机现象目前人们还不能处理.

在例 7.1.2 中的事件 A、B、C 之间会有某些关系. 例如,事件 A 发生,则事件 B 就不发生. 反之,事件 B 发生,事件 A 就不发生. 事件 C 发生,则事件 A 发生. 在一个随机试验中会有很多随机事件,弄清它们之间的关系是必要的. 下面就来讨论事件关系与运算.

为了直观,我们画出了图 7.1、图 7.2 和图 7.3,图中的大方框 Ω 表示跳伞运动员可能落入的场地. 跳伞员每次跳伞都可能落入场地 Ω 内的任何一个位置,但不会落在 Ω 外,所以落入 Ω 内是必然事件. 在场地 Ω 内,又画出了 A 圈、B 圈,我们约定跳伞员落入 A 圈称事件 A 发生,落入 B 圈称事件 B 发生.

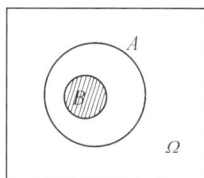　　　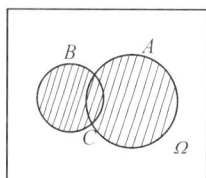　　　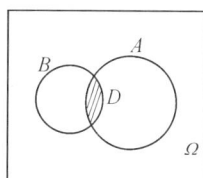

图 7.1　　　　　　　　　　图 7.2　　　　　　　　　　图 7.3

（1）子事件.

如图 7.1 所示，设跳伞运动员落入 B 圈，事件 B 发生. 但这时运动员自然落入 A 圈，导致事件 A 发生. 事件 A,B 间有关系：

事件 B 发生则导致事件 A 发生，称 B 为 A 的子事件，记为 $B \subset A$.

例 7.1.2 中的事件 C 与 A 的关系，即 C 是 A 的子事件.

（2）相等事件.

如果 A 圈与 B 圈重合，则事件 A,B 互为子事件.

若事件 A,B 互为子事件，称 A,B 为相等事件，记为 $A=B$.

（3）和事件.

在事件 A,B 的基础上构成另一新事件 C，C 与 A,B 的关系是：A 发生，或者 B 发生，则 C 发生. 或者，若 C 发生，则 A,B 至少其一发生. 称 C 为事件 A,B 的和事件，记为 $C=A+B$.

如果 A,B 的和事件 $A+B$ 未发生，则 A,B 皆未发生.

如图 7.2 中 A 圈，B 圈所围场地的外轮廓曲线 C 所围之场地，跳伞运动员落入其中，即 A,B 的和事件 $C=A+B$ 发生.

（4）积事件.

由事件 A,B 构成另一新事件 D，当 A 发生而且 B 发生，则事件 D 发生，称 D 为 A,B 的积事件. 记为 $D=AB$.

如果事件 A,B 至少其一未发生，则积事件 AB 不发生. 如果积事件 AB 发生，则 A 和 B 都发生.

如图 7.3 中 A,B 相交的部分，跳伞运动员若落入其内，则 AB 发生.

（5）差事件.

由事件 A,B 又构成一个新事件 F，表示 A 发生但 B 不发生. 事件 F 称作 A 与 B 的差事件，记作 $F=A-B$.

（6）互不相容（互斥）事件.

事件 A,B，若其中一个发生则另一事件不发生，称 A,B 为互不相容（或互斥）事件，表示为 $AB=\varnothing$.

例 7.1.2 中的事件 A,B 是互不相容的. 事件 B,C 也是互不相容的.

注意　例 7.1.2 中的事件 A,B，

$$A = \{e_2, e_4, e_6, e_8, e_{10}, e_{12}\}$$
$$B = \{e_1, e_3, e_5, e_7, e_9, e_{11}, e_{13}\}$$

由于 A,B 互不相容,所以 A,B 不含相同的试验结果,分析事件 $A+B$ 的构成则有

$$A+B=\{e_1,e_2,e_3,e_4,\cdots,e_{12},e_{13}\}=\Omega$$

上式表明 A,B 的和事件是必然事件,即只要进行试验,$A+B$ 就发生.但由于 A,B 互不相容,所以只能出现 A,B 中的一个事件.即只要进行试验,事件 A,B 中有且仅有一个发生,我们将 A,B 之间的这种关系称为对立事件.

(7) 对立事件.

事件 A,B 互不相容,且其和事件为必然事件,称 A,B 为对立事件.亦称 B 为 A 的逆事件,记作 $B=\overline{A}$.

所以

$$A\overline{A}=\varnothing$$
$$A+\overline{A}=\Omega$$

事件之间的运算满足一些熟知的运算规律:

(1) 加法及乘法的交换律.

$$A+B=B+A,\ AB=BA$$

(2) 加法及乘法的结合律.

$$A+(B+C)=(A+B)+C,\ A(BC)=(AB)C$$

(3) 分配律.

$$A(B+C)=AB+AC$$

(4) 对偶律(摩根定律).

$$\overline{A+B}=\overline{A}\ \overline{B}$$
$$\overline{AB}=\overline{A}+\overline{B}$$

注意 上述这些等式的两端都是事件,所以每个等式的两端为相等事件,如果要进行证明,则要按相等事件概念的要求去做,即证明等号两端的事件互为子事件方可.下面仅以证明对偶律的第一个为例,其他,读者可自行练习.

试证明
$$\overline{A+B}=\overline{A}\ \overline{B}$$

证 设左端 $\overline{A+B}$ 发生,则 $A+B$ 不发生,故其两项 A 和 B 皆不发生.但由此,$\overline{A}$ 且 $\overline{B}$ 皆发生,所以 $\overline{A}\cdot\overline{B}$ 发生.故有 $\overline{A+B}\subset\overline{A}\ \overline{B}$.

反之,设 $\overline{A}\ \overline{B}$ 发生,则 $\overline{A}$ 和 $\overline{B}$ 皆发生.因此 A 和 B 皆不发生,所以 $A+B$ 不发生,而其逆事件 $\overline{A+B}$ 发生,故有 $\overline{A}\ \overline{B}\subset\overline{A+B}$.

所以
$$\overline{A+B}=\overline{A}\ \overline{B}$$

作为本节的结束,简单介绍一下随机事件的概率的概念.

例 7.1.2 中的事件 A,B,C 在抽牌试验中都有发生的可能性.再进一步思考一下,它们发生的可能性的大小是有差别的.事件 B 发生的可能性最大,事件 A 发生的可能性次之,事件 C 发生的可能性最小.怎样来表现、反映事件发生的可能性的大小不同,自然想到是用数来反映.即

在试验中事件发生的可能性是客观存在的,且有差异.用数来反映事件发生的可能性,称此数为事件的概率.

大家熟悉长度、面积、体积等概念.这都是属于度量性的概念,如果没有这些概念,跑

百米和跑马拉松就无法区别了. 这 3 个概念分别是对具有线、面、体几何特征的物体的度量性概念,而且其度量结果用数表示. 同样,概率也属度量性概念,不过其度量的对象是事件发生的可能性. 这种可能性看不见摸不着,但可以感觉,可以领悟到它的存在. 对事件发生的可能性进行度量和计算,较之对几何物体的某种度量和计算显得更抽象更困难一些,需要我们付出更多的努力.

§7.2　频率与概率,古典概型中概率的计算

事先规定好一枚硬币的一面为正面,另一面为反面,在相同的高度掷向桌面,记录它向上的一面是正面,或者是反面. 历史上许多统计学家作过多次这种掷硬币的试验,表7.1汇集了蒲丰(Buuffon),皮尔逊(Pearson)等 4 位统计学家重复投币的统计情况.

表 7.1

试验者	投掷次数 n	出现正面向上次数 k	出现正面向上的频率 $\dfrac{k}{n}$
摩　根	2 048	1 061	0.518 0
蒲　丰	4 040	2 048	0.506 9
皮尔逊	12 000	6 019	0.501 6
皮尔逊	24 000	12 012	0.500 5
维　尼	30 000	14 994	0.499 6

对于任何一次投币试验,出现哪面向上都是随机的,但是当进行了大量试验后可以发现,出现正面向上的频率逐渐稳定在常数 0.5 的附近. 所以人们有理由认为在每次投币试验中,出现正面向上的概率为 0.5. 随机事件出现的频率的稳定性,揭示了随机现象具有某种规律性,为描述随机事件在一次试验中出现的可能性的大小(概率)提供了依据.

以随机事件在大量的重复试验中出现的频率的稳定值,作为该事件在一次试验中出现或发生的概率是合理的,但却是不现实的. 因为进行大量的试验需要耗费大量的人力、财力和时间. 于是人们研究随机事件的频率的性质,用频率的性质作为概率的定义. 面对具体的某个随机事件的概率的计算,是通过对相应的随机试验情况的分析,或通过这一随机事件与其他随机事件的关系来计算.

设某随机试验进行了 n 次,将在这 n 次试验中,事件 A 出现的次数 $\mu_{(A)}$,称作 A 的频数,则事件 A 出现的频率为

$$f_A = \frac{\mu_{(A)}}{n}$$

频率有如下性质:

(1) $0 \leqslant f_A \leqslant 1$.

(2) $f_\Omega = 1,\ f_\varnothing = 0$.

(3) 若事件 A, B 互不相容,即 $AB = \varnothing$,则

$$f_{A+B} = f_A + f_B$$

性质(1),(2)容易明了. 现只证明性质(3).

因为 A,B 互不相容,所以 A,B 不会在同一次试验中出现,因此事件 $A+B$ 的频数 $\mu_{(A+B)}=\mu_{(A)}+\mu_{(B)}$. 则 $A+B$ 的频率为

$$f_{(A+B)} = \frac{\mu_{(A+B)}}{n} = \frac{\mu_{(A)}+\mu_{(B)}}{n} = \frac{\mu_{(A)}}{n}+\frac{\mu_{(B)}}{n} = f_A + f_B$$

定义 7.2.1(概率的定义)　设 A 是随机试验 E 中的随机事件,对 A 赋予一个实数 $P(A)$满足如下条件:

(1) $0 \leqslant P(A) \leqslant 1$.

(2) $P(\Omega)=1$.

(3) 若 $A_1,A_2,\cdots,A_n,\cdots$ 为两两互不相容的事件,则有

$$P(A_1+A_2+\cdots+A_n+\cdots) = P(A_1)+P(A_2)+\cdots+P(A_n)+\cdots$$

称 $P(A)$为事件 A 的概率.

条件(3)称为完全可加性.

由概率的定义不难推得概率有如下性质:

(1) $P(\varnothing)=0$.

因为 $\Omega=\Omega+\varnothing$,且 $\Omega\varnothing=\varnothing$,所以有

$$P(\Omega) = P(\Omega+\varnothing) = P(\Omega)+P(\varnothing)$$
$$1 = 1+P(\varnothing). \text{ 所以 } P(\varnothing) = 0$$

(2) $P(A)=1-P(\overline{A})$.

因为 $A+\overline{A}=\Omega$ 且 $A\overline{A}=\varnothing$,所以

$$P(\Omega) = P(A+\overline{A}) = P(A)+P(\overline{A})$$
$$\text{故 } P(A) = 1-P(\overline{A})$$

(3) 设 $B\subset A$,则 $P(A-B)=P(A)-P(B)$,且 $P(A)\geqslant P(B)$.

因为 $A=(A-B)+B$,　且$(A-B)$与 B 互不相容,所以

$$P(A) = P(A-B)+P(B)$$
$$P(A-B) = P(A)-P(B)$$

又因 $P(A-B)\geqslant 0$,所以 $P(A)\geqslant P(B)$.

(4) $P(A+B)=P(A)+P(B)-P(AB)$. 　　　　　　　　　　　　　　　(7-1)

因为 $A+B=A+(B-AB)$,　且 A 与$(B-AB)$互不相容,所以

$$P(A+B) = P(A)+P(B-AB)$$

又因 $AB\subset B$,利用性质(3)有

$$P(A+B) = P(A)+P(B)-P(AB)$$

如果将以上的事件认作是平面几何图形.相应的概率认作是图形的面积,这 4 条性质是很容易理解的. 我们称(4)为概率的加法定理.

$$P(A+B) = P(A)+P(B)-P(AB)$$

它涵盖了当 A、B 互不相容时的情形

$$P(A+B) = P(A)+P(B)$$

不难推出 3 个事件的和事件的概率

$$P(A+B+C)=P(A)+P(B)+P(C)-P(AB)$$
$$-P(AC)-P(BC)+P(ABC) \qquad (7\text{-}2)$$

下面介绍一种最常见、最简单而且有着广泛应用的随机试验及试验中的随机事件概率的计算.

由 13 张黑桃牌中随机地抽取一张,大家会认为抽到 13 张牌中的任何一张的概率都是相同的;将一枚骰子投下去,同样会认为骰子的 6 个面,任何一个面向上的概率都是相同的.之所以这样认为,是基于大家认为 13 张牌中没有哪张牌(背面)较其他的牌特殊.对投掷骰子而言,认为骰子的密度结构是均匀的,所以投下去后,哪个面向上的可能性都是相同的.我们所要介绍的一种随机试验,正是基于试验结构的对称性,使得每一个试验结果出现的可能性都是相同的.

设随机试验的样本空间只包含有限个试验结果,且每个试验结果发生的概率相同. 称满足这两个条件的随机试验为古典概型(或等可能概型)的随机试验.

设随机试验 E 是属古典概型的随机试验,其样本空间

$$\Omega=\{e_1,e_2,\cdots,e_n\}$$
$$P(\Omega)=P(e_1+e_2+\cdots+e_n)=P(e_1)+P(e_2)+\cdots+P(e_n)$$
$$=np(e_i) \qquad (i=1,2,\cdots,n)$$
$$nP(e_i)=1$$

所以
$$P(e_i)=\frac{1}{n} \qquad (i=1,2,\cdots,n)$$

设 A 为古典概型随机试验 E 中的事件,且包含 k 个试验结果

$$A=\{e_{i1},e_{i2},\cdots,e_{ik}\} \qquad (e_{i1},\cdots,e_{ik}\in\Omega)$$

则
$$P(A)=P(e_{i1}+e_{i2}+\cdots+e_{ik})=P(e_{i1})+P(e_{i2})+\cdots+P(e_{ik})$$
$$=k\cdot\frac{1}{n}=\frac{k}{n}=\frac{A\,包含的试验结果数}{E\,的试验结果总数}$$

所以引入

定义 7.2.2　设 A 是古典概型随机试验 $E(\Omega=\{e_1,e_2,\cdots,e_n\})$ 中的随机事件,且 A 包含 k 个试验结果,则称

$$P(A)=\frac{k}{n}$$

为 A 在试验中发生的概率.

不难证明在古典概型试验中事件的概率定义满足 $0\leqslant P(A)\leqslant 1,P(\Omega)=1$ 及可加性.

例 7.2.1　盒中装有 6 个白球 4 个红球,随机地从中抽出 3 个球,试问其中有 2 个白球 1 个红球的概率和至少含有 1 个白球的概率?

解　设 A:所取 3 个球中有 2 个白球 1 个红球.

B:至少含有 1 个白球.

分析　试验结果是抽得的 3 个球,所以试验结果总数为 C_{10}^3.使 A 出现的结果是其中 2 个白球与 1 个红球的搭配,而 2 个白球只能从 6 个白球中得来,共 C_6^2 种方式,1 个红球是由 4 个红球中得来,有 C_4^1 种方式.所以 A 包含的试验结果数为 $C_6^2 C_4^1$.所以

$$P(A) = \frac{C_6^2 C_4^1}{C_{10}^3} = \frac{360}{720} = \frac{1}{2}$$

事件 B 所包含的试验结果有 3 种情形,有其中含 1 个白球 2 个红球的,又有其中含 2 个白球 1 个红球的和其中 3 个全是白球的.所以 B 所包含的试验结果数为 $C_6^1 C_4^2 + C_6^2 C_4^1 + C_6^3$.因此

$$P(B) = \frac{C_6^1 C_4^2 + C_6^2 C_4^1 + C_6^3}{C_{10}^3} = \frac{116}{120} = \frac{29}{30}$$

对于 B 的概率还可以这样考虑,至少含有 1 个白球相当于含有白球,其对立事件为不含白球,所以

$$P(B) = 1 - P(\bar{B}) = 1 - \frac{C_4^3}{C_{10}^3} = 1 - \frac{4}{120} = \frac{116}{120} = \frac{29}{30}$$

例 7.2.2 盒中装有 6 个白球,4 个红球,每次从中随机地抽取 1 个,抽取两次,(a) 第一次取的球放回(有放还抽样);(b) 第一次取的球不放回(无放还抽样).试计算,

(1) 抽到的两球都是白球的概率.

(2) 抽到的两球为同种颜色的概率.

解 设 A:抽到的两球皆是白球.

　　　B:抽到的两球同色.

有放还抽样:由于将第一次抽得的球放回,所以第二次抽取的前提条件与第一次抽取的前提条件相同,所以

$$P(A) = \frac{6 \cdot 6}{10 \cdot 10} = \frac{3 \cdot 3}{5 \cdot 5} = \frac{9}{25}$$

$$P(B) = \frac{6 \cdot 6 + 4 \cdot 4}{10 \cdot 10} = \frac{3 \cdot 3 + 2 \cdot 2}{5 \cdot 5} = \frac{13}{25}$$

无放还抽样:由于第一次取得的球不放回,所以第二次抽取的前提条件与第一次有所不同.所以

$$P(A) = \frac{6 \cdot 5}{10 \cdot 9} = \frac{1}{3}$$

$$P(B) = \frac{6 \cdot 5 + 4 \cdot 3}{10 \cdot 9} = \frac{7}{15}$$

对于无放还抽样的情形还可以这样考虑,由于第一次抽得的球不放回,再从盒中抽 1 个,相当于一次从盒中取出两个球,所以

$$P(A) = \frac{C_6^2}{C_{10}^2} = \frac{1}{3}$$

$$P(B) = \frac{C_6^2 + C_4^2}{C_{10}^2} = \frac{7}{15}$$

例 7.2.3 某人的钥匙链上有 5 把钥匙,其中只有一把可以打开房门,试计算下列事件的概率.

(1) 恰好第三次打开房门.

(2) 3 次内打开房门.

(3) 若其中有 2 把房门钥匙,三次内打开房门.

解 设 A：恰好第三次打开房门.

　　　　B：3 次内打开房门.

　　　　C：其中有 2 把房门钥匙，3 次内打开房门.

注意 ① 用钥匙开门一般是逐把试开，且不重复使用，即是无放还抽样.

② 所问 3 次内打开房门的概率，不要想象成某人第一次打开了房门而不进入，又把门锁上，再继续开门……要注意，概率论题目中所涉及事件的概率计算是在进行试验之前，或试验尚未进行. 如果进行了试验，就没什么可能性、概率而言了.

③ 对欲求概率的事件，要用相应试验的某些试验结果来描述，即出现了这样的结果，该事件就发生. 对一些题目用排列描述较为适宜，对一些题目用组合比较方便. 有些题目两种方法均可. 此即，解一个题目所用到的随机试验是由解题者自己来设计的，这样就带来了灵活性. 但是有一点要切记，所设计的试验，要能够使题目中的事件有可能出现（发生）. 否则，设计的试验就与题目无关了.

现在考虑本题事件 A 发生的概率. 由于问的是恰好第三次打开门，所以该人是先后共取了 3 把钥匙，而且是有序的. 所以可考虑用排列来描述试验的结果. 为了方便，我们将钥匙编号为 $1,2,3,4,5$ 并设 5 号为房门钥匙. 那么使 A 发生的试验结果便属 $(\square,\square,5)$ 种的结果，其中 $\square$ 中的号码不能是 5. 所以可用选排列的方式来描述.

$$P(A) = \frac{4 \cdot 3 \cdot 1}{5 \cdot 4 \cdot 3} = \frac{1}{5}$$

对于事件 B，因为所问的问题是三次内打开门，所以只要一次取出 3 把钥匙，其中有 5 号钥匙，B 即可出现，因此可用组合考虑.

$$P(B) = \frac{C_1^1 C_4^2}{C_5^3} = \frac{3}{5}$$

如果用选排列来考虑则为

$$P(B) = \frac{1 \cdot 4 \cdot 3 + 4 \cdot 1 \cdot 3 + 4 \cdot 3 \cdot 1}{5 \cdot 4 \cdot 3} = \frac{3}{5}$$

对于事件 C 的概率自然用组合考虑较方便

$$P(C) = \frac{C_2^1 C_3^2 + C_2^2 C_3^1}{C_5^3} = \frac{9}{10}$$

例 7.2.4 设有 n 个人，每个人可随意进入 N 间房的任何一间，且 $N \geqslant n$. 求以下事件的概率.

A：某指定 n 间房内各有 1 人.

B：恰有 n 间房其中各有 1 人.

C：某指定房间内恰有 m 个人.

分析 以什么方式描述能使事件 A 发生的试验结果？对指定的 n 间房每间房进入 1 人，进入的方式自然是用排列描述较好. 再注意到每个人可进入 N 间房中的任何一间，样本空间的试验结果总数应当是 N^n.

解
$$P(A) = \frac{n!}{N^n}$$

对于事件 B 可考虑先选 n 间房再进人，所以

$$P(B) = \frac{C_N^n \cdot n!}{N^n}$$

对于事件 C 应考虑的是①哪 m 个人；②m 个人进入指定的一间房，与剩下的 $n-m$ 个人进入其余房间方式的搭配. 所以

$$P(C) = \frac{C_n^m \cdot (N-1)^{n-m}}{N^n}$$

例 7.2.5　一个班有 30 位同学，试计算其中至少两人的生日相同的概率.

分析　把一年 365 天设想成格子（或房间）并编号，某人的生日是哪一天，就如该人落入那个格子. 考虑同生日较困难，而考虑不同生日正如格中有人且最多只有 1 人.

解　设 A：30 人中至少有两人的生日相同.

$$P(A) = 1 - P(\overline{A}) = 1 - \frac{A_{365}^{30}}{365^{30}} = 1 - 0.294 = 0.706$$

例 7.2.6　手持 3 枚硬币同时抛下，试计算下列事件的概率.

A：恰有一枚硬币正面向上.

B：至少有一枚硬币正面向上.

解　每一枚硬币投下可能发生的结果是两个. 3 枚硬币一齐投下的结果是各枚硬币投下结果的搭配. 所以样本空间会有 $2^3 = 8$ 个结果，而 3 枚硬币均有正面向上的可能，所以

$$P(A) = \frac{3}{2^3} = \frac{3}{8}$$

$$P(B) = 1 - P(\overline{B}) = 1 - \frac{1}{8} = \frac{7}{8}$$

如果将本题改为将一枚硬币抛掷 3 次，试计算事件 A，B 的概率. 解法与本题相同. 因为 3 枚硬币虽然一齐抛下，但对各自出现什么结果没有影响，与一枚硬币抛 3 次实质上相同，再者，事件 A，B 指的是 3 枚一个整体的结果.

§7.3　条件概率，乘法定理与事件的独立性

事物之间相互联系、互相影响是一种普遍现象. 随机试验中的随机事件之间也是如此.

例 7.3.1　盒中装有 5 个牌子，其中有 2 个白牌 3 个红牌，白牌中有一个背面写有号码，红牌中有 2 个背面写有号码. 设

A：从盒中随机地抽取一个为白牌.

B：从盒中随机地抽取一个其背面写有号码.

$B|A$：已知取出的是白牌，其背面写有号码.

试计算 3 个事件的概率.

解
$$P(A) = \frac{2}{5}, \quad P(B) = \frac{3}{5}$$

考虑事件 $B|A$ 的概率如同猜所取到的白牌的背面是否写有号码，而白牌只有两个，所以

$$P(B \mid A) = \frac{1}{2}$$

我们分析一下事件 $B \mid A$ 与事件 B 有何不同,事件 B 发生或不发生的前提条件就是原题条件.而事件 $B \mid A$ 的前提条件是在原题条件的基础上,又添加了所取到的牌是白牌.即添加了事件 A 已发生这个条件.这时考虑 $B \mid A$ 发生或不发生的试验结果就只限于两个白牌范围内,所以由于事件 A 的发生,引起了样本空间的变化.也就是,事件 $B \mid A$ 所处的样本空间与事件 B 所处的样本空间是有区别的.在事件 A 发生的条件下事件 B 发生的概率,就是条件概率的概念.那么,如何计算 $P(B \mid A)$ 呢?我们仍在古典概型下进行讨论.

我们将例 1.3.1 一般化.设盒中有 n 个牌,其中有 m 个白牌,$n-m$ 个红牌.白牌、红牌中各有 k, l 个背面写有号码.字母 $A, B, B \mid A$ 意义同前.试计算 $P(B \mid A)$.

设 $P(B \mid A)$ 是一个分数,其分母应该是什么?我们说应该是 m.因为,如果 $P(B \mid A)$ 的分母大于 m,便会有可能使事件 A 不发生.如果 $P(B \mid A)$ 的分母小于 m,则会有可能减少 B 出现的机会,所以分母应该是 m.

再讨论 $P(B \mid A)$ 的分子,事件 $B \mid A$ 的出现意味着 A 出现了而且 B 也出现,所以 $B \mid A$ 所包含的试验结果是 A 包含的试验结果中的那些也能使 B 出现的结果,即 AB 包含的试验结果数是 k,因此

$$P(B \mid A) = \frac{k}{m} = \frac{k/n}{m/n} = \frac{P(AB)}{P(A)}$$

我们将上述关系式作为条件概率的定义.

定义 7.3.1 设 A, B 是两个事件,且 $P(A) > 0$,称

$$P(B \mid A) = \frac{P(AB)}{P(A)} \tag{7-3}$$

为在事件 A 发生的条件下事件 B 发生的条件概率.

应当指出,只有在已知 $P(A)$ 及 $P(AB)$ 的情况下才能按公式(7-3)计算 $P(B \mid A)$,称作第(1)种方法;经常遇到的情况是在变化了的样本空间中计算 $P(B \mid A)$,称作第(2)种方法.

例 7.3.2 盒中装有 3 件一等品,2 件二等品,从中每次抽取 1 件(不放回),抽取两次.试计算第一次抽得一等品的概率和在第一次抽得一等品的情况下第二次抽得一等品的概率.

解 设 A:第一次抽得一等品.

B:第二次抽得一等品.

$$P(A) = \frac{3}{5}$$

$$P(B \mid A) = \frac{P(AB)}{P(A)} = \frac{C_3^2 / C_5^2}{3/5} = \frac{3/10}{3/5} = \frac{1}{2}$$

按方法(2)计算 $P(B \mid A)$,则是

$$P(B \mid A) = \frac{C_2^1}{C_4^1} = \frac{2}{4} = \frac{1}{2}$$

例 7.3.3 箱子里装有 25 个灯泡,其中 5 个好灯泡能工作 30 天,10 个已使用过,只

能使用 2 天,另外 10 个是坏灯泡.今随机地取出一个,能用.求一星期后仍能使用的概率.

解　设 A:能用的灯泡(5+10=15 个).

　　　　B:能用 7 天以上的灯泡(5 个).

$$P(B \mid A) = \frac{P(AB)}{P(A)} = \frac{5/25}{15/25} = \frac{1}{3}$$

若用方法(2)做,则为

$$P(B \mid A) = \frac{C_5^1}{C_{15}^1} = \frac{5}{15} = \frac{1}{3}$$

条件概率仍然是事件的概率,它满足本章第二节中概率的定义中的 3 个条件(不再证明).如若事件 B、C 互不相容,则 $B|A$ 与 $C|A$ 互不相容,所以有

$$P(B \mid A+C \mid A) = P(B \mid A) + P(C \mid A)$$

在学习过程中有时分辨不清 $P(B|A)$ 和 $P(AB)$.只要注意到在 $P(B|A)$ 中,事件 A 作为已发生对待,所以其中的 A 不再是随机事件,而 $P(AB)$ 中的 A 是随机事件,而且 AB 可交换成 BA,而且 $B|A$、AB 各自所处的样本空间不同.

由条件概率的定义容易得到

$$P(AB) = P(A)P(B \mid A) \quad (P(A) > 0) \tag{7-4}$$

称上式为乘法定理,同理有

$$P(AB) = P(B)P(A \mid B) \quad (P(B) > 0) \tag{7-5}$$

例 7.3.4　盒中装有 4 个白球 6 个红球,每次从中随机地取出一个(不放回),抽取两次,试计算两次都取得白球和第一次取得白球第二次取得红球的概率.

解　设 A_i 为第 i 次取得白球($i=1,2$).

$$P(A_1 A_2) = P(A_1)P(A_2 \mid A_1) = \frac{4}{10} \cdot \frac{3}{9} = \frac{2}{15}$$

$$P(A_1 \overline{A_2}) = P(A_1)P(\overline{A_2} \mid A_1) = \frac{4}{10} \cdot \frac{6}{9} = \frac{4}{15}$$

例 7.3.5　5 人依序抓阄,只一阄内有物,试计算每个人抓到有物阄的概率.

解　设 A_i 为第 i 次抓到有物阄($i=1,2,3,4,5$).

第一人抓到有物阄的概率 $P(A_1) = \frac{1}{5}$.

第二人抓到有物阄意味着第一次抓到空阄,而且第二次抓到了有物阄.所以第二个人抓到有物阄的概率是

$$P(\overline{A_1} A_2) = P(\overline{A_1})P(A_2 \mid \overline{A_1}) = \frac{4}{5} \cdot \frac{1}{4} = \frac{1}{5}$$

第三人抓到有物阄的概率

$$P(\overline{A_1}\,\overline{A_2} A_3) = P(\overline{A_1}\,\overline{A_2})P(A_3 \mid \overline{A_1}\,\overline{A_2}) = P(\overline{A_1})P(\overline{A_2} \mid \overline{A_1}) \cdot \frac{1}{3}$$

$$= \frac{4}{5} \cdot \frac{3}{4} \cdot \frac{1}{3} = \frac{1}{5}$$

同理,第四、第五人抓到有物阄的概率也都是 $\frac{1}{5}$.

例 7.3.5 说明了抓阄的公平性,所以抓阄被人们认同.

通过例 7.3.5 又一次看到计算事件的概率是在试验之前,甚至试验并不一定进行. 设想,如果进行了试验,第一人抓到了有物阄而且公布了试验结果,那么其后面的人自然不会再去抓阄,计算第 2,3,4,5 人抓到有物阄的概率也就无意义了.

从本章第二节,3 个事件的和的加法定理公式(7-2)可以看出,计算多个事件的和事件的概率是相当复杂的. 但是如果这些事件之间具有相互独立的关系,和事件的概率就容易计算了. 下面我们讨论事件之间的独立性.

事件 A、B 相互独立,蕴涵了 B 独立于 A,同时 A 独立于 B.

B 独立于 A,即 B 的发生不受 A 发生或 A 不发生的影响,所以有

$$P(B \mid A) = P(B) \tag{7-6}$$

A 独立于 B 便有

$$P(A \mid B) = P(A) \tag{7-7}$$

所以 A,B 相互独立相当于式(7-6)和式(7-7)同时成立.

下面我们讨论关于事件 A,B 相互独立时的概率关系,从而找出 A,B 相互独立的条件.

设 $P(A) > 0, P(B) > 0$,

如果 A,B 相互独立,便有式(7-6)和式(7-7)成立,计算 $P(AB)$ 便得

$$P(AB) = P(A)P(B) \tag{7-8}$$

反之,设式(7-8)成立,将式(7-8)与式(7-4),式(7-5)相比较便得

$$P(B \mid A) = P(B) \text{ 和 } P(A \mid B) = P(A)$$

所以 A,B 相互独立.因此式(7.3.6)是 A,B 相互独立的必要充分条件.

以上的讨论,实际上是对当 $P(AB) > 0$ 时,A,B 相互独立的条件的分析. 当 $P(AB) = 0$ 时,由式(7-8)知 $P(A)$、$P(B)$ 至少其一为零. 不妨设 $P(A) = 0$,这时 $P(B \mid A)$ 便无意义,可以在"几乎"的意义下分析 B 对于 A 的独立性.因 $P(A) = 0$,A 在试验中发生的可能性极小,或者说 A 几乎不会发生,那么 A 对 B 的发生就几乎不产生影响,故 B 独立于 A,仍然能够得到前面的结论,因篇幅所限不再赘述,我们引入

定义 7.3.2 设 A,B 是两个随机事件,如果满足

$$P(AB) = P(A)P(B) \tag{7-9}$$

则称事件 A,B 相互独立.

用式(7-9)作为事件 A,B 相互独立的定义的优点是,在实际问题中,当我们难以从事件 A,B 的属性判断它们相互独立时,如果我们能从事件的概率上得到关系式 $P(AB) = P(A)P(B)$,则仍然能判定 A,B 是相互独立的.

在这里顺便指出,A,B 相互独立与 A,B 互不相容的关系.

若 A,B 相互独立且 $P(A) > 0, P(B) > 0$,则 A,B 是相容的;如果 A,B 互不相容且 $P(A) > 0, P(B) > 0$,则 A,B 不能相互独立.

例 7.3.6 甲、乙两人同时向同一目标进行射击,命中率分别为 0.8 和 0.6,求目标被击中的概率.

解 设 A:甲击中目标.

B：乙击中目标.

$$P(A+B) = P(A)+P(B)-P(AB) = 0.8+0.6-P(A)P(B)$$
$$= 1.4-0.8 \cdot 0.6 = 0.92$$

事件 A,B 及其各自的逆事件 $\overline{A},\overline{B}$，这 4 个事件两两组合可构成 4 组.

$$A,B;\quad \overline{A},B;\quad A,\overline{B};\quad \overline{A},\overline{B}$$

可以证明：若其中任何一组内的两个事件相互独立，则其余 3 组内的两个事件也相互独立.

设 A、B 相互独立，证明 $A,\overline{B};\overline{A},B;\overline{A},\overline{B}$ 各组内的事件相互独立.

证　$P(A\overline{B}) = P(A)P(\overline{B}|A) = P(A)(1-P(B|A))$
$$= P(A)(1-P(B)) = P(A)P(\overline{B})$$

所以 $A,\overline{B}$ 相互独立. 用同样方法也可以证明 $\overline{A},B$ 相互独立. 下面证明 $\overline{A},\overline{B}$ 相互独立.

$$P(\overline{A}\,\overline{B}) = P(\overline{A+B}) = 1-P(A+B) = 1-[P(A)+P(B)-P(AB)]$$
$$= 1-P(A)-P(B)+P(A)P(B)$$
$$= (1-P(A))-P(B)(1-P(A))$$
$$= (1-P(A))(1-P(B)) = P(\overline{A})P(\overline{B})$$

所以，$\overline{A},\overline{B}$ 相互独立.

例 7.3.7　如图 7.4 所示电路中的元件 A,B,C,D 正常工作的概率皆为 p，求电路正常工作的概率.

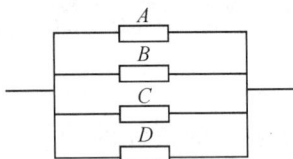

图 7.4

解： $P(A+B+C+D) = 1-P(\overline{A+B+C+D})$
$$= 1-P(\overline{A}\,\overline{B}\,\overline{C}\,\overline{D})$$
$$= 1-P(\overline{A})P(\overline{B})P(\overline{C})P(\overline{D})$$
$$= 1-(1-p)^4$$

当给出 3 个事件时是按下面的定义判断其相互独立.

定义 7.3.3　设 A,B,C 是 3 个随机事件，如果有以下等式

$$P(AB) = P(A)P(B),$$
$$P(BC) = P(B)P(C),$$
$$P(AC) = P(A)P(C),$$
$$P(ABC) = P(A)P(B)P(C)$$

成立，则称 A,B,C 相互独立.

设 $A_1,A_2,\cdots,A_n$ 是 n 个随机事件，若
$$P(A_iA_j) = P(A_i)P(A_j) \qquad (i,j=1,2,\cdots,n \quad i\neq j)$$
成立，则称 $A_i,A_2,\cdots,A_n$ 两两独立；如果对于任意的 $k(1\leqslant k\leqslant n)$ 和任意的 $1\leqslant i_1<i_2<\cdots<i_k\leqslant n$，具有等式
$$P(A_{i_1}A_{i_2}\cdots A_{i_n}) = P(A_{i_1})P(A_{i_2})\cdots P(A_{i_k})$$
则称 $A_1,A_2,\cdots,A_n$ 为相互独立.

§7.4　重复独立试验

本节介绍一种简单且十分重要的随机试验模型,即重复独立试验.

在每次试验中仅考虑随机事件 A 出现和 A 不出现($\overline{A}$ 出现),且在每次试验中 A 出现的概率皆为同一数值 p,试验重复进行 n 次.由于在每次试验中 A 出现的概率都是 p.表明了各次试验之间没有相互影响,所以各次试验之间是相互独立进行的.这就称作 n 次重复独立试验.也称为 n 重贝努利试验(Bernouri).

在 n 次重复独立试验中我们关心的是事件 A 出现 $k(k=0,1,2,\cdots,n)$ 次的概率.

例 7.4.1　某人射击命中率为 0.8,今向目标射击 5 次,求目标恰好被击中两次的概率.

解　设 A_i 为第 i 次射击目标被击中($i=1,2,3,4,5$),

5 次射击目标恰好被击中两次的各种情况为

$$C_5^2\begin{cases}\overline{A}_1A_2\overline{A}_3\overline{A}_4\overline{A}_5\\ A_1\overline{A}_2\overline{A}_3\overline{A}_4A_5\\ \cdots\cdots\\ \overline{A}_1\overline{A}_2\overline{A}_3A_4A_5\end{cases}$$

共 $C_5^2=10$ 种情况,将每种情况看成是一个随机事件,这些事件之间是两两互不相容的,且其中每个随机事件的概率都等于 $0.8^2 \cdot 0.2^3$.所以进行 5 次射击目标恰好被击中两次的概率为

$$P[\overline{A}_1A_1\overline{A}_3\overline{A}_4\overline{A}_5+A_1\overline{A}_2\overline{A}_3\overline{A}_4A_5+\cdots+\overline{A}_1\overline{A}_2\overline{A}_3A_4A_5]$$
$$=P(\overline{A}_1A_2\overline{A}_3\overline{A}_4\overline{A}_5)+P(A_1\overline{A}_2\overline{A}_3\overline{A}_4A_5)+\cdots+P(\overline{A}_1\overline{A}_2\overline{A}_3A_4A_5)$$
$$=C_5^2 0.8^2 \cdot 0.2^3=0.051$$

容易推想,目标被击中 k 次的概率为 $C_5^k 0.8^k 0.2^{5-k}(k=0,1,2,3,4,5)$.将问题一般化,有结论

设每次试验中事件 A 出现的概率都为 p,试验重复进行 n 次,则 A 出现 k 次的概率为

$$P_n[k]=C_n^k p^k q^{n-k}\qquad(q=1-p)\qquad(k=0,1,2,\cdots n).$$

例 7.4.2　按例 7.4.1 中的条件,求该人射击 5 次,求目标至少有两次被击中的概率.

解
$$P_5[k\geqslant 2]=1-P_5[k<2]=1-[P_5[0]+P_5[1]]$$
$$=1-(0.2^5+5 \cdot 0.8 \cdot 0.2^4)=0.993$$

例 7.4.3　同时抛下 5 枚硬币,求恰好有两枚正面向上的概率.

解　5 枚硬币虽然同时被抛下,但是各自出现什么结果是相互独立的,而且出现正面向上的概率皆为 0.5.所以将此试验可以看做一枚硬币重复抛下 5 次,因此所求事件的概率为

$$P_5[2]=C_5^2\left(\frac{1}{2}\right)^2\left(\frac{1}{2}\right)^3=0.31$$

§7.5　全概公式与逆概公式

刑侦人员为了侦破案件往往是不放过任何一个与案情有关的线索,原因是每条线索都有可能为案件的侦破提供一定的证据或有益的思路.计算事件的概率,有时也采取与之类似的思考和方法.

例 7.5.1　图1.5表示跳伞运动场地 Ω 被划分为 A_1、A_2、A_3、A_4 四块场地,又划出了 B 圈场地.假设跳伞员落入 Ω 内的任何场地的概率与该场地的面积成正比.试求跳伞员落入 B 圈的概率.

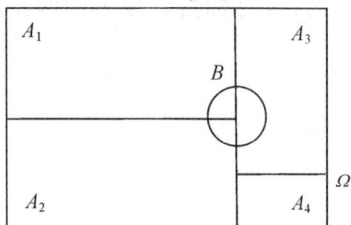

图 7.5

分析　首先我们规定,跳伞员落入哪块场地就认作是相应的事件发生.

跳伞员落入场地 A_1、A_2、A_3 都对其落入场地 B 提供了机会.即事件 A_1,A_2,A_3 每一个的发生都为事件 B 的发生提供了条件概率 $P(B|A_1)$、$P(B|A_2)$、$P(B|A_3)$,(对于 A_4,可认为 $P(B|A_4)=0$)也可以说 B 发生的可能性散布在 A_1,A_2,A_3 发生的可能上.欲求 B 发生的可能性,自然应该将 A_1、A_2、A_3 为 B 的发生提供的可能性汇聚相加到一起,即

$$P(B\mid A_1)+P(B\mid A_2)+P(B\mid A_3)$$

但这样简单的相加是将事件 A_1,A_2 和 A_3 平等地一样看待了,实际上在试验中 A_1,A_2,A_3 各自发生的可能性是不同的,或者说 A_1,A_2,A_3 在试验中各自所占的成分(比例)是不相同的.由图7.5看出,虽然事件 A_3 为事件 B 的发生提供的机会最大,但 A_3 本身发生的可能性却不大.所以在上式中的各项前应当分别乘以相应事件 A_i 发生的概率,即

$$P(A_1)P(B\mid A_1)+P(A_2)P(B\mid A_2)+P(A_3)P(B\mid A_3),$$

这样,既考虑到每个事件 A_i 对 B 提供的条件概率($i=1,2,3$),同时又要考虑到事件 A_i 自身在试验中发生的概率($i=1,2,3$)就全面了.于是有

定理 7.5.1　设 $B,A_1,A_2,\cdots,A_n$ 为试验 E 中的事件,满足条件 $A_1,A_2,\cdots,A_n$ 两两互不相容,且 $A_1+A_2+\cdots+A_n=\Omega$,又 $P(A_i)>0(i=1,2,\cdots,n)$,则

$$P(B) = \sum_{i=1}^{n} P(A_i)P(B\mid A_i) \qquad (7\text{-}10)$$

证　$P(B)=P(\Omega B)=P((A_1+A_2+\cdots+A_n)B)$

$\qquad\quad =P(A_1B+A_2B+\cdots+A_nB)$

$\qquad\quad =P(A_1B)+P(A_2B)+\cdots+P(A_nB)$

$\qquad\quad =P(A_1)P(B|A_1)+P(A_2)P(B|A_2)+\cdots+P(A_n)P(B|A_n)$

$\qquad\quad =\sum_{i=1}^{n}P(A_i)P(B|A_i)$

公式(7-10)称作全概公式.

注意　在定理7.5.1的条件中未提及 $P(B|A_i)(i=1,2,\cdots,n)$,原因是作为数学定

理,条件希望尽可能地少,而所能得到的结论却希望尽可能地多.条件中不提及 $P(B|A_i)$ $(i=1,2,\cdots,n)$,却蕴涵了 $P(B|A_i)\geqslant 0(i=1,2,\cdots,n)$,因为说一个随机事件发生的概率大于或等于零总是正确的.如果 $P(B)>0$,则全概公式(7.5.1)右端必有不为零的项,这些项中的因子 $P(B|A_i)$ 必然大于零.如果 $P(B)=0$,则由定理的条件 $P(A_i)>0(i=1,2,\cdots,n)$,便有

$$P(B \mid A_1) = P(B \mid A_2) = \cdots = P(B \mid A_n) = 0$$

定理 7.5.1 的条件中虽然未提到 $P(B|A_i)(i=1,2,\cdots,n)$,但这却是全概公式的实质.一个题目,只要具备了每个 $A_i(i=1,2,\cdots,n)$ 的发生都对 B 的发生提供了机会的特点,表现为 $P(B|A_i)(i=1,2,\cdots,n)$,欲求 $P(B)$ 就不妨用全概公式一试.至于 $A_1,A_2,\cdots,A_n$ 是不是满足定理 7.5.1 的条件,可暂不考虑.如果所遇到的题目确实是用全概公式解的题,那么题目中的事件 $A_1,A_2,\cdots,A_n$ 自然会满足定理的条件.顺便指出一点,定理 7.5.1 条件中的 $A_1+A_2+\cdots+A_n=\Omega$ 不是必要的,只要满足 $B\subset(A_1+A_2+\cdots+A_n)$ 即可.

例 7.5.2 在发出电报的信号中有 60% 是"·",40% 是"一",当发报台发出"·"信号时,收报台收为"·"的概率是 0.8,错收为"一"信号的概率为 0.2.当发报台发出"一"信号时,收报台收为"一"的概率为 0.9,错收为"·"的概率为 0.1.今发报台发出一个信号,求收报台收为"·"信号的概率.

分析 不论发报台发出"·"信号或是"一"信号,收报台都有可能收为"·"信号,即发"·"或发"一"都对收为"·"信号提供了可能性,所以此题可用全概公式求解.

解 设 A:发报台发出"·"信号.

B:收报台收为"·"信号.

$$P(B)=P(A)P(B|A)+P(\overline{A})P(B|\overline{A})$$
$$=0.6 \cdot 0.8+0.4 \cdot 0.1=0.52$$

例 7.5.3 一批产品,其中 90% 是正品,10% 是次品,正品被检验为正品的概率是 0.95,次品被检验为次品的概率是 0.90,今从中任取一件产品,求检验其为正品的概率.

解 设 A:取出的是正品.

B:被检验为正品.

$$P(B) = P(A)P(B \mid A) + P(\overline{A})P(B \mid \overline{A})$$
$$= 0.9 \cdot 0.95 + 0.1 \cdot 0.1 = 0.865$$

例 7.5.4 甲盒中装有 4 个白球 6 个红球,乙盒装有 2 个白球 8 个红球,今从甲盒中随机取出一球放入乙盒中,再从乙盒随机取出一球,求取得白球的概率.

分析 解此题稍有困难.难在不知从甲盒中取出放入乙盒中的是什么球.但是要弄清这一点是不可能的,因为题目中未说明.如果拘泥于这个问题,此题就解不出来了.如果放开一点想,不论从甲盒中取出放入乙盒中的是白球还是红球,都对从乙盒中取出白球提供了可能性.那么此题就可用全概公式求解.

解 设 A:从甲盒中取出白球.

B:从乙盒中取出白球.

$$P(B) = P(A)P(B \mid A) + P(\overline{A})P(B \mid \overline{A})$$

$$= \frac{4}{10} \cdot \frac{3}{11} + \frac{6}{10} \cdot \frac{2}{11} = \frac{24}{110} = 0.218$$

下面我们继续例 7.5.4 的讨论.

例 7.5.5　在例 7.5.4 中如果再假设从乙盒中取出的是白球,问当初从甲盒中取出放入乙盒中的是白球的概率为多少?

解　符号 A,B 意义仍同例 7.5.4 中 A,B 之意,所求的是在事件 B 已发生的前提下事件 A 发生的概率,即

$$P(A \mid B) = \frac{P(AB)}{P(B)}$$

上式分母 $P(B)$ 的计算,应与例 7.5.4 中 $P(B)$ 的算法相同,所以有

$$P(A \mid B) = \frac{P(AB)}{P(B)} = \frac{P(A)P(B \mid A)}{P(A)P(B \mid A) + P(\overline{A})P(B \mid \overline{A})} = 0.5$$

这就是我们要引出的

定理 7.5.2　设 $A_1, A_2, \cdots, A_n, B$ 为试验 E 中的事件,满足 $A_1, A_2, \cdots, A_n$ 两两互不相容且 $A_1 + A_2 + \cdots + A_n = \Omega$,又 $P(B) > 0, P(A_i) > 0 (i = 1, 2, \cdots, n)$,则

$$P(A_k \mid B) = \frac{P(A_k)P(B \mid A_k)}{\sum\limits_{i=1}^{n} P(A_i)P(B \mid A_i)} \tag{7-11}$$

证　由条件概率和全概公式有

$$P(A_k \mid B) = \frac{P(A_kB)}{P(B)} = \frac{P(A_k)P(B \mid A_k)}{\sum\limits_{i=1}^{n} P(A_i)P(B \mid A_i)}$$

例 7.5.6　某电子设备制造厂所使用的一批晶体管是由甲、乙、丙 3 家元件厂供货,且比例为 0.15, 0.8, 0.05. 而这 3 个厂家的次品率依次为 0.02, 0.01, 0.03,晶体管均匀的混在一起. 今随机地从中取出一只,经测试是次品. 试问此只晶体管由哪个厂家供货的可能性最大?

解　设 A_i:所取到的晶体管是由第 i 厂供货 $(i = 1, 2, 3)$. A_1, A_2, A_3 分别表示甲、乙、丙厂的产品.

　　　B:取出一只为次品.

$$P(B) = \sum_{i=1}^{3} P(A_i)P(B \mid A_i) = 0.15 \times 0.02 + 0.8 \times 0.01 + 0.05 \times 0.03$$

$$= 0.003 + 0.008 + 0.0015 = 0.0125$$

$$P(A_1 \mid B) = \frac{P(A_1)P(B \mid A_1)}{P(B)} = 0.24$$

$$P(A_2 \mid B) = \frac{P(A_2)P(B \mid A_2)}{P(B)} = 0.64$$

$$P(A_3 \mid B) = \frac{P(A_3)P(B \mid A_3)}{P(B)} = 0.12$$

这只次品来自乙厂的可能性最大.

例 7.5.7　在例 1.5.2 的条件下,如果发报台发出一个信号,收报台收为"•"信号,问当初发报台发"•"信号及发"－"信号的概率各为多少?

解　设 A 仍为发报台发出"•"信号,B 为收报台收为"•"信号,则

$$P(A \mid B) = \frac{P(AB)}{P(B)} = \frac{0.6 \cdot 0.8}{0.52} = \frac{0.48}{0.52} = \frac{12}{13}$$

$$P(\overline{A} \mid B) = \frac{P(\overline{A}B)}{P(B)} = \frac{0.4 \cdot 0.1}{0.52} = \frac{4}{52} = \frac{1}{13}$$

公式(7-11)称作逆概公式,也称作贝叶斯(Bayes)公式. 在可靠性分析中经常用到.

本 章 小 结

1. 重要概念.

(1) 随机事件的概念(包括随机试验,样本空间,随机事件是样本空间的子集合).

(2) 概率的概念.

① 用数来反映事件发生可能性的大小,称此数为该事件的概率.

具体计算一个事件的概率是相当困难的,而频率的大、小,反映了事件在一次试验中发生的可能性的大小,所以可以用事件的频率作为事件的概率,但有其弊病. 人们抽取了频率的 3 个性质用来作为概率的定义.

② 概率应满足的 3 个条件:在 0、1 之间;$P(\Omega)=1$;可加性. 其中最重要的是可加性,这决定了在第 2 章用定积分计算概率.

(3)事件关系与运算.

① 和,积,差事件的概念.

看起来 $A+B,AB,A-B$ 是运算,实际上它们是由事件 A,B 构成的新事件,要弄清楚它们与 A,B 的关系.

② 注意 A,B 互不相容与 A,B 为对立事件的差异.

(4) 条件概率 $P(B|A)$ 的概念,定义与计算.

(5) 事件 A,B 相互独立的定义 $P(AB)=P(A)P(B)$.

2. 常用公式.

① 古典概型中　　　$P(A)=\dfrac{A\text{包含的试验结果数}}{\text{试验结果总数}}$

② 加法定理　　　$P(A+B)-P(A)\vdash P(B)-P(AB)$

③ 条件概率　　　$P(B|A)=\dfrac{P(AB)}{P(A)}$

④ 乘法定理　　　$P(AB)=P(A)P(B|A)$

⑤ 重复独立试验　$P_n[k]=C_n^k p^k q^{n-k}$　　　$(q=1-p,k=1,2,\cdots,n)$

⑥ 全概公式　　　$P(B) = \sum_{i=1}^{n} P(A_i)P(B \mid A_i)$

⑦ 逆概公式　　　$P(A_k \mid B) = \dfrac{P(A_k)P(B \mid A_k)}{\sum\limits_{i=1}^{n} P(A_i)P(B \mid A_i)}$

3. 习题分类(比较简单的习题).

我们将本章内容所涉及的习题按概型分类,在做习题时考虑题目的具体情况与哪个概型相近,不妨就用相应的公式试作.这里所说的"概型",着重是公式及定理的特点.

(1) 古典概型.

① 直接利用定义计算概率.

② 利用事件关系计算所求事件的概率.

(2) 条件概率的计算.

① 当能够计算 $P(A),P(AB)$ 时,用公式 $P(B|A)=\dfrac{P(AB)}{P(A)}$.

② 在变化了的样本空间中计算 $P(B|A)$.

(3) 重复独立试验.

$$P_n[k]=C_n^k P^n q^{n-k} \qquad (q=1-p,k=1,2,\cdots,n)$$

(4) 全概公式和逆概公式.

$$P(B)=\sum_{i=1}^{n}P(A_i)P(B\mid A_i),\ P(A_k\mid B)=\frac{P(A_k)P(B\mid A_k)}{\displaystyle\sum_{i=1}^{n}P(A_i)P(B\mid A_i)}$$

对于古典概型的题以及条件概率的题是很容易判别的.下面只对重复独立试验及全概、逆概概型略加说明.

一个题目是不是符合重复独立试验概型,关键是一个事件在每次试验中出现的概率皆相同,只要试验重复进行的次数 $n\geqslant 2$,要求该事件出现的次数的概率,就属重复独立试验概型.

如果是一批产品,合格率为 p,从中一次取出 n 个$(n\geqslant 2)$,也可以看成 n 次重复独立试验.因为批量可以看成 ∞.每次取出 1 个不放回与放回可认为没有区别,所以一次取出 n 个可以看作每次取出 1 个进行了 n 次有放回的重复独立试验.

全概公式和逆概公式有着共同的大前提.即每个 $A_i(i=1,2,\cdots,n)$ 的发生都对 B 的发生提供了可能性,表现为 $P(B|A_i)\geqslant 0,i=1,2,\cdots,n$,(只要其中有不为零者).这是全概、逆概公式最显著的特点,所以把它们并为一个概型.若是求 $P(B)$,利用全概公式.若是求 $P(A_k|B)$,则用逆概公式.

最后举一个混合型的例题.

一供货商向一用户提供一批产品,合格率为 95%,但产品经检测则不能复原.用户考虑,从中任取 5 件,经测试如果出现 3 个、4 个、5 个为次品,拒绝接收此批产品的概率分别为 $90\%,95\%$ 和 1.试求用户拒收此批产品的概率.

解　设 $A_i(i=3,4,5)$ 为被检测的 5 件中出现的次品数,

　　　　B:产品被拒收,

$$P(B)=\sum_{i=3}^{5}P(A_i)P(B\mid A_i)$$
$$=C_5^3 0.05^3 0.95^2\cdot 0.9+C_5^4 0.05^4 0.95\cdot 0.95+0.05^5\cdot 1$$
$$=0.001$$

习　题　七

1. 计算下列随机试验的样本空间含有基本事件的总数.

(1) 同时抛下 3 枚硬币,正、反面向上的情况.

(2) 同时掷 3 颗骰子,记录 3 颗骰子点数之和.

(3) 房中 4 人生日的情况数.

(4) 检查某种产品,合格的记上 1,不合格的记上 0. 如果连续查出 2 个次品就停止检查,且检查 4 件产品就停止检查. 检查结果总数.

2. 设 A、B、C 为 3 个事件,用 A、B、C 的运算关系表示下列各事件.

(1) A 发生,B 与 C 不发生.

(2) A 与 B 都发生,而 C 不发生.

(3) A、B、C 中至少有一个发生.

(4) A、B、C 都发生.

(5) A、B、C 都不发生.

(6) A、B、C 中不多于一个发生.

(7) A、B、C 中不多于两个发生.

(8) A、B、C 中至少有两个发生.

3. 指出下列命题中哪些成立,哪些不成立.

(1) $A+B=A\bar{B}+B$.　　　(2) $\overline{AB}=A+B$.

(3) $\overline{A+BC}=\bar{A}\bar{B}\bar{C}$.　　　(4) $(AB)(A\bar{B})=\varnothing$.

(5) 若 $A\subset B$,则 $A=AB$.　　　(6) 若 $AB=\varnothing$ 且 $C\subset A$,则 $BC=\varnothing$.

(7) 若 $A\subset B$,则 $\bar{B}\subset\bar{A}$.　　　(8) 若 $B\subset A$,则 $A+B=A$.

4. 将 10 本书任意排放在书架上,求其中指定的 4 本书接连排在一起的概率.

5. 从 13 张黑桃牌中每次抽出一张且放回. 设抽取 3 次,求抽到的牌

(1) 没有同号的概率.

(2) 有同号的概率.

6. 在 10 件产品中有 7 件正品,3 件次品,从中每次抽取一件,取后不放回.

(1) 求第三次才取到正品的概率.

(2) 若抽取 3 次,求至少有一次取到正品的概率.

7. 有 3 个球,4 个杯子,每个球可随意放入任何一个杯子中,求杯中有球的最大个数为 1、2、3 的概率.

8. 今有 10 个人分别佩带从 1 号到 10 号的纪念章,从中任选 3 人记录其纪念章的号码.

(1) 求最小号码为 5 的概率.

(2) 求最大号码为 5 的概率.

9. 某油漆公司发出 17 桶油漆,其中白漆 10 桶、黑漆 4 桶、红漆 3 桶,在搬运中所有标签脱落,交货人随意将这些油漆发给顾客. 问一定货 4 桶白漆、3 桶黑漆、2 桶红漆的顾客,

能按所定颜色如数收到定货的概率是多少?

10. 某射击运动员一次射击中得 10 环、9 环、8 环的概率分别为 0.4、0.3、0.2,求该运动员在五次独立射击中得到不少于 48 环的概率.

11. 某人忘记了电话号码的最后一个数字,他随意拨号,求他拨号不超过 3 次而接通所需电话的概率,若已知最后一个数字是奇数,那么此概率是多少?

12. 从不同的 5 双鞋中随机取 4 只,问这 4 只鞋中至少有两只配成一双的概率是多少?

13. 掷两颗骰子,已知两颗骰子点数之和为 7,求其中一颗为 1 点的概率.

14. 假设每个人生于一年中任何一个月都是等可能的,求下列事件发生的概率.

(1) A:12 个人的生日在 12 个不同的月份.

(2) B:6 个人中至少有 2 人的生日在同一个月份.

(3) C:6 个人的生日恰巧在两个月中.

15. 设 10 件产品中有 4 件不合格品,从中任取两件. 已知所取两件产品中有一件是不合格品,求另一件也是不合格品的概率.

16. 设 $P(A|B)=P(A|\overline{B})$,证明事件 A、B 相互独立.

17. 盒中有白球 6 个,红球 4 个,每次从中随机地取出一个,抽取两次,试就有放回及无放回分别计算以下事件的概率.

(1) 两次取的都是白球.

(2) 两次取的球中有白球.

(3) 两次取的球颜色相同.

(4) 第 2 次取出白球.

18. 在 10 只晶体管中有 4 只次品管,今一只只测试,求第 4 只次品管在第 5 次测试时被发现的概率.

19. 已知 $A \subset B$,$P(A)=0.2$,$P(B)=0.3$,求

(1) $P(\overline{A})$. 　　　　　　　　　(2) $P(A+B)$.

(3) $P(AB)$. 　　　　　　　　　　(4) $P(\overline{A}B)$.

(5) $P(A-B)$.

20. 设 A,B,C 是 3 个事件,$P(A)=P(B)=P(C)=\dfrac{1}{4}$,$P(AB)=P(BC)=\dfrac{1}{8}$,$P(AC)=0$,求

(1) A,B,C 都发生的概率.

(2) A,B,C 至少有一个发生的概率.

(3) A,B,C 都不发生的概率.

21. 设 A,B 是两个事件,且 $P(A)=0.6$,$P(B)=0.7$,试问

(1) 在什么条件下 $P(AB)$ 取到最大值,最大值是多少?

(2) 在什么条件下 $P(AB)$ 取到最小值,最小值是多少?

22. 已知 $P(\overline{A})=0.3$,$P(B)=0.4$,$P(A\overline{B})=0.5$,求 $P(B|A+\overline{B})$.

23. 已知 $P(A)=\dfrac{1}{4}$,$P(B|A)=\dfrac{1}{3}$,$P(A|B)=\dfrac{1}{2}$,求 $P(A+B)$.

24. 甲、乙、丙 3 人分别破同一个密码,他们能破译出的概率分别为 1/3,1/4,1/5,试求

(1) 恰有一人破译出密码的概率.

(2) 密码能被破译的概率.

25. 已知 $P(A)=a$,$P(B)=0.3$,$P(\overline{A}+B)=0.7$.

(1) 若事件 A 与 B 互不相容,求 $a=$?

(2) 若事件 A 与 B 相互独立,求 $a=$?

26. 对目标进行 3 次独立射击,各次命中率分别为 0.4,0.5,0.7. 求

(1) 3 次射击中恰有一次击中目标的概率.

(2) 至少有一次击中目标的概率.

27. 事件 A、B 相互独立,$P(A)=0.6$,$P(B)=0.5$,求 $P(B|A)$,$P(A|\overline{B})$,$P(A+B)$.

28. 某种商品的合格率为 0.7,一顾客从商店买了 6 件这种商品,试求下列事件的概率.

(1) 恰有 2 件合格商品.

(2) 6 件商品全部合格.

(3) 合格商品件数超过一半.

29. 一条自动生产线上的产品的一级品概率为 0.3,现检查了 10 件,求至少有 2 件一级品的概率.

30. 某工厂有 200 人向保险公司投保"一年定期事故险",年初每人向保险公司交付保险金 10 元,假设每人一年的事故率为 2%,若有一人在当年发生事故,则其家属可从保险公司领取 2000 元的保险金,问该保险公司对这批工人进行保险,亏本的可能性有多大?

31. 同时掷下 6 枚骰子,求

(1) 出现 3 个偶数点的概率.

(2) 出现偶数点的个数多于奇数点的个数的概率

32. 某车间有 10 台皆为 7.5 千瓦的机床,如果每台机床的开动是独立的,且每台机床平均每小时开动 12 分钟,问全部机床用电超过 48 千瓦的可能性有多大?

33. 设事件 A 在每次试验中出现的概率皆为 p,试验进行 3 次,若已知 A 至少出现 1 次的概率为 19/27,求 p.

34. (巴拿赫问题)某人有两盒火柴,吸烟时从任一盒中取一根火柴,经过一段时间后,发现一盒火柴已经用完,如果最初两盒中各有 n 根火柴,求这时另一盒还有 r 根火柴的概率.

35. 10 件货物中有 3 件是次品,已售出 2 件货物,现从剩下的 8 件中任取 1 件,求取出为正品的概率.

36. 有两批产品:第一批 20 件,其中有 5 件特级品;第二批 12 件,其中有 2 件特级品. 今按下列方法抽样:

(1) 将两批产品混在一起,从中任取 2 件.

(2) 从第一批产品中任取 2 件混入第二批中,再从混合后的第二批中任取 2 件.

试分别求出两种抽样情况下所抽两件都是特级品的概率.

37. 某厂的甲、乙、丙 3 个车间生产同一种产品,产量依次占全厂的 45%,35%,20%,若各个车间的次品率依次为 4%,2%,5%,产品混放在一起,现从中抽取 1 个进行检验,求

(1) 检测为次品的概率.

(2) 检测结果是次品,此件产品是由哪个车间生产的可能性最大.

38. 某地区保险公司认为:居民投保财产可简单分为两类,一类是容易丢失财产,另一类是比较安全财产. 统计数据表明,一年内容易丢失财产丢失的概率为0.04,而一年内比较安全财产丢失的概率为 0.005,若容易丢失财产保险量占保险总量的 30%,求

(1) 财产投保后,一年内出现丢失的概率.

(2) 财产投保后,一年内出现了丢失,这类财产是容易丢失财产的概率.

39. 甲、乙两人投篮命中率分别为 0.6,0.7,今独立各投 3 次,求

(1) 两人投中次数相等的概率.

(2) 甲比乙投中次数多的概率.

40. 甲、乙、丙三门火炮同时向敌机进行射击,击中的概率分别为 0.4,0.5,0.7 飞机中 1 弹而被击落的概率为 0.2,中两弹被击落的概率为 0.6,中 3 弹则必定被击落. 求敌机被击落的概率.

41. 设电路中有 5 个独立工作的元件 1,2,3,4,5,它们正常工作的概率均为 p,按图 7.6 联接成一个系统,试求该系统正常工作的概率.

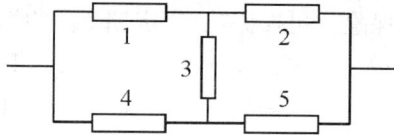

图 7.6

第八章 一维随机变量

概率论是一门产生比较早的数学分支,但是发展过程缓慢,早期多是研究博弈中提出的问题和一些数学家提出的个别概率问题.到 19 世纪末,微积分的发展已经成熟,函数论的发展亦方兴未艾.于是数学家们考虑是否可以利用微积分的方法和函数论的方法研究随机现象.而微积分主要是研究变量、函数的变化.所以,若想用微积分的方法研究随机现象,就需要用变量、函数对随机试验进行描述.因此引入随机变量的概念.

引例 盒中装有 5 个白球、3 个红球和 2 个黑球,从中随机地取出 1 个,求如下事件的概率.

A:取出的是白球.

B:取出的是白球或红球.

解 如果我们将球编号,1 至 5 号为白球,6 到 8 号为红球,9 号、10 号为黑球.再引入变量 X,用 $X=i$ 表示取出的是 i 号球($i=1,2,\cdots,10$),便有

$$P(A) = P[(X = 1) + (X = 2) + (X = 3) + (X = 4) + (X = 5)]$$

$$= \sum_{i=1}^{5} P(X = i) = 5 \cdot \frac{1}{10} = \frac{1}{2}$$

$$P(B) = 1 - P(\overline{B}) = 1 - P[(X = 9) + (X = 10)] = 1 - \frac{2}{10} = \frac{4}{5}$$

从对上例的处理可以看出,我们可以用变量 X 取不同的值以代表随机试验的种种不同的试验结果.即可以用变量描述随机试验和随机事件.我们称 X 为随机变量(在非严格的意义下).

§8.1 离散型随机变量及其概率分布律

取值为有限个数值或可列个(可以一一列出)数值的随机变量称为离散型随机变量.本节着重对其取值情况进行描述.为了直观和容易理解,我们经常使用几何语言.将随机变量说成随机点,即一个点往数轴上落,而落点位置(坐标)是随机的.随机变量 X 取值 a,即 $X=a$,说成随机点 X 落到 a(点)上.

例 8.1.1 设随机点 X 向数轴上 $0,1,2,3$ 四个点处落下.且

$$P[X = 0] = \frac{1}{2}, \qquad P[X = 1] = \frac{1}{4}$$

$$P[X = 2] = \frac{1}{8}, \qquad P[X = 3] = \frac{1}{8}$$

我们可以将所述的现象用下面的表 8.1 直观的表示出来.

表 8.1

X	0	1	2	3
p	$\frac{1}{2}$	$\frac{1}{4}$	$\frac{1}{8}$	$\frac{1}{8}$

表中第一行中的数字表示随机变量 X 所有可能取的值. 表中第二行数字表示 X 取第一行中每个数值相应的概率 p. 表 8.1 蕴含了随机点 X 落向数轴这一随机试验的样本空间 $\Omega = \{(X=0),(X=1),(X=2),(X=3)\}$.

例 8.1.2　表 8.2 给出了随机变量 Y 的取值情况.

表 8.2

Y	0	1	2	3
p	$\frac{1}{8}$	$\frac{1}{8}$	$\frac{1}{4}$	$\frac{1}{2}$

$$P[Y=0] = \frac{1}{8}, \qquad\qquad P[Y=1] = \frac{1}{8}$$

$$P[Y=2] = \frac{1}{4}, \qquad\qquad P[Y=3] = \frac{1}{2}$$

以上两例中的随机变量 X 和 Y 虽然取值相同,但是取对应相等的值的概率不等,所以 X 和 Y 的取值情况不同,应当认为是两个不同的随机变量. 也可以说随机点 X 和 Y 虽然落点位置相同,但是下落方式还是有区别的,随机点 X 偏向 0,1 点下落,而 Y 偏向 2,3 点下落. 所以 X、Y 应当认为是两个不同的随机点.

注意到表 8.1 和表 8.2 中的第二行概率值的总和都等于 1,我们规定随机变量取值是必然事件,或者说随机点落到数轴上是必然事件. 那么随机变量 X 和 Y 的区别就在于它们取值的总概率 1 的分散、散开的方式不同. 所以,表 8.1 和表 8.2 都是采用将随机变量取值的总概率 1 的散开方式、散开的规律、分布的规律来描述随机变量的取值情况. 我们将此一般化. 引入

定义 8.1.1　称表 8.3 为离散型随机变量 X 的概率分布律.

表 8.3

X	x_1	x_2	$\cdots$	x_i	$\cdots$	$p_i \geqslant 0 \quad i=1,2,\cdots$
p	p_1	p_2	$\cdots$	p_i	$\cdots$	$\sum\limits_{i=1}^{\infty} p_i = 1$

表 8.3 描述了随机变量 X 的取值情况

$$P(X=x_i) = p_i \qquad\qquad (i=1,2\cdots), \tag{8-1}$$

而且是以 X 取值的总概率 1 按某种规律分散开,分配到 X 各个可能取的值上的方式进行描述. 所以称作概率分布律. 式(8-1)也称作随机变量 X 的概率分布律.

图 8.1 是表 8.3 或式(8-1)的几何表示.

下面通过例子引入 3 种常用的分布.

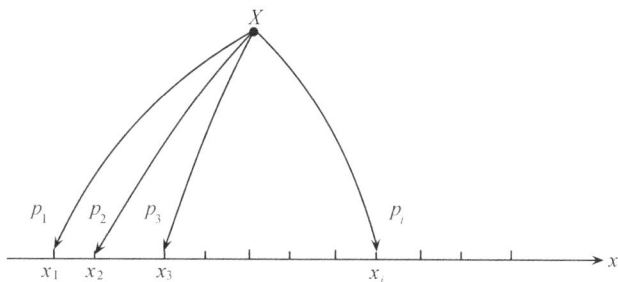

图 8.1

例 8.1.3 设某人射击命中率为 0.8，今向目标射击 10 次，试写出目标被击中次数 X 的概率分布律.

例 8.1.4 将一均匀硬币抛掷 10 次，试写出正面向上次数 Y 的概率分布律.

例 8.1.3 中的随机变量 X 和例 8.1.4 中的随机变量 Y 都描写在重复独立试验中事件出现次数的概率分布，我们将此归为一类，并将问题一般化. 引入

1. 二项分布 $B(n,p)$

X	0	1	2	$\cdots$	k	$\cdots$	n
p	q^n	npq^{n-1}	$C_n^2 p^2 q^{n-2}$	$\cdots$	$C_n^k p^k q^{n-k}$	$\cdots$	p^n

$(q=1-p)$

上表蕴涵了下面的 $n+1$ 个等式

$$P(X=0)=P_n[0]=q^n$$
$$P(X=1)=P_n[1]=npq^{n-1}$$
$$P(X=2)=P_n[2]=C_n^2 p^2 q^{n-2}$$
$$\cdots\cdots$$
$$P(X=k)=P_n[k]=C_n^k p^k q^{n-k}$$
$$\cdots\cdots$$
$$P(X=n)=P_n[n]=p^n$$

所以二项分布是对 n 次重复独立试验中，事件 A 出现次数的全面描述.

例 8.1.5 某车间有 9 台车床，每台车床使用电力是间歇的，平均每小时有 12 分钟使用电力. 假定每个车工的工作是独立的，试计算同一时刻至少有 7 台车床用电的概率.

解 9 台车床独立用电，且每台车床使用电力的概率皆为 $p=\dfrac{12}{60}=0.2$，观察 9 台车床中在同一时刻使用电力的数目 X，相当于进行 9 次重复独立试验. 所以 $X \sim B(9,0.2)$. 因此

$$P(X \geqslant 7)=1-P(X \leqslant 6)=1-0.9997=0.0003$$

上式中用到 $P(X \leqslant 6)=0.9997$ 是由本书附表 1 查得.

当二项分布 $B(n,p)$ 中的试验次数 $n=1$，即只进行一次试验时，相应事件出现的次数自然是 0 或 1. 这就引出了

2. (0-1)两点分布

X	0	1
p	q	p

$(q=1-p)$

服从两点分布的随机变量虽然很简单,但它经常在数理统计中使用.

例 8.1.6 设某种产品的合格率为 p,每次抽检一件(验后放回),检测 20 件.其中的合格品数应当如何计算(表示)?

解 设 $X_i = \begin{cases} 1 & \text{第 } i \text{ 次取出的是合格品} \\ 0 & \text{第 } i \text{ 次取出的是次品} \end{cases}$.

X_i	0	1
p	q	p

$(q=1-p, i=1,2,3,\cdots,20)$.

分析和式 $\sum\limits_{i=1}^{20} X_i$ 的构成. $\sum\limits_{i=1}^{20} X_i$ 中有 20 项,有些项是 0,有些项是 1,其中 1 的个数便是抽到合格品的个数,所以 $\sum\limits_{i=1}^{20} X_i$ 表示抽检 20 次中抽到合格品的个数.

在棉布的质量指标中有一项:在面积为 S 的布面上,出现的疵点数目不能超过给定的值.当棉布织好后再进行检验,如果不符合此项指标,就造成了浪费.能否根据以往的经验在棉布未织前来计算面积为 S 的布面上出现疵点数的概率呢?

为解决这个问题我们设想将面积 S 等分为 n 个小块. n 大到这样的程度,使得每个小块上,如果出现疵点,最多只是 1 个.再假设每个小块上出现一个疵点的概率都是同一值 p_n,并且各个小块上疵点的出现是相互独立的.那么当检查整个布面上共出现多少个疵点时,可以对每一个小块逐一检查,共检查 n 次.这就相当于进行了 n 次重复独立试验.可以计算面积为 S 的布面上出现 k 个疵点的概率

$$P_n[k] = C_n^k p_n^k q_n^{n-k} \qquad (k=1,2,\cdots,n, q_n=1-p_n)$$

其中 p_n 是每个小块布面上出现 1 个疵点的概率.显然 p_n 与小块的面积 $\dfrac{S}{n}$ 成比例.同时与棉花的质量也有关系.设棉花的质量系数为 α,则

$$p_n = \alpha \cdot \frac{S}{n}$$

而 α、S 皆为常数,可将 αS 记为 λ.所以

$$p_n = \frac{\lambda}{n}$$

p_n 与 n 有关,我们令 $n \to \infty$,计算 $P_n[k]$ 的极限

$$\lim_{n \to \infty} P_n[k] = \lim_{n \to \infty} C_n^k p_n^k q_n^{n-k} = \lim_{n \to \infty} \frac{n(n-1)\cdots(n-k+1)}{k!} (\frac{\lambda}{n})^k (1-\frac{\lambda}{n})^{n-k}$$

$$= \lim_{n \to \infty} \frac{1}{k!} \cdot \frac{n}{n}\frac{n-1}{n}\cdots\frac{n-k+1}{n}\lambda^k (1-\frac{\lambda}{n})^{n-k}$$

$$=\lim_{n\to\infty}\frac{\lambda^k}{k!}\cdot(1-\frac{1}{n})\cdots(1-\frac{k-1}{n})(1-\frac{\lambda}{n})^{n-k}$$

其中最后一个因子的极限为

$$\lim_{n\to\infty}(1-\frac{\lambda}{n})^{n-k}=\lim_{n\to\infty}\frac{(1-\frac{\lambda}{n})^n}{(1-\frac{\lambda}{n})^k}=\frac{\mathrm{e}^{-\lambda}}{1}=\mathrm{e}^{-\lambda}$$

所以

$$\lim_{n\to\infty}P_n[k]=\frac{\lambda^k}{k!}\mathrm{e}^{-\lambda}$$

而棉花尚未织成布,面积为 S 的布面上出现的疵点数是随机的,可看成随机变量 X,那么面积为 S 的布面上出现 k 个疵点的概率

$$P(X=k)=\lim_{n\to\infty}P_n[k]=\frac{\lambda^k}{k!}\mathrm{e}^{-\lambda}\qquad(k=0,1,2,\cdots)$$

计算

$$\sum_{k=0}^{\infty}\frac{\lambda^k}{k!}\mathrm{e}^{-\lambda}=\mathrm{e}^{-\lambda}\sum_{k=0}^{\infty}\frac{\lambda^k}{k!}=\mathrm{e}^{-\lambda}\cdot\mathrm{e}^{\lambda}=1$$

所以 $\sum_{k=0}^{\infty}P(X=k)=1$,于是我们又引出了一个新的随机变量,即

3. 泊松(Poisson)分布 $P(\lambda)$

X	0	1	2	$\cdots$	k	$\cdots$
p	$\mathrm{e}^{-\lambda}$	$\lambda\mathrm{e}^{-\lambda}$	$\frac{\lambda^2}{2!}\mathrm{e}^{-\lambda}$	$\cdots$	$\frac{\lambda^k}{k!}\mathrm{e}^{-\lambda}$	$\cdots$

泊松分布是对稀疏现象(如布面上的疵点)的描述,也称作稀疏律. 如某时段内的电话呼叫次数,机器纺纱的纱断头数等,都可以用泊松分布进行描述.

由本节中数 $\frac{\lambda^k}{k!}\mathrm{e}^{-\lambda}$ 的得来我们知道,设 $X\sim P(\lambda)$,则

$$P(X=k)=\frac{\lambda^k}{k!}\mathrm{e}^{-\lambda}=\lim_{n\to\infty}P_n[k]$$

上式右端 $P_n[k]$ 是一个服从二项分布 $B(n,p)$ 的随机变量取值为 k 时相应的概率,所以泊松分布是二项分布的极限,且保持 $np=\lambda$ 的参数关系.

例 8.1.7 某城市一保险公司发现,索赔要求中有 15% 是因被盗提出的. 在 1989 年中该公司共收到 10 件索赔要求,试计算其中至少有 5 个因被盗提出索赔的概率.

解 设 X 为 10 件索赔中因被盗而提出索赔的件数,显然 $X\sim B(10,0.15)$.

$P(X\geqslant5)=1-P(X\leqslant4)=1-0.9901=0.0099.$

上式用到 $P(X\leqslant4)=0.9901$,系由附表 1 查得.

若用泊松分布计算,$\lambda=np=10\cdot0.15=1.5.$

$P(X\geqslant5)=1-P(X\leqslant4)=1-0.9810=0.0190.$

上式中用到 $P(X\leqslant4)=0.9810$,系由查附表 2 经平均而得.

可以看出两种算法的结果相差不足 0.01. 而此处 $n=10$ 并不太大, 按两种分布计算的概率吻合程度已相当好. 当 n 较大时计算 C_n^k 较困难, 利用 $\lambda=np$, 将二项分布的概率计算转化为泊松分布概率的计算就比较容易了.

§8.2　连续型随机变量及其概率密度

例 8.2.1　设对轴的直径要求是 $\Phi 10\pm 0.05$(单位: 毫米), 即直径尺寸在 $[9.95, 10.05]$ 内(包括端点值)的轴为合格品. 今从合格品中取出一根轴, 那么这根轴的直径值是多少呢? 自然会想到, 可能是区间 $[9.95, 10.05]$ 内的任何一个数, 把轴的直径值看成随机变量 X, 那么 X 可能取区间 $[9.95, 10.05]$ 内的任何值.

我们将可以取某个区间内任何值的随机变量称为连续型随机变量(在非严格意义下).

对于连续型随机变量的取值情况, 采用列表法进行描述显然是不适宜的, 于是人们采取了另外的方式. 先考虑对随机点下落情况的描述.

设随机点 X 可以落到区间 (A,B) 内的任何位置, 如果对于任意区间 $[a,b]\subset(A,B)$, X 落入 $[a,b]$ 的概率 $P[a\leqslant X\leqslant b]$ 都知道, 那么 X 是以怎样的方式落入 (A,B) 也就知道了. 我们把问题一般化. 将 (A,B) 改为 $(-\infty,+\infty)$ 的情形. 如果对任意区间 $[a,b]$, X 落入其内的概率 $P[a\leqslant X\leqslant b]$ 都知道, 那么 X 落向数轴 $(-\infty,+\infty)$ 的方式(情况)也就知道了. 实际上仍然是采用将随机点 X 下落的总概率 1 散开的方式描述 X 的下落情况, $P[a\leqslant X\leqslant b]$ 就是 X 下落的总概率 1 中分配在 $[a,b]$ 上的概率值. 所以对于连续型随机变量 X, 称

$$\left\{\forall [a,b]\qquad P(a\leqslant X\leqslant b)\right\} \tag{8-2}$$

为 X 的概率分布(对于区间 $(-\infty,+\infty)$ 有 $P(-\infty<X<+\infty)=1$).

对于式(8-2)中的概率 $P(a\leqslant X\leqslant b)$ 如何计算的问题, 人们仿照物理学中计算密度不均匀的细棒上 $[a,b]$ 一段的质量的算法

$$m_{[a,b]}=\int_a^b \rho(x)\mathrm{d}x \qquad (\rho(x)\text{ 为细棒的密度}),$$

为计算 $P(a\leqslant X\leqslant b)$, 引入函数 $f(x)$, 使得
对 $\forall [a,b]$ 皆有

$$P(a\leqslant X\leqslant b)=\int_a^b f(x)\mathrm{d}x$$

$f(x)$ 应满足的条件应当是非负、可积分, 而且

$$\int_{-\infty}^{+\infty}f(x)\mathrm{d}x=P(-\infty<X<+\infty)=1$$

所以引入

定义 8.2.1　设 X 为连续型随机变量, 若非负可积函数 $f(x)$ 满足, 对任意区间 $[a,b]$ 皆有

$$P(a\leqslant X\leqslant b)=\int_a^b f(x)\mathrm{d}x \tag{8-3}$$

称 $f(x)$ 为 X 的概率密度(或分布密度).

设 $f(x)$ 为随机变量 X 的概率密度,自然有

$$\int_{-\infty}^{+\infty} f(x)\mathrm{d}x = P(-\infty < X < +\infty) = 1 \tag{8-4}$$

式(8-3)有明显的几何意义:X 落入$[a,b]$上的概率,等于 X 的概率密度曲线 $y = f(x)$ 与直线 $x=a, x=b$ 及 Ox 轴所围图形的面积,如图 8.2 所示.

式(8-4)的几何意义是,X 的概率密度曲线与 Ox 轴之间的图形面积为 1. 如图 8.3 所示.

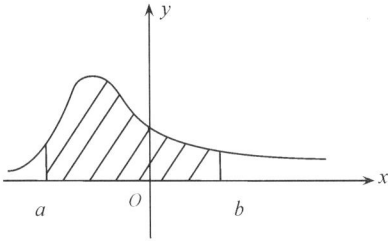

图 8.2

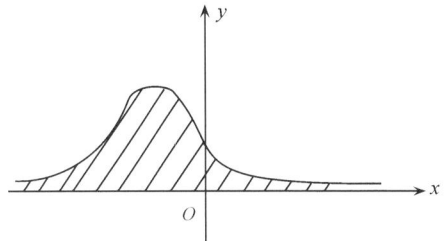

图 8.3

顺便指出,连续型随机变量 X 取值等于某个数 c 的概率 $P(X=c)=0$. 因为若 $f(x)$ 在$[a,b]$上连续,c 为$[a,b]$内一点,

$$P(X = c) = \lim_{\Delta x \to 0^+} P(c - \Delta x \leqslant X \leqslant c + \Delta x) = \lim_{\Delta x \to 0^+} \int_{c-\Delta x}^{c+\Delta x} f(x)\mathrm{d}x$$

$$= \lim_{\Delta x \to 0^+} f(\xi) \cdot 2\Delta x = 0 \quad (c - \Delta x < \xi < c + \Delta x)$$

所以 $P(a<X<b)=P(a\leqslant X\leqslant b)$.

例 8.2.2　设随机变量 X 的概率密度

$$f(x) = A\mathrm{e}^{-|x|} \qquad (-\infty, +\infty)$$

试求系数 A 及 $P(-1<X<1)$.

解　$\displaystyle\int_{-\infty}^{+\infty} A\mathrm{e}^{-|x|} \mathrm{d}x = A\left[\int_{-\infty}^{0} \mathrm{e}^{x}\mathrm{d}x + \int_{0}^{+\infty} \mathrm{e}^{-x}\mathrm{d}x\right] = A\left[\mathrm{e}^{x}\Big|_{-\infty}^{0} - \mathrm{e}^{-x}\Big|_{0}^{+\infty}\right]$

$$= 2A = 1, 则 A = \frac{1}{2}$$

$$P(-1 < X < 1) = \int_{-1}^{1} \frac{1}{2}\mathrm{e}^{-|x|}\mathrm{d}x = \frac{1}{2}\left[\int_{-1}^{0} \mathrm{e}^{x}\mathrm{d}x + \int_{0}^{1} \mathrm{e}^{-x}\mathrm{d}x\right]$$

$$= \frac{1}{2}\left[(1 - \mathrm{e}^{-1}) - (\mathrm{e}^{-1} - 1)\right] = 1 - \mathrm{e}^{-1}$$

下面介绍 3 种常用的分布.

1. 均匀分布

设随机变量 X 的概率密度为

$$f(x) = \begin{cases} \dfrac{1}{b-a} & a < x < b \\ 0 & 其他 \end{cases}$$

称 X 服从均匀分布,记为 $X \sim U(a,b)$.

设 $[c,d] \subset (a,b)$,则有

$$P(c \leqslant X \leqslant d) = \int_c^d \frac{1}{b-a} \mathrm{d}x = \frac{d-c}{b-a}$$

若 $[f,g] \subset (a,b)$,且 $g-f=d-c$,则有

$$P(f \leqslant X \leqslant g) = \frac{g-f}{b-a} = \frac{d-c}{b-a} = P(c \leqslant X \leqslant d)$$

上式表明随机点 X 落入 (a,b) 内的等长区间的概率相等,而与其位置无关.反映了 X 落入 (a,b) 的均匀性.

2. 指数分布

设随机变量 X 的概率密度为

$$f(x) = \begin{cases} \lambda \mathrm{e}^{-\lambda x} & x > 0 \quad\quad (\lambda > 0) \\ 0 & \text{其他} \end{cases}$$

称 X 服从参数为 λ 的指数分布,记为 $X \sim e(\lambda)$.

例 8.2.3　设一顾客在某银行窗口等待服务的时间 X(以分计)服从指数分布,概率密度为

$$f(x) = \begin{cases} \dfrac{1}{5} \mathrm{e}^{-\frac{1}{5}x} & x > 0 \\ 0 & x \leqslant 0 \end{cases}$$

他在窗口等待服务,若超过 10 分钟,他就离开,求他未受服务的概率.

解　　　　　$P(X > 10) = \int_{10}^{+\infty} \frac{1}{5} \mathrm{e}^{-\frac{1}{5}x} \mathrm{d}x = -\mathrm{e}^{-\frac{1}{5}x} \Big|_{10}^{+\infty} = \mathrm{e}^{-2}$

指数分布在可靠性理论和排队论中有广泛的应用.

3. 正态分布

设随机变量 X 的概率密度

$$f(x) = \frac{1}{\sqrt{2\pi}\,\sigma} \mathrm{e}^{-\frac{(x-\mu)^2}{2\sigma^2}} \quad\quad (-\infty, +\infty)$$

称 X 服从参数为 μ, σ^2 的正态分布,记为 $X \sim N(\mu, \sigma^2)$.

下面我们对正态分布概率密度的解析式略谈几句.

历史上人们对观测误差做过大量研究,发现在正常情况下的观测误差有如下两个特点:

(1) 绝对值大的误差少,绝对值小的误差多.

(2) 绝对值相等的正误差、负误差的数目基本上形成对称.

根据观测误差的特点,可知观测值的特点:聚集在目标真值附近者较多,远离者较少,且成对称分布.人们绘制观测值的频率曲线是以目标真值为对称轴的钟形曲线(即有一个极大值点和两个对称的拐点).如图 8.4 所示.当观测次数无限增多时,频率曲线逐渐成为观测值(随机变量)的概率密度曲线.那么其解析式是什么形式? 我们一步步地来推求.

微积分中熟知的函数 $y=\mathrm{e}^{-x^2}$ 的图形是钟形曲线,但其对称轴是 Oy 轴,有局限性.函数 $y=\mathrm{e}^{-(x-\mu)^2}$ 的图形也是钟形曲线,对称轴是直线 $x=\mu$,但拐点的坐标观察不出来.函数

$y=\dfrac{1}{\sigma}\mathrm{e}^{-\frac{(x-\mu)^2}{2\sigma^2}}$ 的图形也是钟形曲线,对称轴是直线

$x=\mu$,而拐点的横坐标为 $\mu\pm\sigma$. 所以取函数

$$y=\frac{k}{\sigma}\mathrm{e}^{-\frac{(x-\mu)^2}{2\sigma^2}} \qquad (-\infty,+\infty)$$

为观测值(随机变量)的概率密度,其中 k 为待定常数. 然后令

$$\int_{-\infty}^{+\infty}\frac{k}{\sigma}\mathrm{e}^{-\frac{(x-\mu)^2}{2\sigma^2}}\mathrm{d}x=1$$

图 8.4

解出 k. 计算

$$\int_{-\infty}^{+\infty}\frac{k}{\sigma}\mathrm{e}^{-\frac{(x-\mu)^2}{2\sigma^2}}\mathrm{d}x\xrightarrow{\;\diamondsuit\, t=\frac{x-\mu}{\sigma}\;}k\int_{-\infty}^{+\infty}\mathrm{e}^{-\frac{t^2}{2}}\mathrm{d}t$$

令 $I=\displaystyle\int_{-\infty}^{+\infty}\mathrm{e}^{-\frac{t^2}{2}}\mathrm{d}t$,

$$I^2=\int_{-\infty}^{+\infty}\mathrm{e}^{-\frac{x^2}{2}}\mathrm{d}x\cdot\int_{-\infty}^{+\infty}\mathrm{e}^{-\frac{y^2}{2}}\mathrm{d}y=\int_{-\infty}^{+\infty}\!\!\int_{-\infty}^{+\infty}\mathrm{e}^{-\frac{x^2+y^2}{2}}\mathrm{d}x\mathrm{d}y$$

$$=\int_{0}^{2\pi}\mathrm{d}\theta\int_{0}^{+\infty}\mathrm{e}^{-\frac{r^2}{2}}r\mathrm{d}r=2\pi\Big[-\mathrm{e}^{-\frac{r^2}{2}}\Big]_{0}^{+\infty}=2\pi$$

所以 $I=\sqrt{2\pi}$,则 $\qquad\displaystyle\int_{-\infty}^{+\infty}\frac{k}{\sigma}\mathrm{e}^{-\frac{(x-\mu)^2}{2\sigma^2}}\mathrm{d}x=k\sqrt{2\pi}=1$

所以 $\qquad\qquad\qquad k=\dfrac{1}{\sqrt{2\pi}}$

因此 $\qquad\qquad\qquad y=\dfrac{1}{\sqrt{2\pi}\,\sigma}\mathrm{e}^{-\frac{(x-\mu)^2}{2\sigma^2}} \qquad (-\infty,+\infty)$

函数 $f(x)=\dfrac{1}{\sqrt{2\pi}\,\sigma}\mathrm{e}^{-\frac{(x-\mu)^2}{2\sigma^2}}$ 非负、可积(因其是连续函数),且在全轴上的积分等于 1,故 $f(x)$ 是观测值一类的随机变量的概率密度函数.

正态分布是概率论与数理统计中最重要、最常见的一种分布. 在以后几节里我们要研究正态分布的特性和概率的计算以及参数 μ、σ^2 的意义.

当参数 $\mu=0$,$\sigma^2=1$ 时,$X\sim N(0,1)$ 称 X 服从标准正态分布. 为方便计算标准正态分布的概率,已造表(附表 3)供查用.

§8.3 分 布 函 数

在本章 §8.1 介绍了用概率分布律描述离散型随机变量的取值情况. §8.2 介绍了用概率密度在相应区间上的定积分描述连续型随机变量的取值情况. 两种类型描述方式差别很大. 为了能用统一的形式对随机变量进行研究,本节介绍分布函数的概念,进一步用函数描述随机现象.

以连续型随机变量为例,设 $f(x)$ 为 X 的概率密度,X 落入区间 $[y,x]$ 的概率为

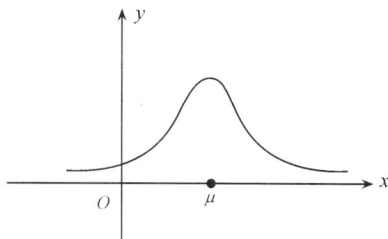

$P(y \leqslant X \leqslant x) = \int_y^x f(t)\mathrm{d}t$. 当两个端点 y, x 都变化时，$P(y \leqslant X \leqslant x)$ 是 y, x 的二元函数.

二元函数当然比一元函数复杂，如果将区间的左端点统一取 $-\infty$，那么

$$P(-\infty < X \leqslant x) = \int_{-\infty}^x f(x)\mathrm{d}x$$

是区间右端点 x 的一元函数. 因此引入

定义 8.3.1 设 X 是一随机变量，x 是任意实数，称函数

$$F(x) = P(X \leqslant x)$$

为 X 的分布函数.

对于任意实数 $x_1, x_2 (x_1 < x_2)$ 有

$$P(x_1 < X \leqslant x_2) = P(X \leqslant x_2) - P(X \leqslant x_1)$$
$$= F(x_2) - F(x_1),$$

因此若已知 X 的分布函数，便可计算 X 落到任一区间 $(x_1, x_2]$ 上的概率，反映了 X 的取值情况. 所以分布函数完整地描述了随机变量的统计规律性.

对随机变量 X 的分布函数的定义

$$F(x) = P(X \leqslant x)$$

亦可理解为用随机点 X 落在点 x 上与 x 左方的概率之和，规定了 X 的分布函数在 x 点的函数值. 这对求分布函数是有益的.

例 8.3.1 设 X 的概率分布律为

X	-1	1	2
p	$\dfrac{1}{3}$	$\dfrac{1}{3}$	$\dfrac{1}{3}$

求 X 的分布函数 $F(x)$，并画出 $F(x)$ 的图像.

解 X 可能取的值有 3 个，所以数轴被分为四段.

当 $x < -1$ $F(x) = 0$

$-1 \leqslant x < 1$ $F(x) = P(X \leqslant x) = P(X = -1) = \dfrac{1}{3}$

$1 \leqslant x < 2$ $F(x) = P(X \leqslant x) = P[(X = -1) + (X = 1)]$

$$= P(X = -1) + P(X = 1) = \dfrac{2}{3}$$

$x \geqslant 2$ $F(x) = 1$

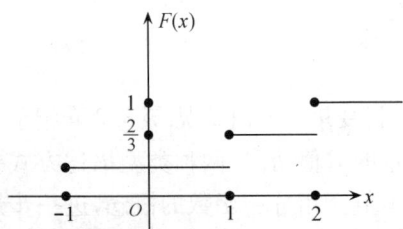

图 8.5

$$F(x) = \begin{cases} 0 & x < -1 \\ \dfrac{1}{3} & -1 \leqslant x < 1 \\ \dfrac{2}{3} & 1 \leqslant x < 2 \\ 1 & x \geqslant 2 \end{cases}$$

注意 $F(x)$ 的图像（图 8.5），在 $-1, 1, 2$ 三个点处跳跃，而且在这 3 个点右连续.

例 8.3.2 设随机变量 X 的概率密度

$$f(x) = \frac{1}{2} e^{-|x|} \qquad (-\infty, +\infty),$$

试求 X 的分布函数 $F(x)$.

解
$$f(x) = \begin{cases} \dfrac{1}{2} e^x & x < 0 \\ \dfrac{1}{2} e^{-x} & x \geqslant 0 \end{cases}$$

当 $x < 0, F(x) = P(X \leqslant x) = P(-\infty < X \leqslant x)$

$$= \int_{-\infty}^{x} \frac{1}{2} e^x \mathrm{d}x = \frac{1}{2} e^x$$

当 $x \geqslant 0, F(x) = P(X \leqslant x) = P(-\infty < X \leqslant x)$

$$= \int_{-\infty}^{0} \frac{1}{2} e^x \mathrm{d}x + \int_{0}^{x} \frac{1}{2} e^{-x} \mathrm{d}x$$

$$= \frac{1}{2} + \frac{1}{2}(1 - e^{-x})$$

$$= 1 - \frac{1}{2} e^{-x}$$

$$F(x) = \begin{cases} \dfrac{1}{2} e^x & x < 0 \\ 1 - \dfrac{1}{2} e^{-x} & x \geqslant 0 \end{cases}$$

注意 当连续型随机变量 X 的概率密度 $f(x)$ 为分段函数时,不论 x 在哪段内,计算 $F(x)$ 都是将 $f(x)$ 从 $-\infty$ 开始积分至 x. 因为 $F(x) = P(X \leqslant x)$ 是 X 落到点 x 上及 x 以左的概率, $-\infty$ 在数轴上任何点 x 的左方,所以积分的下限总是 $-\infty$.

我们将两种类型随机变量的分布函数的计算归并为

$$F(x) = \begin{cases} \displaystyle\sum_{x_i \leqslant x} p_i & (X \text{ 为离散型随机变量}) \\ \displaystyle\int_{-\infty}^{x} f(t) \mathrm{d}t & (X \text{ 为连续型随机变量}) \end{cases} \tag{8-5}$$

分布函数 $F(x)$ 具有如下 5 条性质:

(1) $0 \leqslant F(x) \leqslant 1$.

(2) $F(x)$ 为不减函数.

(3) $F(x+0) = F(x)$,即 $F(x)$ 是右连续的. (证明略)

(4) $\lim\limits_{x \to +\infty} F(x) = 1$, $\lim\limits_{x \to -\infty} F(x) = 0$.

(5) $F'(x) = f(x)$(在 $f(x)$ 的连续点 x 处).

性质(1)是显然的.下面只证明性质(2)、(4)、(5).

设 $x_1 < x_2$,则

$$F(x_2) - F(x_1) = P(X \leqslant x_2) - P(X \leqslant x_1) = P(x_1 < X \leqslant x_2) \geqslant 0.$$

所以 $F(x)$ 为不减函数.

$$\lim_{x\to+\infty} F(x) = \lim_{x\to+\infty} P(-\infty < X \leqslant x) = P(-\infty < X < +\infty) = 1.$$

当 $x \to -\infty$ 时，$-\infty$ 是负无穷大量，X 取值 $-\infty$ 和 $X < -\infty$ 都是不可能事件，所以 $\lim_{x\to-\infty} F(x) = 0$.

$$F'(x) = \lim_{\Delta x\to0} \frac{F(x+\Delta x)-F(x)}{\Delta x} = \lim_{\Delta x\to0} \frac{\int_{-\infty}^{x+\Delta x} f(x)\mathrm{d}x - \int_{-\infty}^{x} f(x)\mathrm{d}x}{\Delta x}$$

$$= \lim_{\Delta x\to0} \frac{1}{\Delta x} \int_{x}^{x+\Delta x} f(x)\mathrm{d}x$$

$$= \lim_{\Delta x\to0} \frac{1}{\Delta x} \cdot f(a)\Delta x \qquad \left(\begin{matrix} 当 \Delta x > 0 & x < a < x+\Delta x \\ 当 \Delta x < 0 & x+\Delta x < a < x \end{matrix}\right)$$

$$= f(x)$$

推导的最后两步用到了 $f(x)$ 在 x 点的连续性和积分中值定理.

例 8.3.3 随机变量 X 的分布函数

$$F(x) = A + B\arctan x \qquad (-\infty, +\infty),$$

求常数 A, B 及 $P(-1 < X \leqslant 1)$.

解 $\lim_{x\to+\infty} F(x) = \lim_{x\to+\infty}(A+B\arctan x) = A+B\frac{\pi}{2} = 1.$

$\lim_{x\to-\infty} F(x) = \lim_{x\to-\infty}(A+B\arctan x) = A-B\frac{\pi}{2} = 0.$

由 $\begin{cases} A+B\dfrac{\pi}{2}=1 \\ A-B\dfrac{\pi}{2}=0 \end{cases}$ 可解出 $A=\dfrac{1}{2}, B=\dfrac{1}{\pi}$.

所以 $$F(x) = \frac{1}{2} + \frac{1}{\pi}\arctan x \qquad (-\infty, +\infty)$$

$$P(-1 < X \leqslant 1) = P(X\leqslant1) - P(X\leqslant-1) = F(1) - F(-1)$$

$$= \left(\frac{1}{2}+\frac{1}{\pi}\cdot\frac{\pi}{4}\right) - \left(\frac{1}{2}+\frac{1}{\pi}\left(-\frac{\pi}{4}\right)\right) = \frac{1}{2}$$

现在介绍正态分布概率的计算.

对于标准正态分布 $X\sim N(0,1)$ 的分布函数，采用专用符号 $\Phi(x)$，即

$$\Phi(x) = P(X\leqslant x) = \int_{-\infty}^{x} \frac{1}{\sqrt{2\pi}}e^{-\frac{x^2}{2}}\mathrm{d}x$$

本书附表 3 是标准正态分布的概率用表.

例 8.3.4 设 $X\sim N(0,1)$，试求 $P(X\leqslant1), P(X>1), P(X\leqslant-1), P(-1<X<1), P(-2<X\leqslant2), P(-3<X\leqslant3)$.

解 利用附表 3 和概率的性质及正态分布的对称性容易求得

$$P(X\leqslant1) = 0.8413$$

$$P(X>1) = 1 - P(X\leqslant1) = 1 - 0.8413 = 0.1587$$

$$P(X\leqslant-1) = P(X>1) = 0.1587$$

$$P(-1 \leqslant X \leqslant 1) = 2P(0 \leqslant X \leqslant 1) = 2(0.8413 - 0.5) = 0.6826$$
$$P(-2 \leqslant X \leqslant 2) = 2P(0 \leqslant X \leqslant 2) = 2(0.9772 - 0.5) = 0.9544$$
$$P(-3 \leqslant X \leqslant 3) = 2P(0 \leqslant X \leqslant 3) = 2(0.9987 - 0.5) = 0.9974$$

对于一般的正态分布概率的计算需要通过变量代换将其化为标准正态分布再查表计算.

设 $X \sim N(\mu, \sigma^2)$，我们来寻求 $P(a < X \leqslant b)$ 的计算公式

$$P(a < X \leqslant b) = \int_a^b \frac{1}{\sqrt{2\pi}\,\sigma} e^{-\frac{(x-\mu)^2}{2\sigma^2}} dx \xrightarrow{\text{令} t = \frac{x-\mu}{\sigma}} \int_{\frac{a-\mu}{\sigma}}^{\frac{b-\mu}{\sigma}} \frac{1}{\sqrt{2\pi}} e^{-\frac{t^2}{2}} dt$$
$$= \Phi\left(\frac{b-\mu}{\sigma}\right) - \Phi\left(\frac{a-\mu}{\sigma}\right)$$

所以

$$P(a < X \leqslant b) = \Phi\left(\frac{b-\mu}{\sigma}\right) - \Phi\left(\frac{a-\mu}{\sigma}\right) \tag{8-6}$$

例 8.3.5 设 $X \sim N(1,4)$，试计算 $P(-1 < X \leqslant 3)$、$P(-3 < X \leqslant 5)$ 和 $P(-5 < X \leqslant 7)$.

解 $X \sim N(1,4)$，$\mu = 1$，$\sigma^2 = 4$，$\sigma = 2$，

$$P(-1 < X \leqslant 3) = \Phi\left(\frac{3-1}{2}\right) - \Phi\left(\frac{-1-1}{2}\right) = \Phi(1) - \Phi(-1) = 0.6826$$
$$P(-3 < X \leqslant 5) = \Phi\left(\frac{5-1}{2}\right) - \Phi\left(\frac{-3-1}{2}\right) = \Phi(2) - \Phi(-2) = 0.9544$$
$$P(-5 < X \leqslant 7) = \Phi\left(\frac{7-1}{2}\right) - \Phi\left(\frac{-5-1}{2}\right) = \Phi(3) - \Phi(-3) = 0.9974$$

公式 (8.3.2) 是我们计算一般正态分布的常用公式，必须熟记.

读者会发现例 8.3.5 计算的 3 个概率值，与例 8.3.4 后 3 个概率值完全一样，这不是偶然的，正是正态分布的特性.

设 $X \sim N(\mu, \sigma^2)$，据公式 (8-6) 有
$$P(\mu - k\sigma < X \leqslant \mu + k\sigma) = \Phi(k) - \Phi(-k) \tag{8-7}$$
当 k 分别等于 $1,2,3$ 时，就有
$$P(\mu - \sigma \leqslant X \leqslant \mu + \sigma) = \Phi(1) - \Phi(-1) = 0.6826$$
$$P(\mu - 2\sigma \leqslant X \leqslant \mu + 2\sigma) = \Phi(2) - \Phi(-2) = 0.9544$$
$$P(\mu - 3\sigma \leqslant X \leqslant \mu + 3\sigma) = \Phi(3) - \Phi(-3) = 0.9974$$

公式 (8-7) 表现的就是正态分布的特性. 只要 $X \sim N(\mu, \sigma^2)$，计算 X 落入以 μ 为中心，半径为 $k\sigma$ 的区间内的概率，当 $k = 1,2,3$，概率就分别是上面的 3 个值. 在机械制造业中，模具设计的"3σ 原则"的依据就是
$$P(\mu - 3\sigma < X \leqslant \mu + 3\sigma) = 0.9974$$
其中 μ 是图纸标明零件的标准尺寸，3σ 是零件的公差（允许误差），上式表明使用合格模具（尺寸 $\mu \pm \sigma$ 之间）加工出来的零件尺寸符合图纸要求的数量占 99.74%. 因此模具设计采取的公差是零件公差的三分之一.

§8.4 随机变量的函数分布

在实际问题中经常遇到一些随机变量难以直接观测,但是与它们相关的随机变量可以进行观测,例如,批量生产的滚珠的体积难以测量,但是滚珠的直径可以测量,即直径的分布可以得知.然后利用体积与直径的关系可以计算体积,从而可以求得滚珠体积的分布.从已知分布的随机变量出发,去求与之相关的另一个随机变量的分布,就要研究随机变量函数的分布,我们先介绍离散型随机变量函数的分布的求法.

例 8.4.1 设 X 是测量一个正方形的边长所得的随机变量,其概率分布律如下

X	9	10	11	12
p	0.2	0.3	0.4	0.1

试求该正方形周长和面积的概率分布.

解 设正方形的周长为 α,面积为 β,则

$$\alpha = 4X,\ \beta = X^2$$

在 X 分布律的表上再添加 α,β 可能取的值.

$\beta = X^2$	81	100	121	144
$\alpha = 4X$	36	40	44	48
X	9	10	11	12
p	0.2	0.3	0.4	0.1

就可分别写出 α,β 的分布律

α	36	40	44	48
p	0.2	0.3	0.4	0.1
β	81	100	121	144
p	0.2	0.3	0.4	0.1

例 8.4.2 设

X	-1	0	1	2	3
p	0.2	0.1	0.3	0.3	0.1

求 $\alpha = X^2$ 的分布律.

解 方法如例 8.4.1,

$\alpha = X^2$	1	0	1	4	9
X	-1	0	1	2	3
p	0.2	0.1	0.3	0.3	0.1

随机变量 $\alpha=X^2$ 有两个机会取值 1.

$$P[X^2=1]=P[(X=-1)+(X=1)]=P(X=-1)+P(X=1)$$
$$=0.2+0.3=0.5$$

所以有

α	0	1	4	9
p	0.1	0.5	0.3	0.1

下面介绍连续型随机变量 X 的函数 $Y=g(X)$ 分布的求法. 以下符号 $f_X(x),F_X(x)$ 和 $f_Y(y),F_Y(y)$ 分别为 X 和 Y 的概率密度和分布函数.

例 8.4.3 $X\sim N(\mu,\sigma^2)$,求 $Y=aX+b$ $(a>0)$ 的分布. (即求 Y 的概率密度 $f_Y(y)$).

分析 直接求 Y 的概率密度是困难的,因为概率密度是为了计算随机变量在区间 $[a,b]$ 内取值的概率而引入的一个函数. 它的功能、作用仅限于此. 那么谁和概率密度有联系呢? 也只有分布函数了,而且有关系 $F'(x)=f(x)$,所以从求 Y 的分布函数入手,称作分布函数法.

解 $F_Y(y)=P[Y\leqslant y]=P[aX+b\leqslant y]=P[X\leqslant \frac{1}{a}(y-b)]$

上式将 Y 的分布问题转化为 X 的分布问题,而 X 的分布是已知的,所以

$$P[X\leqslant \frac{1}{a}(y-b)]=\int_{-\infty}^{\frac{1}{a}(y-b)}\frac{1}{\sqrt{2\pi}\,\sigma}e^{-\frac{(x-\mu)^2}{2\sigma^2}}\mathrm{d}x$$

所以

$$F_Y(y)=\int_{-\infty}^{\frac{1}{a}(y-b)}\frac{1}{\sqrt{2\pi}\,\sigma}e^{-\frac{(x-\mu)^2}{2\sigma^2}}\mathrm{d}x$$

将上式两端对 y 求导数得

$$F_Y'(y)=\left[\int_{-\infty}^{\frac{1}{a}(y-b)}\frac{1}{\sqrt{2\pi}\,\sigma}e^{-\frac{(x-\mu)^2}{2\sigma^2}}\mathrm{d}x\right]_y'$$
$$=\frac{1}{\sqrt{2\pi}\,\sigma}e^{\frac{-[\frac{1}{a}(y-b)-\mu]^2}{2\sigma^2}}\left(\frac{y-b}{a}\right)'$$
$$=\frac{1}{\sqrt{2\pi}\,\sigma}e^{\frac{[y-(a\mu+b)]^2}{2(a\sigma)^2}}\cdot\frac{1}{a}$$

所以 $$f_Y(y)=\frac{1}{\sqrt{2\pi}\,a\sigma}e^{-\frac{[y-(a\mu+b)]^2}{2(a\sigma)^2}}$$
$$Y\sim N(a\mu+b,(a\sigma)^2)$$

上例表明正态分布随机变量的线性函数仍然服从正态分布.

例 8.4.4 $X\sim N(0,1),Y=X^2$,求 Y 的分布.

解 $F_Y(y)=P[Y\leqslant y]=P[X^2\leqslant y]$

当 $y>0$ $P[X^2\leqslant y]=P[-\sqrt{y}\leqslant X\leqslant \sqrt{y}]$
$$=\int_{-\sqrt{y}}^{\sqrt{y}}\frac{1}{\sqrt{2\pi}}e^{-\frac{x^2}{2}}\mathrm{d}x=2\int_0^{\sqrt{y}}\frac{1}{\sqrt{2\pi}}e^{-\frac{x^2}{2}}\mathrm{d}x$$

$$F'_Y(y) = \left[\frac{2}{\sqrt{2\pi}}\int_0^{\sqrt{y}} e^{-\frac{x^2}{2}}\,dx\right]'_y = \frac{1}{\sqrt{2\pi}}e^{-\frac{y}{2}}y^{-\frac{1}{2}}$$

所以
$$f_Y(y) = \begin{cases} \dfrac{1}{\sqrt{2\pi}}e^{-\frac{1}{2}y}y^{-\frac{1}{2}} & y>0 \\ 0 & y\leqslant 0 \end{cases}$$

通过以上两例的求解看到,关键是将 Y 的分布问题($P[Y\leqslant y]$)转化为 X 的分布问题,而这是通过解不等式 $g(X)\leqslant y$ 完成的. 今将求随机变量 X 的函数 $Y=g(X)$ 的分布的步骤标明如下,

$$F_Y(y) = P[Y\leqslant y] \Longrightarrow P[g(X)\leqslant y] \Longrightarrow P[X\text{落入区间}G]$$

① 写出 Y 的分布函数定义;② 代入;③ 解不等式;④ 表为积分形式;⑤ 对 y 求导数.

§8.5　数　学　期　望

随机变量的分布(分布律、概率密度或分布函数)能够对随机变量的取值情况进行完整的描述,但是有时我们所关心的是现象整体的平均状况. 例如,一个班级有几个高分学生并不能说明这个班级学生的整体水平高. 某个城市有几户月收入达百万,不能说明整个城市居民的月收入高. 教师备课要针对班级学生的平均水平. 一项税收政策的出台,要考虑居民的平均收入情况. 因此对于随机现象要进行平均描述是必要的. 本节就是要寻求一种计算方法,使得对随机变量 X 的分布律或分布密度按这种计算方法得到的数值,就是随机变量 X 的平均值.

我们从一个简单问题入手. 试设想一种统计方法,能够反映某个工人生产质量的平均水平.

日次品数能反映工人当天的生产质量. 但是每天统计则费时间、费人力. 约定一个月统计一次. 可将工人下个月的日次品数看作随机变量 X,我们形式地写出 X 的概率分布律

X	x_1	x_2	$\cdots$	x_n
p	p_1	p_2	$\cdots$	p_n

(8-8)

其中 $x_1,x_2,\cdots,x_n$ 为各个不同的日次品数,$p_1,p_2,\cdots,p_n$ 为其相应的概率. 待到下个月月底,式(8-8)中的 $x_1,x_2,\cdots,x_n$ 便是具体的数值. 而式(8-8)中的概率 $p_1,p_2,\cdots,p_n$ 自然是代之以相应的频率. 设日次品数有 10 个不同的值便有

X	x_1	x_2	$\cdots$	x_{10}
P	$\dfrac{\nu_1}{30}$	$\dfrac{\nu_2}{30}$	$\cdots$	$\dfrac{\nu_{10}}{30}$

(8-9)

其中 $\nu_1,\nu_2,\cdots,\nu_{10}$ 是日次品数分别为 $x_1,x_2,\cdots,x_{10}$ 的天数. 此人下个月的质量平均水平应当是下个月的次品总数除以 30 天,便有

$$\frac{x_1\nu_1+x_2\nu_2+\cdots+x_{10}\nu_{10}}{30}=x_1\frac{\nu_1}{30}+x_2\frac{\nu_2}{30}+\cdots+x_{10}\frac{\nu_{10}}{30}$$
$$=x_1p_1+x_2p_2+\cdots+x_{10}p_{10}, \tag{8-10}$$

式(8-10)右端是随机变量 X 可能取的值乘以相应的概率作和. 而左端是日次品数的平均值,即随机变量 X 的平均值. 因此按式(8-10)右端的算法得到的数是随机变量 X 的平均值,故而引出

定义 8.5.1 设离散型随机变量 X 的概率分布律

X	x_1	x_2	$\cdots$	x_n	$\cdots$
p	p_1	p_2	$\cdots$	p_n	$\cdots$

若级数 $\sum_{k=1}^{\infty}x_kp_k$ 绝对收敛,则称 $\sum_{i=1}^{\infty}x_kp_k$ 的和为随机变量 X 的数学期望,记为

$$E(X)=\sum_{k=1}^{\infty}x_kp_k.$$

例 8.5.1 $X\sim(0-1)$两点分布,求 $E(X)$.

解 $E(X)=0\cdot q+1\cdot p=p.$

例 8.5.2 $X\sim B(n,p)$,求 $E(X)$.

解
$$E(X)=\sum_{k=0}^{n}k\cdot\frac{n!}{k!(n-k)!}p^kq^{n-k}$$
$$=\sum_{k=1}^{n}k\cdot\frac{n!}{k!(n-k)!}p^kq^{n-k}$$
$$=np\sum_{k=1}^{n}\frac{(n-1)!}{(k-1)!(n-k)!}p^{k-1}q^{n-k}$$
$$=np\sum_{k=1}^{n}\frac{(n-1)!}{(k-1)![(n-1)-(k-1)]!}p^{k-1}q^{(n-1)-(k-1)}$$
$$\xrightarrow{r=k-1}np\sum_{r=0}^{n-1}\frac{(n-1)!}{r![(n-1)-r]!}p^rq^{(n-1)-r}=np$$

例 8.5.3 $X\sim P(\lambda)$,求 $E(X)$.

解
$$E(X)=\sum_{k=0}^{n}k\cdot\frac{\lambda^k}{k!}e^{-\lambda}=\sum_{k=1}^{\infty}k\cdot\frac{\lambda^k}{k!}e^{-\lambda}$$
$$=\lambda\sum_{k=1}^{\infty}\frac{\lambda^{k-1}}{(k-1)!}e^{-\lambda}\xrightarrow{r=k-1}\lambda\sum_{r=0}^{\infty}\frac{\lambda^r}{r!}e^{-\lambda}$$
$$=\lambda$$

所以 $X\sim P(\lambda)$ 中的参数 λ 是 X 的数学期望.

下面着手连续型随机变量的平均值问题. 方法是将连续型随机变量离散化,再利用定义 8.5.1. 我们先处理有限区间的情形.

设连续型随机点 X 落入区间 $[A,B]$ 的概率是 1,具有概率密度 $f(x)$,$f(x)$ 在区间 $[A,B]$ 外的点 x 处皆有 $f(x)=0$. 而 $f(x)$ 在 $[A,B]$ 上连续.

将 $[A,B]$ n 等分,分点为 $c_0=A,c_1,c_2,\cdots,c_{n-1},c_n=B$(图 8.6). X 落入区间 $[c_{i-1},c_i]$

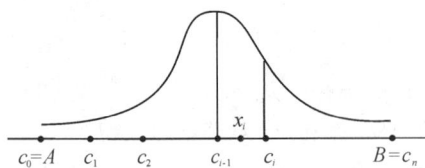

图 8.6

的概率为

$$P[c_{i-1} \leqslant X \leqslant c_i] = \int_{c_{i-1}}^{c_i} f(x) \mathrm{d}x,$$

设 x_i 为区间 $[c_{i-1}, c_i]$ 的中点. 现构造离散型随机变量 Y, 使

$$P[Y = x_i] = \int_{c_{i-1}}^{c_i} f(x) \mathrm{d}x \quad (i = 1, 2, \cdots, n),$$

此即,将 X 落入区间 $[c_{i-1}, c_i]$ 的概率作为 Y 落到 $[c_{i-1}, c_i]$ 的中点 $x_i (i=1,2,\cdots,n)$ 上的概率. 则 Y 的概率分布律为

Y	x_1	x_2	$\cdots$	x_n
p	$\int_{c_0}^{c_1} f(x) \mathrm{d}x$	$\int_{c_1}^{c_2} f(x) \mathrm{d}x$	$\cdots$	$\int_{c_{n-1}}^{c_n} f(x) \mathrm{d}x$

当 n 充分大,且每个区间 $[c_{i-1}, c_i] (i=1,2,\cdots,n)$ 都充分小时,对任意区间 (a,b) 都会有 $P[a<y\leqslant b] \approx P[a<x\leqslant b]$. 所以对任意实数 x 都会有 $P[y\leqslant x] \approx P[X\leqslant x]$,即 Y 的分布与 X 的分布很接近,所以二者的平均值也应该很接近,因此有 $E(Y) \approx E(X)$. 而

$$E(Y) = \sum_{i=1}^{n} x_i p_i = \sum_{i=1}^{n} x_i \int_{c_{i-1}}^{c_i} f(x) \mathrm{d}x$$

$$\approx \sum_{i=1}^{n} x_i f(x_i) \Delta x \qquad (\Delta x = c_i - c_{i-1}) \tag{8-11}$$

当 $n \to \infty$ 时,式(8-11)的右端便趋于 $\int_A^B x f(x) \mathrm{d}x$,

所以应该有

$$E(X) = \int_A^B x f(x) \mathrm{d}x$$

将其一般化,改为无限区间情形,便引出

定义 8.5.2 设连续型随机变量 X 的概率密度为 $f(x)$,若积分

$$\int_{-\infty}^{+\infty} x f(x) \mathrm{d}x$$

绝对收敛,称此积分值为随机变量 X 的数学期望,记为

$$E(X) = \int_{-\infty}^{+\infty} x f(x) \mathrm{d}x$$

数学期望亦简称期望或均值.

例 8.5.4 $X \sim U(a,b)$,求 $E(X)$.

解 $E(X) = \int_a^b x \dfrac{1}{b-a} \mathrm{d}x = \dfrac{1}{b-a} \cdot \dfrac{b^2 - a^2}{2} = \dfrac{a+b}{2}$

例 8.5.5 $X \sim N(\mu, \sigma^2)$,求 $E(X)$.

解 $E(X) = \int_{-\infty}^{+\infty} x \dfrac{1}{\sqrt{2\pi}\,\sigma} \mathrm{e}^{-\frac{(x-\mu)^2}{2\sigma^2}} \mathrm{d}x \xlongequal{t = \frac{x-\mu}{\sigma}} \int_{-\infty}^{+\infty} (\mu + \sigma t) \dfrac{1}{\sqrt{2\pi}} \mathrm{e}^{-\frac{t^2}{2}} \mathrm{d}t$

$= \mu \int_{-\infty}^{+\infty} \dfrac{1}{\sqrt{2\pi}} \mathrm{e}^{-\frac{t^2}{2}} \mathrm{d}t + \dfrac{\sigma}{\sqrt{2\pi}} \int_{-\infty}^{+\infty} t \mathrm{e}^{-\frac{t^2}{2}} \mathrm{d}t = \mu$

所以 $X \sim N(\mu, \sigma^2)$ 中的参数 μ 是 X 的期望值.

例 8.5.6　$X \sim e(\lambda)$,求 $E(X)$.

解　$E(X) = \int_{-\infty}^{+\infty} x f(x) \mathrm{d}x = \int_0^{+\infty} x \lambda \mathrm{e}^{-\lambda x} \mathrm{d}x$

$$= -x \mathrm{e}^{-\lambda x} \Big|_0^{+\infty} + \int_0^{+\infty} \mathrm{e}^{-\lambda x} \mathrm{d}x = 0 - \frac{1}{\lambda} \mathrm{e}^{-\lambda x} \Big|_0^{+\infty}$$

$$= \frac{1}{\lambda}$$

所以 $X \sim e(\lambda)$ 中的参数 λ 的倒数 $\frac{1}{\lambda}$ 是 X 的期望.

随机变量的函数还是随机变量,对于随机变量的函数的数学期望有下面的定理.

定理 8.5.1　设 Y 是随机变量 X 的函数 $Y = g(X)$($g(x)$ 是连续函数).

(1) X 是离散型随机变量,分布律为 $P[X = x_k] = p_k (k = 1, 2, \cdots)$,若 $\sum\limits_{k=1}^{\infty} g(x_k) p_k$ 绝对收敛,则有

$$E(Y) = E[g(X)] = \sum_{k=1}^{\infty} g(x_k) p_k$$

(2) X 是连续型随机变量,概率密度为 $f(x)$,若 $\int_{-\infty}^{+\infty} g(x) f(x) \mathrm{d}x$ 绝对收敛,则有

$$E(Y) = E[g(X)] = \int_{-\infty}^{+\infty} g(x) f(x) \mathrm{d}x$$

定理的证明需要较多的数学知识超出本书范围,我们只说明定理 8.5.1 的重要意义在于,当我们求 $E(Y)$ 时,可以不必先求出 Y 的分布律或概率密度,而只需将 X 的分布律或概率密度代入公式就可以了. 为了便于记忆,我们将定理中的(1)、(2)两种情形合并写为如下公式

$$E(Y) = E[g(X)] = \begin{cases} \sum\limits_{k=1}^{\infty} g(x_k) p_k \\ \int_{-\infty}^{+\infty} g(x) f(x) \mathrm{d}x \end{cases} \tag{8-12}$$

例 8.5.7　某厂生产的圆盘,直径服从 $[a, b]$ 上的均匀分布,求圆盘面积的期望.

解　设圆盘直径为 X,概率密度为

$$f(x) = \begin{cases} \dfrac{1}{b-a} & a \leqslant x \leqslant b \\ 0 & \text{其他} \end{cases}$$

圆盘面积 $Y = \dfrac{\pi}{4} X^2$,

$$E(Y) = E\left(\frac{\pi}{4} X^2\right) = \int_a^b \frac{\pi}{4} x^2 \cdot \frac{1}{b-a} \mathrm{d}x = \frac{\pi}{4(b-a)} \frac{1}{3} (b^3 - a^3)$$

$$= \frac{\pi}{12} (a^2 + ab + b^2)$$

数学期望有如下性质(设以下的随机变量皆有期望):

(1) 设 C 是常数,则有 $E(C)=C$.

(2) 设 X 是一随机变量,C 是常数,则有

$$E(CX) = CE(X)$$

(3) 设 X,Y 是两个随机变量,则有

$$E(X+Y) = E(X) + E(Y)$$

(4) 设 X,Y 是相互独立的随机变量,则有

$$E(XY) = E(X)E(Y)$$

对性质(1)、(2)我们仅就连续型随机变量给以证明.性质(3)、(4)待第 3 章再行证明,读者可先运用性质(3)、(4)演练习题.

常量 C 可以看作某个随机变量 X 的函数 $Y=C$,设 $f(x)$ 为 X 的概率密度,按函数的期望公式(2.5.5)得

$$E(Y) = \int_{-\infty}^{\infty} Cf(x)\mathrm{d}x = C\int_{-\infty}^{+\infty} f(x)\mathrm{d}x = C$$

所以 $E(C)=C$.

设 X 的概率密度为 $f(x)$ 且 $E(X)$ 存在,C 为常数,可视 CX 为 X 的函数,则有

$$E(CX) = \int_{-\infty}^{+\infty} Cx \cdot f(x)\mathrm{d}x = C\int_{-\infty}^{+\infty} xf(x)\mathrm{d}x = CE(X)$$

例 8.5.8　设 $E(X)=2,E(Y)=3$,且 X,Y 相互独立,求 $E(2X+3Y-XY+1)$.

解　$E(2X+3Y-XY+1)=E(2X)+E(3Y)-E(XY)+E(1)$
$$=2EX+3EY-EX \cdot EY+1=8$$

§8.6　方　　差

测量仪器的精度是仪器的重要质量指标.如何从观测值来评定仪器的精度等级,是产品质量检测、质量监督部门关心的问题.由观测值来评定仪器的精度,就是要寻找一种计算方法,按这种算法处理观测数据得到一个数,将此数与等级标准相对照,得到此仪器的精度等级.

在使用仪器对目标进行观测之前,可以认为观测值是随机变量 X.用 $x_1,x_2,\cdots,x_n$ 分别代表进行 n 次观测的观测值(其中可能有相重者).依照日常经验,精度高意味着聚集在目标真值附近的观测值较多,而远离者较少.设 μ 为目标的真值.精度高即指 $\left| \sum_{k=1}^{n}(x_k-\mu) \right|$ 较小,但为克服和式中符号相反的项相互抵消,精度高也可指 $\sum_{k=1}^{n}(x_k-\mu)^2$ 较小.将观测值中的相重者合并,便有

$$\sum_{k=1}^{n}(x_k-\mu)^2 = \sum_{i=1}^{m}(x_i-\mu)^2 \cdot \nu_i$$

其中 ν_i 是观测值 $x_i(i=1,2,\cdots,m)$ 出现的次数.而目标的真值 μ 是未知的,可用观测值 X 的均值,即 X 的数学期望代替.另外,观测次数对上面和式的值也有影响,所以再除以总观测次数 n.即

$$\frac{1}{n}\sum_{i=1}^{m}(x_i - E(X))^2 \nu_i \tag{8-13}$$

的值较小,则仪器精度较高. 上式又可演变为

$$\frac{1}{n}\sum_{i=1}^{m}(x_i - E(X))^2 \nu_i = \sum_{i=1}^{m}(x_i - E(X))^2 \cdot \frac{\nu_i}{n} \tag{8-13}'$$

设观测值 X 有概率分布律为

$$P[X = x_i] = p_i \qquad\qquad (i = 1, 2, \cdots, m),$$

将式(8-13)$'$ 中 x_i 出现的频率 $\frac{\nu_i}{n}$ 代之以相应的概率,便有

$$\sum_{i=1}^{m}(x_i - E(X))^2 p_i \tag{8-14}$$

对于已知分布律的离散型随机变量 X,式(8-14)就是 X 的函数

$$[X - E(X)]^2$$

的数学期望,因此引入

定义 8.6.1　设 X 是一个随机变量,若 $E[X - E(X)]^2$ 存在,则称其为 X 的方差,记为

$$D(X) = E[X - E(X)]^2 \tag{8-15}$$

随机变量 X 的方差描述了 X 取值对于 $E(X)$ 的偏离. 而且是从平均的意义上进行描述的. 方差越小,则 X 取值越集中在 $E(X)$ 的附近. 在工程实践中,反映了产品的尺寸集中在标准尺寸的附近,说明产品质量好、精度高,机器工作状态是稳定的. 相反,若方差较大,说明产品尺寸偏大、偏小情况严重,反映了产品质量差、精度低,机器工作状态不够稳定.

关于本节开始提出的用观测值评定仪器精度的算法问题,可将式(8-13)中的 $E(X)$ 换为观测值的算术平均值. $\overline{x} = \frac{1}{n}\sum_{i=1}^{n}x_i$. 用

$$\frac{1}{n}\sum_{i=1}^{n}(x_i - \overline{x})^2$$

的计算结果,便可反映仪器的精度. 这便是数理统计中大子样情形的样本方差.

计算随机变量 X 的方差,分离散型、连续型两种情形,为便于应用将公式(8-15)写为如下形式

$$D(X) = E[X - E(X)]^2 = \begin{cases} \displaystyle\sum_{i=1}^{\infty}(x_i - E(X))^2 p_i \\ \displaystyle\int_{-\infty}^{+\infty}(x - E(X))^2 f(x)\,\mathrm{d}x \end{cases} \tag{8-16}$$

第二式中的 $f(x)$ 为 X 的概率密度.

由方差的定义式(8-15)可有

$$D(X) = E[X - E(X)]^2 = E[X^2 - 2XE(X) + (E(X))^2]$$
$$= E(X^2) - 2E(X)E(X) + (E(X))^2 = E(X^2) - (E(X))^2$$

得到公式

$$D(X) = E(X^2) - (E(X))^2 \tag{8-17}$$

利用公式(8-17)计算方差会带来一些方便.

例 8.6.1　设 $X \sim (0-1)$ 两点分布,求 $D(X)$.

解　$D(X) = E[X - E(X)]^2 = E[X - p]^2$
$$= (0-p)^2 q + (1-p)^2 p = p^2 q + q^2 p = pq(p+q) = pq$$

例 8.6.2　$X \sim P(\lambda)$,求 $D(X)$.

解　$E(X) = \lambda$

$$E(X^2) = \sum_{k=0}^{\infty} k^2 \cdot \frac{\lambda^k}{k!} e^{-\lambda} = \sum_{k=1}^{\infty} k \frac{\lambda^k}{(k-1)!} e^{-\lambda}$$

$$= \lambda \sum_{k=1}^{\infty} (k-1+1) \frac{\lambda^{k-1}}{(k-1)!} e^{-\lambda}$$

$$= \lambda \left[\sum_{k=1}^{\infty} (k-1) \frac{\lambda^{k-1}}{(k-1)!} e^{-\lambda} + \sum_{k=1}^{\infty} \frac{\lambda^{k-1}}{(k-1)!} e^{-\lambda} \right]$$

$$\xrightarrow{r=k-1} \lambda \left[\sum_{r=0}^{\infty} r \cdot \frac{\lambda^r}{r!} e^{-\lambda} + \sum_{r=0}^{\infty} \frac{\lambda^r}{r!} e^{-\lambda} \right] = \lambda[\lambda + 1]$$

$$= \lambda^2 + \lambda$$

$$D(X) = E(X^2) - (E(X))^2 = \lambda^2 + \lambda - \lambda^2 = \lambda$$

例 8.6.3　$X \sim N(\mu, \sigma^2)$,求 $D(X)$.

解　$D(X) = E[X - E(X)]^2 = \int_{-\infty}^{+\infty} (x-\mu)^2 \frac{1}{\sqrt{2\pi}\,\sigma} e^{-\frac{(x-\mu)^2}{2\sigma^2}} dx$

$$\xrightarrow{t=\frac{x-\mu}{\sigma}} \sigma^2 \int_{-\infty}^{+\infty} t^2 \frac{1}{\sqrt{2\pi}} e^{-\frac{t^2}{2}} dt = \sigma^2 \int_{-\infty}^{+\infty} t \frac{1}{\sqrt{2\pi}} e^{-\frac{t^2}{2}} d\frac{t^2}{2}$$

$$= \sigma^2 \left[t \frac{(-1)}{\sqrt{2\pi}} e^{-\frac{t^2}{2}} \bigg|_{-\infty}^{+\infty} + \int_{-\infty}^{+\infty} \frac{1}{\sqrt{2\pi}} e^{-\frac{t^2}{2}} dt \right]$$

$$= \sigma^2 [0 + 1] = \sigma^2$$

请读者利用公式(8-17)自行推导均匀分布和指数分布的方差,便知,

$X \sim U(a,b)$, 有 $D(X) = \dfrac{(b-a)^2}{12}$.

$X \sim e(\lambda)$, 有 $D(X) = \dfrac{1}{\lambda^2}$.

方差有如下性质:

(1) 设 C 为常数,则 $D(C) = 0$.

(2) 设 X 是随机变量,C 是常数,则有
$$D(CX) = C^2 D(X)$$

(3) X, Y 是两个随机变量,则有
$$D(X+Y) = D(X) + D(Y) + 2E[(X-E(X))(Y-E(Y))]$$
当 X, Y 相互独立,则有
$$D(X+Y) = D(X) + D(Y)$$

(4) $D(X) = 0$ 的充分必要条件是 $P[X=C] = 1$(C 为常数).

性质(4)证明略,下面只证明(1),(2),(3).

证 $D(C)=E[C-E(C)]^2=E(0)=0$,

$D(CX)=E[CX-E(CX)]^2=C^2E[X-E(X)]^2=C^2D(X)$,

$$D(X+Y)=E[(X+Y)-E(X+Y)]^2=E[(X-EX)+(Y-EY)]^2$$
$$=E[(X-E(X))^2+(Y-E(Y))^2+2E[(X-E(X))(Y-E(Y))]$$
$$=D(X)+D(Y)+2E[(X-E(X))(Y-E(Y))]$$

当 X,Y 相互独立时,利用数学期望的性质(4)有

$$E[(X-E(X))(Y-E(Y))]=E[X-E(X)]E[Y-E(Y)]$$
$$=(EX-E(X))(EY-E(Y))=0$$

所以 $$D(X+Y)=D(X)+D(Y)$$

例 8.6.4 设 $X\sim B(n,p)$,求 $D(X)$.

解 按二项分布的概念,随机变量 X 是 n 次重复独立试验中事件 A 出现的次数,而且在每次试验中 A 出现的概率都为 p. 我们引入随机变量

$$X_k=\begin{cases}1 & A \text{ 在第 } k \text{ 次试验中出现}\\ 0 & A \text{ 在第 } k \text{ 次试验中不出现}\end{cases}\quad (k=1,2,\cdots,n)$$

X_k	0	1
p	q	p

$(q=1-p,k=1,2,\cdots,n)$

则有 $$X=X_1+X_2+\cdots+X_n$$

因为各次试验相互独立,故 $X_1,X_2,\cdots,X_n$ 相互独立,又

$D(X_k)=pq \quad (k=1,2,\cdots,n)$.

所以 $D(X)=D(X_1+X_2+X_3+\cdots+X_n)$

$$=D(X_1)+D(X_2)+\cdots+D(X_n)$$
$$=npq.$$

我们经常用到方差的正平方根,称

$$\sigma=\sqrt{D(X)}$$

为 X 的标准差.

关于正态分布 $X\sim N(\mu,\sigma^2)$,我们已经知道 μ,σ^2 分别是 X 的期望和方差,而且(见本章§8.3)有

$$P[|X-\mu|\leqslant\sigma]=0.6826$$
$$P[|X-\mu|\leqslant2\sigma]=0.9544$$
$$P[|X-\mu|\leqslant3\sigma]=0.9974$$

上述 3 式利用期望和标准差,关于正态分布的随机量 X 取值对其期望值的偏离情况作了很好的量的描述. 那么对一般地随机变量,特别是对未知分布的随机变量 X,能否有类似的结论. 为此我们讨论 $P[|X-E(X)|\geqslant\varepsilon]$ 的上限(其中 ε 为任意正数). 设 $f(x)$ 为 X 的概率密度,有

$$P[|X-E(X)|\geqslant\varepsilon]=\int_{|x-E(X)|\geqslant\varepsilon}f(x)\mathrm{d}x$$

为了使上式在推导过程中出现方差,所以在上式右端,对被积函数 $f(x)$ 乘以

$\dfrac{(x-E(X))^2}{\varepsilon^2}$,便有

$$\int_{|x-E(X)|\geqslant\varepsilon}f(x)\mathrm{d}x\leqslant\int_{|x-E(X)|\geqslant\varepsilon}\dfrac{(x-E(X))^2}{\varepsilon^2}f(x)\mathrm{d}x$$

$$\leqslant\dfrac{1}{\varepsilon^2}\int_{-\infty}^{+\infty}(x-E(X))^2f(x)\mathrm{d}x=\dfrac{D(X)}{\varepsilon^2}$$

即一般有

$$P[\,|\,X-E(X)\,|\geqslant\varepsilon]\leqslant\dfrac{D(X)}{\varepsilon^2}$$

于是有

定理 8.6.1　设随机变量 X 有期望 $E(X)$ 和方差 $D(X)$,则对任意正数 ε,不等式

$$P[\,|\,X-E(X)\,|\geqslant\varepsilon]\leqslant\dfrac{D(X)}{\varepsilon^2}\qquad\qquad(8\text{-}18)$$

成立.

定理 8.6.1 中的不等式称为切比雪夫(Chebyshev)不等式.

上述的推导即是就连续型随机变量情况对定理 8.6.1 的证明.

切比雪夫不等式(8-18)又可写为如下形式

$$P[\,|\,X-E(X)\,|<\varepsilon]\geqslant1-\dfrac{D(X)}{\varepsilon^2}\qquad\qquad(8\text{-}19)$$

分别令 ε 等于 $2\sqrt{D(X)}$,$3\sqrt{D(X)}$,$4\sqrt{D(X)}$,可得

$$P[\,|\,X-E(X)\,|<2\sqrt{D(X)}\,]\geqslant0.75$$

$$P[\,|\,X-E(X)\,|<3\sqrt{D(X)}\,]\geqslant0.8889$$

$$P[\,|\,X-E(X)\,|<4\sqrt{D(X)}\,]\geqslant0.9375$$

本 章 小 结

本章内容是概率论的基础知识.学习、理解这些内容对学习概率统计起着决定性的作用.为了使读者能够较好的理解这些知识,笔者用概括、归纳的方式对本章的主要内容进行阐述.

为了用微积分和函数论的方法研究随机现象,引入了随机变量的概念,用随机变量取不同的值,以代表试验出现的不同的结果.我们将随机变量看成随机点,随机点落向数轴是必然事件,但是随机点落向数轴的方式可以是多种多样的.即有多种多样不同取值方式的随机变量.我们定义了离散型和连续型两种随机变量(此外,还有既非离散型又非连续型的随机变量).对这两种类型随机变量取值情况的描述,构成了本章的核心内容.我们对随机变量的取值情况是采取了用分布的方式进行描述(或者说详细地进行描述)和用平均的方式进行描述.

1. 用分布的方式描述随机变量 X 的取值情况.

称

$$\left\{ \forall [a,b] \qquad P[a \leqslant X \leqslant b] \right\} \tag{8-2}$$

为连续型随机变量 X 的概率分布(或简称分布).

上式之意指对任意区间 $[a,b]$ 都知道随机点 X 落入其内的概率. 所以知道了 X 的概率分布,便知道了随机点 X 的下落情况,即知道了随机变量 X 的取值情况. 而且是以概率的大小进行描述的;对上式也可以理解为对任意区间 $[a,b]$,将随机点 X 下落的总概率 1 中的相应部分,分配给 $[a,b]$. 在这种意义下,式(8-2)便是用 X 取值总概率 1 的分散、散开、分布的方式,描述了 X 的取值情况. 离散型随机变量 X 的概率分布,即是将 X 取值的总概率 1 按某种规律分散开,分配到 X 可能取的各个值上. 具体对离散型随机变量取值情况的描述,和对连续型随机变量关于 $P[a \leqslant X \leqslant b]$ 的计算,便是下述的(1)和(2).

(1) 离散型随机变量的概率分布律.

X	x_1	x_2	$\cdots$	x_i	$\cdots$	$p_i \geqslant 0 \quad (i=1,2,\cdots)$
p	p_1	p_2	$\cdots$	p_i	$\cdots$	$\sum\limits_{i=1}^{+\infty} p_i = 1$

描述了随机变量 X 以概率 p_i 取 x_i 值,即

$$P[X = x_i] = p_i \qquad (i=1,2,\cdots).$$

(2) 为了计算连续型随机变量 X 落入任意区间 $[a,b]$ 的概率 $p[a \leqslant x \leqslant b]$,引入了非负、可积函数 $f(x)$,使对 $\forall [a,b]$ 有

$$p[a \leqslant x \leqslant b] = \int_a^b f(x)\mathrm{d}x$$

$f(x)$ 称作 X 的概率密度.

为了进一步将对随机试验的描述函数化,便于利用微积分和函数论的方法研究随机试验,并且将对离散型、连续型两种随机变量的描述形式统一起来,引入了

(3) 分布函数

$$F(x) = p[X \leqslant x] = \begin{cases} \sum\limits_{x_i \leqslant x} p_i & (离散型) \\ \int_{-\infty}^x f(x)\mathrm{d}x & (连续型) \end{cases}$$

不论知道的是随机变量 X 的概率分布律(对于离散型),或是概率密度(对于连续型),或者是分布函数,都可以对任意区间 $[a,b]$ 计算 X 落入其内的概率. 所以说用分布的方法,可以对随机变量的取值情况进行详细的描述. 本章介绍了 3 种离散型随机变量的分布和 3 种连续型随机变量的分布以及正态分布概率的计算,都是必须掌握的内容.

2. 用平均的方式描述随机变量的取值情况(亦称作用数字特征对随机变量进行描述).

(1) 数学期望.

称

$$E(X) = \begin{cases} \sum\limits_{i=1}^{+\infty} x_i p_i & \text{(离散型)} \\ \int_{-\infty}^{+\infty} x f(x) \mathrm{d}x & \text{(连续型)} \end{cases}$$

为随机变量 X 的数学期望(要求级数或广义积分绝对收敛).

(2) 方差.

称

$$D(X) = E[X - EX]^2 = \begin{cases} \sum\limits_{i=1}^{\infty} (x_i - E(X))^2 p_i & \text{(离散型)} \\ \int_{-\infty}^{+\infty} (x - E(X))^2 f(x) \mathrm{d}x & \text{(连续型)} \end{cases}$$

为随机变量 X 的方差(要求级数或广义积分绝对收敛).

注意 从期望和方差的定义形式上看不出有平均的意义在其中,希望读者从本书正文对这两个概念的引入过程中去领悟,便知道期望 $E(X)$ 和方差 $D(X)$ 是按特定的计算过程得到的两个数,$E(X)$ 的确是对随机变量 X 取值的平均描述. $D(X)$ 是对 X 取值偏离 $E(X)$ 情况的平均描述.

以下是对本章习题题型的归纳分类.

(1) 给出了函数 $f(x)$,判断其能否是某个随机变量的概率密度.

(2) 给出了 $f(x)$ 为连续型随机变量 X 的概率密度,

① 求 $f(x)$ 中的未知系数.

② 求 $p[a < x < b]$.

(3) 设 $F(x)$ 为随机变量 X 的分布函数.

① 求 $F(x)$ 中的未知系数.

② 已知 X 的分布律或分布密度,求分布函数 $F(x)$.

③ 已知 $F(x)$,求 $p[a < x \leqslant b]$.

(4) 求随机变量 X 的函数 $Y = g(X)$ 的分布密度 $f_Y(y)$.

(5) 给定随机变量 X 的分布,求 $E(X)$.

(6) 给定随机变量 X 的分布,求 $D(X)$.

(7) 关于期望,方差性质的计算题.

涉及本章内容的习题一般不会很难,都是比较规范有章可循的. 这里只强调一下,求 $f(x)$ 中的未知系数要用到

$$\int_{-\infty}^{+\infty} f(x) \mathrm{d}x = 1$$

求 $F(x)$ 中的未知系数要用到

$$\lim_{x \to +\infty} F(x) = 1 \text{ 和 } \lim_{x \to -\infty} F(x) = 0 \text{ 及}$$
$$\lim_{x \to a+0} F(x) = F(a)$$

习　题　八

1.如下给出的数列,哪些能够是离散型随机变量分布律中的概率?

(1) $p_k = \dfrac{k}{15}$　　$k=0,1,2,3,4,5$.

(2) $p_k = \dfrac{k+1}{25}$　　$k=1,2,3,4,5$.

(3) $p_k = \dfrac{5-k^2}{6}$　　$k=0,1,2,3$.

(4) $p_k = \dfrac{1}{4}$　　$k=2,3,4,5$.

2.试确定常数 A,使 $P[X=k] = \dfrac{A}{3^k}(k=0,1,2,3)$ 成为随机变量 X 的分布律,并求

(1) $P[X \leqslant 1]$.

(2) $P\left[\dfrac{1}{2} < X < \dfrac{5}{2}\right]$.

3.同时掷下三颗骰子,求出现的最大点数 X 的概率分布律.

4.某种零件共 12 个,其中有 9 个正品 3 个次品,从中抽检一件,遇到次品不再放回,继续取一件,直至取出正品为止,求在取出正品以前取出次品数的分布律.

5.在 15 件零件中有 2 件是次品,每次从中抽取 1 件,作不放回抽样,抽取 3 次,求抽出的次品个数 X 的分布律.

6.进行重复独立试验,设每次试验成功的概率为 p,失败的概率为 $q=1-p(0<p<1)$.

(1) 将试验进行到第一次成功为止,求所需试验次数 X 的分布律.

(2) 将试验进行到第 r 次成功为止,求所需试验次数 Y 的分布律.

(3) 一篮球运动员的投篮命中率为 0.45,求他首次投中时累计已投篮次数 X 的分布律,并计算 X 为偶数的概率.

7.设

X	1	2	3
p	a	$7a^2$	a^2+a

求参数 a.

8.袋中装有 10 个黑球,3 个白球,每次从中随机取出一球,在下列 3 种情形下,分别求出直到抽得黑球为止所需抽取次数 X 的分布律.

(1) 每次取出的球待观察颜色后放回袋中再抽取下一个.

(2) 每次取出的球都不放回.

(3) 每次取出一个球后总是放回一个黑球.

9.下面列出的 3 个区间,其中哪个可能使函数 $\sin x$ 在其上成为某个连续型随机变量的概率密度?

(1) $\left[0,\dfrac{\pi}{2}\right]$.　　(2) $[0,\pi]$.　　(3) $\left[0,\dfrac{3}{2}\pi\right]$.

10. 随机变量 X 的概率密度为

$$f(x)=Ae^{-|x|} \qquad (-\infty,+\infty)$$

(1) 求系数 $A=?$

(2) 计算 $P[0<x\leqslant 1]$.

11. 确定下列函数中的常数 A,使 $f(x)$ 成为连续型随机变量的概率密度.

(1) $f(x)=\begin{cases}\dfrac{A}{\sqrt{1-x^2}} & -1<x<1 \\ 0 & \text{其他}\end{cases}$

(2) $f(x)=\dfrac{A}{1+x^2} \qquad -\infty<x<+\infty$

(3) $f(x)=\begin{cases}Ax^2 & 1\leqslant x\leqslant 2 \\ Ax & 2<x<3 \\ 0 & \text{其他}\end{cases}$

12. 随机变量 X 的概率密度

$$f(x)=\begin{cases}x & 0\leqslant x<1 \\ 2-x & 1\leqslant x\leqslant 2 \\ 0 & \text{其他}\end{cases}$$

求 $p[0.4\leqslant X\leqslant 1.2]$ 及分布函数 $F(x)$.

13. 设随机变量 X 的概率密度曲线如图8.7中的折线所示.

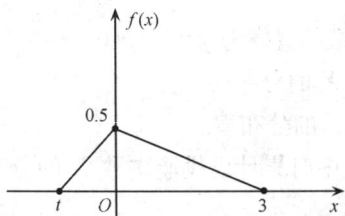

(1) 试确定 t 的值.

(2) 写出 X 的概率密度 $f(x)$.

(3) 求 X 的分布函数 $F(x)$.

14. 某种器件的寿命 X(以小时计)具有以下的概率密度

图 8.7

$$f(x)=\begin{cases}\dfrac{1000}{x^2} & x>1000 \\ 0 & \text{其他}\end{cases}$$

从一批此种器件中任取 5 只,问其中至少有 2 只寿命大于 1500 小时的概率是多少?

15. 随机变量 X 的分布函数

$$F(x)=\begin{cases}0 & x<0 \\ Ax^2 & 0\leqslant x<1 \\ 1 & 1\leqslant x\end{cases}$$

(1) 求 X 的概率密度 $f(x)$.

(2) 求 $P[0.3<x<0.7]$.

16.随机变量 X 的概率密度

$$f(x) = \begin{cases} \dfrac{1}{2}\cos x & -\dfrac{\pi}{2} \leqslant x \leqslant \dfrac{\pi}{2} \\ 0 & \text{其他} \end{cases}$$

(1) 求分布函数 $F(x)$.

(2) 求 $p\left[-\dfrac{\pi}{4} < x \leqslant \dfrac{\pi}{4}\right]$.

17.设离散型随机变量 X 的分布函数为

$$F(x) = \begin{cases} 0 & x < -1 \\ a & -1 \leqslant x < 1 \\ \dfrac{2}{3} - a & 1 \leqslant x < 2 \\ a + b & 2 \leqslant x \end{cases}$$

且 $P[X=2] = \dfrac{1}{2}$,试求常数 a,b 和 X 的分布律.

18.设随机变量 X 的分布函数为

$$F(x) = \begin{cases} \dfrac{1}{2}e^x & x < 0 \\ \dfrac{1}{2} + \dfrac{x}{4} & 0 \leqslant x < 2 \\ 1 & 2 \leqslant x \end{cases}$$

(1) 求 X 的概率密度 $f(x)$.

(2) 求 $P[-1 < x \leqslant 1]$ 及 $P[1 < x \leqslant 3]$.

19.设随机变量 X 的分布函数为

$$F(x) = \begin{cases} 0 & x < 1 \\ \ln x & 1 \leqslant x < e \\ 1 & x \geqslant e \end{cases}$$

(1)求 $P(X<2)$,$P(0<X\leqslant 3)$,$P\left(2<X\leqslant\dfrac{5}{2}\right)$.

(2)求概率密度 $f(x)$.

20.设随机变量 Y 在 $(0,5)$ 内服从均匀分布,求方程
$$4x^2 + 4Yx + Y + 2 = 0$$
有实根的概率.

21.设随机变量 Y 服从参数 $\lambda = \dfrac{1}{2}$ 的指数分布,求方程 $x^2 + Yx + 2Y - 3 = 0$ 没有实的概率.

22.设 $X \sim N(3,4)$,(1)求 $P[2<X\leqslant 5]$,$P[-4<X\leqslant 10]$,$P[|X|>2]$,$P[X>3]$;(2)确定 c 使得 $P[X>c] = p[X\leqslant c]$.

23.某地区 18 岁的女青年的血压 X 服从正态分布 $N(110,12^2)$,在该地区任选一 18 岁的女青年,测量她的血压 X.(1)求 $P[X\leqslant 105]$,$P[100<X\leqslant 120]$;(2)确定最小的 x,使 $P[X>x]\leqslant 0.05$.

24. 某车间生产的螺栓的长度(cm)服从参数 $\mu=10.05,\sigma=0.06$ 的正态分布. 规定长度在范围 10.05 ± 0.12 内为合格品. 求任取一螺栓为不合格品的概率.

25. 一工厂生产的晶体管的寿命 X(以小时计)服从参数 $\mu=160,\sigma$ 的正态分布,若要求 $P[120<X\leqslant200]\geqslant0.80$ 允许 σ 最大为多少?

26. 设随机变量 X 的分布律为

X	-2	-1	0	2
p	0.2	0.3	0.4	0.1

分别求 $Y=X^2,Z=3X+1,W=|X|-1$ 的分布律.

27. 设 $X\sim N(0,1)$,(1)$Y=e^X$,(2)$Y=2X^2+1$,(3)$Y=|X|$,求 Y 的概率密度 $f_Y(y)$.

28. 设随机变量 X 的概率密度

$$f(x)=\begin{cases}2xe^{-x^2} & x\geqslant0 \\ 0 & x<0\end{cases}$$

求 $Y=X^2$ 的概率密度 $f_Y(y)$.

29. (1)设随机变量 X 的概率密度为 $f(x)(-\infty<x<+\infty)$. 求 $Y=X^3$ 的概率密度.

(2)设随机变量 X 的概率密度为 $f(x)(0<x<+\infty)$,求 $Y=\ln X$ 的概率密度.

30. 设随机变量 X 的概率密度为

$$f(x)=\begin{cases}e^{-x} & x>0 \\ 0 & 其他\end{cases}$$

求 $Y=X^2$ 的概率密度.

31. 设随机变量 X 在$(0,1)$服从均匀分布.

(1)求 $Y=e^X$ 的概率密度.

(2)求 $Y=-2\ln X$ 的概率密度.

32. 设随机变量 X 的概率密度为

$$f(x)=\begin{cases}\dfrac{2x}{\pi^2} & 0<x<\pi \\ 0 & 其他\end{cases}$$

求 $Y=\sin X$ 的概率密度.

33. 设随机变量 X 的分布函数为

$$F_X(x)=\begin{cases}0 & x<0 \\ 1-e^{-\frac{x}{5}} & 0\leqslant x<2 \\ 1 & x\geqslant2\end{cases}$$

求 $Y=e^X$ 的分布函数.

34. 甲、乙两台自动车床生产同一种零件,生产 1000 件产品出现的次品数分别用 X,Y 表示,经过一般时间的考察,知 X、Y 的分布律如下:

X	0	1	2	3
p	0.7	0.1	0.1	0.1

Y	0	1	2
p	0.5	0.3	0.2

试比较两台机床的优劣.

35. 设随机变量 X 的分布律为

X	0	1	2
p	$\dfrac{1}{2}$	$\dfrac{3}{8}$	$\dfrac{1}{8}$

求 $E(X),E(X^2),E(3X^2+4)$.

36. 设 X 的概率密度为

$$f(x) = \begin{cases} 2e^{-2x} & x \geqslant 0 \\ 0 & x < 0 \end{cases}$$

求 $E(X)$ 及 $E(e^{-X})$.

37. 设 X 的概率密度为

$$f(x) = \begin{cases} \sin x & 0 \leqslant x \leqslant \dfrac{\pi}{2} \\ 0 & 其他 \end{cases}$$

求 $E(X)$.

38. 设 X 的概率密度为

$$f(x) = \begin{cases} \dfrac{1}{\pi\sqrt{1-x^2}} & -1 < x < 1 \\ 0 & 其他 \end{cases}$$

求 $E(X)$.

39. 设 X 的概率密度为

$$f(x) = \begin{cases} kx^a & 0 < x < 1 \\ 0 & 其他 \end{cases}$$

其中 $k>0,a>0$,且 $E(X)=0.75$,求 k、a 的值.

40. 设 X 的概率密度为

$$f(x) = \begin{cases} a+bx^2 & 0 \leqslant x \leqslant 1 \\ 0 & 其他 \end{cases}$$

且 $E(X)=\dfrac{3}{5}$,求 a、b 的值.

41. 某事件 A 在每次试验中出现的概率皆为 $p=0.02$,试验重复独立进行了 100 次,用 X 表示 A 在 100 次试验中发生的次数,求:

(1) X 的概率分布.

(2) $E(X),D(X)$.

42. 一批零件中有 9 个合格品,3 个次品. 在安装机器时,从中任取一个零件,如果取出的是次品就不再放回去,求在取得合格品以前已取出的次品数 X 的期望和方差.

43. 箱内装有 20 件产品,其中有 4 件是次品,从箱中随机取出 3 件,求所取 3 件中次品件数 X 的期望和方差.

44. 有 3 个球,4 个盒子,盒子的编号为 1,2,3,4. 将球逐个独立的随机放入 4 个盒子中去,以 X 表示其中至少有一个球的盒子的最小号码(例如 $X=3$ 表示第 1 号、第 2 号盒子是空的,第 3 号盒中至少有一个球,第 4 号盒中可以有球也可以没有球),求 $E(X)$.

45. 某车间生产的圆盘其直径在区间 (a,b) 服从均匀分布,求圆盘面积的数学期望.

46. 一工厂生产的某种设备的寿命 X(以年计)服从指数分布,概率密度为

$$f(x) = \begin{cases} \dfrac{1}{4}e^{-\frac{1}{4}x} & x > 0 \\ 0 & x \leqslant 0 \end{cases}$$

工厂规定,出售的设备若在售出一年之内损坏可予以调换. 若售出一台设备工厂盈利 100 元,调换一台设备厂方需花 300 元,试求厂方出售一台设备净盈利的数学期望.

47. 将 n 只球($1-n$ 号)随机地放进 n 只盒子($1-n$ 号)中去,一只盒子装一只球,若一只球装入与球同号的盒中称为一个配对,以 X 记总的配对数,求 $E(X)$.

48. 设有 n 把形状相似的钥匙,其中只有 1 把能打开门锁,今用这些钥匙试开门锁,设取到每把钥匙是等可能的,且每把钥匙只试用一次. 试用下面两种方法,求试开次数 X 的数学期望.

(1)写出 X 的分布律. (2)不写出 X 的分布律.

49. 设随机变量 X_1,X_2 的概率密度分别为

$$f_1(x) = \begin{cases} 2e^{-2x} & x > 0 \\ 0 & x \leqslant 0 \end{cases} \qquad f_2(x) = \begin{cases} 4e^{-4x} & x > 0 \\ 0 & x \leqslant 0 \end{cases}$$

(1)求 $E(X_1+X_2)$,$E(2X-3X_2^2)$. (2)设 X_1,X_2 相互独立求 $E(X_2X_2)$.

50. 设一只昆虫所生的虫卵数 X 服从参数为 λ 的泊松分布,而每个虫卵发育成幼虫的概率皆等于 l,且各条虫卵是否发育成幼虫相互独立. 求一只昆虫所生的幼虫数 Y 的期望和方差.

51. 设随机变量 X,Y 相互独立,且 $E(X)=2$,$E(Y)=3$,求 $E(3X-2Y+5+XY)$.

52. 设随机变量 X,Y 相互独立,且 $D(X)=1$,$D(Y)=2$,求 $D(2X+3Y+1)$.

53. 设电站供电网有 10000 盏电灯,若夜晚每一盏灯打开的概率都是 0.7,而且假设各盏灯的开、关彼此独立,试用切比雪夫不等式估计夜晚同时开着的灯的数目在 6800 到 7200 之间的概率. (提示:设 X 为夜晚同时开着的灯的数目,$X \sim B(10000,0.7)$,计算 $E(X)$ 和 $D(X)$ 再研究 $\varepsilon=200$,利用切比雪夫不等式).

54. 用切比雪夫不等式估计下列各题的概率.

(1) 当废品率为 0.03 时,在 1000 个产品中废品多于 20 个且少于 40 个的概率.

(2) 在 200 个新生儿中,男婴多于 80 个且少于 120 个的概率.

55. 已知正常男性成人血液中,每一毫升白细胞数平均是 7300,标准差为 700. 利用切比雪夫不等式估计每毫升含白细胞数在 5200~9400 之间的概率 p.

56. 设随机变量 X 的数学期望 $E(X)=11$,方差 $D(X)=9$,试计算 $P[2<X<20]$ 不小

于多少.

57. 随机地掷下 6 个骰子,利用切比雪夫不等式估计 6 个骰子出现的点数之和在 15 到 27 之间的概率.

58. 设随机变量 X 的 $E(X)=75$, $D(X)=5$, 且 $P[|X-75|\geqslant k]\leqslant 0.05$. 求 k.

第九章　二维随机变量

讨论比较复杂的随机现象,用一维随机变量就难以描述. 例如,炮弹的弹着点的位置需要由它的横坐标 X 和纵坐标 Y 共同来描述,而弹着点是随机的,所以它的横坐标和纵坐标是同一个随机试验中的两个随机变量. 因此炮弹的弹着点是一个二维随机变量,记作 (X,Y). 可想而知,对复杂随机现象的描述需要多维的随机变量.

需要注意的是,要将二维随机变量 (X,Y) 看成是一个整体,可以把 (X,Y) 当作是一个向平面上落下的随机点,对它的下落情况用概率进行描述,称作是二维随机变量 (X,Y) 的联合分布. (X,Y) 也称作二维随机向量,它的两个分量 X 和 Y 各自的分布称作是 (X,Y) 关于 X,Y 的边缘分布.

为了直观,易使读者理解,对 (X,Y) 我们或称为二维随机点,或称为二维随机变量是同义语,不加区分.

§9.1　二维随机变量的联合分布

例 9.1.1　设二维随机点 (X,Y) 均以 $\frac{1}{4}$ 的概率分别向 $(1,1)$,$(-1,1)$,$(-1,-1)$,$(1,-1)$ 四个点落下,可以表示为

$$P(X=1,Y=1)=\frac{1}{4}, \quad P(X=-1,Y=1)=\frac{1}{4}$$

$$P(X=-1,Y=-1)=\frac{1}{4}, \quad P(X=1,Y=-1)=\frac{1}{4}$$

也可以列表表示如下

X \ Y	-1	1
-1	$\frac{1}{4}$	$\frac{1}{4}$
1	$\frac{1}{4}$	$\frac{1}{4}$

定义 9.1.1　设 (X,Y) 为二维随机变量,称下式为 (X,Y) 的联合分布律

$$P(X=x_i,Y=y_j)=p_{ij} \quad \left(\begin{matrix} i=1,2,\cdots,n,\cdots \\ j=1,2,\cdots,n,\cdots \end{matrix}\right)$$

其表格形式为

表 9.1

Y \ X	y_1	y_2	$\cdots$	y_j	$\cdots$	
x_1	p_{11}	p_{12}	$\cdots$	p_{1j}	$\cdots$	$p_{ij} \geqslant 0$
x_2	p_{21}	p_{22}	$\cdots$	p_{2j}	$\cdots$	$\sum_{i=1}^{\infty}\sum_{j=1}^{\infty} p_{ij}=1$
$\cdots$	$\cdots$	$\cdots$		$\cdots$		
x_i	p_{i1}	p_{i2}	$\cdots$	p_{ij}	$\cdots$	
$\cdots$	$\cdots$	$\cdots$		$\cdots$		

例 9.1.2　设盒中有 5 个同类产品,其中有两个是正品,每次取出一个有放回的抽取两次.设随机变量 X,Y 定义如下:

$$X=\begin{cases}1 & \text{若第一次取出的是正品}\\0 & \text{若第一次取出的是次品}\end{cases}$$

$$Y=\begin{cases}1 & \text{若第二次取出的是正品}\\0 & \text{若第二次取出的是次品}\end{cases}$$

求 (X,Y) 的联合分布律.

解　(X,Y) 可能取的值为:$(0,0),(0,1),(1,0),(1,1)$,计算其对应的概率

$$P(X=1,Y=1)=\frac{2}{5}\cdot\frac{2}{5}=\frac{4}{25}$$

$$P(X=1,Y=0)=\frac{2}{5}\cdot\frac{3}{5}=\frac{6}{25}$$

$$P(X=0,Y=1)=\frac{3}{5}\cdot\frac{2}{5}=\frac{6}{25}$$

$$P(X=0,Y=0)=\frac{3}{5}\cdot\frac{3}{5}=\frac{9}{25}$$

以上四式构成 (X,Y) 的联合分布律,其表格形式为

Y \ X	0	1
0	$\frac{9}{25}$	$\frac{6}{25}$
1	$\frac{6}{25}$	$\frac{4}{25}$

定义 9.1.2　设二维随机点 (X,Y) 向平面 xOy 落下,若有非负可积函数 $f(x,y)$,对任一区域 G,(X,Y) 落入 G 的概率

$$P[(X,Y)\in G]=\iint\limits_{G}f(x,y)\mathrm{d}x\mathrm{d}y \tag{9-1}$$

称 $f(x,y)$ 为二维连续型随机变量 (X,Y) 的联合分布密度.

二维随机点 (X,Y) 落到平面 xoy 上是必然事件,按定义 9.1.2 有

$$\int_{-\infty}^{+\infty}\int_{-\infty}^{+\infty}f(x,y)\mathrm{d}x\mathrm{d}y=1$$

例 9.1.3　设(X,Y)的联合分布密度

$$f(x,y) = \begin{cases} 2e^{-(2x+y)} & x>0, y>0 \\ 0 & 其他 \end{cases}$$

(1) 求 $P[(X,Y)\in G]$　　$(G: -1 \leqslant x \leqslant 1, -1 \leqslant y \leqslant 1)$.

(2) 求 $P[Y \leqslant X]$.

解　(1) $P[(X,Y)\in G] = \int_{-1}^{1}\int_{-1}^{1} f(x,y)\mathrm{d}x\mathrm{d}y = \int_{0}^{1}\int_{0}^{1} 2e^{-(2x+y)}\mathrm{d}x\mathrm{d}y$

$$= \int_{0}^{1} e^{-y}\mathrm{d}y\int_{0}^{1} 2e^{-2x}\mathrm{d}x = -e^{-y}\Big|_{0}^{1} (-1)e^{-2x}\Big|_{0}^{1}$$

$$= 1 - e^{-1} - e^{-2} + e^{-3}$$

(2) $P[Y \leqslant X] = \int_{0}^{+\infty}\mathrm{d}x\int_{0}^{x} 2e^{-(2x+y)}\mathrm{d}y$

$$= \int_{0}^{+\infty} 2e^{-2x}(-1)e^{-y}\Big|_{0}^{x}\mathrm{d}x = \int_{0}^{+\infty} 2e^{-2x}(1-e^{-x})\mathrm{d}x$$

$$= -e^{-2x}\Big|_{0}^{+\infty} + \frac{2}{3}e^{-3x}\Big|_{0}^{+\infty} = \frac{1}{3}$$

定义 9.1.3　设(X,Y)是二维随机变量,称二元函数

$$F(x,y) = P[X \leqslant x, Y \leqslant y] \quad \begin{pmatrix} -\infty < x < +\infty \\ -\infty < y < +\infty \end{pmatrix} \tag{9-2}$$

为(X,Y)的联合分布函数.

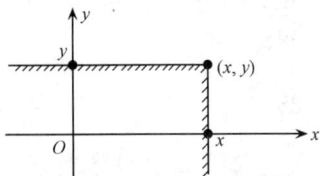

图 9.1

(X,Y)的联合分布函数 $F(x,y)$ 有明显的几何意义;即 $F(x,y)$ 在(x,y)点的函数值,等于随机点(X,Y)落到点(x,y)上及其左下方无限大矩形区域内的概率值.如图 9.1 所示.

依据定义 9.1.3 关于离散型、连续型二维随机变量(X,Y)的联合分布函数的计算,有如下公式

$$F(x,y) = \begin{cases} \sum_{x_i \leqslant x}\sum_{y_j \leqslant y} p_{ij} & (离散型) \\ \int_{-\infty}^{y}\int_{-\infty}^{x} f(x,y)\mathrm{d}x\mathrm{d}y & (连续型) \end{cases} \tag{9-3}$$

例 9.1.4　求例 9.1.3 中(X,Y)的联合分布函数.

解　当 $x>0, y>0$ 时

$$F(x,y) = \int_{-\infty}^{y}\int_{-\infty}^{x} f(x,y)\mathrm{d}x\mathrm{d}y = \int_{0}^{y}\int_{0}^{x} 2e^{-(2x+y)}\mathrm{d}x\mathrm{d}y$$

$$= \int_{0}^{y} e^{-y}\mathrm{d}y\int_{0}^{x} 2e^{-2x}\mathrm{d}x = (1-e^{-y})(1-e^{-2x})$$

所以

$$F(x,y) = \begin{cases} (1-e^{-y})(1-e^{-2x}) & x>0, y>0 \\ 0 & 其他 \end{cases}$$

例 9.1.5　求例 9.1.1 中(X,Y)的联合分布函数在$(4,0.5)$点的函数值.

解

$$F(4,0.5) = P[X \leqslant 4, Y \leqslant 0.5]$$
$$= P[X = -1, Y = -1] + P[X = 1, Y = -1] = \frac{1}{2}$$

借助 $F(x,y)$ 的几何意义，容易明了随机点 (X,Y) 落入矩形区域 $[x_1 < x \leqslant x_2, y_1 < y \leqslant y_2]$ 的概率为

$$P[x_1 < X \leqslant x_2, y_1 < Y \leqslant y_2]$$
$$= F(x_2, y_2) - F(x_2, y_1) - F(x_1, y_2) + F(x_1, y_1)$$

分布函数 $F(x,y)$，具有如下性质：

(1) $F(x,y)$ 是变量 x 和 y 的不减函数. 即对于任意固定的 y，当 $x_2 > x_1$, 时 $F(x_2, y) \geqslant F(x_1, y)$；对于任意固定的 x，当 $y_2 > y_1$ 时 $F(x, y_2) \geqslant F(x, y_1)$.

(2) $0 \leqslant F(x,y) \leqslant 1$.

(3) 对于任意固定的 y，$F(-\infty, y) = 0$.

对于任意固定的 x，$F(x, -\infty) = 0$.

$F(-\infty, -\infty) = 0$，$F(+\infty, +\infty) = 1$.

上面 (3) 中 4 个式子可以从几何上加以说明. 当 y 固定，$x \to -\infty$ 时，点 (x,y) 左下方无限大矩形的右面边界无限向左移动，则随机点 (X,Y) 落入"这个矩形内"这一事件趋于不可能事件，其概率趋于零，即有 $F(-\infty, y) = 0$. 同理，$F(x, -\infty) = 0$. 当 $x \to +\infty$，$y \to +\infty$ 时，(x,y) 点的左下方区域趋于全平面，随机点 (X,Y) 落入"这个区域"趋于必然事件，其概率趋于 1，即 $F(+\infty, +\infty) = 1$. 当 $x \to -\infty$，$y \to -\infty$ 时，(X,Y) 落入点 (x,y) 左下方趋于不可能事件，所以 $F(-\infty, -\infty) = 0$.

(4) $F(x,y)$ 关于 x 右连续，关于 y 也右连续（证明超出本课程范围，从略）.

(5) 在二维随机变量 (X,Y) 联合分布密度 $f(x,y)$ 的连续点 (x,y) 处，有

$$\frac{\partial^2 F(x,y)}{\partial x \partial y} = f(x,y) \tag{9-4}$$

对于式 (9-4) 我们不进行证明，仅从下式

$$F(x,y) = \int_{-\infty}^{y} \int_{-\infty}^{x} f(x,y) \mathrm{d}x \mathrm{d}y \tag{9-5}$$

出发，形式地加以说明，以使读者容易理解.

在高等数学中学习过：若函数 $g(x)$ 在 $[a,b]$ 上连续，则

$$\left[\int_a^x g(t) \mathrm{d}t \right]_x' = g(x) \qquad x \in [a,b].$$

设 $f(x,y)$ 在 G 上连续，仿照上式，(9-5) 右端便有

$$\left[\int_{-\infty}^{y} \left[\int_{-\infty}^{x} f(u,v) \mathrm{d}u \right]_x' \mathrm{d}v \right]_y' = \left[\int_{-\infty}^{x} f(u,y) \mathrm{d}u \right]_x' = f(x,y) \qquad ((x,y) \in G)$$

所以对式 (9-5) 两端求二阶混合偏导数，便得

$$\frac{\partial^2 F(x,y)}{\partial x \partial y} = f(x,y)$$

例 9.1.6 设随机变量 (X,Y) 的联合分布函数为

$$F(x,y) = A\left(B + \arctan \frac{x}{2}\right)\left(C + \arctan \frac{y}{3}\right)$$

求(1) 常数 A,B,C.

(2) (X,Y) 的联合密度.

解　(1)由联合分布函数的性质(3)有

$$F(+\infty,+\infty)=A(B+\frac{\pi}{2})(C+\frac{\pi}{2})=1$$

$$F(x,-\infty)=A(B+\arctan\frac{x}{2})(C-\frac{\pi}{2})=0$$

$$F(-\infty,y)=A(B-\frac{\pi}{2})(C+\arctan\frac{y}{3})=0$$

从上面的第二、三式可得 $C=\frac{\pi}{2}$，$B=\frac{\pi}{2}$，再代入第一式可得 $A=\frac{1}{\pi^2}$．

(2) $$F(x,y)=\frac{1}{\pi^2}(\frac{\pi}{2}+\arctan\frac{x}{2})(\frac{\pi}{2}+\arctan\frac{y}{3})$$

$$f(x,y)=\frac{\partial^2 F(x,y)}{\partial x\partial y}=\frac{6}{\pi^2(x^2+4)(y^2+9)}$$

§9.2　边缘分布及随机变量的独立性

二维随机变量 (X,Y) 的两个分量 X、Y，分别是描述同一随机试验中相应内容的随机变量，它们各自的分布称作 (X,Y) 关于 X,Y 的边缘分布.

例 9.2.1　设 (X,Y) 的联合分布律如下，

X\Y	−1	1
−1	$\frac{1}{4}$	$\frac{1}{4}$
1	$\frac{1}{4}$	$\frac{1}{4}$

求 X,Y 的分布律.

解　X 可能取的值是 −1 和 1，且

$$P[X=-1]=P[(X=-1,Y=-1)+(X=-1,Y=1)]$$
$$=P[X=-1,Y=-1]+P[X=-1,Y=-1]=\frac{1}{4}+\frac{1}{4}=\frac{1}{2}$$

$$P[X=1]=P[(X=1,Y=-1)+(X=1,Y=1)]$$
$$=P[X=1,Y=-1]+P[X=1,Y=1]=\frac{1}{4}+\frac{1}{4}=\frac{1}{2}$$

所以

X	−1	1
p	$\frac{1}{2}$	$\frac{1}{2}$

同理有

Y	-1	1
p	$\dfrac{1}{2}$	$\dfrac{1}{2}$

设(X,Y)的联合分布律为表 9.1,计算

$$P[X=x_i]=P[X=x_i,Y=y_1]+P[X=x_i,Y=y_2]+\cdots+P[X=x_i,$$
$$Y=y_j]+\cdots=p_{i1}+p_{i2}+\cdots+p_{ij}+\cdots$$

记作

$$P[X=x_i]=p_i. \qquad\qquad (i=1,2,\cdots)$$

$$P[Y=y_j]=P[X=x_1,Y=y_j]+P[X=x_2,Y=y_j]+\cdots+P[X=x_i,$$
$$Y=y_j]+\cdots=p_{1j}+p_{2j}+\cdots+p_{ij}+\cdots$$

记作

$$P[Y=y_j]=p_{\cdot j} \qquad\qquad (j=1,2,\cdots)$$

将 $p_i.(i=1,2,\cdots)$ 及 $p_{\cdot j}(j=1,2,\cdots)$ 也写入表 9.1 中,得到

表 9.2

X \ Y	y_1	y_2	$\cdots$	y_j	$\cdots$	
x_1	p_{11}	p_{12}	$\cdots$	p_{1j}	$\cdots$	$p_1.$
x_2	p_{21}	p_{22}		p_{2j}	$\cdots$	$p_2.$
$\cdots$	$\cdots$	$\cdots$		$\cdots$		$\cdots$
x_i	p_{i1}	p_{i2}	$\cdots$	p_{ij}	$\cdots$	$p_i.$
$\cdots$	$\cdots$	$\cdots$		$\cdots$		$\cdots$
	$p_{\cdot 1}$	$p_{\cdot 2}$	$\cdots$	$p_{\cdot j}$		

将表 9.2 的左边一列 X 可能取的值 $x_1,x_2,\cdots,x_i,\cdots$ 和表 9.2 最右边的一列概率值 $p_1.$,$p_2.,\cdots,p_i.,\cdots$ 搭配写成

表 9.3

X	x_1	x_2	$\cdots$	x_i	$\cdots$
p	$p_1.$	$p_2.$	$\cdots$	$p_i.$	$\cdots$

类似地,将表 9.2 的最上边一行 $y_1,y_2\cdots y_j\cdots$ 和表的最下边一行 $p_{\cdot 1},p_{\cdot 2}\cdots p_{\cdot j}\cdots$ 搭配,写成

表 9.4

Y	y_1	y_2	$\cdots$	y_j	$\cdots$
p	$p_{\cdot 1}$	$p_{\cdot 2}$	$\cdots$	$p_{\cdot j}$	$\cdots$

表 9.3 和表 9.4 分别就是 X,Y 的分布律.

由表 9.2 和表 9.3 便可得到由表 9.1 给出的(X,Y)的边缘分布的分布函数

$$F_X(x) = P[X \leqslant x] = \sum_{x_i \leqslant x} p_{i\cdot} \tag{9-6}$$

$$F_Y(y) = P[Y \leqslant y] = \sum_{y_j \leqslant y} p_{\cdot j} \tag{9-7}$$

例 9.2.2 求例 9.1.2 中 (X, Y) 的边缘分布律

解

X \ Y	0	1	
0	$\dfrac{9}{25}$	$\dfrac{6}{25}$	$\dfrac{3}{5}$
1	$\dfrac{6}{26}$	$\dfrac{4}{25}$	$\dfrac{2}{5}$
	$\dfrac{3}{5}$	$\dfrac{2}{5}$	

所以

X	0	1
p	$\dfrac{3}{5}$	$\dfrac{2}{5}$

Y	0	1
p	$\dfrac{3}{5}$	$\dfrac{2}{5}$

下面我们来讨论如何求连续型随机变量 (X, Y) 的边缘分布.

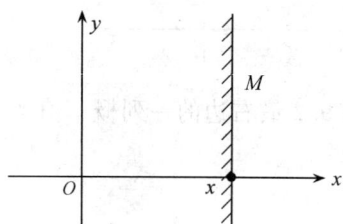

图 9.2

设 $f(x, y)$ 为 (X, Y) 的联合分布密度，$F_X(x), f_X(x), F_Y(y), f_Y(y)$ 分别为 X, Y 的分布函数和概率密度. 根据随机变量的分布函数的定义

$$F_X(x) = P[X \leqslant x],$$

式中 $P[X \leqslant x]$ 的几何意义是随机点 (X, Y) 落到过点 $(x, 0)$ 且与纵坐标轴平行的直线 M 上及其左方的区域内的概率(见图 9.2)所以

$$F_X(x) = P[X \leqslant x] = P[X \leqslant x, -\infty < Y < +\infty]$$

$$= \int_{-\infty}^{+\infty} \int_{-\infty}^{x} f(x, y) \mathrm{d}x \mathrm{d}y = \int_{-\infty}^{x} \int_{-\infty}^{+\infty} f(x, y) \mathrm{d}y \mathrm{d}x$$

将上式两端对 x 求导数,得

$$f_X(x) = F_X'(x) = \int_{-\infty}^{+\infty} f(x, y) \mathrm{d}y \tag{9-8}$$

同理

$$F_Y(y) = P(Y \leqslant y) = P[-\infty < X < +\infty, Y \leqslant y]$$

$$= \int_{-\infty}^{y} \int_{-\infty}^{+\infty} f(x, y) \mathrm{d}x \mathrm{d}y$$

两端对 y 求导数,得

$$f_Y(y) = F_Y'(y) = \int_{-\infty}^{+\infty} f(x,y)\mathrm{d}x \tag{9-9}$$

例 9.2.3 求例 9.1.3(X,Y) 的边缘分布.

解 $f(x,y) = \begin{cases} 2\mathrm{e}^{-(2x+y)} & x>0,y>0 \\ 0 & 其他 \end{cases}$

$$f_X(x) = \int_{-\infty}^{+\infty} f(x,y)\mathrm{d}y = \int_0^{+\infty} 2\mathrm{e}^{-(2x+y)}\mathrm{d}y$$

$$= 2\mathrm{e}^{-x}\int_0^{+\infty} \mathrm{e}^{-y}\mathrm{d}y = 2\mathrm{e}^{-2x}$$

所以

$$f_X(x) = \begin{cases} 2\mathrm{e}^{-2x} & x>0 \\ 0 & x\leqslant 0 \end{cases}$$

$$f_Y(y) = \int_{-\infty}^{+\infty} f(x,y)\mathrm{d}x = \int_0^{+\infty} 2\mathrm{e}^{-(2x+y)}\mathrm{d}x$$

$$= \mathrm{e}^{-y}\int_0^{+\infty} 2\mathrm{e}^{-2x}\mathrm{d}x = \mathrm{e}^{-y}$$

$$f_X(y) = \begin{cases} \mathrm{e}^{-y} & y>0 \\ 0 & y\leqslant 0 \end{cases}$$

下面我们讨论二维随机变量 (X,Y) 的两个分量 X,Y 的独立性问题. 借助于事件 A,B 相互独立的定义

$$P(AB) = P(A)P(B)$$

考虑事件 $X\leqslant x$ 与 $Y\leqslant y$ 的相互独立问题.

若对任意的 x 和 y 皆有

$$P[X\leqslant x, Y\leqslant y] = P[X\leqslant x] \cdot P[Y\leqslant y]$$

则事件 $X\leqslant x$ 与 $Y\leqslant y$ 相互独立. 而上式左端恰是 (X,Y) 的联合分布函数,右端是 (X,Y) 的两个边缘分布的分布函数的乘积. 即

$$F(x,y) = F_X(x)F_Y(y) \tag{9-10}$$

因此我们引出

定义 9.2.1 若二维随机变量 (X,Y) 的联合分布函数与边缘分布函数对任意实数 x, y 满足式(9-10),则称随机变量 X,Y 相互独立.

当 (X,Y) 是连续型随机变量时,X 与 Y 相互独立的条件是满足式(9-10). 在不十分严格的意义下,等价于

$$f(x,y) = f_X(x)f_Y(y) \tag{9-11}$$

当 (X,Y) 是离散型随机变量时,仿照事件 A,B 相互独立的条件,X 与 Y 相互独立的条件便是:对于 (X,Y) 的所有可能取的值 (x_i,y_j) 有

$$P[X=x_i, Y=y_j] = P[X=x_i]P[Y=y_j]$$

即

$$p_{ij} = p_{i\cdot}p_{\cdot j} \qquad (i=1,2\cdots, j=1,2\cdots) \tag{9-12}$$

例 9.2.4 (X,Y)的联合分布律如下

X \ Y	0	1
0	$\frac{4}{25}$	$\frac{6}{25}$
1	$\frac{6}{26}$	$\frac{9}{25}$

试问 X 与 Y 是否相互独立?

解 由题目中给出的联合分布律,作出如表 9.5 含有 p_i. 和 $p._j$ 的表.

表 9.5

X \ Y	0	1	
0	$\frac{4}{25}$	$\frac{6}{25}$	$\frac{2}{5}$
1	$\frac{6}{26}$	$\frac{9}{25}$	$\frac{3}{5}$
	$\frac{2}{5}$	$\frac{3}{5}$	

验证 $p_{11}=\frac{4}{25}=\frac{2}{5} \cdot \frac{2}{5}=p_1. \, p._1$, $\quad p_{12}=\frac{6}{25}=\frac{2}{5} \cdot \frac{3}{5}=p_1. \, p._2$

$\quad\quad p_{21}=\frac{6}{25}=\frac{3}{5} \cdot \frac{2}{25}=p_2. \, p._1$, $\quad p_{22}=\frac{9}{25}=\frac{3}{25} \cdot \frac{3}{5}=p_2. \, p._2$

所以 X 与 Y 相互独立.

注意 如果发现有某个

$$p_{ij} \neq p_i. p._j$$

便可下结论 X 与 Y 不相互独立.

例 9.2.5 (X,Y)的联合分布密度为

$$f(x,y) = \begin{cases} 2e^{-(2x+y)} & x>0, y>0 \\ 0 & \text{其他} \end{cases}$$

试问 X 与 Y 是否相互独立?

解 在例 9.2.3 中已求得(X,Y)的边缘分布密度为

$$f_X(x) = \begin{cases} 2e^{-2x} & x>0 \\ 0 & x \leqslant 0 \end{cases}$$

$$f_Y(y) = \begin{cases} e^{-y} & y>0 \\ 0 & y \leqslant 0 \end{cases}$$

当 $x>0, y>0$ 时,$2e^{-2(x+y)}=2e^{-2x}e^{-y}$,即有

$$f(x,y) = f_X(x)f_Y(y)$$

显然当 $x \leqslant y, y \leqslant 0$ 时也有上式成立,所以

$$f(x,y) = f_X(x)f_Y(y)$$

$$(-\infty < x < +\infty, -\infty < y < +\infty)$$

因此 X 与 Y 相互独立.

例 9.2.6　设 (X,Y) 在区域 G 上服从均匀分布,其中 G 为 $y=x$ 与 $y=x^2$ 包围的部分(图 3.3)

　(1) 试求 (X,Y) 的联合分布密度.

　(2) 求 (X,Y) 的边缘分布密度.

　(3) X,Y 是否相互独立.

解　(1) 设

$$f(x,y) = \begin{cases} C & x^2 \leqslant y \leqslant x \\ 0 & \text{其他} \end{cases}$$

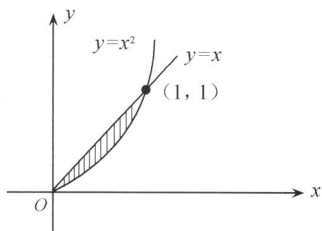

图 9.3

易知常数 C 等于区域 G 的面积的倒数,先求 G 的面积

$$\int_0^1 (x-x^2)\mathrm{d}x = \left[\frac{x^2}{2} - \frac{x^3}{3} \right]_0^1 = \frac{1}{6}$$

所以 $C=6$,故

$$f(x,y) = \begin{cases} 6 & x^2 \leqslant y \leqslant x \\ 0 & \text{其他} \end{cases}$$

　(2) 当 $0 \leqslant x \leqslant 1$　$f_X(x) = \int_{x^2}^x 6\mathrm{d}y = 6(x-x^2)$

$$f_X(x) = \begin{cases} 6(x-x^2) & 0 \leqslant x \leqslant 1 \\ 0 & \text{其他} \end{cases}$$

当 $0 \leqslant y \leqslant 1$　$f_y(y) = \int_y^{\sqrt{y}} 6\mathrm{d}x = 6(\sqrt{y}-y)$

$$f_Y(y) = \begin{cases} 6(\sqrt{y}-y) & 0 \leqslant y \leqslant 1 \\ 0 & \text{其他} \end{cases}$$

(3) 取点 $\left(\frac{1}{2}, \frac{1}{3} \right) \in G, f\left(\frac{1}{2}, \frac{1}{3} \right) = 6$, 而 $f_X\left(\frac{1}{2} \right) = \frac{3}{2}$, $f_Y\left(\frac{1}{3} \right) = 2\sqrt{3}-2$, 显然

$$f\left(\frac{1}{2}, \frac{1}{3} \right) \neq f_X\left(\frac{1}{2} \right) f_Y\left(\frac{1}{3} \right)$$

所以 X 与 Y 不相互独立.

§9.3　二维正态分布及相互独立的正态变量之和的概率分布

定义 9.3.1　若二维随机变量 (X,Y) 的联合分布密度为

$$f(x,y) = \frac{1}{2\pi\,\sigma_1\sigma_2\,\sqrt{1-\rho^2}}$$

$$\cdot \exp\left\{ \frac{-1}{2(1-\rho^2)} \left[\frac{(x-\mu_1)^2}{\sigma_1^2} - 2\rho\frac{(x-\mu_1)(y-\mu_2)}{\sigma_1\sigma_2} + \frac{(y-\mu_2)^2}{\sigma_2^2} \right] \right\}$$

$$(-\infty < x < +\infty, -\infty < y < +\infty) \tag{9-13}$$

称 (X,Y) 服从参数为 $\mu_1,\mu_2,\sigma_1^2,\sigma_2^2,\rho$ 的正态分布.

为了弄清上述 $f(x,y)$ 中参数的意义,我们可用公式(9-8)和(9-9)分别求出 X、Y 的分布密度(由于推导过程复杂从略)为

$$f_X(x) = \frac{1}{\sqrt{2\pi}\sigma_1}e^{-\frac{(x-\mu_1)^2}{2\sigma_1^2}} \qquad\qquad (-\infty, +\infty)$$

$$f_Y(y) = \frac{1}{\sqrt{2\pi}\sigma_2}e^{-\frac{(y-\mu_2)^2}{2\sigma_2^2}} \qquad\qquad (-\infty, +\infty)$$

因此　　　　　　　　$X \sim N(\mu_1, \sigma_1^2),$

　　　　　　　　　　$Y \sim N(\mu_2, \sigma_2^2).$

即二维正态随机变量(X,Y)的两个分量 X,Y 各自都服从正态分布,且分别以 $\mu_1,\sigma_1^2,\mu_2,$ σ_2^2 为期望和方差.

如果式(9-13)中的参数 $\rho=0$,容易得到

$$f(x,y) = f_X(x)f_Y(y) \qquad (-\infty < x < +\infty, -\infty < y < +\infty)$$

即 X,Y 相互独立,反之,若 X,Y 相互独立,即若

$$f(x,y) = f_x(x)f_y(y)$$

成立,则式(9-13)中的参数 $\rho=0$.

在数理统计中,经常用到多个相互独立的随机变量的和(仍是随机变量),这里仅介绍相互独立的正态分布随机变量的和的有关结论.

定理 9.3.1　设随机变量 $X_1,X_2,\cdots,X_n$ 相互独立,且分别服从正态分布 $N(\mu_i,\sigma_i^2)$ $(i=1,2,\cdots,n)$则

$$\sum_{i=1}^n X_i \sim N(\sum_{i=1}^n \mu_i, \sum_{i=1}^n \sigma_i^2) \tag{9-14}$$

正态分布的这一性质称作可叠加性. 由于证明过程复杂从略.

§9.4　协方差与相关系数

在第 8 章§8.5,§9.6介绍了期望和方差,以及函数的期望公式.本节要介绍随机变量的和及乘积的期望,以及描述两个随机变量之间的联系的相关内容.

设 $f(x,y)$ 为随机变量(X,Y)的联合分布密度,$Z=g(X,Y)$ 是随机变量(X,Y)的函数且$g(x,y)$是连续函数,按§8.5中的随机变量函数的期望公式对于二维情形有

$$E(Z) = E[g(X,Y)] = \int_{-\infty}^{+\infty}\int_{-\infty}^{+\infty} g(x,y)f(x,y)\mathrm{d}x\mathrm{d}y \tag{9-15}$$

当$Z=g(X,Y)$分别为 $Z=X,Z=Y,Z=X+Y$ 和 $Z=XY$时由公式(9-15)容易得到

$$E(X) = \int_{-\infty}^{+\infty}\int_{-\infty}^{+\infty} xf(x,y)\mathrm{d}x\mathrm{d}y = \int_{-\infty}^{+\infty} x\left[\int_{-\infty}^{+\infty} f(x,y)\mathrm{d}y\right]\mathrm{d}x$$

$$= \int_{-\infty}^{+\infty} xf_X(x)\mathrm{d}x$$

$$E(Y) = \int_{-\infty}^{+\infty}\int_{-\infty}^{+\infty} yf(x,y)\mathrm{d}x\mathrm{d}y = \int_{-\infty}^{+\infty} y\left[\int_{-\infty}^{+\infty} f(x,y)\mathrm{d}x\right]\mathrm{d}y$$

$$= \int_{-\infty}^{+\infty} yf_y(y)\mathrm{d}y$$

$$E(X+Y) = \int_{-\infty}^{+\infty}\int_{-\infty}^{+\infty}(x+y)f(x,y)\mathrm{d}x\mathrm{d}y$$

$$= \int_{-\infty}^{+\infty}\int_{-\infty}^{+\infty}xf(x,y)\mathrm{d}x\mathrm{d}y + \int_{-\infty}^{+\infty}\int_{-\infty}^{+\infty}yf(x,y)\mathrm{d}x\mathrm{d}y$$

$$= E(X) + E(Y)$$

$$E(XY) = \int_{-\infty}^{+\infty}\int_{-\infty}^{+\infty}xyf(x,y)\mathrm{d}x\mathrm{d}y$$

当 X 与 Y 相互独立时有

$$E(XY) = \int_{-\infty}^{+\infty}\int_{-\infty}^{+\infty}xyf(x,y)\mathrm{d}x\mathrm{d}y = \int_{-\infty}^{+\infty}\int_{-\infty}^{+\infty}xyf_X(x)f_Y(y)\mathrm{d}x\mathrm{d}y$$

$$= \int_{-\infty}^{+\infty}xf_X(x)\mathrm{d}x\int_{-\infty}^{+\infty}yf_Y(y)\mathrm{d}y = E(X)\cdot E(Y)$$

我们将上面的两个结论写成公式

$$E(X+Y) = E(X) + E(Y) \tag{9-16}$$

$$E(XY) = E(X)\cdot E(Y) \qquad (当 X,Y 相互独立). \tag{9-17}$$

在第 2 章我们已经利用公式(9-16)和公式(9-17)解算习题,在此就不举例了.

下面讨论二维随机变量 (X,Y) 的两个分量 X 和 Y 之间的联系. X 与 Y 相互独立是一种联系,不相互独立也是一种联系.

请读者回忆在 §8.5 中,计算 $D(X+Y)$ 时,若 X,Y 相互独立,则

$$E[(X-E(X))(Y-E(Y))] = 0$$

从而得到了公式

$$D(X+Y) = D(X) + D(Y)$$

如果 X 与 Y 不相互独立就不会有

$$E[(X-E(X))(Y-E(Y))] = 0$$

所以上式的左端反映了 X,Y 间的某种关系,引出

定义 9.4.1 设 (X,Y) 为二维随机变量,如果

$$E[(X-E(X))(Y-E(Y))]$$

存在,称其为随机变量 X 与 Y 的协方差,记作

$$\mathrm{COV}(X,Y) = E[(X-E(X))(Y-E(Y))]$$

将协方差的定义式展开,便得到

$$\mathrm{COV}(X,Y) = E(XY) - E(X)E(Y)$$

常用上式计算 X 与 Y 的协方差.由 §8.6 节中方差的性质(3),再结合定义 9.4.1 便有

$$D(X+Y) = D(X) + D(Y) + 2\mathrm{COV}(X,Y)$$

协方差具有如下性质

1. $\mathrm{COV}(X,Y) = \mathrm{COV}(Y,X)$

2. $\mathrm{COV}(aX,bY) = ab\mathrm{COV}(X,Y).$ 　　　(a,b 是常数)

3. $\mathrm{COV}(X_1+X_2,Y) = \mathrm{COV}(X_1,Y) + \mathrm{COV}(X_2,Y).$

从定义 9.4.1 不容易看出协方差怎样地描写了 X 与 Y 的关系,我们对协方差除以常数 $\sqrt{DX}\cdot\sqrt{DY}.$

定义 9.4.2　设(X,Y)为二维随机变量,若

$$\rho_{XY} = \frac{\mathrm{COV}(X,Y)}{\sqrt{D(X)} \cdot \sqrt{D(Y)}}$$

存在,称其为随机变量 X 与 Y 的相关系数.

下面讨论相关系数 ρ_{XY} 的意义.先作一些准备.

我们考虑如何表现随机变量 Y 与 X 间线性关联的程度.如果 Y 与 X 线性关系非常强,用概率的方式进行描述便是

$$P[Y=aX+b]=1 \qquad\qquad (\text{其中 } a,b \text{ 是常数且 } a\neq0) \qquad (9\text{-}18)$$

反之,若上式成立,则我们可以认为 Y 与 X 间线性关系很强.而上式等价于

$$P[Y-aX = b] = 1 \qquad\qquad (9\text{-}19)$$

式(9-19)表示:随机变量 $Y-aX$ 以1的概率等于某个常数b.而一个随机变量若能以1的概率等于某个常数,则这个随机变量的方差等于零.(见§8.6方差的性质(4)).所以应当有

$$D[Y-aX] = 0$$

前后联系起来便有:Y 与 X 间线性关系很强,$P[Y=aX+b]=1$,等价于 $D[Y-aX]=0$.

下面我们来讨论 $Y-aX$ 的方差.

$$\begin{aligned}
D[Y-aX] &= E[Y-aX-E(Y-aX)]^2 = E[Y-aX-E(Y)+aE(X)]^2 \\
&= E[Y-E(Y)-a(X-E(X))]^2 \\
&= E(Y-E(Y))^2 + a^2 E(X-E(X))^2 - 2aE[(X-E(X))(Y-E(Y))].
\end{aligned}$$

为了容易看清关系,我们引入符号

$$\sigma_{XY} = E[(X-E(X))(Y-E(X))] = \mathrm{COV}(X,Y)$$

$$\sigma_{XX} = E(X-EX)^2 = D(X)$$

$$\sigma_{YY} = E(Y-E(Y))^2 = D(Y)$$

则原式变为

$$D[Y-aX] = \sigma_{YY} + a^2 \sigma_{XX} - 2a\sigma_{XY} \qquad (9\text{-}20)$$

等式(9-20)对于 a 为任何数皆成立,令令 $a=\dfrac{\sigma_{XY}}{\sigma_{XX}}$ 代入其中,有

$$\begin{aligned}
D\Big[Y-\frac{\sigma_{XY}}{\sigma_{XX}}X\Big] &= \sigma_{YY} + \Big(\frac{\sigma_{XY}^2}{\sigma_{XX}^2}\Big)\sigma_{XX} - 2\frac{\sigma_{XY}}{\sigma_{XX}}\sigma_{XY} \\
&= \sigma_{YY} - \frac{\sigma_{XY}^2}{\sigma_{XX}} = \sigma_{YY}\Big(1 - \frac{\sigma_{XY}^2}{\sigma_{XX}\sigma_{YY}}\Big) \\
&= \sigma_{YY}(1 - \rho_{XY}^2) \qquad (9\text{-}21)
\end{aligned}$$

上式左端是随机变量的方差,其值非负,σ_{YY} 也非负,所以

$$1 - \rho_{XY}^2 \geqslant 0$$

得

$$-1 \leqslant \rho_{XY} \leqslant 1$$

我们仍以 a 记数 $\dfrac{\sigma_{XY}}{\sigma_{XY}}$,当 $|\rho_{XY}|=1$ 时,式(9-21)便为

$$D[Y-aX] = 0$$

因此就有

$$P[Y = aX + b] = 1$$

易知其逆亦真. 所以明白了 ρ_{XY} 的意义如下:

随机变量 X 与 Y 的相关系数 ρ_{XY}, 反映了 X 与 Y 之间线性关系的程度. $|\rho_{XY}|$ 越接近 1, X, Y 间的线性关系越强, 当 $|\rho_{XY}| = 1$ 时, 我们称 X 与 Y 相关. $|\rho_{XY}|$ 越小, X 与 Y 间的线性关系越弱. 当 $\rho_{XY} = 0$ 时, 我们称 X, Y 不相关.

设 X 与 Y 相互独立, 便有 $\rho_{XY} = 0$. 即若 X 与 Y 相互独立, 则他们之间不相关; 但 $\rho_{XY} = 0$ 只表明 X, Y 间无线性关系, 它们之间还可能有非线性关系, 所以由 $\rho_{XY} = 0$ 不能推出 X, Y 一定相互独立.

对于二维正态变量 $(X, Y) \sim N(\mu_1, \mu_2, \sigma_1^2, \sigma_2^2, \rho)$ 的联合分布密度中的参数 $\mu_1, \mu_2, \sigma_1^2, \sigma_2^2$, 我们已经知道了它们的意义, 而参数 ρ 的意义尚不明确. 在此我们告诉读者, 这里的参数 ρ 就是 X, Y 的相关系数即 $\rho = \rho_{XY}$. 由于推导复杂从略. 对于二维正态变量 (X, Y), 两个分量 X, Y 相互独立与 $\rho = 0$ 是等价的, 这个结果已在 §9.3 中得到.

本 章 小 结

(1) 为对较复杂的随机现象进行描述, 引入了多维随机变量的概念. (X, Y) 是一个由随机变量 X, Y 构成的二维随机变量, (X, Y) 的分布称作是联合分布.

(2) 二维随机变量 (X, Y) 的两个分量 X 和 Y 各自又都是随机变量, X, Y 各自的分布称作是 (X, Y) 的边缘分布.

(3) 判断两个随机变量 X, Y 是否相互独立, 是由以 X, Y 作为分量的二维随机变量 (X, Y) 的联合分布与边缘分布的关系来决定. X, Y 相互独立的充分必要条件是

$$f(x, y) = f_x(x) f_y(y) \qquad \text{(连续型)}$$
$$p_{ij} = p_{i\cdot} p_{\cdot j} \qquad \text{(离散型)}$$

或

$$F(x, y) = F_X(x) F_Y(y)$$

(4) 为了考察随机变量 X, Y 间线性关系的强弱程度, 引入了 X 与 Y 的协方差和相关系数

$$\sigma_{XY} = \text{COV}(X, Y) = E[X - E(X)][Y - E(Y)]$$
$$\rho_{XY} = \frac{\text{COV}(X, Y)}{\sqrt{D(X)} \ \sqrt{D(Y)}}$$

$|\rho_{XY}|$ 越接近 1, X, Y 间线性关系越强. $|\rho_{XY}|$ 越接近零, X, Y 间线性关系越弱. X, Y 相互独立, 则 $\rho_{XY} = 0$. 但是 $\rho_{XY} = 0$ 时 X, Y 不一定相互独立, 此时 X, Y 间无线性关系, 但可能有非线性关系.

习 题 九

1.设(X,Y)的联合分布密度为

$$f(x,y)=\begin{cases} k(6-x-y) & 0\leqslant x\leqslant 2,2\leqslant y\leqslant 4 \\ 0 & \text{其他} \end{cases}$$

求(1) k. (2) $P[X\leqslant 1,Y\leqslant 3]$. (3) $P[X\leqslant 1.5]$. (4) $P[X+Y\leqslant 4]$.

2.设(X,Y)的联合分布密度为

$$f(x,y)=\begin{cases} 6xy & 0<x<1,0<y<2(1-x) \\ 0 & \text{其他} \end{cases}$$

求关于X,Y的边缘分布密度$f_X(x),f_Y(y)$.

3.设(X,Y)的联合分布密度为

$$f(x,y)=\begin{cases} 4.8y(2-x) & 0\leqslant x\leqslant 1,0\leqslant y\leqslant x \\ 0 & \text{其他} \end{cases}$$

求边缘分布密度

4.设(X,Y)的联合分布密度为

$$f(x,y)=\begin{cases} cx^2 & x^2\leqslant y\leqslant 1 \\ 0 & \text{其他} \end{cases}$$

试确定常数c,并求边缘分布密度.

5.设区域D由曲线$y=\dfrac{1}{x}$及直线$y=0,x=1,x=e^2$所围成,(X,Y)在区域D上服从均匀分布,求(X,Y)的联合分布密度及边缘分布密度.

6.设区域D由x轴、y轴及直线$y=2x+1$所围成,(X,Y)在区域D上服从均匀分布,求(X,Y)的联合分布密度及边缘分布密度.

7.设(X,Y)的联合分布密度为

$$f(x,y)=\begin{cases} 30e^{-(5x+6y)} & x>0,y>0 \\ 0 & \text{其他} \end{cases}$$

X,Y是否相互独立?

8.设X,Y是相互独立的随机变量,X在$(0,0.2)$上服从均匀分布,Y服从指数分布$e(5)$,求(X,Y)的联合分布密度$f(x,y)$.

9.设(X,Y)的联合分布密度为

$$f(x,y)=\begin{cases} e^{-y} & x>0,y>x \\ 0 & \text{其他} \end{cases}$$

试求边缘分布密度$f_X(x),f_Y(y)$,并判断X与Y的独立性.

10.设(X,Y)在区域$D=\{(x,y)|x^2+y^2\leqslant 1\}$上服从均匀分布,试判断$X$与$Y$的独立性.

11.设X和Y是两个相互独立的随机变量,X在$(0,1)$上服从均匀分布,Y的概率密度为

$$f_Y(y)=\begin{cases} \dfrac{1}{2}e^{-\frac{y}{2}} & y>0 \\ 0 & y\leqslant 0 \end{cases}$$

(1)求(X,Y)的联合分布密度

(2)设关于a的二次方程为$a^2+2Xa+Y=0$,试求该方程有实根的概率.

12.设(X,Y)的联合分布密度为

$$f(x,y)=\begin{cases} \dfrac{k}{2}xe^{-x(1+y)} & x>0,y>0 \\ 0 & 其他 \end{cases}$$

(1)求系数k.(2)求$f_X(x)$,$f_Y(y)$,(3)X,Y是否相互独立.

13.设X,Y是相互独立的随机变量,且皆服从正态分布$N(0,\sigma^2)$.求$Z=\sqrt{X^2+Y^2}$的分布密度.

14.设(X,Y)的联合分布律为

X \ Y	-1	0	1
-1	$\dfrac{1}{8}$	$\dfrac{1}{8}$	$\dfrac{1}{8}$
0	$\dfrac{1}{8}$	0	$\dfrac{1}{8}$
1	$\dfrac{1}{8}$	$\dfrac{1}{8}$	$\dfrac{1}{8}$

(1) 求相关系数ρ_{XY}.　　(2) 判断X与Y是否相互独立?

15.设(X,Y)的联合分布密度

$$f(x,y)=\begin{cases} \dfrac{1}{8}(x+y) & 0\leqslant x\leqslant 2,0\leqslant y\leqslant 2 \\ 0 & 其他 \end{cases}$$

求：(1) $E(X),E(Y),D(X),D(Y)$.　(2) 协方差$\mathrm{COV}(X,Y)$.　(3) 相关系数ρ_{XY}.

16.设随机变量X,Y相互独立且有相同的概率分布,有期望和方差.记$U=aX+bY$,$V=aX-bY$,其中a,b为常数,求U与V的相关系数.

17.设随机变量X与Y相互独立且服从同一分布,令$U=X-Y$,$V=X+Y$,求U与V的相关系数ρ_{UV}.

18.设(X,Y)在单位圆$D=\{(x,y)\mid x^2+y^2=1\}$内服从均匀分布,求$X$与$Y$的相关系数$\rho_{xy}$.

19.设随机变量$X\sim N(1,1)$,$Y\sim N(0,1)$,$E(XY)=-0.1$,试用切比雪夫不等式估计$P[-4<X+2Y<6]\geqslant$＿＿＿＿＿.

20.设随机变量X和Y的数学期望分别为-2和2,方差分别为1和4,相关系数为-0.5,用切比雪夫不等式估计$P[|X+Y|\geqslant 6]\leqslant$＿＿＿＿＿.

第十章 大数定律及中心极限定理

本章我们介绍随机现象中呈现的规律性,一个是大数定律,另一个是中心极限定理. 它们是随机现象最基本最重要的规律性,是我们赖以研究随机现象的理论基础.

§10.1 大 数 定 律

在第七章我们曾谈到随机事件发生的频率的稳定性. 而且在皮尔逊等概率学家千万次的掷币试验中得到了验证. 也就是说事件频率的稳定性有一定的实践基础. 本节内容则是从理论上证明频率的稳定性.

为了研究在大量的重复独立试验中呈现出的某种稳定性,我们假设事件 A 在每次试验中出现的概率都是 $p > 0$,不出现的概率都是 $q = 1 - p$,第 i 次试验的结果可用随机变量 X_i 表示

$$X_i = \begin{cases} 1 & \text{第 } i \text{ 次试验中} A \text{ 出现} \\ 0 & \text{第 } i \text{ 次试验中} A \text{ 不出现} \end{cases}$$

则 X_i 的分布为

X_i	0	1
p	q	p

$$(q = 1 - p) \qquad (i = 1, 2, \cdots, n, \cdots)$$

设想这个随机试验重复独立进行千万次之多,所以我们考虑相互独立的随机变量序列

$$X_1, X_2, \cdots, X_n, \cdots \tag{10-1}$$

序列(10-1)的前 n 项和的平均值 $\dfrac{1}{n} \sum\limits_{i=1}^{n} X_i$,便是事件 A 在前 n 次试验中出现的频率.

在第 7 章介绍概率的定义时,曾谈到概率的统计定义,也就是用事件的频率作为事件在试验中出现的概率有一定的合理性,那么究竟频率 $\dfrac{1}{n} \sum\limits_{i=1}^{n} X_i$ 与概率 p 有什么关系?从皮尔逊等概率学家的掷币试验统计结果看出,随着试验次数的增大,频率 $\dfrac{1}{n} \sum\limits_{i=1}^{n} X_i$ 稳定在某个数的附近,这个数就是事件的概率. 把这一事实以概率的方式给以描述便是

$$\lim_{n \to \infty} P\left[\left| \frac{1}{n} \sum_{i=1}^{n} X_i - p \right| < \varepsilon \right] = 1 \tag{10-2}$$

其中 ε 是任意给定的正数.

注意 对上述的事实不能用

$$\lim_{n \to \infty} \frac{1}{n} \sum_{i=1}^{n} X_i = p$$

的形式进行描述,因为 $\frac{1}{n}\sum\limits_{i=n}^{n}X_i$ 是随机变量,我们在高等数学中的极限定义(太严格)对于随机变量序列是不适用的.下面我们来证明式(10-2).

$$E(X_i) = p \qquad\qquad D(X_i) = pq$$

$$E\left(\frac{1}{n}\sum_{i=1}^{n}X_i\right) = \frac{1}{n}\sum_{i=1}^{n}E(X_i) = p$$

$$D\left(\frac{1}{n}\sum_{i=1}^{n}X_i\right) = \frac{1}{n^2}\sum_{i=1}^{n}D(X_i) = \frac{1}{n^2}npq = \frac{pq}{n}$$

据切比雪夫不等式有

$$P\left[\left|\frac{1}{n}\sum_{i=1}^{n}X_i - E\left(\frac{1}{n}\sum_{i=1}^{n}X_i\right)\right| \geqslant \varepsilon\right] \leqslant \frac{1}{\varepsilon^2}D\left(\frac{1}{n}\sum_{i=1}^{n}X_i\right)$$

便有

$$P\left[\left|\frac{1}{n}\sum_{i=1}^{n}X_i - p\right| \geqslant \varepsilon\right] \leqslant \frac{pq}{\varepsilon^2 n}$$

$$P\left[\left|\frac{1}{n}\sum_{i=1}^{n}X_i - p\right| < \varepsilon\right] > 1 - \frac{pq}{\varepsilon^2 n}$$

$$\lim_{n\to\infty}\frac{pq}{n} = 0$$

所以

$$\lim_{n\to\infty}P\left[\left|\frac{1}{n}\sum_{i=1}^{n}X_i - p\right| < \varepsilon\right] = 1$$

这便是著名的伯努利定理.

定理 10.1.1(伯努利定理)　设 p 是事件 A 在每次试验中发生的概率,$\frac{1}{n}\sum\limits_{i=1}^{n}X_i$ 是 n 次重复独立试验中事件 A 发生的频率,则对任意的正数 ε,有

$$\lim_{n\to\infty}P\left[\left|\frac{1}{n}\sum_{i=1}^{n}X_i - p\right| < \varepsilon\right] = 1$$

在这里我们引入一个关于随机变量序列收敛的概念.

设 $Y_1, Y_2, \cdots, Y_n\cdots$ 是一个随机变量序列,a 是一个常数,若对任意正数 ε,有

$$\lim_{n\to\infty}P[|Y_n - a| < \varepsilon] = 1$$

则称序列 $Y_1, Y_2, \cdots, Y_n, \cdots$ 依概率收敛于 a.

贝努力定理揭示了事件的频率和事件的概率之间的联系.它从理论上证明了事件 A 在 n 次重复试验中发生的频率 $\frac{1}{n}\sum\limits_{i=1}^{n}X_i$,当 n 无限增大时以 1 的概率趋向于事件的概率 p.或者说,事件的频率依概率收敛于事件的概率,所以当 n 充分大时,频率可以作为概率的近似值,更一般地有

定理 10.1.2(切比雪夫定理)　设随机变量 $X_1, X_2, \cdots, X_n, \cdots$ 相互独立,且具有相同的期望和方差,$E(X_i) = \mu, D(X_i) = \sigma^2 (i=1,2,\cdots)$,则对于任意正数 ε 有

$$\lim_{n \to \infty} P\left[\left|\frac{1}{n}\sum_{i=1}^{n}X_i - \mu\right| < \varepsilon\right] = 1$$

当上述定理中相互独立的随机变量序列 $X_1, X_2, \cdots, X_n \cdots$ 服从同一分布时,还有

定理 10.1.3(辛钦定理) 设随机变量 $X_1, X_2, \cdots, X_n, \cdots$,相互独立,服从同一分布,且具有期望 $E(X_i) = \mu(i=1,2,\cdots)$,则对于任意正数 ε 有

$$\lim_{n \to \infty} P\left[\left|\frac{1}{n}\sum_{i=1}^{n}X_i - \mu\right| < \varepsilon\right] = 1$$

总之,大数定律给出了在试验次数很大时频率及试验结果平均值的稳定性. 从理论上肯定了用算术平均值代替期望值,用频率代替概率的合理性,为数理统计中用样本(采样)推断总体提供了理论依据.

§10.2　中心极限定理

如果一个随机现象受到众多随机因素的影响,而其中每个因素对试验结果的作用均不显著,研究这类随机现象呈现的规律性,形成了中心极限定理,以下的相互独立的随机变量序列

$$X_1, X_2, \cdots, X_n, \cdots \tag{10-3}$$

可以看作是影响某一随机试验的众多因素. 它的前 n 项和 $\sum_{i=1}^{n}X_i$,可以看作是在前 n 个因素综合作用下的试验结果,那么,我们所考虑的随机试验的结果应当是 $\lim_{n \to \infty}\sum_{i=1}^{\infty}X_i$. 但因

$$X_1, (X_1 + X_2), (X_1 + X_2 + X_3), \cdots, \sum_{i=1}^{\infty}X_i, \cdots$$

是随机变量序列,以前在高等数学中的数列的极限定义对它不适用,人们采取了先将其标准化(仿照对正态分布的随机变量 $X \sim N(\mu, \sigma^2)$ 标准化的形式),作出

$$\zeta_n = \frac{\sum_{i=1}^{n}X_i - E(\sum_{i=1}^{n}X_i)}{\sqrt{D(\sum_{i=1}^{n}X_i)}} \tag{10-4}$$

然后再研究 ζ_n 的分布函数

$$F_n(x) = P[\zeta_n \leqslant x] = P\left[\frac{\sum_{i=1}^{n}X_i - E(\sum_{i=1}^{n}X_i)}{\sqrt{D(\sum_{i=1}^{n}X_i)}} \leqslant x\right]$$

当 $n \to \infty$ 时的极限(转化为函数序列的极限),以此来考察 $\sum_{i=1}^{n}X_i$ 当 $n \to \infty$ 时趋于什么分布,下面我们仅介绍李亚普诺夫定理大意,和两个常用的中心极限定理.

定理 10.2.1(李亚普诺夫定理) 设 $X_1, X_2, \cdots, X_n, \cdots$ 是相互独立的随机变量序列,有期望和方差 $E(X_i), D(X_i)(i=1,2,\cdots)$,在满足条件 S 下有

$$\lim_{n\to\infty}P\left[\frac{\sum\limits_{i=1}^{n}X_i-E(\sum\limits_{i=1}^{n}X_i)}{\sqrt{D(\sum\limits_{i=1}^{n}X_i)}}\leqslant x\right]=\int_{-\infty}^{x}\frac{1}{\sqrt{2\pi}}e^{-\frac{t^2}{2}}dt$$

条件 S 的实际意义指:若将 $X_1,X_2\cdots,X_n,\cdots$ 视作影响某一试验的随机因素,其中每个因素对试验结果的影响都不明显(由于其数学形式比较抽象,故未列出).

李亚普诺夫定理揭示了受众多随机因素影响的随机现象的规律性. 当这些因素对试验结果的影响都比较微小时,这些因素综合作用的效果接近正态分布. 在实际问题中许多随机现象,它们是由大量的相互独立的随机变量所决定,不论这些随机变量服从什么分布,其和往往近似地服从正态分布.

定理 10.2.2(例维—林德伯格定理) 设随机变量 $X_1,X_2,\cdots,X_n,\cdots$ 相互独立且服从同一分布,$E(X_i)=\mu,D(X_i)=\sigma^2$,则

$$\lim_{n\to\infty}P\left[\frac{\sum\limits_{i=1}^{n}X_i-n\mu}{\sqrt{n\sigma^2}}\leqslant x\right]=\int_{-\infty}^{x}\frac{1}{\sqrt{2\pi}}e^{-\frac{t^2}{2}}dt$$

定理 10.2.2 表明,只要 $X_1,X_2,\cdots,X_n,\cdots$ 相互独立,服从同一分布(可以不是正态分布)有期望和方差则当 n 充分大(一般取 $n\geqslant50$)时

$$\frac{\sum\limits_{i=1}^{n}X_i-n\mu}{\sqrt{n\sigma^2}}\underset{n\geqslant50}{\overset{近似}{\sim}}N(0,1)$$

因此有

$$\sum_{i=1}^{n}X_i\underset{n\geqslant50}{\overset{近似}{\sim}}N(n\mu,n\sigma^2)$$

当上述定理中若 $X_1,X_2,\cdots,X_n,\cdots$ 都服从同一两点分布,便得

定理 10.2.3(棣美费—拉普拉斯定理) 设随机变量 $X_1,X_2,\cdots X_n,\cdots$ 相互独立且皆服从同一两点分布

X_i	0	1	
p	q	p	$(i=1,2,\cdots,n,\cdots)$ $(q=1-p)$

则

$$\lim_{n\to\infty}P\left[\frac{\sum\limits_{i=1}^{n}X_i-np}{\sqrt{npq}}\leqslant x\right]=\int_{-\infty}^{x}\frac{1}{\sqrt{2\pi}}e^{-\frac{t^2}{2}}dt$$

由此,便有

$$\frac{\overline{X}-p}{\sqrt{\dfrac{pq}{n}}}\underset{n\geqslant50}{\overset{近似}{\sim}}N(0,1)\qquad\left(其中\ \overline{X}=\frac{1}{n}\sum_{i=1}^{n}X_i\right)$$

这是我们在数理统计中,通过采样对批量产品的合格率 p 作推断时常用的随机变量.

例 10.2.1 某产品的合格率为 97%,问箱内最少装多少件方能使箱中合格品的件数

不少于 100 的概率不低于 90%?

解 设 X_i 为箱中第 i 件产品的状况,并设

$$X_i = \begin{cases} 1 & \text{第 } i \text{ 件是合格品} \\ 0 & \text{第 } i \text{ 件是次品} \end{cases} \qquad (i=1,2,\cdots,n)$$

则 X_i 服从两点分布

X_i	0	1
P	q	p

$(i=1,2,\cdots,n,\cdots)$

$(p=0.97,q=0.03)$

假设最少装入 n 件,则箱内的合格品数为 $\sum\limits_{i=1}^{n} X_i$,按题意有

$$P\Big[\sum_{i=1}^{n} X_i \geqslant 100\Big] \geqslant 0.9$$

$$P\Big[\sum_{i=1}^{n} X_i \geqslant 100\Big] = P\left[\frac{\sum\limits_{i=1}^{n} X_i - np}{\sqrt{npq}} \geqslant \frac{100-np}{\sqrt{npq}}\right] = 0.9,$$

此处 $n>100$,所以可认为 $\dfrac{\sum\limits_{i=1}^{n} X_i - np}{\sqrt{npq}} \sim N(0,1)$,查表得

$$\frac{100-np}{\sqrt{npq}} = -1.29$$

将 $p=0.97,q=0.03$ 代入可解得 $n=105.42$. 取 $n=106$.

例 10.2.2 一批产品的次品率为 $p=0.005$,求在 10 000 件产品中次品数不超过 70 件的概率.

解 此题可视为从这批产品中依次抽取了 10 000 件,而每件产品为次品的概率都是 $p=0.005$,设

$$X_i = \begin{cases} 1 & \text{第 } i \text{ 件产品是次品} \\ 0 & \text{第 } i \text{ 件产品是正品} \end{cases}$$

X_i	0	1
P	q	p

$(i=1,2,\cdots,10\ 000)$

$(p=0.005,q=1-p=0.995)$

$$P\Big[\sum_{i=1}^{10\ 000} X_i \leqslant 70\Big] = P\left[\frac{\sum\limits_{i=1}^{10\ 000} X_i - 10\ 000 \cdot p}{\sqrt{10\ 000\,pq}} \leqslant \frac{70 - 10\ 000\,p}{\sqrt{10\ 000\,pq}}\right]$$

$$= P\left[\frac{\sum\limits_{i=1}^{10\ 000} X_i - 10\ 000 \cdot p}{\sqrt{10\ 000\,pq}} \leqslant 2.83\right] = 0.9977$$

例 10.2.3 有 16 000 名员工参加为期一年的保险,年初每人交付保险费 3 元,若一年内投保人发生事故的概率为 0.001,参加保险的人发生事故时,家属可从保险公司领取

2000 元赔偿.求:

(1) 保险公司因开展这项业务获利不少于 10 000 元的概率?

(2) 保险公司亏本的概率.

解 保险公司收入保险金额:$3 \times 16\,000$ 元 $=48\,000$ 元,

(1) 若保险公司获利超过 10 000 元,则其赔偿费用要少于 38 000 元,相当于一年内发生事故的人数少于 19 人,设

$$X_i = \begin{cases} 1 & \text{第 } i \text{ 人发生事故} \\ 0 & \text{第 } i \text{ 人未发生事故} \end{cases}$$

X_i	0	1
p	q	p

$(i=1,2,\cdots,16\,000)$

$(p=0.001, q=0.999)$

$$P\left[\sum_{i=1}^{16\,000} X_i < 19\right] = P\left[\frac{\sum\limits_{i=1}^{16\,000} X_i - 16\,000p}{\sqrt{npq}} < \frac{19-16\,000\times 0.001}{\sqrt{16\,000\times 0.001\times 0.999}}\right]$$

$$= P\left[\frac{\sum\limits_{i=1}^{16\,000} X_i - 16\,000p}{\sqrt{npq}} < 0.75\right] = 0.7734$$

(2) 若保险公司亏本,则赔偿费超过 48 000 元,相当于 1 年内发生事故的人数超过 24 人.

$$P\left[\sum_{i=1}^{16\,000} X_i > 24\right] = P\left[\frac{\sum\limits_{i=1}^{16\,000} X_i - 16\,000p}{\sqrt{npq}} > \frac{24-16\,000\times 0.001}{\sqrt{16\,000\times 0.005\times 0.999}}\right]$$

$$= P\left[\frac{\sum\limits_{i=1}^{16\,000} X_i - 16\,000p}{\sqrt{npq}} > 2\right]$$

$$= 1 - P\left[\frac{\sum\limits_{i=1}^{16\,000} X_i - 16\,000p}{\sqrt{npq}} \leqslant 2\right]$$

$$= 1 - 0.977 = 0.023$$

本 章 小 结

(1) 大数定律揭示了随机现象频率的稳定性,指出大量随机现象的平均结果实际上与每个个别随机现象的特征无关,而且几乎不再是随机的了,所以大数定律反映了必然性与偶然性之间的辩证关系.

(2) 中心极限定理揭示了,如果某个随机现象是受众多相互独立的随机因素的影响,而每个因素的作用都不显著,那么这些随机因素综合作用的效果就近似的服从正态分布.特别、大量的相互独立的偶然因素的总和(随机变量)近似地服从正态分布.这是数理统计

中大样本统计推断的理论基础.

(3) 关于中心极限定理的习题,要注意设好 X_i,将 $\sum_{i=1}^{n} X_i$ 标准化后才近似服从标准正态分布.

习　题　十

1. 设随机变量 $X_1, X_2, \cdots$ 相互独立且皆服从参数为 2 的指数分布,则当 $n \to \infty$ 时, $Y_n = \frac{1}{n} \sum_{i=1}^{n} X_i^2$ 依概率收敛于_____.(提示:应用辛钦定理)

2. 某计算机系统有 150 个终端,各终端使用与否相互独立,若每个终端有 40% 的时间在使用,求同一时间使用终端个数在 60~72 个之间的概率.

3. 某厂生产的灯泡合格率为 0.6,求 10 000 个灯泡中合格灯泡个数在 5800~6200 之间的概率.

4. 机器包装茶叶,每袋的净重为随机变量,其期望值为 100 克,标准差为 5 克,一箱内装 200 袋.求一箱茶叶净重大于 20.15 千克的概率.

5. 一个系统由 100 个相互独立起作用的部件组成,系统运行期间,每个部件损坏的概率为 0.1,为了使系统正常工作至少需 85 个部件正常工作,求系统正常工作的概率.

6. 车间有同型号机床 200 台,每台开动的概率为 0.6,假定各台机床开关是独立的,开动时每台机床消耗电能 2 个单位,问电厂最少供应这个车间多少电能,才能以 99.9% 的概率保证不会因供电不足而影响生产.

7. 对某一目标进行多次同等规模的轰炸,每次轰炸命中目标的炸弹数目是一个随机变量,假设其数学期望为 2,标准差为 1.3,计算在 100 次轰炸命中目标的炸弹总数在 180 颗到 220 颗的概率.

8. 有 100 道单项选择题,每个题中有 4 个备选答案,且其中只有一个答案是正确的.规定选择正确得 1 分,选择错误得零分,假设某人对每一个题都是随机地选答,并且没有不选的情况,试计算他能够超过 35 分的概率.

9. 检查员逐个地检查某种产品,每次用 10 秒钟检查一个,但也可能有的产品需要再用 10 秒钟重复检查一次,假设每个产品需要复检的概率皆为 0.5,求在 8 小时内检查员检查的产品个数多于 1900 个的概率是多少?

10. 设有 2500 个同一年龄段和同一社会阶层的人参加了某保险公司的人寿保险,假设这些人在一年中每个人死亡的概率为 0.002,每个人在年初向保险公司交纳保费 120 元,而死亡时家属可从保险公司领取 20 000 元,问:

(1)保险公司亏本的概率是多少?

(2)保险公司获利不少于 100 000 元的概率是多少?

(3)如果保险公司希望获利不少于 500 000 元的概率为 0.999,问公司至少要发展多少客户?

11. 有一批种子,其中良种占 $\frac{1}{6}$,现从中任取 6000 粒种子,试分别用切比雪夫不等式和用中心极限定理计算这 6000 粒种子中良种所占的比例与 $\dfrac{1}{6}$ 之差的绝对值不超过 0.01 的概率.

12. 分别用切比雪夫不等式和中心极限定理估计,当掷一枚均匀硬币时,需掷多少次,才能保证使得出现正面的频率在 0.4~0.6 之间的概率不小于 90%.

第十一章　总体样本及常用统计量

前四章介绍了概率论的基本知识,后面的四章介绍数理统计.它以概率论为基础,根据试验或观测得到的数据,来研究随机现象,对被考察对象的性质作出合理的估计或推断,在科学研究、工程实践中有着广泛的应用.本章内容是为学习数理统计做好准备,介绍一些常用术语和几个常用随机变量的分布.

§11.1　总体与样本

例 11.1.1　从 10 000 只灯泡中随机的抽取了 50 只进行寿命试验,其中有 45 只合格,试问能否认为这批灯泡的合格率为 95%?

例 11.1.1 之意即,我们面临一批产品,从中抽检了部分产品,试由抽检的结果对整批产品的合格率作出推断.

产品的性质是由生产厂家的设备、材料、技术水平所决定.所以,反过来产品的性质,也体现了生产厂家的生产状况.从被抽检部分产品的性质,可以对厂家整批产品的性质作出推断.但是由于在生产过程中会有这样、那样的随机因素影响产品的质量,所以作出的推断也会有误差.为了减少,或者消除这种误差,我们一方面从被检产品的抽法上要做到既有代表性,又要保持相互的独立性.另一面,对检测结果的处理,即数据处理要科学合理.

我们将面临的这批产品,如灯泡,称作总体,记作 X,自然它是物的集合.但是我们关心的是它的品质和主要特性,而且要以数量的形式来刻画.如对于灯泡,我们关心的是它的使用寿命,而且以小时来计,至于灯泡的重量,体积则不予考虑.我们将能够反映产品主要特性的这个"数"称作产品的特性数.所以总体又可以看成是"特性数"的集合.10 000只灯泡的特性数(寿命小时)中可能会有相重者,不论有没有相重的情况,每个特性数值在整体中均占有相应的比例,所以随机地抽取一个灯泡其特性数等于某一数值这一随机事件就有相应的概率,即总体 X 有确定的概率分布.所以又将总体 X 看成随机变量.这样我们就能利用概率论的知识研究问题.所以,今后将遇到的总体都看作是随机变量.

从总体中抽取一部分个体叫作抽样(或采样),我们在这里说的是"简单随机抽样".即每次从总体 X 中随机的抽取 1 个,经检测后放回,第二次再从中抽取一个……也就是每次取 1 个,有放回地抽取 n 次.简单随机抽样保证了各次抽取结果的独立性,对数据处理带来很大方便.对数量很大的总体,不放回地抽取 n 次也可以看作简单随机抽样.

如果用 $X_i(i=1,2,\cdots,n)$ 表示第 i 次抽取的结果(注意,抽取尚未进行 $X_1,X_2,\cdots,X_n$ 只是符号),那么,$X_1,X_2,\cdots,X_n$ 便是相互独立,且与总体 X 同分布的随机变量.称 $(X_1,X_2,\cdots,X_n)$ 是一个容量为 n 的样本,所以样本 $(X_1,X_2,\cdots,X_n)$ 是一个 n 维随机变量.

如果进行了实际的抽取并检测记录,x_1 为第一次抽得产品的特性数,x_2 为第二次抽得产品的特性数……则称$(x_1,x_2,\cdots,x_n)$为一个样本值. 注意样本$(X_1,X_2,\cdots,X_n)$是随机变量,样本值$(x_1,x_2,\cdots,x_n)$是它的一次具体实现(取值).

统计推断就是从样本值出发进行数据处理,综合利用 n 次抽取提供的有关总体的信息,得出对总体某种性质的估计或推断. 所以在进行数据处理之前要研究"算法",即利用概率论的知识设计构造出样本$(X_1,X_2,\cdots,X_n)$的函数(其中不含未知参数),然后将样本值$(x_1,x_2,\cdots,x_n)$代入其中进行计算. 我们称这个不含未知参数的$(X_1,X_2,\cdots,X_n)$的函数为统计量. 最常用的统计量有

$$\overline{X} = \frac{1}{n}\sum_{i=1}^{n}X_i, \qquad\qquad 称作样本均值$$

$$S^{*2} = \frac{1}{n-1}\sum_{i=1}^{n}(X_i-\overline{X})^2, \quad 称作样本方差$$

$$S^2 = \frac{1}{n}\sum_{i=1}^{n}(X_i-\overline{X})^2, \qquad 也称作样本方差$$

样本方差的正平方根 S^*、S 称作样本标准差.

不论总体 X 服从什么分布,样本均值 $\overline{X}$ 有很好的统计性质.

设 $E(X)=\mu,D(X)=\sigma^2$,有

$$E(\overline{X}) = E(\frac{1}{n}\sum_{i=1}^{n}X_i) = \frac{1}{n}\sum_{i=1}^{n}E(X_i) = \frac{1}{n}n\mu = \mu$$

$$D(\overline{X}) = D(\frac{1}{n}\sum_{i=1}^{n}X_i) = \frac{1}{n^2}D(\sum_{i=1}^{n}X_i) = \frac{1}{n^2}\sum_{i=1}^{n}D(X_i) = \frac{1}{n^2}n\sigma^2 = \frac{\sigma^2}{n}$$

以上两式说明 $\overline{X}$ 的期望值与总体 X 的期望相重合,而且 $\overline{X}$ 的方差只是总体 X 方差的 n 分之一. 所以 $\overline{X}$ 是一个很好的统计量.

从样本方差 S^{*2}、S^2 的结构来看,表现了样本相对于样本均值 $\overline{X}$ 分散(或集中)的程度. 将样本值代入计算后,s^{*2}、s^2 越小,则说明样本值 $x_1,x_2,\cdots,x_n$ 比较集中的分布在 $\overline{x}$ 的附近,体现了产品质量比较稳定. 相反,s^{*2}、s^2 越大,则体现了产品质量不稳定.

为了对总体的性质进行推断,要根据推断的目标和已知条件构造几种不同的统计量,它们都是样本$(X_1,X_2,\cdots,X_n)$的函数,所以也都是随机变量,有各自相应的概率分布,这些内容将在下一节介绍.

§11.2　常用统计量的分布

根据不同问题的需要,有时要对总体的期望(均值)作推断,有时要对总体的方差作推断. 即使是相同的目的,已知条件情况也可能会有所不同,所以为了能够比较广泛地解决实际问题,需要研究、提供一些常用的统计量. 这些统计量都是样本$(X_1,X_2,\cdots,X_n)$的函数,所以也都是比较复杂的随机变量. 它们的概率密度的解析式非常复杂. 本书是从应用方面介绍这些统计量,所以不推导,也不列出其分布密度的解析式,只画出概率密度曲线的草图,和说明查表方法. 有时为了对总体分布中的未知参数 θ 作推断(但不是估算 θ 的值),需要利用样本函数的分布,其中含有 θ 而不再含其他未知参数. 本书亦称这种样本函

数为统计量. 在第 12 章的点估计中称统计量为估计量.

在工程实践和生产实验中广泛地应用数理统计方法. 由于受学时所限, 本书只介绍关于一个总体的统计方法(关于两个总体的统计方法可参阅参考文献). 先介绍所使用的统计量.

一、当总体服从正态分布 $X \sim N(\mu, \sigma^2)$ 时, 易知 $\overline{X} \sim N(\mu, \dfrac{\sigma^2}{n})$, 将其标准化有

$$\frac{\overline{X} - \mu}{\sigma / \sqrt{n}} \sim N(0, 1) \tag{11-1}$$

式(11-1)是关于正态总体且已知方差的情况下, 对总体的均值 μ 作估计或推断的统计量.

二、对正态总体 $X \sim N(\mu, \sigma^2)$ 的方差 σ^2 作推断的统计量

设 $Z_1, Z_2, \cdots, Z_n$ 相互独立且皆服从 $N(0, 1)$ 分布, 称
$$\eta = Z_1^2 + Z_2^2 + \cdots + Z_n^2$$
服从 $\chi^2(n)$ 分布, 记为 $\eta \sim \chi^2(n)$ (n 是自由度).

可以证明当总体 $X \sim N(\mu, \sigma^2)$ 时

$$\frac{\sum\limits_{i=1}^{n}(X_i - \overline{X})^2}{\sigma^2} \sim \chi^2(n-1) \tag{11-2}$$

$\chi^2(n)$ 的概率密度曲线的草图如图 11.1 所示.

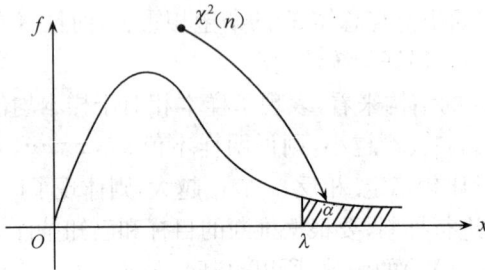

图 11.1

$\chi^2(n)$ 分布表中左边一列是自由度, 最上边一行标注的是随机点 $\chi^2(n)$ 落到点 λ 右方的概率值 α

$$P[\chi^2(n) \geqslant \lambda] = \alpha$$

欲查找的是点 λ 的坐标, 如

$$P[\chi^2(9) \geqslant \lambda] = 0.05 \qquad \lambda = ?$$

先找准第 9 行, 再找准表头为 0.05 的列, 交叉处的数为 16.919, 则 $\lambda = 16.919$

$$P[\chi^2(15) \geqslant \lambda] = 0.95 \qquad \lambda = ?$$

可查得 $\lambda = 7.261$.

$\chi^2(n)$ 分布的随机变量具有可叠加性, 即若 $\chi^2(n_1), \chi^2(n_2)$ 相互独立, 则

$$\chi^2(n_1) + \chi^2(n_2) \sim \chi^2(n_1 + n_2)$$

三、正态总体 $X \sim N(\mu, \sigma^2)$ 未知 σ^2，对均值 μ 作推断的统计量

当正态总体未知方差 σ^2，而欲对其均值 μ 作推断，此时在公式(11-1)中出现了两个未知参数 μ 和 σ，式(11-1)不再适用，需要构造新的统计量．我们给出

$$\frac{\overline{X} - \mu}{S^* / \sqrt{n}} \sim t(n-1) \tag{11-3}$$

式(11-3)中的 S^* 是样本标准差可以用样本值计算，所以式(11-3)中只含有一个未知参数 μ 可以用来对总体的期望 μ 作推断．它是 t 分布的随机变量，其分布密度是偶函数，曲线草图如图 11.2 所示．当 n 较大时 $t(n)$ 接近 $N(0,1)$

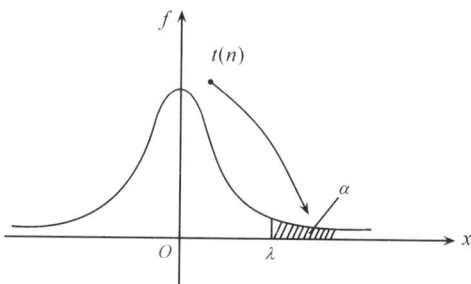

图 11.2

本书采用的是 t 分布上侧分位数表，即按

$$P[t(n) > \lambda] = \alpha$$

造表，随机点 $t(n)$ 落在 λ 的右方的概率等于 α（图 11.2），n 是自由度标注在表的最左边一列，表的第一行为 α 值，如

$$P[t(9) > \lambda] = 0.025 \qquad \lambda = ?$$

找 t 分布表的第 9 行和 0.025 的列，交叉处数字为 2.262，即 $\lambda = 2.262$. 这时 $P[t(9) > 2.262] = 0.025$. 同时也有 $P[t(9) < -2.262] = 0.025$，

$$P[t(15) < b] = 0.05 \qquad b = ?$$

这时首先要明确 $b < 0$，查 t 分布表中第 15 行，0.05 的列，交叉处数字为 1.753，所以 $b = -1.753$.

四、关于对未知分布的总体 X 的均值作推断的统计量

设 $E(X) = \mu$ 样本为 $(X_1, X_2, \cdots, X_n)$. 据中心极限定理有

$$\frac{\sum\limits_{i=1}^{n} X_i - n\mu}{\sqrt{nD(X)}} \underset{n \geqslant 50}{\sim} N(0,1)$$

所以

$$\frac{\overline{X} - \mu}{\sqrt{\dfrac{D(X)}{n}}} \underset{n \geqslant 50}{\sim} N(0,1)$$

若 $D(X)$ 未知,则上式中出现了两个未知参数 $\mu, D(X)$.

可以证明对任意正数 ε,有

$$\lim_{n \to \infty} P[\mid S^2 - D(X) \mid < \varepsilon] = 1 \qquad (S^2 = \frac{1}{n} \sum_{i=1}^{n} (X_i - \overline{X})^2)$$

所以当 n 较大时 S^2 与 $D(X)$ 很接近,便有

$$\frac{\overline{X} - \mu}{S/\sqrt{n}} \underset{n \geqslant 50}{\sim} N(0,1) \qquad\qquad (11\text{-}4)$$

因此用式(11-4)作为关于未知分布总体 X 的均值 μ 进行推断的统计量.

五、对批量产品的合格率(或废品率)p 作推断应用的统计量

这时将总体看作两点分布,样本 $(X_1, X_2, \cdots, X_n)$ 中的 X_i 为第 i 件产品的状况($i = 1, 2, \cdots, n$).

设 $X_i = \begin{cases} 1 & \text{第 } i \text{ 件产品为合格品} \\ 0 & \text{第 } i \text{ 件产品是废品} \end{cases}$

X_i	0	1
p	q	p

$\qquad\qquad\qquad\qquad (q = 1 - p, i = 1, 2, \cdots, n)$

将式(11-4)

$$\frac{\overline{X} - \mu}{S/\sqrt{n}} \underset{n \geqslant 50}{\sim} N(0,1)$$

中的总体用二项分布的总体

X	0	1
P	q	p

$\qquad\qquad\qquad\qquad (q = 1 - p)$

代之,又 $\mu = EX = p$,设抽取的 n 件产品中有 m 件为合格品,则有

$$\sum_{i=1}^{n} X_i = m \qquad \overline{X} = \frac{m}{n}$$

$$S^2 = \frac{1}{n} \sum_{i=1}^{n} (X_i - \overline{X})^2 = \frac{1}{n} \sum_{i=1}^{n} (X_i^2 - 2X_i \overline{X} + \overline{X}^2)$$

$$= \frac{1}{n} \Big[\sum_{i=1}^{n} X_i^2 - 2 \sum_{i=1}^{n} X_i \overline{X} + n(\overline{X})^2 \Big] = \frac{1}{n} \Big[m - 2m \frac{m}{n} + \frac{m^2}{n} \Big]$$

$$= \frac{1}{n} \Big[m - \frac{m^2}{n} \Big] = \frac{m}{n} \Big[1 - \frac{m}{n} \Big]$$

代入式(11-4)便有

$$\frac{\overline{X} - p}{\sqrt{\dfrac{m}{n}(1 - \dfrac{m}{n}) \cdot \dfrac{1}{n}}} \underset{n \geqslant 50}{\sim} N(0,1) \qquad\qquad (11\text{-}5)$$

用式(11-5)作为对产品的合格率(或废品率)p进行推断的统计量,也可将式(11-5)简写为

$$\frac{\overline{X}-p}{\sqrt{\dfrac{p_o q_o}{n}}} \underset{n \geqslant 50}{\widetilde{}} N(0,1) \qquad (11\text{-}5)'$$

其中

$$p_o = \frac{m}{n} \qquad\qquad q_o = 1 - \frac{m}{n}$$

式(11-5)′适用于对p作区间估计(§12.2).当对p进行假设检验(§13.2)时,用由棣美费—拉普拉斯定理得到的统计量

$$\frac{\overline{X}-p}{\sqrt{\dfrac{pq}{n}}} \underset{n \geqslant 50}{\widetilde{}} N(0,1) \qquad (11\text{-}6)$$

上面第一至第三是针对正态总体参数μ, σ^2,作推断时用的统计量.简单随机抽样的样本容量n可以小于50称作小子样;第四、五是针对未知分布的总体参数μ, p作推断时使用的统计量,样本的容量n不能小于50,称作大子样.

本 章 小 结

本章介绍了数理统计开始遇到的几个基本概念:总体、简单随机抽样、样本和样本值.要明了

(1)用随机变量X代表总体.

(2)样本$(X_1, X_2, \cdots, X_n)$中的$X_1, X_2, \cdots, X_n$是相互独立且与总体同分布的随机变量.

(3)样本值$(x_1, x_2, \cdots, x_n)$是样本$(X_1, X_2, \cdots, X_n)$的一次具体实现.

本章还介绍了几个常用的样本函数.

1.样本均值$\overline{X} = \dfrac{1}{n} \sum\limits_{i=1}^{n} X_i$.

对于任何分布的总体X皆有$E(\overline{X}) = E(X), D(\overline{X}) = \dfrac{1}{n} D(X)$.

即$\overline{X}$的期望与总体X的期望相重合,而且$\overline{X}$的方差只是总体X方差的$\dfrac{1}{n}$.

2.样本方差

$$S^{*2} = \frac{1}{n-1} \sum_{i=1}^{n} (X_i - \overline{X})^2$$

$$S^2 = \frac{1}{n} \sum_{i=1}^{n} (X_i - \overline{X})^2$$

为了对总体分布的参数进行估计或推断,需要构造相应的样本函数.它们是非常复杂的随机变量,概率统计学家已为我们造好了$N(0,1), \chi^2(n), t(n)$,分布的概率表供查用.

根据问题的需要,对被考察总体的期望或方差要进行多种情形的推断,再结合已知条件,构造了几种统计量.这是利用数理统计方法对被考察总体的性质进行推断的有力工具.要能够结合具体问题,正确选取所需要的统计量.

习 题 十 一

1. 试由样本值计算样本均值,样本方差和标准差.

(1) 样本值:3.1,2.8,4.6,3.2,3.4,2.9

(2) 样本值:1.21,1.31,1.21,1.63,1.31

(3) 样本值:1.63,1.31,1.31,1.21,1.63,1.31,1.21,1.31,1.21,1.63

2. 从甲、乙两条生产线生产的产品中,各抽取同种电容器 10 个,测得每个电容器的电容如下(单位:微法)所示,试问哪条生产线路电容质量比较稳定?

甲:79,　90,　84,　86,　81,　87,　86,　82,　85,　83

乙:82,　84,　85,　89,　79,　80,　91,　89,　79,　74

3. 设样本值为$(x_1,x_2,\cdots,x_n)$,$f(a)=\sum_{i=1}^{n}(x_i-a)^2$,问当 a 为何值时 $f(a)$ 达到最小值?

4. 设总体 $X \sim N(\mu,\sigma^2)$,样本 (X_1,X_2,X_3),试问 $\overline{X}$,$\dfrac{\overline{X}-\mu}{\sigma/\sqrt{3}}$,$\dfrac{\sum_{i=1}^{3}(X_i-\overline{X})^2}{\sigma^2}$,

$\dfrac{\sum_{i=1}^{3}(X_i-\mu)^2}{\sigma^2}$ 各服从什么分布?

5. 设 $X\sim N(0,\sigma^2)$,样本(X_1,X_2,X_3),试问$\left(\dfrac{X_1}{\sigma}\right)^2+\left(\dfrac{X_2}{\sigma}\right)^2+\left(\dfrac{X_3}{\sigma}\right)^2$ 服从什么分布?

6. 设 $X\sim\chi_1^2(2)$,$Y\sim\chi^2(3)$ 相互独立,试问 $X+Y$ 服从什么分布?

7. 设总体 $X\sim N(12,4)$,样本(X_1,X_2,X_3,X_4,X_5),求 $P[|\overline{X}-12|>1]$.

8. 设总体 $X\sim N(5,\sigma^2)$,σ^2 未知,样本容量 $n=16$.样本方差 $s^{*2}=4$,求 $P[|\overline{X}-5|>0.05]$.

9. 设总体 $X\sim N(\mu,\sigma^2)$,样本容量 $n=20$,求

$$P\left[10.117\leqslant\frac{1}{\sigma^2}\sum_{i=1}^{20}(X_i-\overline{X})^2\leqslant30.144\right]$$

第十二章   参 数 估 计

对于我们面临的总体 X,有时不需要知道它分布的详细情况,尤其是当大致知道总体 X 的分布,而参数未知的情形,这时我们对它的主要参数期望、方差(或其他重要参数)如果能够进行估计,那么也能够对总体的性质有较好地了解. 运用样本值对总体的参数进行估计称为参数估计. 有时是估计参数的值,称作点估计. 有时是要找到一个区间使被估参数在这个区间内的概率很大,称作区间估计. 对参数进行点估计而构造的统计量称作估计量.

§12.1   估计量的评价

对总体分布中的未知参数进行点估计,可以用不同的方法,得到不同的估计量. 那么哪一个估计量比较好? 本节提出几个评价的标准.

一、无偏性

为了对参数 θ 进行估值,构造了估计量 $g(X_1, X_2, \cdots, X_n)$. 欲使将一个样本值 $(x_1, x_2, \cdots, x_n)$ 代入其中恰好有

$$g(x_1, x_2, \cdots, x_n) = \theta$$

是不太可能的,这个要求也是比较高了. 而估计量 $g(X_1, X_2, \cdots, X_n)$ 是随机变量,如果其在平均的意义上能够等于被估的对象,即

$$E[g(X_1, X_2, \cdots, X_n)] = \theta \tag{12-1}$$

$g(X_1, X_2, \cdots, X_n)$ 也不失为一个较好的估计量.

称满足式(12-1)的估计量 $g(X_1, X_2, \cdots, X_n)$ 为 θ 的无偏估计量.

注意   这里说的"无偏",指的是期望值不偏,而不是某个个别的值不偏.

设总体 $X, E(X) = \mu, D(X) = \sigma^2$,在 §11.1 中已知

$$E(\overline{X}) = E(\frac{1}{n} \sum_{i=1}^{n} X_i) = \mu$$

所以 $\overline{X}$ 是 μ 的无偏估计量.

$$E(S^{*2}) = E\Big[\frac{1}{n-1} \sum_{i=1}^{n} (X_i - \overline{X})^2\Big] = \frac{1}{n-1} E\Big(\sum_{i=1}^{n} (X_i^2 - 2\overline{X}X_i + (\overline{X})^2)\Big)$$

$$= \frac{1}{n-1} E\Big[\sum_{i=1}^{n} X_i^2 - n(\overline{X})^2\Big] = \frac{1}{n-1}\Big[\sum_{i=1}^{n} E(X_i^2) - nE(\overline{X})^2\Big]$$

利用公式

$$D(X) = E(X^2) - (E(X))^2$$

上式右端化为

$$\frac{1}{n-1}\Big[\sum_{i=1}^{n}(D(X_i)+(E(X_i))^2)-n(D(\overline{X})+(E\,\overline{X})^2)\Big]$$

$$=\frac{1}{n-1}\Big[n\sigma^2+n\mu^2-n\cdot\frac{\sigma^2}{n}-n\mu^2\Big]$$

$$=\frac{1}{n-1}(n\sigma^2-\sigma^2)=\sigma^2$$

所以

$$E(S^{*2})=\sigma^2$$

故 S^{*2} 是总体方差 σ^2 的无偏估计量.

二、有效性

如果对参数 θ 有两个无偏估计量 $g_1(X_1,X_2,\cdots,X_n)$ 和 $g_2(X_1,X_2,\cdots,X_n)$,那么取哪个为好? 我们自然取方差较小者.

设 $g_1(X_1,X_2,\cdots,X_n)$ 和 $g_2(X_1,X_2,\cdots,X_n)$ 都是参数 θ 的无偏估计量,在样本容量相同的情况下,方差小者称为 θ 的有效估计量.

例 12.1.1　设有总体 $X,E(X)=\mu,D(X)=\sigma^2,\hat{\mu}_1=\dfrac{1}{2}(X_1+X_2),\hat{\mu}_2=\dfrac{1}{3}X_1+\dfrac{2}{3}X_2$,
试问 $\hat{\mu}_1,\hat{\mu}_2$ 哪个为 μ 的有效估计量.

解　$E(\hat{\mu}_1)=E\big[\dfrac{1}{2}(X_1+X_2)\big]=\dfrac{1}{2}(E(X_1)+E(X_2))=\dfrac{1}{2}2\mu=\mu$

$E(\hat{\mu}_2)=E\big[\dfrac{1}{3}X_1+\dfrac{2}{3}X_2\big]=\dfrac{1}{3}\mu+\dfrac{2}{3}\mu=\mu$

μ_1,μ_2 都是 μ 的无偏估计量,样本容量都是 2.

$$D(\hat{\mu}_1)=D\big[\frac{1}{2}(X_1+X_2)\big]=\frac{1}{4}(\sigma^2+\sigma^2)=\frac{1}{2}\sigma^2$$

$$D(\hat{\mu}_2)=D\big[\frac{1}{3}X_1+\frac{2}{3}X_2\big]=\frac{1}{9}\sigma^2+\frac{4}{9}\sigma^2=\frac{5}{9}\sigma^2$$

所以 $\hat{\mu}_1$ 较 $\hat{\mu}_2$ 为有效.

三、相合性(亦称一致性)

在 §11.2 常用统计量的分布中看到,当对总体的信息了解很少时,欲对总体的性质作推断则需要大容量的样本,因此需要考察当样本容量无限增大时,估计量的极限性质.

设 $g(X_1,X_2,\cdots,X_n)$ 是参数 θ 的估计量,ε 是任意正数. 如果有

$$\lim_{n\to\infty}P\big[\mid g(X_1,X_2,\cdots,X_n)-\theta\mid<\varepsilon\big]=1$$

称 $g(X_1,X_2,\cdots,X_n)$ 为 θ 的相合性估计量.

即参数的相合性估计量依概率收敛于该参数.

在 §11.2 中的第四种情形中,已经用到了 $S^2=\dfrac{1}{n}\sum_{i=1}^{n}(X_i-\overline{X})^2$ 是总体方差 $D(X)$ 的相合性估计量(证明从略)才得到

$$\frac{\overline{X}-\mu}{S/\sqrt{n}} \underset{n\geqslant 50}{\overset{近似}{\sim}} N(0,1)$$

§12.2　参数的点估计

设总体 X 具有概率密度 $f(x,\theta)$,其中 θ 是未知参数,为了用样本值 $(x_1,x_2,\cdots,x_n)$ 对 θ 进行估值,我们先构造一个不含未知参数的样本函数 $g(X_1,X_2,\cdots,X_n)$. 将样本值代入其中计算得到 $g(x_1,x_2,\cdots,x_n)$ 作为参数 θ 的估计值,$g(X_1,X_2,\cdots,X_n)$ 就是参数 θ 的估计量,记为

$$\hat{\theta} = g(X_1,X_2,\cdots,X_n)$$

一、矩估计法

1. 总体矩

设有总体 X,k 为正整数

(1) 称 $E(X^k)$ 为总体 k 阶原点矩,简称 k 阶矩.

(2) 称 $E[X-E(X)]^k$ 为总体 k 阶中心矩.

按(1)、(2),总体 X 的期望 EX 及方差 $D(X)$ 分别是总体一阶矩和总体二阶中心矩.

2. 样本矩

设 $(X_1,X_2,\cdots,X_n)$ 为总体 X 的样本,k 为正整数.

(1) 称 $\dfrac{1}{n}\sum\limits_{i=1}^{n} X_i^k$ 为 k 阶样本矩.

(2) 称 $\dfrac{1}{n}\sum\limits_{i=1}^{n} (X_i-\overline{X})^k$ 为 k 阶样本中心矩.

3. 样本矩与总体矩的关系

可以证明:不论总体 X 服从什么分布,对任意正数 ε 皆有

$$\lim_{n\to\infty} P\left[\left|\frac{1}{n}\sum_{i=1}^{n} X_i^k - E(X^k)\right| < \varepsilon\right] = 1 \tag{12-2}$$

$$\lim_{n\to\infty} P\left[\left|\frac{1}{n}\sum_{i=1}^{n} (X_i-\overline{X})^k - E[X-EX]^k\right| < \varepsilon\right] = 1 \tag{12-3}$$

式(12-2)和式(12-3)表明,样本矩和样本中心矩分别是相应的总体矩和总体中心矩的相合性估计量. 当样本容量 n 充分大时,样本矩与相应的总体矩很接近,因此提供了用相应的样本矩对总体参数进行估值的方法. 我们用 $\hat{\mu}$ 和 $\hat{\sigma}^2$ 分别记总体的期望和方差的估计量,所以有

$$\hat{\mu} = \frac{1}{n}\sum_{i=1}^{n} X_i \tag{12-4}$$

$$\hat{\sigma}^2 = \frac{1}{n}\sum_{i=1}^{n} (X_i-\overline{X})^2 \tag{12-5}$$

$$\frac{1}{n}\sum_{i=1}^{n} (X_i-\overline{X})^2 = \frac{1}{n}\sum_{i=1}^{n} (X_i^2 - 2\overline{X}X_i + (\overline{X})^2)$$

$$= \frac{1}{n} \left[\sum_{i=1}^{n} X_i^2 - 2\overline{X} \sum_{i=1}^{n} x_2 + n \ (\overline{X})^2 \right]$$

$$= \frac{1}{n} \sum_{i=1}^{n} x_i^2 - 2(\overline{X})^2 + (\overline{X})^2 = \frac{1}{n} \sum_{i=1}^{n} X_i^2 - (\overline{X})^2$$

所以又有

$$\hat{\sigma}^2 = \frac{1}{n} \sum_{i=1}^{n} X_i^2 - (\frac{1}{n} \sum_{i=1}^{n} X_i)^2 \qquad\qquad (12\text{-}6)$$

即也可以用样本的一阶矩,二阶矩依公式(12-6)对总体的方差进行估值.

我们将式(12-4),式(12-5),式(12-6)的右端称作是总体的期望和方差的矩估计量,将样本值代入其中计算的结果称作矩估计(值).

例 12.2.1　设总体 X 的概率密度

$$f(x) = \begin{cases} \theta x^{-(\theta+1)} & x > 1 \\ 0 & \text{其他} \end{cases} \qquad (\theta > 1)$$

求参数 θ 的矩估计量.

解　$E(X) = \int_{-\infty}^{+\infty} x f(x) \mathrm{d}x = \int_{1}^{+\infty} x \theta x^{-(\theta+1)} \mathrm{d}x = \theta \int_{1}^{+\infty} x^{-\theta} \mathrm{d}x$

$$= \frac{\theta}{1-\theta} x^{1-\theta} \Big|_{1}^{+\infty} = \frac{\theta}{\theta - 1}$$

则　　　　　　　　　　　　　$\dfrac{\theta}{\theta - 1} = \overline{X}$

得　　　　　　　　　　　　　$\hat{\theta} = \dfrac{\overline{X}}{\overline{X} - 1}$

例 12.2.2　设总体 X 在 $[a, b]$ 上服从均匀分布,概率密度

$$f(x) = \begin{cases} \dfrac{1}{b-a} & a < x < b \\ 0 & \text{其他} \end{cases}$$

求参数 a, b 的矩估计.

解　总体 X 的概率密度 $f(x)$ 中含有两个未知参数 a, b,需要两个方程解出

$$E(X) = \frac{a+b}{2} = \mu = \overline{X}$$

$$D(X) = \frac{(b-a)^2}{12} = \hat{\sigma}^2 \qquad\qquad (\hat{\sigma}^2 = \frac{1}{n} \sum_{i=1}^{n} (X_i - \overline{X})^2)$$

得　　　　　　　　　　$\begin{cases} \dfrac{a+b}{2} = \overline{X} \\ \dfrac{b-a}{2\sqrt{3}} = \hat{\sigma} \end{cases}$

解出 a, b,求得 a, b 的估计量

$$\hat{b} = \overline{X} + \sqrt{3}\hat{\sigma}$$

$$\hat{a} = \overline{X} - \sqrt{3}\hat{\sigma}$$

二、极大似然估计法

例 12.2.3 设加工了一批轴,其直径的概率密度为 $f(x,\theta_1,\theta_2)$,其中 θ_1,θ_2 为未知参数. 直径尺寸符合 10 ± 0.05(单位:毫米)为合格,今从中随机地抽取了 10 件,测得直径为

$$10.01,10.02,10.03,10,10,9.98,9.99,9.97,10,9.98$$

我们来讨论,给出 θ_1,θ_2 的估计量.

为了叙述方便,将上述的 10 个直径值依次记为 $x_1,x_2,\cdots,x_{10}$. 由于抽取是随机地,样本值这么好,势必总体很好. 如果再进行抽样,则取到"好"的样本值的概率应该很大. 因尚未抽取,所以随机点 $(X_1,X_2,\cdots,X_n)$ 落入点 $(x_1,x_2,\cdots,x_{10})$ 的邻域内的概率很大,即

$$P\Big[x_1-\frac{h_1}{2}\leqslant X_1\leqslant x_1+\frac{h_1}{2},x_2-\frac{h_2}{2}\leqslant X_2\leqslant x_2+\frac{h_2}{2},\cdots,x_n-\frac{h_n}{2}\leqslant X_n\leqslant x_n+\frac{h_n}{2}\Big]$$

应取大值,而

$$P\Big[x_1-\frac{h_1}{2}\leqslant X_1\leqslant x_1+\frac{h_1}{2},x_2-\frac{h_2}{2}\leqslant X_2\leqslant x_2+\frac{h_2}{2},\cdots,x_n-\frac{h_n}{2}\leqslant X_n\leqslant x_n+\frac{h_n}{2}\Big]$$

$$=P\Big[x_1-\frac{h_1}{2}\leqslant X_1\leqslant x_1+\frac{h_1}{2}\Big]\cdot P\Big[x_2-\frac{h_2}{2}\leqslant X_2\leqslant x_2+\frac{h_2}{2}\Big]\cdots P\Big[x_n-\frac{h_n}{2}\leqslant X_n\leqslant x_n+\frac{h_n}{2}\Big]$$

$$\approx f(x_1,\theta_1,\theta_2)h_1\cdot f(x_2,\theta_1,\theta_2)h_2,\cdots,f(x_n,\theta_1,\theta_2)h_n$$

$$=\Big[\prod_{i=1}^{n}f(x_i,\theta_1,\theta_2)\Big]h_1h_2,\cdots,h_n. \tag{12-7}$$

欲使上式右端取大值,而 $h_1,h_2,\cdots,h_n$ 不能取大,因为它们都是邻域的长度. $x_1,x_2,\cdots,x_n$ 是已有的样本值,所以就看 θ_1,θ_2 取怎样的值,才能使上式右端取大值,这便是一个函数的极值问题. 令

$$L=\prod_{i=1}^{n}f(x_i,\theta_1,\theta_2) \tag{12-8}$$

由于上式右端是连乘积,所以先取对数后再求偏导数,建立方程组

$$\begin{cases}\dfrac{\partial\ln L}{\partial\theta_1}=0\\[2mm]\dfrac{\partial\ln L}{\partial\theta_2}=0\end{cases} \tag{12-9}$$

由方程组(12-9)解出 θ_1,θ_2,显然是用 $x_1,x_2,\cdots,x_n$ 的代数式表示 θ_1 和 θ_2,所以可得到

$$\hat{\theta}_1=g_1(x_1,x_2,\cdots,x_n)$$

$$\hat{\theta}_2=g_2(x_1,x_2,\cdots,x_n)$$

当轴直径的概率密度 $f(x,\theta_1,\theta_2)$ 中的参数 θ_1,θ_2 分别取值 $\hat{\theta}_1,\hat{\theta}_2$ 时,可使式(12-7)取最大值,也就是当分布中的未知参数 θ_1,θ_2 分别取值 $\hat{\theta}_1,\hat{\theta}_2$ 时,能够使所抽到的样本值 $(x_1,x_2,\cdots,x_n)$ 以最大的概率出现. 将 $g_1(x_1,x_2,\cdots,x_n)$ 和 $g_2(x_1,x_2,\cdots,x_n)$ 中的 $x_1,x_2,\cdots,x_n$,换为 $X_1,X_2,\cdots,X_n$,则

$$\hat{\theta}_1=g_1(X_1,X_2,\cdots,X_n)$$

$$\hat{\theta}_2=g_2(X_1,X_2,\cdots,X_n)$$

便分别是未知参数 θ_1, θ_2 的估计量.

按上述方法求得的估计量称作是极大似然估计量. 式(12-8)称作似然函数, 式(12-9)称作正规方程组.

下面将问题一般化并列出求总体未知参数极大似然估计量的步骤.

设总体 X 具有概率密度 $f(x, \theta_1, \cdots, \theta_k)$,

第一步　建立似然函数 $\qquad L = \prod_{i=1}^{n} f(X_i, \theta_1, \cdots, \theta_k)$

第二步　取对数 $\qquad \ln L = \sum_{i=1}^{n} \ln f(X_i, \theta_1, \cdots, \theta_k)$

第三步　建立正规方程组并求解,

$$
\begin{cases}
\dfrac{\partial}{\partial \theta_1} \ln L = 0 \\[2mm]
\dfrac{\partial}{\partial \theta_2} \ln L = 0 \\[2mm]
\cdots\cdots \\[2mm]
\dfrac{\partial}{\partial \theta_k} \ln L = 0
\end{cases}
$$

例 12.2.4　求例 12.2.1 中总体 X 概率密度

$$
f(x) = \begin{cases} \theta x^{-(\theta+1)} & x > 1 \\ 0 & \text{其他} \end{cases} \qquad (\theta > 1)
$$

中参数 θ 的极大似然估计量.

解　$L = \prod_{i=1}^{n} \theta X_i^{-(\theta+1)} = \theta^n \Big[\prod_{i=1}^{n} X_i \Big]^{-(\theta+1)}$

$\ln L = n \ln \theta - (\theta+1) \sum_{i=1}^{n} \ln X_i$

$\dfrac{\mathrm{d}}{\mathrm{d}\theta} \ln L = \dfrac{n}{\theta} - \sum_{i=1}^{n} \ln X_i = 0$

解之得 $\qquad \hat{\theta} = \dfrac{n}{\sum_{i=1}^{n} \ln X_i}$

例 12.2.5　设总体 $X \sim N(\mu, \sigma^2)$, 求 μ, σ^2 的极大似然估计量.

解　$f(x) = \dfrac{1}{\sqrt{2\pi}\sigma} \mathrm{e}^{-\frac{(x-\mu)^2}{2\sigma^2}}$

$$
L = \prod_{i=1}^{n} \dfrac{1}{\sqrt{2\pi}\sigma} \mathrm{e}^{-\frac{(X_i-\mu)^2}{2\sigma^2}} = \Big(\dfrac{1}{\sqrt{2\pi}} \Big)^n (\sigma)^{-n} \mathrm{e}^{-\frac{1}{2\sigma^2} \sum_{i=1}^{n}(X_i-\mu)^2} \tag{12-10}
$$

$\ln L = n \ln \dfrac{1}{\sqrt{2\pi}} - n \ln \sigma - \dfrac{1}{2\sigma^2} \sum_{i=1}^{n} (X_i - \mu)^2$

$\qquad = n \ln \dfrac{1}{\sqrt{2\pi}} - \dfrac{n}{2} \ln \sigma^2 - \dfrac{1}{2\sigma^2} \sum_{i=1}^{n} (X_i - \mu)^2$

$$\frac{\partial}{\partial \mu}\ln L = \frac{1}{\sigma^2}\sum_{i=1}^{n}(X_i-\mu)=0$$

$$\frac{\partial}{\partial \sigma^2}\ln L = -\frac{n}{2}\frac{1}{\sigma^2}+\frac{1}{2(\sigma^2)^2}\sum_{i=1}^{n}(X_i-\mu)^2=0$$

$$\begin{cases}\sum_{i=1}^{n}X_i-n\mu=0\\ -n+\frac{1}{\sigma^2}\sum_{i=1}^{n}(X_i-\mu)^2=0\end{cases}$$

解之得
$$\hat{\mu}=\frac{1}{n}\sum_{i=1}^{n}X_i=\overline{X}$$

$$\hat{\sigma}^2=\frac{1}{n}\sum_{i=1}^{n}(X_i-\overline{X})^2$$

例 12.2.6 设总体 X 服从泊松分布 $P(\lambda)$，求 λ 的极大似然估计量.

解 $L=\prod_{i=1}^{n}\frac{\lambda^{X_i}}{X_i!}e^{-\lambda}=\frac{1}{X_1!X_2!\cdots X_n!}\lambda^{\sum_{i=1}^{n}X_i}\cdot e^{-n\lambda}$

（X_i 取 0 或正整数）

$$\ln L=-\sum_{i=1}^{n}\ln X_i!+\sum_{i=1}^{n}X_i\ln\lambda-n\lambda$$

$$\frac{d}{d\lambda}\ln L=\frac{1}{\lambda}\sum_{i=1}^{n}X_i-n=0$$

解之得
$$\hat{\lambda}=\frac{\sum_{i=1}^{n}X_i}{n}=\overline{X}$$

§12.3 区 间 估 计

为了对总体未知参数 θ 作点估计，构造了估计量 $g(X_1,X_2,\cdots,X_n)$，将样本值 $(x_1,x_2,\cdots,x_n)$ 代入后 $g(x_1,x_2,\cdots,x_n)$ 不一定等于 θ，而且误差也不可知，所以点估计有一定的弊病. 因此人们又考虑了另一种估计参数的方法，即找一个区间 $[a,b]$，使得 θ 在其内的概率达到预定的要求，如

$$P[a\leqslant\theta\leqslant b]=95\%$$

用这种方法来估参数称作区间估计. $[a,b]$ 称作置信区间，预定的概率值 95% 称作置信度. 上式只说明区间 $[a,b]$ 套住 θ 的概率可达到 95%，但不能确切地说 θ 在其内或不在其内.

一、设总体 $X\sim N(\mu,\sigma^2)$，已知 σ^2，求 μ 的置信度为 95% 的置信区间（以置信度 95% 为例）

若要直接找一个区间，套住 μ 的概率达到 95% 是困难的，我们逐步地进行分析.

由 $E(\overline{X})=\mu$、$D(\overline{X})=\dfrac{1}{n}\sigma^2$,可知 $\overline{X}$ 取值应在 μ 的附近. 反之,μ 也应该在 $\overline{X}$ 取值 $\overline{x}$ 的

附近. 结合条件总体 $X\sim N(\mu,\sigma^2)$ 且方差 σ^2 已知,那么 $\overline{X}\sim N(\mu,\dfrac{\sigma^2}{n})$,将其标准化后 $\dfrac{\overline{X}-\mu}{\sigma/\sqrt{n}}$

$\sim N(0,1)$,所以 $\dfrac{\overline{X}-\mu}{\sigma/\sqrt{n}}$ 的分布是可以查正态分布表进行计算的. $\dfrac{\overline{X}-\mu}{\sigma/\sqrt{n}}$ 中只有 μ 未知,如果

找到了区间 $[a,b]$,使 $\dfrac{\overline{X}-\mu}{\sigma/\sqrt{n}}$ 落入其内的概率达到 95%,$P[a\leqslant\dfrac{\overline{X}-\mu}{\sigma/\sqrt{n}}\leqslant b]=95\%$,然后再解

不等式便有

$$P\left[a\,\frac{\sigma}{\sqrt{n}}\leqslant\overline{X}-\mu\leqslant b\,\frac{\sigma}{\sqrt{n}}\right]=95\%$$

$$P\left[\overline{X}-b\,\frac{\sigma}{\sqrt{n}}\leqslant\mu\leqslant\overline{X}-a\,\frac{\sigma}{\sqrt{n}}\right]=95\%$$

即可求得 μ 的置信区间 $\left[\overline{X}-b\,\dfrac{\sigma}{\sqrt{n}},\overline{X}-a\,\dfrac{\sigma}{\sqrt{n}}\right]$,而 $\dfrac{\overline{X}-\mu}{\sigma/\sqrt{n}}\sim N(0,1)$ 的概率密度是偶函数,且

取值于零点附近的概率密度大,为使置信区间较短,所以考虑

$$P\left[-\lambda\leqslant\frac{\overline{X}-\mu}{\sigma/\sqrt{n}}\leqslant\lambda\right]=95\% \tag{12-11}$$

经查表可得 $\lambda=1.96$,即

$$P\left[-1.96\leqslant\frac{\overline{X}-\mu}{\sigma/\sqrt{n}}\leqslant 1.96\right]=95\%$$

解不等式后有

$$P\left[\overline{X}-1.96\,\frac{\sigma}{\sqrt{n}}\leqslant\mu\leqslant\overline{X}+1.96\,\frac{\sigma}{\sqrt{n}}\right]=95\% \tag{12-12}$$

所以区间

$$\left[\overline{X}-1.96\,\frac{\sigma}{\sqrt{n}},\overline{X}+1.96\,\frac{\sigma}{\sqrt{n}}\right] \tag{12-13}$$

便是 μ 的置信度为 95% 的置信区间. 但是,这个区间端点的坐标是随机变量,即
式(12-13)是个随机区间. 式(12-12)表明这个区间以 95% 的概率含 μ 于其内,即如果用
100 次抽样得到的样本值代入式(12-13),得到的 100 个区间,其中大约会有 95 个含 μ 于
其内,那么每一个区间含 μ 于其内的概率都是 95%. 所以将抽样得到的样本值 $(x_1,x_2,$
$\cdots,x_n)$ 代入式(12-13)中,得到

$$\left[\overline{x}-1.96\,\frac{\sigma}{\sqrt{n}},\overline{x}+1.96\,\frac{\sigma}{\sqrt{n}}\right] \tag{12-14}$$

即是所求的 μ 的信度为 95% 的置信区间.

　　将以上的思考分析作一小结便是:

　　为了得到总体均值 μ 的置信区间,结合前提条件总体 $X\sim N(\mu,\sigma^2)$ 且已知方差 σ^2,先

考虑统计量 $\dfrac{\overline{X}-\mu}{\sigma/\sqrt{n}}\sim N(0,1)$ 落到哪个区间的概率能达到预定的值 95%,为了使区间短(精

度高),考虑 $\dfrac{\overline{X}-\mu}{\sigma/\sqrt{n}}$ 落到对称区间 $[-\lambda,\lambda]$ 内的概率为95%,查表可知 λ 值为1.96.然后解

不等式得到式(12-13),再将样本值代入其中便求得 μ 的置信区间式(12-14).

以后我们将式(12-11)改写成

$$P\left[\left|\dfrac{\overline{X}-\mu}{\sigma/\sqrt{n}}\right|\leqslant\lambda\right]=0.95$$

并称之为大概率事件.

例12.3.1 某车间生产滚珠,从长期的生产经验知道滚珠直径 X 服从正态分布,方差 $\sigma^2=0.06$. 从某天的产品中随机抽取了6个,测得直径为14.6,15.1,14.9,14.8,15.2,15.1(单位为毫米).求今日生产滚珠直径均值的置信度为95%的置信区间.

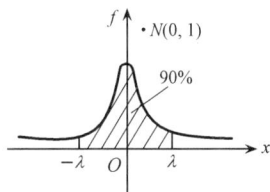

图 12.1

解 $X\sim N(\mu,0.06)$, $n=6$, $\overline{x}=14.95$

第一步 写出统计量并画出概率密度曲线草图(图12.1).

$$\dfrac{\overline{X}-\mu}{\sigma/\sqrt{n}}\sim N(0,1)$$

第二步 写出大概率事件

$$P\left[\left|\dfrac{\overline{X}-\mu}{\sigma/\sqrt{n}}\right|\leqslant\lambda\right]=0.95 \qquad (12\text{-}11)'$$

第三步 查表确定 λ 值 $\lambda=1.96$

第四步 解不等式,并将 $\overline{x}$ 值代入 $\left[\overline{X}-1.96\dfrac{\sigma}{\sqrt{n}},\overline{X}+1.96\dfrac{\sigma}{\sqrt{n}}\right]$ 的端点得

$$[14.69,15.21]$$

从式(12-13)可以看出欲缩小置信区间的长度,而保持置信度不变,则需要扩大样本容量 n.

注意 在解题过程中写出如上所述的4个步骤,便不必去死记硬背置信区间的形式,只需对式(12-13)将 $\overline{x}$ 的值往里代入.以下介绍的几种情形下求置信区间,也是这4个步骤.

例12.3.2 某厂生产的灯泡寿命(单位:小时)服从正态分布 $X\sim N(\mu,8)$,从某天生产的一批灯泡中抽取10个进行寿命试验,测得数据如下:
1050,1100,1080,1120,1120,1250,1040,1130,1300,1200.

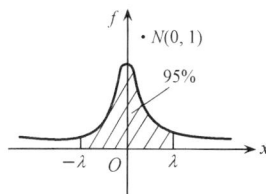

图 12.2

试以90%的置信度估计灯泡的寿命范围.

解 $X\sim N(\mu,8),\sigma^2=8,n=10,\overline{x}=1147$.

$$\dfrac{\overline{X}-\mu}{\sigma/\sqrt{n}}\sim N(0,1)$$

画出概率密度曲线草图(图12.2).

$$P\left[\left|\dfrac{\overline{X}-\mu}{\sigma/\sqrt{n}}\right|\leqslant\lambda\right]=0.90$$

　　查表得　　　　　　$\lambda = 1.65$

　　将数据代入　　　　$\left[\overline{X} - 1.65\dfrac{2\sqrt{2}}{\sqrt{10}}, \overline{X} + 1.65\dfrac{2\sqrt{2}}{\sqrt{10}}\right]$

　　得置信区间　　　　$[1145.96, 1148.04]$

二、设总体 $X \sim N(\mu, \sigma^2)$，未知方差，求总体均值 μ 的置信区间（以置信度 95% 为例）

　　总体为正态分布，但方差未知，这时应取 §11.2 中的式(11-3)为统计量，作出草图（图 12.3）.

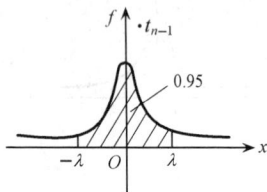

图 12.3

$$\frac{\overline{X} - \mu}{S^*/\sqrt{n}} \sim t(n-1)$$

　　其中 $S^* = \sqrt{\dfrac{1}{n-1}\sum_{i=1}^{n}(X_i - \overline{X})^2}$ 利用样本值可以计算 S^*.

　　写出大概率事件

$$P\left[\left|\frac{\overline{X} - \mu}{S^*/\sqrt{n}}\right| \leqslant \lambda\right] = 0.95$$

　　参阅 §11.2 查 t 分布表可求得 λ. 上式结构与一的情形式(12-11)′完全一致，所以置信区间为

$$\left[\overline{X} - \lambda\frac{S^*}{\sqrt{n}}, \overline{X} + \lambda\frac{S^*}{\sqrt{n}}\right]$$

将样本值代入其中计算即可.

　　例 12.3.3　从一批垫圈中随机地抽取了 10 只，测得它们的厚度（单位：毫米）为

　　　　1.23, 1.24, 1.26, 1.27, 1.32, 1.30, 1.25, 1.24, 1.31, 1.28

假定垫圈厚度 $X \sim N(\mu, \sigma^2)$，求 μ 的置信度为 95% 的置信区间.

　　解　$X \sim N(\mu, \sigma^2)$，$n = 10, \overline{x} = 1.27$

$$\frac{\overline{X} - \mu}{S^*/\sqrt{n}} \sim t(n-1)$$

画出 t 分布草图（图 12.4）.

$$P\left[\left|\frac{\overline{X} - \mu}{S^*/\sqrt{n}}\right| \leqslant \lambda\right] = 0.95$$

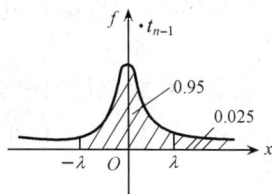

图 12.4

参阅 §11.2 查表 $\lambda = t_{0.025}(9) = 2.262$. 则

$$s^* = \sqrt{\frac{1}{9}\sum_{i=1}^{n}(x_i - \overline{x})^2} = 0.032$$

$$\frac{s^*}{\sqrt{n}} = \frac{0.032}{\sqrt{10}} = 0.01$$

$$\lambda\frac{s^*}{\sqrt{n}} = 2.262 \times 0.01 = 0.0226$$

$$\overline{x} + 0.0266 = 1.293, \qquad \overline{x} - 0.0266 = 1.247$$

$$[1.247, 1.293]$$

三、总体 X 的分布未知,求总体均值 $E(X) = \mu$ 的置信区间(以置信度为 99% 为例)

总体 X 的分布未知,对总体均值 μ 作推断属于大子样推断,使用的统计量应当是 §11.2 中的式(11-4),作出草图(图 12.5).

$$\frac{\overline{X} - \mu}{S/\sqrt{n}} \underset{n \geqslant 50}{\sim} N(0,1)$$

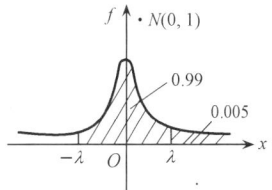

图 12.5

其中

$$S = \sqrt{\frac{1}{n} \sum_{i=1}^{n} (X_i - \overline{X})^2}$$

$$P\left[\left|\frac{\overline{X} - \mu}{S/\sqrt{n}}\right| \leqslant \lambda\right] = 0.99$$

可查得
$$\lambda = 2.58$$
置信区间为

$$\left[\overline{x} - 2.58\frac{s}{\sqrt{n}}, \overline{x} + 2.58\frac{s}{\sqrt{n}}\right]$$

例 12.3.4 从一批电子管中抽取 100 只,测得电子管的平均寿命为 1000 小时,标准差 s 为 40 小时,试求整批电子管的平均寿命的置信区间(置信度为 99%).

解 $\overline{x} = 1000, n = 100, s = 40$,

$$\frac{\overline{X} - \mu}{S/\sqrt{n}} \underset{n \geqslant 50}{\sim} N(0,1)$$

$$P\left[\left|\frac{\overline{X} - \mu}{S/\sqrt{n}}\right| \leqslant \lambda\right] = 0.99$$

查表得 $\lambda = 2.58$,则置信区间为

$$\left[\overline{X} - 2.58\frac{S}{\sqrt{n}}, \overline{X} + 2.58\frac{S}{\sqrt{n}}\right]$$

将数据代入后得

$$[989.68, 1010.32]$$

四、总体 $X \sim N(\mu, \sigma^2)$,求方差 σ^2 的置信区间(以置信度 95% 为例)

总体的方差 σ^2 体现了产品尺寸的波动,其统计量中应含有 $\sum_{i=1}^{n}(X_i - \overline{X})^2$.

对正态总体的方差 σ^2 作区间估计使用的统计量应是 §11.2 的式(11-2)

$$\frac{\sum_{i=1}^{n}(X_i - \overline{X})^2}{\sigma^2} \sim \chi^2(n-1)$$

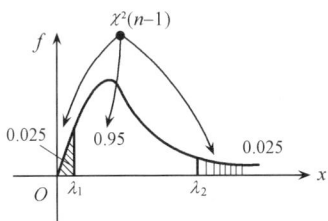

图 12.6

随机变量 $\dfrac{\sum_{i=1}^{n}(X_i - \overline{X})^2}{\sigma^2}$ 取值大于或等于零,所以其概

率密度曲线只在 $x \geqslant 0$ 的部分如图 12.6 所示,这时写出 $\dfrac{\sum\limits_{i=1}^{n}(X_i-\overline{X})^2}{\sigma^2}$ 落入 $[\lambda_1,\lambda_2]$ 概率为 95％的大概率事件

$$P\left[\lambda_1 \leqslant \frac{\sum\limits_{i=1}^{n}(X_i-\overline{X})^2}{\sigma^2} \leqslant \lambda_2\right] = 95\%$$

关于点 λ_1,λ_2 仍以"对称"的方式确定,即以 $\dfrac{\sum\limits_{i=1}^{n}(X_i-\overline{X})^2}{\sigma^2}$ 落在 λ_1 的左方和 $\dfrac{\sum\limits_{i=1}^{n}(X_i-\overline{X})^2}{\sigma^2}$ 落在 λ_2 的右方概率相等(均为 0.025)的方法,查 $\chi^2(n-1)$ 分布表确定 λ_1 和 λ_2,然后仍然是解不等式得到

$$P\left[\frac{\sum\limits_{i=1}^{n}(X_i-\overline{X})^2}{\lambda_2} \leqslant \sigma^2 \leqslant \frac{\sum\limits_{i=1}^{n}(X_i-\overline{X})^2}{\lambda_1}\right] = 95\%$$

则

$$\left[\frac{\sum\limits_{i=1}^{n}(x_i-\overline{x})^2}{\lambda_2}, \frac{\sum\limits_{i=1}^{n}(x_i-\overline{x})^2}{\lambda_1}\right]$$

便是所求的 σ^2 的置信区间.

例 12.3.5　设炮弹速度服从正态分布,今取 9 发炮弹做试验,得样本方差 $s^{*2}=11$（米/秒)^2,求炮弹速度的方差 σ^2,置信度为 95％的置信区间.

解　$n=9, s^{*2}=11$,

$$\frac{\sum\limits_{i=1}^{n}(X_i-\overline{X})^2}{\sigma^2} \sim \chi^2(n-1)$$

$$P\left[\lambda_1 \leqslant \frac{\sum\limits_{i=1}^{n}(X_i-\overline{X})^2}{\sigma^2} \leqslant \lambda_2\right] = 95\%$$

参阅 §11.2 先查表确定 λ_2

$$\lambda_2 = \chi^2_{0.025}(8) = 17.535$$

再查表确定 λ_1

$$\lambda_1 = \chi^2_{0.975}(8) = 2.18$$

$$\sum_{i=1}^{9}(x-\overline{x})^2 = (9-1)s^{*2} = 8 \cdot 11 = 88$$

$$\frac{\sum\limits_{i=1}^{9}(x_i-\overline{x})^2}{\lambda_1} = \frac{88}{2.18} = 40.37, \qquad \frac{\sum\limits_{i=1}^{9}(x_i-\overline{x})^2}{\lambda_2} = \frac{98}{17.535} = 5.02$$

所求 σ^2 的置信区间为 $[5.02, 40.37]$.

五、关于总体的合格率（或废品率）p 的置信区间

这种情形应取 §11.2 中的式(11-5)′为统计量.

$$\frac{\overline{X}-p}{\sqrt{\dfrac{p_0 q_0}{n}}} \underset{n\geqslant 50}{\sim} N(0,1) \qquad (p_0=\frac{m}{n},q_0=1-\frac{m}{n}),$$

统计量服从标准正态分布,以下的做法与一相同.

例 12.3.6　从一批产品中随机抽取出 100 个进行检查,其中有 4 个废品,求废品率的信度为 95％的置信区间.

解　$n=100,m=4$

$$\frac{\overline{X}-p}{\sqrt{\dfrac{p_0 q_0}{n}}} \underset{n\geqslant 50}{\sim} N(0,1)$$

$$P\left[\left|\frac{\overline{X}-p}{\sqrt{\dfrac{p_0 q_0}{n}}}\right|<\lambda\right]=0.95$$

查表得　$\lambda=1.96.$

$$\overline{x}=\frac{4}{100}=0.04,\ p_0=0.04,\ q_0=0.96$$

$$\overline{x}-\lambda\sqrt{\frac{p_0 q_0}{n}}=0.04-1.96\cdot\frac{1}{10}\cdot\sqrt{0.04\times0.96}=0.002$$

$$\overline{x}+\lambda\sqrt{\frac{p_0 q_0}{n}}=0.04+1.96\cdot\frac{1}{10}\sqrt{0.04\times0.96}=0.078$$

故所求置信区间为[0.002,0.078].

本 章 小 结

本章介绍了对总体分布中的未知参数进行估计的两种方法,一是估参数的值,即点估计.二是估参数所在的范围,即区间估计.对参数进行点估计需要先构造适当的估计量(不含未知参数的样本函数),所以介绍了对估计量的评价,现将这些内容列出于后.

1. 估计量的评价.

(1) 无偏性.

(2) 有效性.

(3) 相合性(一致性).

而且知道了

$\overline{X}=\dfrac{1}{n}\sum\limits_{i=1}^{n}X_i$ 是总体期望的无偏估计量.

$S^{*2}=\dfrac{1}{n-1}\sum\limits_{i=1}^{n}(X_i-\overline{X})^2$ 是总体方差的无偏估计量.

$$S^2 = \frac{1}{n}\sum_{i=1}^{n}(X_i - \overline{X})^2 \text{ 是总体方差的相合性估计量.}$$

2. 参数的点估计.

关于分布类型为已知的总体,欲对其分布中的未知参数进行点估计,我们介绍了两种方法.

(1) 矩估计法.

根据样本矩与相应的总体矩,样本中心矩与相应的总体中心矩的关系式式(12-2),式(12-3)明白了样本矩(或样本中心矩)是相应的总体矩(或总体中心矩)的相合性估计量.提供了当 n 较大时用前者估算后者的方法,即矩估计法.作题(或操作)时,先求总体矩或总体中心矩.然后建立总体矩及总体中心矩与相应的样本矩及样本中心矩的方程式或方程组(当参数个数不小于2),解出未知参数.得到未知参数用样本矩或样本中心矩的表达式.即求得了被估参数的矩估计量.将样本值代入其中进行计算,便得到参数的矩估计值.

(2) 极大似然法.

设 $f(x, \theta_1, \cdots, \theta_n)$ 为总体的分布密度,(其中 $\theta_1, \cdots, \theta_k$ 为未知参数)

① 建立似然函数

$$L(\theta_1, \cdots, \theta_k) = \prod_{i=1}^{n} f(X_i, \theta_1, \cdots, \theta_k)$$

② 取对数

$$\ln L(\theta_1, \cdots, \theta_k) = \sum_{i=1}^{k} \ln f(X_i, \theta_1, \cdots, \theta_k)$$

③ 建立正规方程组并求解

$$\begin{cases} \dfrac{\partial \ln L}{\partial \theta_1} = 0 \\ \cdots\cdots \\ \dfrac{\partial \ln L}{\partial \theta_k} = 0 \end{cases}$$

由正规方程组解出参数 $\theta_1, \cdots, \theta_k$ 用 $X_1, X_2, \cdots, X_n$ 的表达式,即是参数的极大似然估计量,将样本值代入其中计算,便得到参数 $\theta_1, \cdots, \theta_k$ 的极大似然估值.

3. 区间估计.

用区间估计的方法估参数,是在给定的置信概率下找出参数的所在范围,即置信区间,步骤是

(1) 明确对什么参数或参数式作区间估计,结合条件选准统计量并画出其分布的草图.

(2) 写出大概率事件.

(3) 查相应的概率分布表,确定临界值 λ(或 λ_1, λ_2).

(4) 计算置信区间的端点坐标,写出置信区间.

习 题 十 二

1. 在某灯泡厂的一批产品中随机抽取了 6 件样品，测得它们的使用寿命(单位:小时)分别为:1100,1200,1000,900,900,900.

试用矩法估计这批灯泡使用寿命的期望和方差.

2. 对下列给出的总体分布密度或分布律,试分别求其中未知参数的矩估计量.

(1) $f(x)=\begin{cases}(1+\theta)x^{\theta} & 0<x<1 \\ 0 & 其他\end{cases}$

其中 θ 为未知参数,且 $\theta>-1$.

(2) $f(x)=\begin{cases}\sqrt{\theta}x^{\sqrt{\theta}-1} & 0\leqslant x\leqslant1 \\ 0 & 其他\end{cases}$

其中 θ 为未知参数,且 $\theta>0$.

(3) $f(x)=\begin{cases}\theta e^{-\theta x} & x>0 \\ 0 & x\leqslant0\end{cases}$

(4)

X	0	1
p	$1-p$	p

其中 p 为未知参数,且 $p>0$.

(5)

X	1	2	3
p	θ^2	$2\theta(1-\theta)$	$(1-\theta)^2$

其中 θ 为未知参数,且 $0<\theta<1$.

3. 对下列给出的总体分布密度或分布律,试分别求其中未知参数的极大似然估计量.

(1) $f(x)=\begin{cases}\theta e^{-\theta x} & x\geqslant0 \\ 0 & x<0\end{cases}$

其中 θ 为未知参数,且 $\theta>0$.

(2) $f(x)=\begin{cases}\theta x^{\theta-1} & 0<x<1 \\ 0 & 其他\end{cases}$

其中 θ 为未知参数,且 $\theta>0$.

(3) $f(x)=\begin{cases}(1+\theta)x^{\theta} & 0<x<1 \\ 0 & 其他\end{cases}$

其中 θ 是未知参数且 $\theta>0$.

(4)

X	0	1	2	$\cdots$	k	$\cdots$
p	$e^{-\lambda}$	$\lambda e^{-\lambda}$	$\dfrac{\lambda^2}{2!}e^{-\lambda}$	$\cdots$	$\dfrac{\lambda^k}{k!}e^{-\lambda}$	$\cdots$

其中 λ 为未知参数,且 $\lambda>0$.

(5) $f(x)=\begin{cases} e^{-(x-\theta)} & x\geqslant\theta \\ 0 & x<\theta \end{cases}$

其中 θ 为未知参数(提示:本题需分析讨论).

4. 设总体 $X\sim N(\mu,1)$,样本为 (X_1,X_2),试验证下面 3 个估计量.

(1) $\mu_1=\dfrac{2}{3}X_1+\dfrac{1}{3}X_2$

(2) $\mu_2=\dfrac{1}{4}X_1+\dfrac{3}{4}X_2$

(3) $\mu_3=\dfrac{1}{2}X_1+\dfrac{1}{2}X_2$

都是 μ 的无偏估计量,哪个为 μ 的有效估计量.

5. 从正态总体 X 中随机抽样得到的数据为 $35,37,30,31,27,38$.

求:(1) 总体均值的无偏估计值.

(2) 总体方差的无偏估计值.

6. 某工厂生产滚珠,从某天生产的滚珠中随机抽取了 9 个,测得直径(单位:毫米)如下:

$14.6,14.7,15.1,14.9,14.8,15.0,15.1,15.2,14.8$.

设滚珠直径服从正态分布,若

(1) 已知滚珠直径的标准差 $\sigma=0.15$ 毫米.

(2) 未知标准差 σ.

求直径均值 μ 的置信度为 95% 的置信区间.

7. 随机地从一批钉子中抽取 16 枚,测其长度(单位:厘米)为

$2.14,2.10,2.13,2.15,2.13,2.12,2.13,2.10,2.15,2.12,2.14,2.10,2.13,2.11,2.14,2.11$.

设钉长总体服从正态分布,若

(1) 已知标准差 $\sigma=0.01$.　　(2) 未知标准差 σ.

求钉长均值 μ 的置信度为 90% 的置信区间.

8. 从一批晶体管中抽取 100 只测得寿命平均值为 1000 小时,标准差 s 为 40 小时,试求这批晶体管平均寿命的置信区间(置信度 95%).

9. 从正态总体中抽取容量为 n 的子样,并算得子样标准差 s^*.若

(1) $n=10,s^*=5.1$.

(2) $n=46,s^*=14$.

分别求总体标准差 σ 置信度为 95% 的置信区间.

10. 测得一批钢件 20 个样品的屈服点(单位:10^7 千克/平方米)为:

$49.8,5.11,5.20,5.20,5.11,5.00,5.61,4.88,5.27,5.38,5.46,5.27,5.23,4.96,5.35,5.15,5.35,4.77,5.38,5.54$.

设屈服点服从正态分布,求其均值 μ 及标准差 σ 置信度为 95% 的置信区间.

11. 从一批产品中随机地抽取 100 件进行检验,发现有 4 个次品,求这批产品次品率 p 置信度为 95% 的置信区间.

12. 假定每次试验中,事件 A 发生的概率 p 未知,若在 60 次重复独立试验中 A 发生 15 次,求概率 p 的置信度 95% 的置信区间.

第十三章 假设检验

假设检验是数理统计的重要内容,有着非常广泛的应用,诸如为降低成本更换原材料,对产品的质量是否有明显的影响? 改革了生产工艺过程,产品的质量是否有所提高? 这些问题都可以用假设检验的方法来解决. 同时利用数理统计的回归分析,方差分析解决实际问题的过程中,也会用到假设检验,所以本章是数理统计的重要内容.

§13.1 假设检验简介

例 13.1.1 某厂生产了一种仪器的专用灯泡,标明合格率为 95%,今一客户订购了 100 个灯泡. 交货后客户随机从中抽检了 10 个便发现有两个是次品,试问该客户是否考虑退货? 若要退货,如何申诉理由?

我们对这个问题做如下分析,先计算一下在合格率达到为 95% 的情况下,从 100 个灯泡中随机地抽取 10 个,其中恰有两个是次品这一随机事件发生的概率. 设此事件为 A.

$$P(A) = \frac{C_5^2 C_{95}^8}{C_{100}^{10}} = 0.070\ 2$$

客户会考虑,如果厂家产品的合格率达到 95%,那么事件 A 发生的概率仅为 7%,而经一次抽样事件 A 就出现了,说明厂家的这批灯泡的合格率没有达到 95%,所以客户会向厂家提出退货. 并以上述的考虑为阐述的理由.

通过对例 13.1.1 的分析我们可以看到,在这个问题的处理过程中蕴含了如下几项内容.

(1) 客户初步认为厂家产品的合格率达到 95%(不然不会购买 100 只).

(2) 客户对自己的初步认识进行了检验,抽取了容量为 10 的样本.

(3) 如果当初的看法是正确的,即厂家产品的合格率真达到了 95% 的话,发生概率仅为 7% 的随机事件 A,在一次试验中是不会发生的,而由抽检的样本值导致 A 竟然在一次试验中就发生了,这表现出情况的异常和矛盾. 即情况并不像厂家标明的那样合格率达到 95%.

(4) 于是客户否定了自己当初的认识,决定退货.

例 13.1.1 所述的问题是日常普遍存在的现象,这就是一个简单的假设检验问题. 我们从这个问题及其解决过程中归纳出一些内容.

一、假设

人们对事物现象的初步看法或认识(不是结论). 用 H_0 表示.

如果用 p 记产品的合格率,$H_0: p = 95\%$. 就表示假设产品的合格率达到 95%.

二、假设检验

对上述的初步认识进行检验,如果没有发现矛盾,就接受这个假设.如果发现了矛盾,就否定或拒绝这个假设.

三、依据原理

实际不可能原理.即小概率事件在一次试验中是不会发生的.如果发生了,则意味着蕴含了某种矛盾或异常.正如一个奥运会射击项目的冠军,"举枪射击结果是 0 环"这一事件就可以认为是一个小概率事件.因为参加这一项目决赛的运动员每射击一次的结果往往是 10 环,9 环都少见;而如果一个奥运会射击冠军举枪射击结果是 0 环,这一事件发生了,人们就会怀疑这个人是不是奥运会射击项目的金牌得主,或者怀疑他是否正在病中,才出现异常情况.

小概率事件在假设检验中扮演着重要角色,如果抽检的样本值导致了某个小概率事件发生,则否定、拒绝假设.如果小概率事件没有发生,称之为相容.这时为了慎重起见,可以暂时不立即接受假设,最好再抽检几个产品,连同以前抽检的结果构成一个容量较大的样本值,信息更全面,更有代表性.但是,如果仍未导致小概率事件发生,则应当接受假设.

四、对假设进行检验的方法从逻辑上讲是反证法,称之为概率反证法

由于假设检验用的方法是一种反证法,是以否定的形式肯定与 H_0 相反的判断,所以对于具体问题如何提出假设是需要注意的.例如,作为厂家的质量检验人员,当然希望本厂的产品合格率达到要求,那么提出的假设是合格率未达到指标要求,待否定了这个假设,便肯定了合格率达到指标要求.反之作为用户希望自己收到的产品中不要混入过多的次品,所以提出的假设是厂方的这批产品合格率达到了指标要求,待否定了这个假设,便肯定了厂方的这批产品合格率未达到指标要求,从而拒绝接受这批产品,保障了自己的合法权益.

最后还要指出一点,假设检验作为一种推断方法有时是会犯错误的.

五、两类错误

由于抽样是随机的,如果一批产品的合格率真正达到了指标要求,而在抽样时恰恰抽到的次品较多,就会造成合格率未达标的判断,所犯的这种错误称为弃真错误.即 H_0 本为真,而被拒绝.犯弃真错误的概率记为 α.相反,如一批产品合格率未达到指标要求,而抽样时恰恰抽到的合格品很多,就会造成合格率达到指标要求的错误判断,所犯的这种错误称为存伪错误.即 H_0 本不真而被接受.犯存伪错误的概率记为 β.理论上可以证明当样本容量一定时,若要减小犯弃真错误的概率 α,就会使犯存伪错误的概率 β 增大.反之若要减小犯存伪错误的概率 β,就会增大犯弃真错误的概率 α.若想使犯两种错误的概率同时缩小,只有扩大样本的容量.

在 §13.2,§13.3 中将谈到显著性水平 $\alpha = 0.05$,或 $\alpha = 0.01, \alpha = 0.1$.其中的 α 就是上面谈到的犯弃真错误的概率.显著性一词将在 §13.2 的例中加以阐明.

§13.2　双边假设检验

根据 §13.1 中对假设检验过程的叙述,可以看出小概率事件在假设检验中起着至关重要的作用.所以对于每一种情形的假设检验,都必须构造相应的小概率事件.

一、总体 $X \sim N(\mu,\sigma^2)$ 且已知 σ^2,对假设 $H_0: \mu = \mu_0$ 进行了检验(显著性水平 $\alpha=0.05$)

假设 $H_0: \mu = \mu_0$ 中的 μ 是被检总体 X 真正的期望值,但 μ 未知.μ_0 是与总体 X 无关的一个给定的数.检验假设 H_0 之意,即检验认为被检总体 X 的期望值 $\mu = \mu_0$ 是否正确,是否可以被接受.取 $\alpha = 0.05$ 的含意是以发生概率是 0.05 的事件为小概率事件.

假设 $H_0: \mu = \mu_0$ 是对总体 X 的期望值的一个推断.检验这个推断的正确性需要适当的统计量,并要构造一个小概率事件.

我们已知 $X \sim N(\mu,\sigma^2)$.如果假设 H_0 为真 $\mu = \mu_0$,那么就有 $\overline{X} \sim N(\mu_0, \frac{\sigma^2}{n})$.将其标准化为

$$\frac{\overline{X} - \mu_0}{\sigma/\sqrt{n}} \sim N(0,1)$$

而 $\frac{\overline{X} - \mu_0}{\sigma/\sqrt{n}}$ 是一个可查表计算分布的统计量,且其中含 μ_0,所以取其作统计量.下面考虑如何构造小概率事件.

如果认为 $H_0: \mu = \mu_0$ 成立,也可能 μ 真正的等于已知数 μ_0,也可能 μ 并不是真正的等于 μ_0,而是与 μ_0 的差异不太明显,可以认作是 $\mu = \mu_0$.那么,如果认为 $H_0: \mu = \mu_0$ 不成立,指的就是 μ 与 μ_0 有了明显的差异.而 μ 明显的大过 μ_0,或 μ 明显的小于 μ_0,都会引起 $H_0: \mu = \mu_0$ 不成立.若 μ 明显的大于或小于 μ_0,便有 $\overline{X}$ 明显的大于或小于 μ_0(因为 $E(\overline{X})=\mu, D(\overline{X})=\frac{1}{n}\sigma^2$).因此若 $|\overline{X}-\mu_0|$ 取较大的值,便使 $H_0: \mu=\mu_0$ 不成立,所以否定 H_0 的小概率事件是统计量 $\left|\frac{\overline{X}-\mu_0}{\sigma/\sqrt{n}}\right|$ 取大值,而 $\frac{\overline{X}-\mu_0}{\sigma/\sqrt{n}}$ 的概率密度是偶函数.所以可写出小概率事件

$$P\left[\left|\frac{\overline{X}-\mu_0}{\sigma/\sqrt{n}}\right| > \lambda\right] = 0.05,$$

也就是统计量 $\frac{\overline{X}-\mu_0}{\sigma/\sqrt{n}}$ 落入 $(-\infty,-\lambda)\bigcup(\lambda,+\infty)$ 的概率小(图 13.1).查表可知 $\lambda=1.96$.抽样后将样本值 $(x_1,x_2,\cdots,x_n)$ 及 μ_0、σ 代入计算 $\left|\frac{\overline{X}-\mu_0}{\sigma/\sqrt{n}}\right|$,若

$$\left|\frac{\overline{x}-\mu_0}{\sigma/\sqrt{n}}\right| > 1.96$$

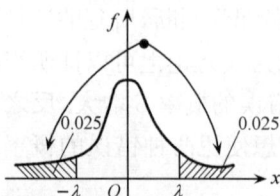

图 13.1

则小概率事件发生.这是由于以假设 $H_0: \mu = \mu_0$ 为真造

成的矛盾,所以否定 H_0,不能认为 $\mu=\mu_0$,而应认为总体 X 的期望 μ 与 μ_0 有显著的差异.如果小概率事件未出现,则可以接受假设 H_0,认为 $\mu=\mu_0$(根据需要也可以扩大样本容量再行检验),小概率事件中的 λ 称作临界值.

例 13.2.1 某食品厂用自动装罐机装罐头食品,每罐标准重量为 500 克.按以前生产经验标准差 $\sigma=10$ 克,每隔一定时间需要检查机器工作情况.现抽取 10 罐,秤得其重量(单位:克)为:

$$495,510,505,498,503,492,503,512,497,506$$

假定重量服从正态分布,试问这段时间机器工作是否正常($\alpha=0.05$)?

解 $X\sim N(\mu,10^2)$　　$H_0:\mu=500$　　$\alpha=0.05$

第一步　写出统计量

$$\frac{\overline{X}-\mu}{\sigma/\sqrt{n}}\sim N(0,1)$$

当 H_0 为真,$\mu=500=\mu_0$,

$$\frac{\overline{X}-\mu_0}{\sigma/\sqrt{n}}\sim N(0,1)$$

第二步　写出小概率事件

$$P\left[\left|\frac{\overline{X}-\mu_0}{\sigma/\sqrt{n}}\right|>\lambda\right]=0.05$$

第三步　查表确定临界值 λ

$$\lambda=1.96.$$

第四步　计算小概率事件是否发生并表态

$$\left|\frac{\overline{x}-\mu_0}{\sigma/\sqrt{n}}\right|=\left|\frac{502-500}{10/\sqrt{10}}\right|=\frac{2}{10}\cdot\sqrt{10}=0.632<1.96$$

小概率事件未发生,所以认为 H_0 相容,可以接受平均每罐装罐头 500 克的假设,机器工作正常(图 13.2).

我们将数轴分作两部分,$[-\lambda,\lambda]$ 称作假设 H_0 的相容域.$(-\infty,-\lambda)\bigcup(-\lambda,+\infty)$ 称作 H_0 的否定域.在例 13.2.1 中的统计量 $\frac{\overline{X}-\mu_0}{\sigma/\sqrt{n}}$.经抽样后取值 0.632 在 H_0 的相容域 $[-\lambda,\lambda]$ 之中,也可以说统计量落入 H_0 的相容域,所以得结论 H_0 相容.如果统计量落入 $(-\infty,-1.96)\bigcup$

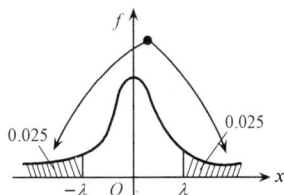
图 13.2

$(1.96,+\infty)$ 则得结论否定 H_0.由于 H_0 的否定域由两个相隔离的区间构成,所以称作双边假设检验.

例 13.2.2 根据以往经验,某砖厂生产的砖的抗断强度服从正态分布 $N(32.5,1.1^2)$,从今日生产的砖中随机抽取 6 块,测得抗断强度数据如下(单位:千克/平方厘米)

$$32.46,31.06,32.04,32,31.07,31$$

试问今天生产的砖的抗断强度是否可认为是 32.5 千克/平方厘米($\alpha=0.05$)?

解 $X\sim N(\mu,1.21)$,$\sigma=1.1$,$n=6$,$H_0:\mu=32.5$,由题意可知

$$\frac{\overline{X}-\mu}{\sigma/\sqrt{n}} \sim N(0,1)$$

当 H_0 为真, $\mu=32.5=\mu_0$ 时

$$\frac{\overline{X}-\mu_0}{\sigma/\sqrt{n}} \sim N(0,1)$$

$$P\left[\left|\frac{\overline{X}-\mu_0}{\sigma/\sqrt{n}}\right| > \lambda\right] = 0.05$$

查表得 $\lambda=1.96$, 则

$$\left|\frac{\overline{x}-\mu_0}{\sigma/\sqrt{n}}\right| = \left|\frac{31.605-32.5}{1.1/\sqrt{6}}\right| = \frac{0.895}{1.1} \times 2.45 = 2 > 1.96$$

小概率事件发生, 所以否定 H_0, 即不能认为今日生产的砖的抗断强度为 32.5 千克/平方厘米, 与 32.5 千克/平方厘米有显著差异.

例 13.2.3　按例 13.2.2 的数据, 而取显著性水平 $\alpha=0.01$ 是否可认为今日生产的砖的抗断强度为 32.5 千克/平方厘米?

解　　　　当 H_0 为真 $\mu=32.5$ 　　　$\dfrac{\overline{X}-32.5}{\sigma/\sqrt{n}} \sim N(0,1)$

$$\left[\left|\frac{\overline{X}-32.5}{\sigma/\sqrt{n}}\right| > \lambda\right] = 0.01$$

查表得　 $\lambda=2.58$,

$$\left|\frac{\overline{x}-32.5}{\sigma/\sqrt{n}}\right| = 2 < 2.58$$

小概率事件未发生, 所以 H_0 相容.

我们看到同一个假设 H_0, 同一组数据, 而对于不同的 α 值得到了不同的答案, 原因何在? 在例 13.2.2 中的显著性水平 $\alpha=0.05$, 即以 0.05 为小概率, 得到的临界值 $\lambda=1.96$. 经抽样后统计量取值 2 超过了临界值, 使小概率事件发生, 所以否定 H_0. 而在例 13.2.3 中 $\alpha=0.01$, 即发生的概率等于 0.01 的事件才能算是小概率事件(发生概率为 0.05 的事件不认为是小概率事件), 相应的临界值 $\lambda=2.58$, 使得经抽样后统计量取的值 2 未能超过临界值, 小概率事件未发生, 所以认为 H_0 相容. 答案不同的原因是由于选取“小概率值”的标准不同. 当取 $\alpha=0.05$ 时, 小概率事件发生, 认为 μ 与 μ_0 有显著差异; 但是取 $\alpha=0.01$ 时, 小概率事件没有发生, 不能认为 μ 与 μ_0 有显著的差异, 故可接受 $\mu=\mu_0$ 的假设. 所以这里谈到的显著性是指被检总体 X 真正的期望值 μ 与 μ_0 的差异, 当这个差异大到一定程度(使小概率事件发生), 便称之为(差异)“显著”, 而且与选取的水平 α(小概率值)有关. 所以假设检验也称作显著性检验.

二、正态总体 $X \sim N(\mu, \sigma^2)$ 方差 σ^2 未知, 检验假设 $H_0: \mu=\mu_0$

这时使用的统计量自然是

$$\frac{\overline{X}-\mu}{S^*/\sqrt{n}} \sim t(n-1)$$

当 H_0 为真时

$$\frac{\overline{X}-\mu_0}{S^*/\sqrt{n}} \sim t(n-1)$$

t 分布的概率密度是偶函数,以下做法与一相同.

例 13.2.4 若某种行业的员工年收入服从正态分布,去年员工收入的平均值为 35 000元,现研究今年员工的收入情况,随机抽取 16 人,计算得收入平均值 $\overline{x}=35\ 060$ 元,样本标准差 $s^*=90$ 元,试问今年员工年平均收入与去年相比是否有显著差别($\alpha=0.05$)?

解 $X \sim N(\mu,\sigma^2)$,$n=16$,$\overline{x}=35\ 060$,$s^*=90$,$\alpha=0.05$

$H_0:\mu=35\ 000$(即假设无显著不同)

$$\frac{\overline{X}-\mu}{S^*/\sqrt{n}} \sim t(15)$$

当 H_0 为真时

$$\frac{\overline{X}-35\ 000}{S^*/\sqrt{n}} \sim t(15)$$

$$P\left[\left|\frac{\overline{X}-35\ 000}{S^*/\sqrt{n}}\right|>\lambda\right]=0.05$$

查表得

$$\lambda=t_{0.025}(15)=2.131$$

$$\left|\frac{\overline{x}-35\ 000}{s^*/\sqrt{n}}\right|=\left|\frac{35\ 060-35\ 000}{90/\sqrt{16}}\right|=2.66>2.131$$

小概率事件发生,所以否定 H_0,即员工今年平均收入较去年有显著不同.

三、总体 X 的分布未知,对总体的均值 $E(X)=\mu$ 的假设 $H_0:\mu=\mu_0$ 进行检验

此种情形的统计量应取

$$\frac{\overline{X}-\mu}{S/\sqrt{n}} \underset{n \geqslant 50}{\sim} N(0,1)$$

例 13.2.5 某电器元件的平均电阻一直保持在 2.64Ω. 改变加工工艺后,抽检了 100 个元件的电阻,计算得平均电阻为 2.62Ω,标准差 s 为 0.06Ω,问新工艺对此元件的(平均) 电阻有无显著影响($\alpha=0.01$)?

解 $n=100$,$\overline{x}=2.62$,$s=0.06$,$H_0:\mu=2.64$ ($\alpha=0.01$)

$$\frac{\overline{X}-\mu}{S/\sqrt{n}} \underset{n \geqslant 50}{\sim} N(0,1)$$

设 H_0 为真

$$\frac{\overline{X}-2.64}{S/\sqrt{n}} \underset{n \geqslant 50}{\sim} N(0,1)$$

$$P\left[\left|\frac{\overline{X}-2.64}{S/\sqrt{n}}\right|>\lambda\right]=0.01$$

查表得 $\lambda = 2.58$

$$\left| \frac{\overline{x} - 2.64}{s/\sqrt{n}} \right| = \left| \frac{2.62 - 2.64}{0.06/\sqrt{100}} \right| = 3.33 > 2.58$$

小概率事件发生,所以否定 H_0,新工艺对元件的电阻影响显著.

四、正态总体 $X \sim N(\mu, \sigma^2)$ 对方差的假设 $H_0: \sigma^2 = \sigma_0^2$ 进行检验

此时统计量取

$$\frac{\sum\limits_{i=1}^{n}(X_i - \overline{X})^2}{\sigma^2} \sim \chi^2(n-1)$$

当 H_0 为真,$\sigma^2 = \sigma_0^2$ 时

$$\frac{\sum\limits_{i=1}^{n}(X_i - \overline{X})^2}{\sigma_0^2} \sim \chi^2(n-1)$$

例 13.2.6　某种商品的使用寿命服从正态分布,抽取容量为 $n=21$ 的样本进行寿命试验,测得样本的方差 $s^{*2} = 16.2$,能否认为该商品总体的使用寿命方差为 $15(\alpha = 0.05)$?

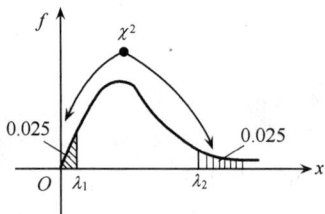

图 13.3

解　$X \sim N(\mu, \sigma^2)$,$n=21$,$s^{*2}=16.2$,$H_0: \sigma^2 = 15$　$(\alpha = 0.05)$.

$$\frac{\sum\limits_{i=1}^{21}(X_i - \overline{X})^2}{\sigma^2} \sim \chi^2(20)$$

当 H_0 为真 $\sigma^2 = 15 = \sigma_0^2$,

$$\frac{\sum\limits_{i=1}^{21}(X_i - \overline{X})^2}{\sigma_0^2} \sim \chi^2(20)$$

根据 χ^2 分布的概率密度的图形,随机点 χ^2 向密度取值小的部分落,所以应分别写出两个小概率事件,

$$\frac{\sum\limits_{i=1}^{n}(X_i - \overline{X})^2}{\sigma_0^2} > \lambda_2 \text{ 和} \frac{\sum\limits_{i=1}^{n}(X_i - \overline{X})^2}{\sigma_0^2} < \lambda_1$$

其发生的概率均为 0.025(图 13.3),其和等于 α 值 0.05,当抽样后,任何一个小概率事件发生就否定 H_0.若两个小概率事件都未出现,则 H_0 相容.即如下作法

$$P\left[\frac{\sum\limits_{i=1}^{21}(X_i - \overline{X})^2}{\sigma_0^2} > \lambda_2\right] = 0.025,查表 \lambda_2 = \chi^2_{0.025}(20) = 34.17$$

$$P\left[\frac{\sum\limits_{i=1}^{21}(X_i - \overline{X})^2}{\sigma_0^2} < \lambda_1\right] = 0.025,查表 \lambda_1 = \chi^2_{0.975}(20) = 9.591$$

$$\chi^2 = \frac{\sum_{i=1}^{21}(x_i - \bar{x})^2}{\sigma_0^2} = \frac{20 \cdot s^{*2}}{15} = \frac{20 \cdot 16.2}{15} = 21.6$$

$$\lambda_1 < \chi^2 < \lambda_2$$

小概率事件未出现,所以 H_0 相容,即可以认为该商品使用寿命的方差为 15.

五、关于总体的合格率(或废品率)等于某一数值 p_0,假设 $H_0 : p = p_0$ 的检验

这时使用的统计量应是 §11.2 中的式(11-6)

$$\frac{\bar{X} - p}{\sqrt{\dfrac{pq}{n}}} \underset{n \geqslant 50}{\sim} N(0,1)$$

例 13.2.7 加工某种产品的次品率为 5%,为了降低成本,改变了工艺过程.从使用新工艺加工的产品中抽测了 250 件,发现有 14 件次品,试问能否认为使用新工艺加工的次品率仍为 5% $(\alpha = 0.05)$?

解 $n = 250$,$m = 14$,$p_0 = 0.05$,$H_0 : p = 0.05$ $(\alpha = 0.05)$,

$$\frac{\bar{X} - p}{\sqrt{\dfrac{pq}{n}}} \underset{n \geqslant 50}{\sim} N(0,1)$$

当 H_0 为真,$p = 0.05 = p_0$ 时

$$\frac{\bar{X} - p_0}{\sqrt{\dfrac{p_0 q_0}{n}}} \underset{n \geqslant 50}{\sim} N(0,1)$$

$$P\left[\left|\frac{\bar{X} - p_0}{\sqrt{\dfrac{p_0 q_0}{n}}}\right| > \lambda\right] = 0.05$$

查表得 $$\lambda = 1.96$$

$$\bar{x} = \frac{14}{250} = 0.056,\ p_0 = 0.05,\ q_0 = 0.95$$

$$\left|\frac{\bar{x} - p_0}{\sqrt{p_0 q_0 / n}}\right| = \frac{0.006}{\sqrt{0.05 \cdot 0.95}}\sqrt{250} = \frac{0.006}{0.218} \cdot 15.81 = 0.435 < 1.96$$

小概率事件未发生,H_0 相容,可以认为次品率为 5%.

§13.3 单边假设检验

在 §13.2 中涉及的假设是总体分布的参数等于某个数值,如 $\mu = \mu_0$,$\sigma^2 = \sigma_0^2$. 而在许多实际问题中要用到总体分布的参数不大于(或不小于)某个数值的假设. 如更换原材料后的产品质量是否有所降低. 使用新工艺生产的产品质量是否有所提高,解决这类问题的方法属单边假设检验.

一、总体 $X \sim N(\mu, \sigma^2)$ 已知方差 σ^2，检验假设 $H_0: \mu \geqslant \mu_0$（以 $\alpha = 0.05$ 为例）

注意，假设 H_0 中的 μ 是被检总体 X 真正的期望值，检验 $H_0: \mu \geqslant \mu_0$ 之意是，认为 $\mu \geqslant \mu_0$ 是否正确，取 $\alpha = 0.05$ 之意仍然是将发生概率是 5% 的事件认作小概率事件. 这时 $\dfrac{\overline{X} - \mu}{\sigma/\sqrt{n}} \sim N(0,1)$，$\dfrac{\overline{X} - \mu}{\sigma/\sqrt{n}}$ 的分布可以计算，但由于 μ 未知，最终不能计算 $\dfrac{\overline{X} - \mu}{\sigma/\sqrt{n}}$ 的数值；而 μ_0 不是总体 X 及 $\overline{X}$ 的期望值，所以 $\dfrac{\overline{X} - \mu_0}{\sigma/\sqrt{n}}$ 的分布未知，但最终能够用样本值计算 $\dfrac{\overline{X} - \mu_0}{\sigma/\sqrt{n}}$ 的值，利用这两个统计量的特点采取优势互补的合作方式解决我们的问题.

当 H_0 为真，$\mu \geqslant \mu_0$，则有

$$\frac{\overline{X} - \mu}{\sigma/\sqrt{n}} \leqslant \frac{\overline{X} - \mu_0}{\sigma/\sqrt{n}}$$

上式右端是可以计算的，将临界值 λ 写在其右方（为了方便比较大小）且之间写上与式中同向的不等号

$$\frac{\overline{X} - \mu}{\sigma/\sqrt{n}} \leqslant \frac{\overline{X} - \mu_0}{\sigma/\sqrt{n}} < \lambda$$

便有下面的不等式成立

$$P\left[\frac{\overline{X} - \mu}{\sigma/\sqrt{n}} < \lambda\right] \geqslant P\left[\frac{\overline{X} - \mu_0}{\sigma/\sqrt{n}} < \lambda\right] \tag{13-1}$$

上式左端中的统计量已知分布可查 λ，所以写出小概率事件

$$P\left[\frac{\overline{X} - \mu}{\sigma/\sqrt{n}} < \lambda\right] = 0.05$$

查正态分布表确定临界值 λ. 由式(13-1)表明当 H_0 为真时

$$P\left[\frac{\overline{X} - \mu_0}{\sigma/\sqrt{n}} \leqslant \lambda\right] \leqslant 0.05$$

即 $\dfrac{\overline{X} - \mu_0}{\sigma/\sqrt{n}} < \lambda$ 也是小概率事件，用样本值计算 $\dfrac{\overline{X} - \mu_0}{\sigma/\sqrt{n}}$ 的值与 λ 相比较，便可知小概率事件

$$\frac{\overline{X} - \mu_0}{\sigma/\sqrt{n}} < \lambda$$

是否发生. 若发生，则否定 H_0，若未发生，则 H_0 相容.

例 13.3.1 一台机床加工的轴，其椭圆度服从正态分布 $N(0.095, 0.02^2)$（单位：毫米），在机床经调整后的产品中随机取了 20 根轴测量其椭圆度，计算得 $\overline{x} = 0.081$ 毫米，问调整机床后加工轴的平均椭圆度有无显著降低（$\alpha = 0.05$）？

解 $H_0: \mu \geqslant 0.095$（即假设椭圆度没有显著降低），

$$\frac{\overline{X} - \mu}{\sigma/\sqrt{n}} \sim N(0,1)$$

$$P\left[\frac{\overline{X} - \mu}{\sigma/\sqrt{n}} < \lambda\right] = 0.05$$

查表得 $\lambda = -1.645$

当 H_0 为真，$\mu \geqslant 0.095 = \mu_0$ 时

$$P\left[\frac{\overline{X} - \mu_0}{\sigma/\sqrt{n}} < -1.64\right] \leqslant 0.05$$

计算

$$\frac{\overline{x} - \mu_0}{\sigma/\sqrt{n}} = \frac{0.081 - 0.095}{0.02/\sqrt{20}} = \frac{-0.011}{0.02} \cdot 4.47$$

$$= -2.46 < -1.65$$

小概率事件发生了，所以否定 H_0，即机床经调整后加工的轴的椭圆度显著降低了.

上例假设 H_0 的否定域只有一个区间 $(-\infty, -1.65)$，所以称作单边假设检验.

在解单边假设检验的题目时，小概率事件中的不等号的方向是非常重要的，它有一定的规律性，如果按照本书的书写格式："在假设 H_0 中总体的参数 μ 或 σ^2，p 在不等号的左方，已知数 μ_0 或 σ_0^2，p_0 在不等号的右方；小概率事件中统计量在不等号的左方，临界值 λ 在不等号的右方"，那么在小概率事件中不等号的方向便与假设 H_0 中不等号的方向反向，记住这一点就不会搞错，下面再举一例.

例 13.3.2 设总体 $X \sim N(\mu, 50)$，抽取容量为 $n = 25$ 的样本，计算得 $\overline{x} = 56.7$，试问总体期望不超过 55 是否成立（$\alpha = 0.05$）？

解 $X \sim N(\mu, 50), \sigma^2 = 50, n = 25, \overline{x} = 56.7, H_0: \mu \leqslant 55$

$$\frac{\overline{X} - \mu}{\sigma/\sqrt{n}} \sim N(0, 1)$$

$$P\left[\frac{\overline{X} - \mu}{\sigma/\sqrt{n}} > \lambda\right] = 0.05$$

查表得 $\lambda = 1.645$

当 H_0 为真，$\mu \leqslant 55 = \mu_0$ 时

$$P\left[\frac{\overline{X} - \mu_0}{\sigma/\sqrt{n}} > 1.645\right] \leqslant 0.05$$

计算 $\dfrac{\overline{x} - \mu_0}{\sigma/\sqrt{n}} = \dfrac{56.7 - 55}{\sqrt{50}/\sqrt{25}} = \dfrac{1.7}{1.414} = 1.202 < 1.645$

小概率事件未发生，所以 H_0 相容.

在演练习题时，当查表确定了临界值 λ 后，便可直接用样本值计算 $\dfrac{\overline{X} - \mu_0}{\sigma/\sqrt{n}}$ 与 λ 相比较，得出结论.

二、总体 $X \sim N(\mu, \sigma^2)$，未知方差，对假设 $H_0: \mu \geqslant \mu_0$（或 $\mu \leqslant \mu_0$）进行检验

例 13.3.3 将例 13.3.1 改为方差未知，其他数据不变，再给出测得样本标准差 $s^* = 0.025$.试问调整机床后加工轴的平均椭圆度有无显著降低（$\alpha = 0.05$）？

解 $X \sim N(0.095, \sigma^2), n = 20, \overline{x} = 0.081, s^* = 0.025$

$$H_0: \mu \geqslant 0.095 \quad (\alpha = 0.05)$$

$$\frac{\overline{X}-\mu}{S^*/\sqrt{n}} \sim t(n-1)$$

$$P\left[\frac{\overline{X}-\mu}{S^*/\sqrt{n}} < \lambda\right] = 0.05$$

查 t 分布表得　　　$\lambda = t_{0.05}(19) = -1.729$

计算 $\dfrac{\overline{x}-\mu_0}{s^*/\sqrt{n}} = \dfrac{0.081-0.095}{0.025/\sqrt{20}} = \dfrac{-0.014}{0.025} \cdot 4.472 = -2.5 < -1.729$

小概率事件发生,否定 H_0,即机床经调整后加工轴的椭圆度有显著降低.

从以上 3 个例题的解答中看出,我们是利用已知分布的统计量,查表确定临界值 λ,利用可计算的统计量与 λ 做比较,确定小概率事件是否出现.

三、总体 X 的分布未知,对 X 的期望 $E(X) = \mu$ 大于等于(或小于等于)μ_0 假设的检验

例 13.3.4　从一批灯泡中抽取 50 只,分别测量其寿命,得其平均值 $\overline{x} = 2\,050$ 小时,样本标准差 $s = 200$ 小时,能否认为这批灯泡的平均寿命在 2 000 小时以上($\alpha = 0.05$)?

解　$n = 50, \overline{x} = 2\,050, s = 200, H_0 : \mu \leqslant 2\,000$

$$\frac{\overline{X}-\mu}{S/\sqrt{n}} \underset{n \geqslant 50}{\sim} N(0,1)$$

$$P\left[\frac{\overline{X}-\mu}{S/\sqrt{n}} > \lambda\right] = 0.05$$

查表得　　　$\lambda = 1.645.$

计算 $\dfrac{\overline{x}-\mu_0}{s/\sqrt{n}} = \dfrac{2\,050-2\,000}{200} \cdot \sqrt{50} = \dfrac{50}{200} \cdot 7.07 = 1.768 > 1.645$

小概率事件发生,否定 H_0,即可以认为这批灯泡的平均寿命超过 2000 小时.

四、总体 $X \sim N(\mu, \sigma^2)$,对假设 $H_0 : \sigma^2 \geqslant \sigma_0^2$(或 $\sigma^2 \leqslant \sigma_0^2$)进行检验

例 13.3.5　某台机床加工的零件的长度服从正态分布,现从产品中随机抽检 8 个零件,测得长度如下:(单位:厘米)

9.7, 9.8, 9.9, 9.9, 10.0, 10.02, 10.5, 10.8

问零件的方差是否不超过 0.4^2($\alpha = 0.05$)?

解　$X \sim N(\mu, \sigma^2), n = 8, \overline{x} = 80.62, s^{*2} = 0.143, H_0 : \sigma^2 \leqslant 0.4^2$

$$\frac{\sum\limits_{i=1}^{8}(X_i - \overline{X})^2}{\sigma^2} \sim \chi^2(7)$$

$$P\left[\frac{\sum\limits_{i=1}^{8}(X_i - \overline{X})^2}{\sigma^2} > \lambda\right] = 0.05$$

查表得　　　　　　　　　　　$\lambda = \chi_{0.05}^2(7) = 14.1$

计算 $\dfrac{\sum\limits_{i=1}^{8}(x_i-\bar{x})^2}{\sigma_0{}^2}=\dfrac{7\times0.143}{0.4^2}=6.25<14.1$

小概率事件未出现,所以 H_0 相容,可以认为此批零件的方差不超过 0.4^2.

五、总体的合格率 p 大于等于(或小于等于)某个数 p_0 的假设检验

此情形使用的统计量为

$$\dfrac{\overline{X}-p}{\sqrt{\dfrac{pq}{n}}}\mathop{\sim}\limits_{n\geqslant50}N(0,1)$$

例 13.3.6 根据经验,某种产品的废品率不小于 5%,今对加工工艺进行改革,从由新工艺加工的产品中随机抽取 500 件,发现有 15 件废品.问能否认为新工艺降低了产品的废品率($\alpha=0.05$)?

解 $n=500,m=15,\bar{x}=\dfrac{15}{500}=0.03,H_0:p\geqslant0.05$(假设未降低).

$$\dfrac{\overline{X}-p}{\sqrt{\dfrac{pq}{n}}}\mathop{\sim}\limits_{n\geqslant50}N(0,1)$$

$$P\left[\dfrac{\overline{X}-p}{\sqrt{pq/n}}<\lambda\right]=0.05$$

查表得 $\lambda=-1.645$.

计算 $\dfrac{\bar{x}-p_0}{\sqrt{\dfrac{p_0q_0}{n}}}=\dfrac{0.03-0.05}{\sqrt{\dfrac{0.05\times0.95}{500}}}=-2.062<-1.645$

小概率事件发生,否定 H_0,可认为新工艺降低了废品率.

本 章 小 结

假设检验是工程实践和科学试验中常用的重要统计方法,对假设检验重要的是理解原理和掌握操作步骤.假设检验方法的原理是"小概率事件在一次试验中是不会发生的,如果发生了,则蕴含着矛盾或异常",实施步骤如下:

(1) 根据实际情况和问题,提出假设 H_0(一般是按照所希望的反向提出).

(2) 根据假设 H_0 的具体内容,并结合条件确定需用的统计量,且画出其分布的草图.

(3) 写出小概率事件.

(4) 查相应的概率分布表,确定临界值 λ(或 λ_1,λ_2).

(5) 将样本值代入统计量进行计算并与临界值相比较,若小概率件发生,则否定(拒绝)H_0.如果小概率事件未发生,称 H_0 相容,此时为了慎重起见可以扩大样本容量再行检验,如果小概率事件发生了,则否定 H_0.如果小概率事件仍未发生,则可接受 H_0.

对于单边假设检验只需注意.

(1) 在小概率事件中的不等号方向与 H_0 中的不等号反向.

(2) 统计量落入单边假设检验 H_0 的否定域(只有一个区间)内的概率为 α. 而统计量落入双边假设检验 H_0 的否定域——两个区间中任何一个内的概率皆为 $\alpha/2$. 记住这一点,查表确定临界值便不会错.

习 题 十 三

1. 从已知标准差 $\sigma=5.2$ 的正态总体中,抽取容量 $n=16$ 的子样,并计算得子样平均数 $\bar{x}=27.56$,试在显著性水平 $\alpha=0.05$ 下,检验假设 H_0:$\mu=26$.

2. 从一批矿砂中抽取 5 个样品,测定其中的镍含量分别为($x\%$)

$$3.25, 3.27, 3.24, 3.26, 3.24,$$

设测定值服从正态分布,能否认为这批矿砂平均镍含量为 3.25%($\alpha=0.01$)?

3. 某电器零件的平均电阻一直保持在 $2.64\ \Omega$,改变加工工艺后,测得 100 个零件的平均电阻为 $2.62\ \Omega$,电阻标准差 s 为 $0.06\ \Omega$,问新工艺对此零件的电阻有无显著影响($\alpha=0.005$)?

4. 为确定肥料的效果,取 1000 株植物做试验,在没有施肥的 100 棵植物中,有 53 株上势良好. 在已施肥的 900 株中,有 783 棵长势良好,问施肥效果是否显著($\alpha=0.01$)?

5. 已知维尼龙纤度在正常条件下服从正态分布,且标准差 $\sigma=0.048$,从某天产品中抽取 5 根纤维,测得其纤度为 $1.32, 1.55, 1.36, 1.40, 1.44$. 问这一天纤度的总体标准差是否正常($\alpha=0.05$)?

6. 加工某种轴的直径服从正态分布,标准差 $\sigma=0.05$. 从改革工艺后加工的轴中检测了 20 根,计算得样本方差 $s^{*2}=0.0013$. 试问新工艺是否显著提高了产品精度($\alpha=0.05$)?

7. 某种灯泡的次品率为 0.09. 在采用新工艺生产的灯泡中抽检了 50 个,发现其中有 2 个次品,试问新工艺是否显著降低了次品率($\alpha=0.05$)?

8. 某纺织厂在正常运行条件下,布机一小时内纺纱平均断头数为 0.973 根,断头数的标准差为 0.162 根,该厂进行工艺改革,减少纺纱上浆率,在 200 台布机上进行试验,结果每台布机一小时内纺纱平均断头数为 0.964 根. 标准差 s 为 0.16 根,问使用新工艺纺纱断头数有无显著降低($\alpha=0.05$)?

9. 某产品的次品率为 0.17,现对此产品进行新工艺试验,从中抽取 400 件进行检验,发现有 56 件次品,能否认为新工艺显著地降低了次品率($\alpha=0.05$)?

第十四章 回归分析

事物间广泛地存在着数量关系,我们可以将变量之间的关系分为两大类:一类是变量间有确定性关系,即当自变量取确定的值时,因变量的值随之而确定.这就是我们熟悉的函数关系.例如,气体体积 V 一定时,压力 P 与温度 T 的关系为 $P = \dfrac{RT}{V}$(其中 R 是常量);电路中电压 V 一定时,电流强度 I 与电阻 R 的关系为 $I = \dfrac{V}{R}$;另一类是变量间有非确定性关系,且有统计规律性.当自变量取确定值时,因变量的值是不确定的,但两者之间有一定的联系.我们将变量间的这种非确定关系称为相关关系.例如

(1) 某种农作物亩产量 Y 与施肥量 x 间的关系,当土壤的肥沃程度,水利灌溉,耕作情况种子品种和数量各种情况基本相同的情况下,施肥数量相同,而亩产量可以不同,但亩产与施肥量有一定联系.

(2) 人的血压与年龄的关系,一般地说,年龄愈大的人血压愈高,但相同年龄的人血压可以不同.

(3) 孩子的身高与父母的身高有关系,一般地说,高个子的父母的孩子个子也高.但也有高个子父母的孩子的个子并不高.

本章介绍,在某一过程或某一现象中,只有一个自变量,而且是可控变量时的相关关系问题,即一元回归分析,可控变量指的是可以在某个范围内取任意指定值的变量.

§14.1 一元线性回归方程

例 14.1.1 为研究水稻亩产量与施肥数量的关系.按每亩施肥数量(单位:千克)与对应的亩产量(单位:千克)列表(表14.1)后

表 14.1

化肥用量 x	15	20	25	30	35	40	45
水稻产量 y	330	345	365	405	445	490	455

试分析水稻亩产量与施肥数量的关系.

以化肥用量为点的横坐标,相应的水稻产量为点的纵坐标,画出散点图(图14.1).

从散点图上看,这些点大体上分布在一条直线的附近.即由实验数据反映出水稻亩产量 Y 与施肥数量 x 间大致有一种线性关系,设为

$$Y \approx a + bx,$$

如果 Y 与 x 有严格地线性关系,这些点应该在一条直线上,为什么一些点偏离了直线?可以认为是受到了随机因素的影响,设随机因素为 $\varepsilon \sim N(0, \sigma^2)$,所以上面的关系式变为

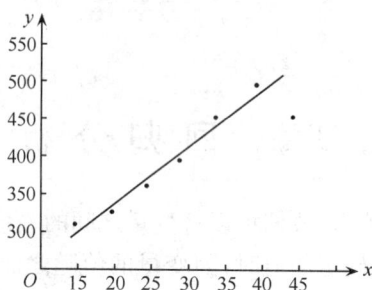

图 14.1

$$Y = a + bx + \varepsilon \qquad (\varepsilon \sim N(0, \sigma^2)) \tag{14-1}$$

这便是问题的数学模型,当将式(14-1)两端取期望值(记 $E(Y)=y$)得

$$y = a + bx$$

上式称为该问题中变量 Y 与 x 间的回归方程. 其图像称为回归直线.

设 $(x_i, y_i)(i=1,2,\cdots,n)$ 为 n 个已知点,要求这 n 个点的回归直线,即是求一条从整体、全局来看,与 n 个已知点最接近的直线. 如何描述一条直线和这 n 个已知点的远近位置关系是首先要解决的问题.

设有直线 $y=a+bx$,考察点 (x_i, y_i) 与该直线的纵向距离的平方和

$$\sum_{i=1}^{n}(y_i - a - bx_i)^2 \tag{14-2}$$

如果式(14-2)的数值越小,则表示该直线与 n 个已知点 $(x_i, y_i)(i=1,2,\cdots,n)$ 越近. 所以式(14-2)描述了所给直线和 n 个已知点远近的位置关系. 对每一条直线,式(14-2)都有相对应的值. 所以式(14-2)是直线的斜率 b 和截距 a 的函数设为

$$Q(a,b) = \sum_{i=1}^{n}(y_i - a - bx_i)^2 \tag{14-2$'$}$$

为了求出与 n 个已知点最接近的直线的斜率和截距. 便是对函数 $Q(a,b)$ 求极小值的问题. 利用高等数学中多元函数求极值的方法.

$$\frac{\partial Q}{\partial a} = \frac{\partial}{\partial a}\sum_{i=1}^{n}(y_i - a - bx_i)^2 = 2\sum_{i=1}^{n}(y_i - a - bx_i)(-1)$$

$$= -2\left(\sum_{i=1}^{n}y_i - na - b\sum_{i=1}^{n}x_i\right) = 0$$

$$\frac{\partial Q}{\partial b} = \frac{\partial}{\partial b}\sum_{i=1}^{n}(y_i - a - bx_i)^2 = 2\sum_{i=1}^{n}(y_i - a - bx_i)(-x_i)$$

$$= -2\left[\sum_{i=1}^{n}x_iy_i - a\sum_{i=1}^{n}x_i - b\sum_{i=1}^{n}x_i^2\right] = 0$$

整理后得

$$\begin{cases} \bar{y} = a + b\bar{x} \\ \sum_{i=1}^{n}x_iy_i - a\sum_{i=1}^{n}x_i - b\sum_{i=1}^{n}x_i^2 = 0 \end{cases} \tag{14-3}$$

其中 $\overline{x}=\dfrac{1}{n}\sum\limits_{i=1}^{n}x_i$, $\overline{y}=\dfrac{1}{n}\sum\limits_{i=1}^{n}y_i$, 由式(14-3)可以解出

$$\begin{cases} \hat{b}=\dfrac{\sum\limits_{i=1}^{n}x_iy_i-n\overline{x}\,\overline{y}}{\sum\limits_{i=1}^{n}x_i^2-n(\overline{x})^2} \\[6mm] \hat{a}=\overline{y}-\hat{b}\overline{x} \end{cases} \tag{14-4}$$

由

$$\sum_{i=1}^{n}(x_i-\overline{x}_i)^2=\sum_{i=1}^{n}x_i^2-n(\overline{x})^2$$

$$\sum_{i=1}^{n}(x_i-\overline{x})(y_i-\overline{y})=\sum_{i=1}^{n}x_iy_i-\overline{x}\sum_{i=1}^{n}y_i-\overline{y}\sum_{i=1}^{n}x_i+n\overline{x}\,\overline{y}$$

$$=\sum_{i=1}^{n}x_iy_i-\overline{x}n\overline{y}-\overline{y}n\overline{x}+n\overline{x}\,\overline{y}$$

$$=\sum_{i=1}^{n}x_iy_i-n\,\overline{x}\,\overline{y}$$

式(14-4)中的第一式又可写为

$$\hat{b}=\dfrac{\sum\limits_{i=1}^{n}(x_i-\overline{x})(y_i-\overline{y})}{\sum\limits_{i=1}^{n}(x_i-\overline{x})^2} \tag{14-5}$$

将试验数据代入式(14-4)计算 $\hat{b}$, $\hat{a}$, 便得到回归直线方程

$$\hat{y}=\hat{a}+\hat{b}x \tag{14-6}$$

为了得到例 14.1.1 水稻亩产量与施肥数量的回归方程, 可以将数据按表 14.2 中的内容进行计算并填入表 14.2 内, 再计算 $\hat{b}$, $\hat{a}$.

表 14.2

序号	x_i	y_i	x_i^2	y_i^2	x_iy_i	$\hat{y}_i$	$\varepsilon_i=y_i-\hat{y}_i$
1	15	330	225	108 900	4 950	325.18	4.82
2	20	345	400	119 025	6 900	351.79	−6.79
3	25	365	625	133 225	9 125	378.40	−13.40
4	30	405	900	164 025	12 150	405.00	0.00
5	35	445	1 225	189 025	15 575	431.61	13.39
6	40	490	1 600	240 100	19 600	458.22	31.78
7	45	455	2 025	207 025	20 475	484.82	−29.82
$\sum$	210	2 835	7 008	1 170 325	88 775		

$$\hat{b}=\frac{88\ 775-7\cdot 30\cdot 405}{7000-7\cdot 900}=\frac{3725}{700}=5.32$$

$$\hat{a}=405+5.32\cdot 30=245.4$$

$$\hat{y}=245.4+5.32x$$

表 14.2 中右边的两列是将数据代入回归方程后计算而得. 可以看出, 所得到的回归方程与实际情况比较吻合.

§14.2　相关性检验

在 §14.1 中我们介绍了利用试验数据, 计算回归方程的方法. 对于一组试验数据, 计算(14-4)中的第一个式子, 只要分母不为零总可以求得 $\hat{b}$, 再求得相应的 $\hat{a}$. 因此便得到了该试验中变量间的回归方程. 但是试验中的因变量与自变量间, 并不一定有近似的线性关系. 假设由一组试验数据作出的散点图如图 14.2 所示。

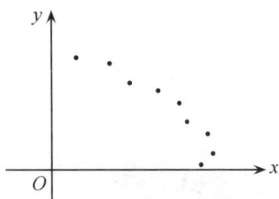

图 14.2

显然因变量 Y 与自变量 x 间有近似的抛物线关系, 而不是线性关系. 所以利用其数据得到的回归方程是无效的. 因此我们还应当对因变量 Y 与自变量 x 间线性关系的显著性进行检验. 当认为 Y 与 x 间线性关系显著, 那么所求得的回归方程有效, 可以作为经验公式使用. 如果认为 Y 与 x 间线性关系不显著, 则回归方程便不能作为经验公式. 本节内容就是介绍对试验中的因变量 Y 与自变量 x 间线性关系的显著性进行检验, 也称作相关性检验. 因篇幅所限我们只介绍相关系数法.

对于给定的样本值 (x_i,y_i), $(i=1,2,\cdots,n)$, 称

$$r=\frac{\sum_{i=1}^{n}(x_i-\overline{x})(y_i-\overline{y})}{\sqrt{\sum_{i=1}^{n}(x_i-\overline{x})^2}\cdot\sqrt{\sum_{i=1}^{n}(y_i-\overline{y})^2}}=\frac{\sum_{i=1}^{n}x_iy_i-n\overline{x}\,\overline{y}}{\sqrt{\sum_{i=1}^{n}x_i^2-n\overline{x}^2}\cdot\sqrt{\sum_{i=1}^{n}y_i^2-n\overline{y}^2}}$$

(14-7)

为变量 Y 与 x 间的相关系数.

相关系数 r 是一个判断变量 Y 与 x 间线性关系程度的数量指标. $|r|\leqslant 1$. 当 $|r|$ 越接近 1, 则 Y 与 x 间的线性关系越强. $|r|$ 接近零. 则 Y 与 x 线性关系越弱.

利用试验数据计算相关系数 r, 再查相关系数的临界值表. 如果是取显著性水平 $\alpha=0.05$, 则在表中找准自由度 $n-2$ 的行(n 为数据对的数目), 再找表的第一行 0.05 的列, 交叉处便是相关系数的临界值 r_0, 如果

$$|r|>r_0$$

则认为变量 Y 与 x 间线性关系显著. 反之, 则认为变量 Y 与 x 间线性关系不显著.

例 14.2.1　用相关系数法判定例 14.1.1 中的水稻亩产量与施肥量线性关系是否显著($\alpha=0.05$)?

解　$n=7, n-2=5$

查相关系数临界值表,得　　　$r_0 = 0.7545$

利用表14.2计算 r,

$$r = \frac{\sum_{i=1}^{n} x_i y_1 - n\,\overline{x}\,\overline{y}}{\sqrt{\sum_{i=1}^{n} x_i^2 - n\,\overline{x}^2} \cdot \sqrt{\sum_{i=1}^{n} y_i^2 - n\,\overline{y}^2}}$$

$$= \frac{8775 - 7 \cdot 30 \cdot 405}{\sqrt{7000 - 7 \cdot 900} \cdot \sqrt{1170325 - 7 \cdot 164025}}$$

$$= \frac{3725}{26.45 \cdot 148.83} = 0.946 > 0.7545$$

所以水稻亩产量与施肥数量线性关系显著.

以下采用比较直观的符号

$$L_{xx} = \sum_{i=1}^{n} (x_i - \overline{x})^2, \quad L_{yy} = \sum_{i=1}^{n} (y_i - \overline{y})^2, \quad L_{xy} = \sum_{i=1}^{n} (x_i - \overline{x})(y_i - \overline{y}),$$

则

$$r = \frac{L_{xy}}{\sqrt{L_{xx}}\,\sqrt{L_{yy}}}$$

例 14.2.2　为了确定切削机床进行金属零件加工时,刀具的磨损与时间的关系,测量了刀具的厚度如表14.3所示.

表 14.3

时间 x_i /小时	刀具厚度 y_i /厘米	时间 x_i /小时	刀具厚度 y_i /厘米	时间 x_i /小时	刀具厚度 y_i /厘米
0	30.0	6	27.5	12	26.1
1	29.1	7	27.2	13	25.7
2	28.4	8	27.0	14	25.3
3	28.1	9	26.8	15	29.8
4	28.0	10	26.5	16	24.0
5	27.7	11	26.3		

试求刀具厚度关于切削时间的线性回归方程,并进行相关性检验(取 $\alpha = 0.05$).

解　由数据可算得

$$n = 17, \ \overline{x} = 8, \ \overline{y} = 26.97, \ L_{xx} = 408, \ L_{yy} = 38.36$$

$$L_{xy} = \sum_{i=1}^{n} x_i y_i - n\,\overline{x}\,\overline{y} = 3245.1 - 17 \cdot 8 \cdot 26.97 = -122.8$$

$$\hat{b} = \frac{L_{xy}}{L_{xx}} = \frac{-122.8}{408} = -0.301$$

$$\hat{a} = \overline{y} - \hat{b}\overline{x} = 26.97 - (-0.301) \cdot 8 = 29.38$$

刀具厚度与时间的线性回归方程为

$$\hat{y} = 29.38 - 0.301x$$

下面利用相关系数法进行相关性检验,计算

$$r = \frac{L_{xy}}{\sqrt{L_{xx}}\sqrt{L_{yy}}} = \frac{-122.8}{20.2 \cdot 6.2} = -0.98$$

查相关系数临界值表　$n-2=15$　$\alpha=0.05$ 得 $\gamma_0 = 0.4821$

$$|r| > r_0$$

所以刀具厚度与磨损时间线性关系显著.

当取 $\alpha = 0.01$ 时,$r_0 = 0.6055$　仍有　$|r| > r_0$

所以刀具厚度与磨损时间线性关系特别显著.

§14.3　预测和控制

如果变量 Y 与可控变量 x 间线性关系显著,则利用试验数据 $(x_i,y_i)(i=1,2,\cdots,n)$ 求得的回归方程

$$\hat{y} = \hat{a} + \hat{b}x$$

就大致地反映了 Y 与 x 间的变化规律. 但是,由于它们之间的关系不是确定性的,所以对于 x 的某个值 x_0,我们不能准确地得到 Y 的相应的值 Y_0,通过线性回归方程算得的

$$\hat{y}_0 = \hat{a} + \hat{b}x_0$$

只是 Y_0 的期望值. 我们可以对 Y_0 进行区间估计. 称作预报或预测.

可以证明,当线性数学模型 $Y = a+bx+\varepsilon$ 中的随机项 $\varepsilon \sim N(0,\sigma^2)$,且 $Y_i = a+bx_i+\varepsilon_i(i=0,1,2,\cdots,n)$ 中的 $\varepsilon_0,\varepsilon_1,\cdots,\varepsilon_n$ 相互独立,则 $\dfrac{Y_0 - \hat{y}_0}{\hat{\sigma}\sqrt{1+\frac{1}{n}+\frac{(x_0-\overline{x})^2}{L_{xx}}}} \sim t(n-2)$;

其中 $\hat{\sigma} = \sqrt{\dfrac{Q}{n-2}}$(符号意义同 §14.2). 所以 Y_0 的置信度为 $1-\alpha$ 的置信区间为

$\left[\hat{y}_0 - \lambda\hat{\sigma}\sqrt{1+\frac{1}{n}+\frac{(x_0-\overline{x})^2}{L_{xx}}}, \hat{y}_0 + \lambda\hat{\sigma}\sqrt{1+\frac{1}{n}+\frac{(x_0-\overline{x})^2}{L_{xx}}}\right]$,其中 $\lambda = t_{\frac{\alpha}{2}}(n-2)$,可

以看出区间的中点是 $\hat{y}_0$,长度是 $2\lambda\hat{\sigma}\sqrt{1+\frac{1}{n}+\frac{(x_0-\overline{x})^2}{L_{xx}}}$. 当 x_0 愈接近 $\overline{x}$,长度愈短,即精度愈高. x_0 离 $\overline{x}$ 愈远,则区间长度愈大精度愈低,精度对于样本容量 n 的关系是,n 愈大,精度愈高. n 愈小,精度愈低.

当 n 较大时 $t(n-2)$ 分布接近标准正整分布,所以当 n 较大,且 x_0 与 $\overline{x}$ 比较接近时,Y_0 的置信度为 95% 的置信区间为 $[\hat{y}_0 - 1.96\hat{\sigma}, \hat{y}_0 + 1.96\hat{\sigma}]$. 对于 §14.2 例 14.2.2,若给定 $x_0 = 14.5$ 小时,有

$$\hat{y}_0 = 29.38 - 0.301 \times 14.5 = 25.02$$

$$\hat{\sigma} = \sqrt{\frac{Q}{n-2}} = \sqrt{\frac{1.40}{17-2}} = 0.306$$

$$25.02 \pm 1.96 \cdot 0.306 = 25.02 \pm 0.60$$

得 Y_0 置信度为 95% 的置信区间为 $[24.42, 25.62]$.

为了使变量 Y 取值在 (y_1, y_2) 内,那么必须将可控变量 x 控制在什么范围内呢?这便是预测的反问题,称作控制问题.

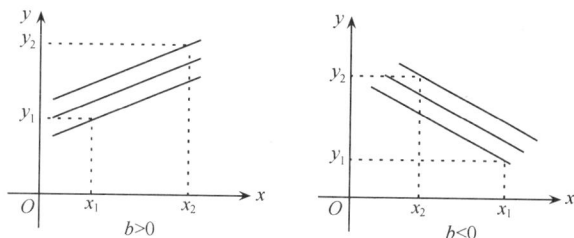

图 14.3

对于 n 较大的情形,且仍使 Y 在 (y_1, y_2) 内取值的概率为 95% 时,有

$$y_1 = \hat{a} - 1.96\hat{\sigma} + \hat{b}x_1 \text{ 及 } y_2 = \hat{a} + 1.96\hat{\sigma} + \hat{b}x_2,$$

分别解出 x_1 及 x_2(图 14.3). 注意,当 $\hat{b} > 0$ 时,控制区间为 (x_1, x_2);当 $\hat{b} < 0$ 时,控制区间为 (x_2, x_1). 为了能够实现控制,(y_1, y_2) 的长度 $|y_1 - y_2|$ 不能小于 $3.92\hat{\sigma}$. 否则将解不出相应的 (x_1, x_2) 或 (x_2, x_1).

本 章 小 结

由于随机因素的影响,使试验结果与可控因素间的关系变得复杂. 线性回归分析就是揭示试验结果与可控因素间线性关系是否显著的有效数学方法. 本章介绍的是一元线性回归分析,可控因素只有一个,得到了回归方程中系数 $\hat{b}$ 和常数项 $\hat{a}$ 的计算公式,如果对试验结果和影响因素间进行了相关性检验,线性关系显著,那么所求得的线性回归方程是有效可用的,它就是被考察的试验结果与可控因素间的经验公式. 关于本章内容要明了

(1) 线性回归分析能够解决工程实践中什么性质的问题.

(2) 一元线性回归分析实施步骤.

① 按公式(14-4)计算 $\hat{b}, \hat{a}$,求得回归方程 $\hat{y} = \hat{a} + \hat{b}x$.

② 进行相关性检验.

习 题 十 四

1. 以家庭为单位,某种商品的月需求量 Y 与该商品的价格 x 间的一组调查数据如表 14.5 所示,求需求量 Y 关于商品价格 x 的回归方程.

表 14.5

价格 x	1	2	2	2.3	2.5	2.6	2.8	3	3.3	3.5
需求量 y	5	3.5	3	2.7	2.4	2.5	2	1.5	1.2	1.2

2. 变量 x 与 Y 的取值如表14.6所示,求 Y 关于 x 的回归方程,并用相关系数法检验 Y 与 x 的相关性($\alpha = 0.05$).

表 14.6

x	5	5	10	20	30	40	50	60
y	4	6	8	13	16	17	19	25

3. 某种商品在某一时期内的供应量 S 与价格 P 的统计数据如表14.7所示,求 S 关于 p 的回归方程.

表 14.7

价格 P	2	3	4	5	6	8	10	12	14	16
供应量 S	15	20	25	30	35	45	60	80	80	110

4. 为研究某一化学反应过程中,温度 x(℃) 对产品得率 Y(%) 的影响,测得数据如表14.8所示,求 Y 关于 x 的回归方程,并进行相关性检验($\alpha = 0.05$).

表 14.8

温度 x	100	110	120	130	140	150	160	170	180	190
得率 y	45	51	54	61	66	70	74	78	85	89

5. 在钢线碳含量对于电阻的效应研究中,得到如下数据(表14.9):

表 14.9

碳含量 x/%	0.10	0.30	0.40	0.55	0.70	0.80	0.95
电阻 y/ 微欧(20 ℃)	15	18	19	21	22.6	23.8	26

求 Y 关于 x 的回归方程,并检验 Y 与 x 的相关性($\alpha = 0.05$).

附表 1　累积二项分布表

$$F(m) = \sum_{k=0}^{m} C_n^k p^k (1-p)^{n-k}$$

n	m	P								
		0.01	0.02	0.03	0.05	0.10	0.15	0.20	0.25	0.30
2	0	0.980 1	0.960 4	0.940 9	0.902 5	0.810 0	0.722 5	0.640 0	0.562 5	0.490 0
	1	0.999 9	0.999 6	0.999 1	0.997 5	0.990 0	0.977 5	0.960 0	0.937 5	0.910 0
3	0	0.970 3	0.941 2	0.912 7	0.857 4	0.729 0	0.614 1	0.512 0	0.421 9	0.343 0
	1	0.999 7	0.998 8	0.997 4	0.992 8	0.972 0	0.939 2	0.896 0	0.843 8	0.784 0
	2	1.000 0	1.000 0	1.000 0	0.999 9	0.999 0	0.996 6	0.992 0	0.984 4	0.973 0
4	0	0.960 6	0.922 4	0.885 3	0.814 5	0.656 1	0.522 0	0.409 6	0.316 4	0.240 1
	1	0.999 4	0.997 7	0.994 8	0.986 0	0.947 7	0.890 5	0.819 2	0.738 3	0.651 7
	2	1.000 0	1.000 0	0.999 9	0.999 5	0.996 3	0.988 0	0.972 8	0.949 2	0.916 3
	3			1.000 0	1.000 0	0.999 9	0.999 5	0.998 4	0.996 1	0.991 9
5	0	0.951 0	0.903 9	0.858 7	0.773 8	0.590 5	0.443 7	0.327 7	0.237 3	0.168 1
	1	0.999 0	0.996 2	0.991 5	0.977 4	0.918 5	0.835 2	0.737 3	0.632 8	0.528 2
	2	1.000 0	0.999 9	0.999 7	0.998 8	0.991 4	0.973 4	0.942 1	0.896 2	0.836 9
	3		1.000 0	1.000 0	1.000 0	0.999 5	0.997 8	0.993 3	0.984 4	0.969 2
	4					1.000 0	0.999 9	0.999 7	0.999 0	0.997 6
6	0	0.941 5	0.885 8	0.833 0	0.735 1	0.531 4	0.377 1	0.262 1	0.178 0	0.117 6
	1	0.998 5	0.994 3	0.987 5	0.967 2	0.885 7	0.776 5	0.655 3	0.533 9	0.420 2
	2	1.000 0	0.999 8	0.999 5	0.967 8	0.984 2	0.952 7	0.901 1	0.330 6	0.744 3
	3		1.000 0	1.000 0	0.999 9	0.998 7	0.994 1	0.983 0	0.962 4	0.929 5
	4				1.000 0	0.999 9	0.999 6	0.998 4	0.995 4	0.989 1
	5					1.000 0 0	1.000 0	0.999 9	0.999 8	0.999 3
7	0	0.932 1	0.868 1	0.808 0	0.698 3	0.478 3	0.320 6	0.209 7	0.133 5	0.082 4
	1	0.998 0	0.992 1	0.982 9	0.955 6	0.850 3	0.716 6	0.576 7	0.444 9	0.329 4
	2	1.000 0	0.999 7	0.999 1	0.9962	0.974 3	0.926 2	0.852 0	0.756 4	0.647 1
	3		1.000 0	1.000 0	0.999 8	0.997 3	0.987 9	0.966 7	0.929 4	0.874 0
	4				1.000 0	0.999 8	0.998 8	0.995 3	0.987 1	0.971 2
	5						0.999 9	0.999 6	0.998 7	0.996 2
	6						1.000 0	1.000 0	0.999 9	0.999 8

n	m	P								
		0.01	0.02	0.03	0.05	0.10	0.15	0.20	0.25	0.30
8	0	0.922 7	0.850 8	0.783 7	0.663 4	0.430 5	0.272 5	0.1678	0.100 1	0.057 6
	1	0.997 3	0.989 7	0.977 7	0.942 8	0.813 1	0.657 2	0.503 3	0.367 1	0.255 3
	2	0.999 9	0.999 6	0.998 7	0.994 2	0.961 9	0.894 8	0.7969	0.678 5	0.551 8
	3	1.000 0	1.000 0	0.999 9	0.999 6	0.995 0	0.978 6	0.943 7	0.886 2	0.805 9
	4			1.000 0	1.000 0	0.999 6	0.997 1	0.989 6	0.972 7	0.942 0
	5					1.000 0	0.999 8	0.998 8	0.995 8	0.988 7
	6						1.000 0	0.999 9	0.999 6	0.998 7
	7							1.000 0	1.000 0	0.999 9
9	0	0.913 5	0.833 7	0.760 2	0.630 2	0.387 4	0.231 6	0.1342	0.075 1	0.040 4
	1	0.996 6	0.986 9	0.971 8	0.928 8	0.774 8	0.599 5	0.4362	0.300 3	0.196 0
	2	0.999 9	0.999 4	0.998 0	0.991 6	0.947 0	0.859 1	0.7382	0.600 7	0.462 8
	3	1.000 0	1.000 0	0.999 9	0.999 4	0.991 7	0.966 1	0.914 4	0.834 3	0.729 7
	4			1.000 0	1.000 0	0.999 1	0.994 4	0.980 4	0.951 1	0.901 2
	5					0.999 9	0.999 4	0.996 9	0.990 0	0.974 7
	6					1.000 0	1.000 0	0.999 7	0.998 7	0.995 7
	7							1.000 0	0.999 9	0.999 6
	8								1.000 0	1.000 0
10	0	0.904 4	0.817 1	0.737 4	0.598 7	0.348 7	0.196 9	0.1074	0.056 3	0.028 2
	1	0.995 7	0.983 8	0.965 5	0.913 9	0.736 1	0.544 3	0.3758	0.244 0	0.149 3
	2	0.999 9	0.999 1	0.997 2	0.988 5	0.929 8	0.820 2	0.677 8	0.525 6	0.382 8
	3	1.000 0	1.000 0	0.999 9	0.999 0	0.987 2	0.950 0	0.879 1	0.775 9	0.649 6
	4			1.000 0	0.999 9	0.998 4	0.990 1	0.967 2	0.921 9	0.849 7
	5				1.000 0	0.999 9	0.998 6	0.993 6	0.980 3	0.952 7
	6					1.000 0	0.999 9	0.999 1	0.996 5	0.989 4
	7						1.000 0	0.999 9	0.999 6	0.998 4
	8							1.000 0	1.000 0	0.999 9
	9									1.000 0
11	0	0.895 3	0.800 7	0.715 3	0.568 8	0.313 8	0.167 3	0.085 9	0.042	0.019 8
	1	0.994 8	0.980 5	0.958 7	0.898 1	0.697 4	0.492 2	0.3221	0.197	0.113 0
	2	0.999 8	0.998 8	0.996 3	0.984 8	0.910 4	0.778 8	0.617 4	0.455	0.312 7
	3	1.000 0	1.000 0	0.999 8	0.998 1	0.981 5	0.930 6	0.838 9	0.713	0.569 6
	4			1.000 0	0.999 9	0.997 2	0.984 1	0.949 6	0.885	0.789 7
	5				1.000 0	0.999 7	0.997 3	0.988 3	0.965	0.921 8
	6					1.000 0	0.999 7	0.998 0	0.992	0.978 4

续表

n	m	P								
		0.01	0.02	0.03	0.05	0.10	0.15	0.20	0.25	0.30
11	7						1.000 0	0.999 8	0.998	0.995 7
	8							1.000 0	0.999	0.999 4
	9								1.000	1.000 0
12	0	0.886 4	0.784 7	0.693 8	0.540 4	0.282 4	0.142 2	0.068 7	0.031 7	0.013 8
	1	0.993 8	0.976 9	0.951 4	0.881 6	0.659 0	0.443 5	0.274 9	0.158 4	0.085 0
	2	0.999 8	0.998 5	0.995 2	0.980 4	0.889 1	0.735 8	0.558 3	0.390 7	0.252 8
	3	1.000 0	0.999 9	0.999 7	0.997 8	0.974 4	0.907 8	0.794 6	0.648 8	0.492 5
	4		1.000 0	1.000 0	0.999 8	0.995 7	0.976 1	0.927 4	0.842 4	0.723 7
	5				1.000 0	0.999 5	0.995 4	0.980 6	0.945 6	0.882 2
	6					0.999 9	0.999 3	0.996 1	0.985 7	0.961 4
	7					1.000 0	0.999 9	0.999 4	0.997 2	0.990 5
	8						1.000 0	0.999 9	0.999 6	0.998 3
	9							1.000 0	1.000 0	0.999 8
	10									1.000 0
13	0	0.877 5	0.769 0	0.673 0	0.513 3	0.254 2	0.120 9	0.055 0	0.023 8	0.009 7
	1	0.992 8	0.973 0	0.943 6	0.864 6	0.621 3	0.398 3	0.233 6	0.126 7	0.063 7
	2	0.999 7	0.998 0	0.993 8	0.975 5	0.866 1	0.692 0	0.501 7	0.332 6	0.202 5
	3	1.000 0	0.999 9	0.999 5	0.996 9	0.965 8	0.882 0	0.747 3	0.584 3	0.420 6
	4		1.000 0	1.000 0	0.999 7	0.993 5	0.965 8	0.900 9	0.794 0	0.654 3
	5				1.000 0	0.999 1	0.992 5	0.970 0	0.919 8	0.834 6
	6					0.999 9	0.998 7	0.993 0	0.975 7	0.937 6
	7					1.000 0	0.999 9	0.998 8	0.994 4	0.981 8
	8						1.000 0	0.999 9	0.999 0	0.996 0
	9							1.000 0	0.999 9	0.999 3
	10								1.000 0	0.999 9
	11									1.000 0
14	0	0.868 7	0.753 6	0.652 8	0.487 7	0.228 8	0.102 8	0.044 0	0.017 8	0.006 8
	1	0.991 6	0.969 0	0.935 5	0.847 0	0.584 6	0.356 7	0.197 9	0.101 0	0.047 5
	2	0.999 7	0.997 5	0.992 3	0.969 9	0.841 6	0.647 9	0.448 1	0.281 1	0.160 8
	3	1.000 0	0.999 9	0.999 4	0.995 8	0.955 9	0.853 5	0.698 2	0.521 3	0.355 2
	4		1.000 0	1.000 0	0.999 6	0.990 8	0.953 3	0.870 2	0.741 5	0.584 2
	5				1.000 0	0.999 8	0.988 5	0.956 1	0.888 3	0.780 5
	6					1.000 0	0.997 8	0.988 4	0.961 7	0.906 7

续表

n	m	P								
		0.01	0.02	0.03	0.05	0.10	0.15	0.20	0.25	0.30
14	7						0.999 7	0.997 6	0.989 7	0.968 5
	8						1.000 0	0.999 6	0.997 8	0.991 7
	9							1.000 0	0.999 7	0.998 3
	10								1.000 0	0.999 8
	11									1.000 0
15	0	0.860 1	0.738 6	0.633 3	0.463 3	0.205 9	0.087 4	0.035 2	0.013 4	0.004 7
	1	0.990 4	0.964 7	0.927 0	0.829 0	0.549 0	0.318 6	0.167 1	0.080 2	0.035 3
	2	0.999 6	0.997 0	0.990 6	0.963 8	0.815 9	0.604 2	0.398 0	0.236 1	0.126 8
	3	1.000 0	0.999 8	0.999 2	0.994 5	0.944 4	0.822 7	0.648 2	0.641 3	0.296 9
	4		1.000 0	0.999 9	0.999 4	0.987 3	0.938 3	0.835 8	0.686 5	0.515 5
	5			1.000 0	0.999 9	0.997 8	0.983 2	0.938 9	0.351 6	0.721 6
	6				1.000 0	0.999 7	0.996 4	0.981 9	0.943 9	0.868 9
	7					1.000 0	0.999 4	0.995 8	0.982 7	0.950 0
	8						0.999 9	0.999 2	0.995 8	0.984 8
	9						1.000 0	0.999 9	0.999 2	0.996 3
	10							1.000 0	0.999 9	0.999 3
	11								1.000 0	0.999 9
	12									1.000 0
16	0	0.851 5	0.723 8	0.614 3	0.440 1	0.185 3	0.074 3	0.028 1	0.0100	0.003 3
	1	0.989 1	0.960 1	0.918 2	0.810 8	0.514 7	0.283 9	0.140 7	0.063 5	0.026 1
	2	0.999 5	0.996 3	0.988 7	0.957 1	0.789 2	0.561 4	0.351 8	0.197 1	0.099 4
	3	1.000 0	0.999 8	0.998 9	0.993 0	0.931 6	0.789 9	0.598 1	0.405 0	0.245 9
	4		1.000 0	0.999 9	0.999 1	0.983 0	0.920 9	0.798 2	0.630 2	0.449 9
	5			1.000 0	0.999 9	0.996 7	0.976 5	0.918 3	0.810 3	0.659 8
	6				1.000 0	0.999 5	0.994 4	0.973 3	0.920 4	0.824 7
	7					0.999 9	0.998 9	0.993 0	0.972 9	0.925 6
	8					1.000 0	0.999 8	0.998 5	0.992 5	0.974 3
	9						1.000 0	0.999 8	0.998 4	0.992 9
	10							1.000 0	0.999 7	0.998 4
	11								1.000 0	0.999 7
	12									1.000 0

续表

n	m	P								
		0.01	0.02	0.03	0.05	0.10	0.15	0.20	0.25	0.30
17	0	0.842 9	0.709 3	0.595 8	0.418 1	0.166 8	0.063 1	0.022 5	0.007 5	0.002 3
	1	0.987 7	0.955 4	0.909 1	0.792 2	0.481 8	0.252 5	0.118 2	0.050 1	0.019 3
	2	0.999 4	0.995 6	0.986 6	0.949 7	0.761 8	0.519 8	0.309 6	0.163 7	0.077 4
	3	1.000 0	0.999 7	0.998 6	0.991 2	0.917 4	0.755 6	0.548 9	0.353 0	0.201 9
	4		1.000 0	0.999 9	0.999 8	0.977 9	0.901 3	0.758 2	0.573 9	0.388 7
	5			1.000 0	0.999 9	0.995 3	0.968 1	0.894 3	0.765 3	0.596 8
	6				1.000 0	0.999 2	0.991 7	0.962 3	0.892 9	0.775 2
	7					0.999 9	0.998 3	0.989 1	0.959 8	0.895 4
	8					1.000 0	0.999 7	0.997 4	0.987 6	0.959 7
	9						1.000 0	0.999 5	0.996 9	0.987 3
	10							0.999 9	0.999 4	0.996 8
	11							1.000 0	0.999 9	0.999 3
	12								1.000 0	0.999 9
	13									1.000 0
18	0	0.834 5	0.695 1	0.578 0	0.397 2	0.150 1	0.053 6	0.018 0	0.005 6	0.001 6
	1	0.986 2	0.950 5	0.899 7	0.773 5	0.450 3	0.224 1	0.099 1	0.039 5	0.014 2
	2	0.999 3	0.994 8	0.984 3	0.941 9	0.733 8	0.479 7	0.271 3	0.135 3	0.060 0
	3	1.000 0	0.999 6	0.998 2	0.989 1	0.901 8	0.720 2	0.501 0	0.305 7	0.164 6
	4		1.000 0	0.999 9	0.998 5	0.971 8	0.879 4	0.716 4	0.518 7	0.332 7
	5			1.000 0	0.999 8	0.993 6	0.958 1	0.867 1	0.717 5	0.534 4
	6				1.000 0	0.998 8	0.988 2	0.948 7	0.861 0	0.721 7
	7					0.999 8	0.997 3	0.983 7	0.943 1	0.859 3
	8					1.000 0	0.999 5	0.995 7	0.980 7	0.940 4
	9						0.999 9	0.999 1	0.994 6	0.979 0
	10						1.000 0	0.999 8	0.998 8	0.993 9
	11							1.000 0	0.999 8	0.998 6
	12								1.000 0	0.999 7
	13									1.000 0
19	0	0.826 2	0.681 2	0.560 6	0.377 4	0.135 1	0.045 6	0.014 4	0.004 2	0.001 1
	1	0.984 7	0.945 4	0.890 0	0.754 7	0.420 3	0.198 5	0.082 9	0.031 0	0.010 4
	2	0.999 1	0.993 9	0.981 7	0.933 5	0.705 4	0.441 3	0.236 9	0.111 3	0.046 2
	3	1.000 0	0.999 8	0.999 5	0.986 8	0.885 0	0.684 1	0.455 1	0.263 1	0.133 2
	4		1.000 0	0.999 8	0.998 0	0.964 8	0.855 6	0.673 3	0.465 4	0.282 2
	5			1.000 0	0.999 8	0.991 4	0.946 3	0.836 9	0.667	

n	m	P								
		0.01	0.02	0.03	0.05	0.10	0.15	0.20	0.25	0.30
19	6				1.000 0	0.998 3	0.983 7	0.932 4	0.825 1	0.665 5
	7					0.999 7	0.995 9	0.976 7	0.922 5	0.818 0
	8					1.000 0	0.999 2	0.993 3	0.971 3	0.916 1
	9						0.999 9	0.998 4	0.991 1	0.967 4
	10						1.000 0	0.999 7	0.997 7	0.989 5
	11							1.000 0	0.999 5	0.997 2
	12								0.999 9	0.999 4
	13								1.000 0	0.999 9
	14									1.000 0
20	0	0.817 9	0.667 6	0.543 8	0.358 5	0.121 6	0.038 8	0.011 5	0.003 2	0.000 8
	1	0.983 1	0.940 1	0.880 2	0.735 8	0.391 7	0.175 6	0.069 2	0.024 3	0.007 6
	2	0.999 0	0.992 9	0.979 0	0.924 5	0.676 9	0.404 9	0.206 1	0.091 3	0.035 5
	3	1.000 0	0.999 4	0.997 3	0.984 1	0.867 0	0.647 7	0.411 4	0.225 2	0.107 1
	4		1.000 0	0.999 7	0.997 4	0.956 8	0.829 8	0.629 6	0.414 8	0.237 5
	5			1.000 0	0.999 7	0.988 7	0.932 7	0.804 2	0.617 2	0.416 4
	6				1.000 0	0.997 6	0.978 1	0.913 3	0.785 8	0.608 0
	7					0.999 6	0.994 1	0.967 9	0.898 2	0.772 3

附表 2　累积泊松分布表

$$F(m) = \sum_{k=0}^{m} \frac{\lambda^k}{k!} e^{-\lambda}$$

m	λ				
	0.2	0.4	0.6	0.8	1.0
0	0.818 7	0.670 3	0.548 8	0.449 3	0.367 9
1	0.982 5	0.938 4	0.878 1	0.808 8	0.735 8
2	0.998 9	0.992 1	0.976 9	0.952 6	0.919 7
3	0.999 9	0.999 2	0.996 6	0.990 9	0.981 0
4	1.000 0	0.999 9	0.999 6	0.998 6	0.996 3
5		1.000 0	1.000 0	0.999 8	0.999 4
6				1.000 0	0.999 9

m	λ				
	1.2	1.4	1.6	1.8	2.0
0	0.301 2	0.246 6	0.201 9	0.165 3	0.135 3
1	0.662 6	0.591 8	0.524 9	0.462 8	0.406 0
2	0.879 5	0.833 5	0.783 4	0.730 6	0.676 7
3	0.966 2	0.946 3	0.921 2	0.891 3	0.857 1
4	0.992 3	0.985 7	0.976 3	0.963 6	0.947 3
5	0.998 5	0.996 8	0.994 0	0.989 6	0.983 4
6	0.999 7	0.999 4	0.998 7	0.997 4	0.995 5
7	1.000 0	0.999 9	0.999 7	0.999 4	0.998 9
8		1.000 0	1.000 0	0.999 9	0.999 8

m	λ				
	2.2	2.4	2.6	2.8	3.0
0	0.110 8	0.090 7	0.074 3 3	0.060 8	0.049 8
1	0.354 6	0.308 4	0.267 4	0.231 1	0.199 1
2	0.622 7	0.569 4	0.518 4	0.469 5	0.423 2
3	0.819 4	0.778 7	0.736 0	0.691 9	0.647 2
4	0.927 5	0.904 1	0.877 4	0.847 7	0.815 3
5	0.975 1	0.964 3	0.951 0	0.934 9	0.916 1

m	λ				
	2.2	2.4	2.6	2.8	3.0
6	0.992 5	0.988 4	0.982 8	0.975 6	0.966 5
7	0.998 0	0.996 7	0.994 7	0.991 9	0.988 1
8	0.999 5	0.999 1	0.998 5	0.997 6	0.996 2
9	0.999 9	0.999 8	0.999 6	0.999 3	0.998 9
10	1.000 0	1.000 0	0.999 9	0.999 8	0.999 7
11			1.000 0	1.000 0	0.999 9

m	λ				
	3.2	3.4	3.6	3.8	4.0
0	0.040 8	0.033 4	0.027 3	0.022 4	0.018 3
1	0.171 2	0.146 8	0.125 7	0.107 4	0.091 6
2	0.379 9	0.339 7	0.302 7	0.268 9	0.238 1
3	0.602 5	0.558 4	0.515 2	0.473 5	0.433 5
4	0.780 6	0.744 2	0.706 4	0.667 8	0.628 8
5	0.894 6	0.870 5	0.844 1	0.815 6	0.785 1
6	0.955 4	0.942 1	0.926 7	0.909 1	0.889 3
7	0.983 2	0.976 9	0.969 2	0.959 9	0.948 9
8	0.994 3	0.991 7	0.988 3	0.984 0	0.978 6
9	0.998 2	0.997 3	0.996 0	0.994 2	0.991 9
10	0.999 5	0.999 2	0.998 7	0.998 1	0.997 2
11	0.999 9	0.999 8	0.999 6	0.999 4	0.999 1
12	1.000 0	0.999 9	0.999 9	0.999 8	0.999 7
		1.000 0	1.000 0	1.000 0	0.999 9

m	λ				
	4.2	4.4	4.6	4.8	5.0
0	0.015 0	0.012 3	0.010 1	0.008 2	0.006 7
1	0.078 0	0.066 3	0.056 3	0.047 7	0.040 4
2	0.210 2	0.185 1	0.162 6	0.142 5	0.124 7
3	0.395 4	0.359 4	0.325 7	0.294 2	0.265 0
4	0.589 8	0.551 2	0.513 2	0.476 3	0.440 5
5	0.753 1	0.719 9	0.685 8	0.651 0	0.616 0
6	0.867 5	0.843 6	0.818 0	0.790 8	0.762 2

续表

m	λ				
	4.2	4.4	4.6	4.8	5.0
7	0.936 1	0.921 4	0.904 9	0.886 7	0.866 6
8	0.972 1	0.964 2	0.954 9	0.944 2	0.931 9
9	0.988 9	0.985 1	0.980 5	0.974 9	0.968 2
10	0.995 9	0.994 3	0.992 2	0.989 6	0.986 3
11	0.998 6	0.998 0	0.997 1	0.996 0	0.994 5
12	0.999 6	0.999 3	0.999 0	0.998 6	0.998 0
13	0.999 9	0.999 8	0.999 7	0.999 5	0.999 3
14	1.000 0	0.999 9	0.999 9	0.999 9	0.999 8
15		1.000 0	1.000 0	1.000 0	0.999 9

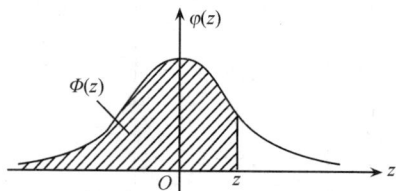

$$\Phi(z) = \int_{-\infty}^{z} \frac{1}{\sqrt{2\pi}} e^{-u^2/2} \mathrm{d}u = P\{Z \leqslant z\}$$

z	0	1	2	3	4	5	6	7	8	9
0.0	0.500 0	0.504	0.508 0	0.512 0	0.516 0	0.519 9	0.523 9	0.527 9	0.531 9	0.535 9
0.1	0.539 8	0.543	0.547 8	0.551 7	0.555 7	0.559 6	0.563 6	0.5675	0.571 4	0.575 3
0.2	0.579 3	0.583	0.587 1	0.591 0	0.594 8	0.598 7	0.602 6	0.606 4	0.610 3	0.614 1
0.3	0.617 9	0.621	0.625 5	0.629 3	0.633 1	0.636 8	0.640 6	0.644 3	0.648 0	0.651 7
0.4	0.655 4	0.659	0.662 8	0.666 4	0.670 0	0.673 6	0.677 2	0.680 8	0.684 4	0.687 9
0.5	0.691 5	0.695	0.698 5	0.701 9	0.705 4	0.708 8	0.712 3	0.715 7	0.719 0	0.722 4
0.6	0.725 7	0.729	0.732 4	0.735 7	0.738 9	0.742 2	0.745 4	0.748 6	0.751 7	0.754 9
0.7	0.758 0	0.761	0.764 2	0.767 3	0.770 3	0.773 4	0.776 4	0.7794	0.782 3	0.785 2
0.8	0.788 1	0.791	0.793 9	0.796 7	0.799 5	0.802 3	0.805 1	0.807 8	0.810 6	0.813 3
0.9	0.815 9	0.818	0.821 2	0.823 8	0.826 4	0.828 9	0.831 5	0.8340	0.836 5	0.838 9
1.0	0.841 3	0.843	0.846 1	0.848 5	0.850 8	0.853 1	0.855 4	0.857 7	0.859 9	0.862 1
1.1	0.864 3	0.866	0.868 6	0.870 8	0.872 9	0.874 9	0.877 0	0.879 0	0.881 0	0.883 0
1.2	0.884 9	0.886	0.888 8	0.890 7	0.892 5	0.894 4	0.896 2	0.898 0	0.899 7	0.901 5
1.3	0.903 2	0.904	0.906 6	0.908 2	0.909 9	0.9115	0.913 1	0.914 7	0.916 2	0.917 7
1.4	0.919 2	0.920	0.922 2	0.923 6	0.925 1	0.926 5	0.927 8	0.929 2	0.930 6	0.931 9
1.5	0.933 2	0.934	0.935 7	0.937 0	0.938 2	0.939 4	0.940 6	0.941 8	0.943 0	0.944 1
1.6	0.945 2	0.946	0.947 4	0.948 4	0.949 5	0.950 5	0.951 5	0.952 5	0.953 5	0.954 5
1.7	0.955 4	0.956	0.957 3	0.958 2	0.959 1	0.959 9	0.960 8	0.961 6	0.962 5	0.963 3
1.8	0.964 1	0.964	0.965 6	0.966 4	0.967 1	0.967 8	0.968 6	0.9693	0.970 0	0.970 6
1.9	0.971 3	0.971	0.972 6	0.973 2	0.973 8	0.9744	0.975 0	0.975 6	0.976 2	0.976 7
2.0	0.977 2	0.977	0.978 3	0.978 8	0.979 3	0.979 8	0.980 3	0.9808	0.981 2	0.981 7
2.1	0.982 1	0.982	0.983 0	0.983 4	0.983 8	0.984 2	0.984 6	0.985 0	0.985 4	0.985 7

续表

z	0	1	2	3	4	5	6	7	8	9
2.2	0.986 1	0.986	0.986 8	0.987 1	0.987 4	0.987 8	0.988 1	0.988 4	0.988 7	0.989 0
2.3	0.989 3	0.989	0.989 8	0.990 1	0.990 4	0.990 6	0.990 9	0.9911	0.991 3	0.991 6
2.4	0.991 8	0.992 0	0.992 2	0.992 5	0.992 7	0.992 9	0.993 1	0.993 2	0.993 4	0.993 6
2.5	0.993 8	0.994 0	0.994 1	0.994 3	0.994 5	0.994 6	0.994 8	0.994 9	0.995 1	0.995 2
2.6	0.995 3	0.995 5	0.995 6	0.995 7	0.995 9	0.996 0	0.996 1	0.996 2	0.996 3	0.996 4
2.7	0.996 5	0.996 6	0.996 7	0.996 8	0.996 9	0.997 0	0.997 1	0.997 2	0.997 3	0.997 4
2.8	0.997 4	0.997 5	0.997 6	0.997 7	0.997 7	0.997 8	0.997 9	0.997 9	0.998 0	0.998 1
2.9	0.998 1	0.998 2	0.998 2	0.998 3	0.998 4	0.998 4	0.998 5	0.998 5	0.998 6	0.998 6
3.0	0.998 7	0.999 0	0.999 3	0.999 5	0.999 7	0.999 8	0.999 8	0.999 9	0.999 9	1.000 0

注:表中末行系数值 $\Phi(3.0),\Phi(3.1),\cdots,\Phi(3.9)$.

附表 4 t 分 布 表

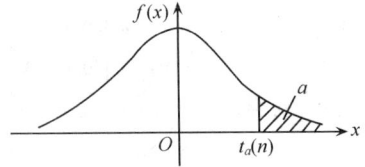

$$p\{t(n) > t_a(n)\} = a$$

n＼a	0.45	0.4	0.35	0.3	0.25	0.2	0.15	0.1	0.05	0.025	0.01	0.005
1	0.158	0.325	0.510	0.727	1.000	1.376	1.963	3.078	6.314	12.706	31.821	63.657
2	0.142	0.289	0.445	0.617	0.816	1.061	1.336	1.886	2.920	4.303	6.985	9.925
3	0.137	0.277	0.424	0.584	0.765	0.978	1.250	1.638	2.353	3.182	4.541	5.841
4	0.134	0.271	0.414	0.569	0.741	0.941	1.190	1.533	2.132	2.770	3.747	4.604
5	0.132	0.267	0.408	0.559	0.727	0.920	1.156	1.476	2.015	2.571	3.365	4.032
6	0.131	0.265	0.404	0.553	0.718	0.906	1.134	1.440	1.943	2.447	3.143	3.707
7	0.130	0.263	0.402	0.549	0.711	0.896	1.119	1.415	1.895	2.365	2.998	3.499
8	0.130	0.262	0.399	0.546	0.706	0.889	1.108	1.397	1.860	2.306	2.889	3.355
9	0.129	0.261	0.398	0.543	0.703	0.883	1.100	1.388	1.833	2.262	2.821	2.250
10	0.129	0.260	0.397	0.542	0.700	0.879	1.093	1.372	1.812	2.228	2.764	3.169
11	0.129	0.260	0.396	0.540	0.697	0.876	1.088	1.363	1.796	2.201	2.718	3.106
12	0.128	0.259	0.395	0.539	0.695	0.873	1.083	1.356	1.782	2.179	2.681	3.055
13	0.128	0.259	0.394	0.538	0.694	0.870	1.079	1.350	1.771	2.160	2.650	3.012
14	0.128	0.258	0.393	0.537	0.692	0.868	1.076	1.345	1.761	2.145	2.624	2.977
15	0.128	0.258	0.393	0.536	0.691	0.866	1.074	1.341	1.753	2.131	2.602	2.947
16	0.128	0.258	0.392	0.535	0.690	0.865	1.071	1.337	1.746	2.120	2.583	2.921
17	0.128	0.257	0.392	0.534	0.689	0.863	1.069	1.333	1.740	2.110	2.567	2.898
18	0.127	0.257	0.392	0.534	0.688	0.862	1.067	1.330	1.734	2.101	2.552	2.878
19	0.127	0.257	0.391	0.533	0.688	0.861	1.066	1.328	1.729	2.093	2.539	2.861
20	0.127	0.257	0.391	0.533	0.687	0.860	1.064	1.325	1.725	2.086	2.528	2.845
21	0.127	0.256	0.391	0.532	0.686	0.859	1.063	1.323	1.721	2.080	2.518	2.831
22	0.127	0.256	0.390	0.532	0.686	0.858	1.061	1.321	1.717	2.074	2.508	2.819
23	0.127	0.256	0.390	0.532	0.685	0.858	1.060	1.319	1.714	2.069	2.500	2.807
24	0.127	0.256	0.390	0.531	0.685	0.857	1.059	1.318	1.711	2.064	2.492	2.797

续表

a / n	0.45	0.4	0.35	0.3	0.25	0.2	0.15	0.1	0.05	0.025	0.01	0.005
25	0.127	0.256	0.390	0.531	0.684	0.856	1.058	1.316	1.708	2.060	2.482	2.787
26	0.127	0.256	0.390	0.531	0.684	0.856	1.058	1.315	1.706	2.056	2.479	2.779
27	0.127	0.256	0.389	0.531	0.684	0.855	1.057	1.314	1.703	2.052	2.473	2.771
28	0.127	0.256	0.389	0.530	0.683	0.855	1.056	1.313	1.701	2.048	2.467	2.763
29	0.127	0.256	0.389	0.530	0.683	0.854	1.055	1.311	1.699	2.045	2.462	2.756
30	0.127	0.256	0.389	0.530	0.683	0.854	1.055	1.310	1.697	2.042	2.457	2.750
40	0.126	0.255	0.388	0.529	0.681	0.851	1.050	1.303	1.684	2.021	2.423	2.704
60	0.126	0.254	0.387	0.527	0.679	0.848	1.046	1.296	1.671	2.000	2.390	2.660
120	0.126	0.254	0.386	0.526	0.677	0.845	1.041	1.289	1.658	1.930	2.358	2.617
∞	0.126	0.253	0.385	0.524	0.674	0.842	1.036	1.282	1.645	1.906	2.326	2.575

附表 5　χ^2 分 布 表

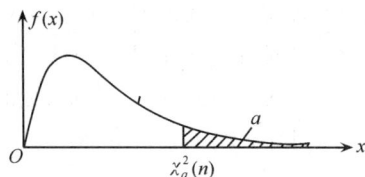

$$p\{\chi^2(n) > \chi_a^2(n)\} = a$$

n	a= 0.995	0.99	0.975	0.95	0.90	0.75
1	—	—	0.001	0.004	0.016	0.102
2	0.010	0.020	0.051	0.103	0.211	0.575
3	0.072	0.115	0.216	0.352	0.584	1.213
4	0.207	0.297	0.484	0.711	1.064	1.923
5	0.412	0.554	0.831	1.145	1.610	2.675
6	0.676	0.872	1.237	1.635	2.204	3.455
7	0.989	1.239	1.690	2.167	2.833	4.255
8	1.344	1.646	2.180	2.733	3.490	5.071
9	1.735	2.088	2.700	3.325	4.168	5.899
10	2.156	2.558	3.247	3.940	4.865	6.737
11	2.603	3.053	3.816	4.575	5.578	7.584
12	3.074	3.571	4.404	5.226	6.304	8.438
13	3.565	4.107	5.009	5.892	7.042	9.299
14	4.705	4.660	5.629	6.571	7.790	10.165
15	4.601	5.229	6.262	7.261	8.547	11.037
16	5.142	5.812	6.908	7.962	9.312	11.912
17	5.697	6.408	7.564	8.672	10.085	12.792
18	6.265	7.015	8.231	9.390	10.865	13.675
19	6.844	7.633	8.907	10.117	11.651	14.562
20	7.434	8.260	9.591	10.851	12.443	15.452
21	8.034	8.897	10.283	11.591	13.240	16.344
22	8.643	9.542	10.982	12.338	14.042	17.240
23	9.260	10.196	11.689	13.091	14.848	18.137
24	9.886	10.856	12.401	13.848	15.659	19.037

n	$a=0.995$	0.99	0.975	0.95	0.90	0.75
25	10.520	11.524	13.120	14.611	16.473	19.939
26	11.160	12.198	13.844	15.379	17.292	20.843
27	11.808	12.879	14.573	16.151	18.114	21.749
28	12.461	13.565	15.308	16.928	18.939	22.657
29	13.121	14.257	16.047	17.708	19.768	23.567
30	13.787	14.954	16.791	18.493	20.599	24.478
31	14.458	15.655	17.539	19.281	21.424	25.390
32	15.134	16.362	18.291	0.072	22.271	26.304
33	15.815	17.074	19.047	20.807	23.110	27.219
34	16.501	17.789	19.806	21.664	23.952	28.136
35	17.192	18.509	20.569	22.465	24.797	29.054
36	17.887	19.233	21.336	23.269	25.613	29.973
37	18.586	19.960	22.106	24.075	26.492	30.893
38	19.289	20.691	22.878	24.884	27.343	31.815
39	19.996	21.426	23.654	25.695	28.196	32.737
40	20.707	22.164	24.433	26.509	29.051	33.660
41	21.421	22.906	25.215	27.326	29.907	34.585
42	22.138	23.650	25.999	28.144	30.765	35.510
43	22.859	24.398	26.785	28.965	31.625	36.430
44	23.584	25.143	27.575	29.787	32.487	37.363
45	24.311	25.901	28.366	30.612	33.350	38.291
n	$a=0.25$	0.10	0.05	0.025	0.01	0.005
1	1.323	2.706	3.841	5.024	6.635	7.879
2	2.773	4.605	5.991	7.378	9.210	10.597
3	4.108	6.251	7.815	9.348	11.345	12.838
4	5.385	7.779	9.488	11.143	13.277	14.860
5	6.626	9.236	11.071	12.833	15.086	16.750
6	7.841	10.645	12.592	14.449	16.812	18.548
7	9.037	12.017	14.067	16.013	18.475	20.278
8	10.219	13.362	15.507	17.535	20.090	21.955
9	11.389	14.684	16.919	19.023	21.666	23.589
10	12.549	15.987	18.307	20.483	23.209	25.188
11	13.701	17.275	19.675	21.920	24.725	26.757
12	14.845	18.549	21.026	23.337	26.217	28.299

n	$a = 0.25$	0.10	0.05	0.025	0.01	0.005
13	15.984	19.812	22.362	24.736	27.688	29.819
14	17.117	21.064	23.685	26.119	29.141	31.319
15	18.245	22.307	24.996	27.488	30.578	32.801
16	19.369	23.542	26.296	28.845	32.000	34.267
17	20.489	24.769	27.587	30.191	33.409	35.718
18	21.605	25.989	28.869	31.526	34.805	37.156
19	22.718	27.204	30.144	32.852	36.191	38.582
20	23.828	28.412	31.410	34.170	37.566	39.997
21	24.935	29.615	32.671	35.479	38.932	41.401
22	26.039	30.813	33.924	36.781	40.289	42.796
23	27.141	32.007	35.172	38.076	41.638	44.181
24	28.241	33.196	36.415	39.364	42.980	45.559
25	29.339	34.382	37.652	40.646	44.314	46.928
26	30.435	35.563	38.885	41.923	45.642	48.290
27	31.528	36.741	40.113	43.194	46.963	49.645
28	32.620	37.916	41.337	44.461	48.278	50.993
29	33.711	39.087	42.557	45.722	49.588	52.336
30	34.800	40.256	43.773	46.979	50.892	53.672
31	35.887	41.422	44.985	48.232	52.191	55.003
32	36.973	42.585	46.194	49.480	53.486	56.328
33	38.053	43.745	47.400	50.725	54.776	57.648
34	39.141	44.903	48.602	51.966	56.061	58.964
35	40.223	46.059	49.802	53.203	57.342	60.275
36	41.304	47.212	50.998	54.437	58.619	61.581
37	42.383	48.363	52.192	55.668	59.892	62.883
38	43.462	49.513	53.384	56.896	61.162	64.181
39	44.539	50.660	54.572	58.120	62.428	65.476
40	45.616	51.805	55.758	59.342	63.691	66.766
41	46.692	52.949	56.942	60.561	64.950	68.053
42	47.766	54.090	58.124	61.777	66.206	69.336
43	48.840	55.230	59.304	62.990	67.459	70.606
44	49.913	56.369	60.481	64.201	68.710	71.893
45	50.985	57.505	61.656	65.410	69.957	73.166

附表6 相关系数的临界值表

$$P(|R| > r_a) = a$$

$n-2$ \ a	0.10	0.05	0.02	0.01	0.001
1	0.987 69	0.996 92	0.999 507	0.999 877	0.999 9988
2	0.900 00	0.950 00	0.980 0	0.990 00	0.999 00
3	0.805 4	0.878 3	0.934 33	0.958 73	0.991 16
4	0.729 3	0.811 4	0.882 2	0.917 20	0.974 06
5	0.669 4	0.754 5	0.832 9	0.874 5	0.950 74
6	0.621 5	0.706 7	0.788 7	0.874 3	0.924 93
7	0.582 2	0.666 4	0.749 8	0.767 7	0.898 2
8	0.549 4	0.631 9	0.715 5	0.764 6	0.872 1
9	0.521 4	0.602 1	0.685 1	0.734 8	0.847 1
10	0.497 3	0.576 0	0.658 1	0.707 9	0.823 3
11	0.476 2	0.552 9	0.633 9	0.683 5	0.801 0
12	0.457 5	0.532 4	0.612 0	0.661 4	0.780 0
13	0.440 9	0.513 9	0.592 3	0.641 1	0.760 3
14	0.425 9	0.497 3	0.574 2	0.622 6	0.742 0
15	0.412 4	0.482 1	0.557 7	0.605 5	0.724 6
16	0.400 0	0.468 3	0.542 5	0.589 7	0.708 4
17	0.388 7	0.455 5	0.528 5	0.575 1	0.603 2
18	0.378 3	0.443 8	0.515 5	0.561 4	0.678 7
19	0.368 7	0.432 9	0.503 4	0.548 7	0.665 2
20	0.359 8	0.422 7	0.492 1	0.536 8	0.652 4
25	0.323 3	0.380 9	0.445 1	0.486 9	0.597 4
30	0.296 0	0.349 4	0.409 3	0.448 7	0.554 1
35	0.274 6	0.324 6	0.381 0	0.418 2	0.518 9
40	0.257 3	0.304 4	0.357 8	0.393 2	0.489 6
45	0.242 8	0.287 5	0.338 4	0.372 1	0.464 8
50	0.230 6	0.273 2	0.321 8	0.354 1	0.443 3
60	0.210 8	0.250 0	0.294 8	0.324 8	0.407 8
70	0.195 4	0.231 9	0.273 7	0.301 7	0.379 9
80	0.182 9	0.217 2	0.256 5	0.283 0	0.356 8
99	0.172 6	0.205 0	0.242 2	0.267 3	0.337 5
100	0.163 8	0.194 6	0.230 1	0.2540	0.321 1

部分习题答案

第一篇　线性代数习题答案

习　题　一

1. (1) 18；(2) 0；(3) 62；(4) 1999；(5) -4；(6) $3abc-a^3-b^3-c^3$；(7) $4abcdef$；(8) 0

2. (1) 8；(2) 1；(3) 0；(4) 0；(5) $(a+3b)(a-b)^3$；(6) $1-x^2-y^2-z^2$；(7) $(ad-bc)^2$；
   (8) $abcd+ab+cd+ad+1$；(9) $a(b-a)(c-a)(c-b)(d-a)(d-b)(d-c)$；
   (10) 12

4. (1) $a^{n-2}(a^2-1)$；(2) $[(n-1)a+x](x-a)^{n-1}$；(3) $(-2)(n-2)!$；(4) $(-1)^{n-1}(n-1)$；
   (5) $a_1a_2\cdots a_n\left(1+\sum_{i=1}^{n}\dfrac{1}{a_i}\right)$；(6) $\prod_{i=1}^{n}(a_id_i-b_ic_i)$

5. (1) $x_1=1,3$；(2) $x=0,2$；(3) $x=-2,3$；(4) $x=1,2,-2$

6. (1) $x=3,y=-1$；(2) $x_1=3,x_2=2$；(3) $x_1=1,x_2=2,x_3=3$

7. (1) $k=-1,4$；(2) $k=-1,-3$

8. $k-1$ 或 $t=0$

习　题　二

1. $\begin{bmatrix} -2 & 13 & 22 \\ -2 & -17 & 20 \\ 4 & 29 & -2 \end{bmatrix}$

2. $\begin{bmatrix} -4 & 4 & 9 \\ -11 & -5 & 1 \end{bmatrix}$

3. (1) 10；(2) $\begin{bmatrix} -2 & 4 \\ -1 & 2 \\ -3 & 6 \end{bmatrix}$；(3) $\begin{bmatrix} 0 & 0 \\ 0 & 0 \end{bmatrix}$；(4) $\begin{bmatrix} 33 \\ 6 \\ 49 \end{bmatrix}$；(5) $\begin{bmatrix} a^2 & 0 & 0 \\ 0 & b^2 & 0 \\ 0 & 0 & c^2 \end{bmatrix}$；(6) $\begin{bmatrix} 0 & 0 \\ 0 & 0 \end{bmatrix}$；
   (7) $a_{11}x_1^2+a_{22}x_2^2+a_{33}x_3^2+2a_{12}x_1x_2+2a_{13}x_1x_3+2a_{23}x_2x_3$

6. (1) 48；(2) 6；(3) -121.5；(4) $-\dfrac{2}{3}$

9. (1) -4；(2) 4；(3) $\dfrac{1}{4}$；(4) 16；(5) $-\dfrac{1}{2}$

10. (1) $\begin{bmatrix} -4 & 3 \\ \dfrac{7}{2} & -\dfrac{5}{2} \end{bmatrix}$; (2) $\begin{bmatrix} -2 & 1 \\ \dfrac{3}{2} & -\dfrac{1}{2} \end{bmatrix}$; (3) $\begin{bmatrix} \dfrac{1}{2} & 0 & 0 \\ 0 & -4 & 3 \\ 0 & \dfrac{7}{2} & -\dfrac{5}{2} \end{bmatrix}$;

(4) $\begin{bmatrix} -4 & 3 & 0 & 0 \\ \dfrac{7}{2} & -\dfrac{5}{2} & 0 & 0 \\ 0 & 0 & -2 & 1 \\ 0 & 0 & \dfrac{3}{2} & -\dfrac{1}{2} \end{bmatrix}$; (5) $\begin{bmatrix} \dfrac{1}{a} & 0 & 0 \\ 0 & \dfrac{1}{b} & 0 \\ 0 & 0 & \dfrac{1}{c} \end{bmatrix}$;

11. (1) $\begin{bmatrix} -\dfrac{5}{2} & 1 & -\dfrac{1}{2} \\ 5 & -1 & 1 \\ \dfrac{7}{2} & -1 & \dfrac{1}{2} \end{bmatrix}$; (2) $\begin{bmatrix} 2 & 4 & -\dfrac{3}{2} \\ -1 & -2 & 1 \\ 1 & 1 & -\dfrac{1}{2} \end{bmatrix}$; (3) $\dfrac{1}{4}\begin{bmatrix} 1 & 1 & 1 & 1 \\ 1 & 1 & -1 & -1 \\ 1 & -1 & 1 & -1 \\ 1 & -1 & -1 & 1 \end{bmatrix}$;

(4) $\begin{bmatrix} 2 & -1 & 0 & 0 \\ -1 & 1 & 0 & 0 \\ -1 & 1 & 2 & -3 \\ 1 & -2 & -1 & 2 \end{bmatrix}$

12. (1) $X = \begin{bmatrix} 8 & 3 \\ -3 & -1 \end{bmatrix}$; (2) $X = \begin{bmatrix} -2 & 2 & 1 \\ -\dfrac{8}{3} & 5 & -\dfrac{2}{3} \\ -\dfrac{10}{3} & 3 & \dfrac{5}{3} \end{bmatrix}$; (3) $X = \begin{bmatrix} 1 & 1 \\ \dfrac{1}{4} & 0 \end{bmatrix}$;

(4) $X = \begin{bmatrix} 8 & 7 & 0 \\ 5 & 4 & 6 \\ 2 & 1 & 3 \end{bmatrix}$

13. $X = \begin{bmatrix} 2 & 0 & 1 \\ 0 & 3 & 0 \\ 1 & 0 & 2 \end{bmatrix}$

14. $A^{-1} = \dfrac{1}{2}(A-E), \quad (A+2E)^{-1} = \dfrac{1}{4}(3E-A)$

16. $B^n = PA^nP^{-1} = \begin{bmatrix} 2^n & 0 & 0 \\ 1-2^n & 2^n & -1+2^n \\ -1+2^n & 0 & 1 \end{bmatrix}$

17. $\begin{bmatrix} 0 & 3 & 3 \\ -1 & 2 & 3 \\ 1 & 1 & 0 \end{bmatrix}$

18. $X = 2A = \begin{bmatrix} 2 & & \\ & -4 & \\ & & 2 \end{bmatrix}$

19. $X = 3(A-E)^{-1}A = \begin{bmatrix} 6 & 0 & 0 & 0 \\ 0 & 6 & 0 & 0 \\ 6 & 0 & 6 & 0 \\ 0 & 3 & 0 & -1 \end{bmatrix}$

习　题　三

1.(1) $R[A] = 2$;(2) $R[B] = 3$;(3)$R[C] = 3$;(4) $R[D] = 3$

2.(1) 当 $\lambda = 3$ 时秩最小,且为 2.　(2) 当 $\lambda = 1$ 时秩最小,且为 2.

3. $\boldsymbol{\alpha}_1 - \boldsymbol{\alpha}_2 = \begin{bmatrix} 1 \\ 0 \\ -1 \end{bmatrix}$,　$\boldsymbol{\alpha}_1 + 2\boldsymbol{\alpha}_2 - \boldsymbol{\alpha}_3 = \begin{bmatrix} 0 \\ 1 \\ 2 \end{bmatrix}$

4.(1) $\boldsymbol{\beta} = \dfrac{7}{3}\boldsymbol{\alpha}_1 + \dfrac{2}{3}\boldsymbol{\alpha}_2$;(2) $\boldsymbol{\beta} = \boldsymbol{\alpha}_1 + 0\boldsymbol{\alpha}_2 + \boldsymbol{\alpha}_3$;(3) $\boldsymbol{\beta}$ 不能由 $\boldsymbol{\alpha}_1, \boldsymbol{\alpha}_2$ 线性表示.

5.(1) $\boldsymbol{\alpha}_1, \boldsymbol{\alpha}_2, \boldsymbol{\alpha}_3$ 线性相关.　(2) $\boldsymbol{\beta}_1, \boldsymbol{\beta}_2, \boldsymbol{\beta}_3$ 线性无关.

6. $\lambda = 2$ 或 $\lambda = -1$

12.(1)$B = \begin{bmatrix} 0 & 0 & 0 \\ 1 & 0 & 3 \\ 0 & 1 & -1 \end{bmatrix}$　(2) $|A| = 0$

13.(1) $k = -\dfrac{2}{3}$, $\boldsymbol{\alpha}_1, \boldsymbol{\alpha}_2, \boldsymbol{\alpha}_3$ 线性相关.　(2) $k \neq -\dfrac{2}{3}$, $\boldsymbol{\alpha}_1, \boldsymbol{\alpha}_2, \boldsymbol{\alpha}_3$ 线性无关.

14.(1) $a = -4$,且 $b \neq 0$,无解.　(2) $a \neq -4$,唯一解.

　　(3)$a = -4$ 且 $b = 0$,无穷多解.

15. $\boldsymbol{\alpha}_1, \boldsymbol{\alpha}_2$ 是一个极大无关组.$\boldsymbol{\alpha}_3 = 5\boldsymbol{\alpha}_1 + 4\boldsymbol{\alpha}_2$

16. $\boldsymbol{\alpha}_1, \boldsymbol{\alpha}_2, \boldsymbol{\alpha}_3$ 是一个极大无关组,$\boldsymbol{\alpha}_4 = \boldsymbol{\alpha}_1 - \boldsymbol{\alpha}_2 + \boldsymbol{\alpha}_3$

17.(1) 向量组的秩是 3.　(2) $\boldsymbol{\alpha}_1, \boldsymbol{\alpha}_2, \boldsymbol{\alpha}_3$ 是一个极大无关组.

　　(3) $\boldsymbol{\alpha}_4 = \dfrac{2}{3}\boldsymbol{\alpha}_1 + \dfrac{1}{3}\boldsymbol{\alpha}_2 + \boldsymbol{\alpha}_3$,　$\boldsymbol{\alpha}_5 = -\dfrac{1}{3}\boldsymbol{\alpha}_1 + \dfrac{1}{3}\boldsymbol{\alpha}_2 + 0\boldsymbol{\alpha}_3$

18. $\boldsymbol{\xi} = c_1 \begin{bmatrix} 2 \\ 1 \\ 0 \\ 0 \end{bmatrix} + c_2 \begin{bmatrix} -1 \\ 0 \\ 1 \\ 0 \end{bmatrix}$　$(c_1, c_2 \in R)$

19. $\boldsymbol{\xi} = c_1 \begin{bmatrix} 1 \\ -2 \\ 1 \\ 0 \\ 0 \end{bmatrix} + c_2 \begin{bmatrix} 1 \\ -2 \\ 0 \\ 1 \\ 0 \end{bmatrix}$　$(c_1, c_2 \in R)$

20. 当 $\lambda = -2$ 或 $\lambda = 1$ 时有非零解.

当 $\lambda = -2$ 时， $\boldsymbol{\xi} = c\begin{bmatrix}1\\1\\1\end{bmatrix}$ $(c \in R)$

当 $\lambda = 1$ 时， $\boldsymbol{\xi} = c_1\begin{bmatrix}-1\\1\\0\end{bmatrix} + c_2\begin{bmatrix}-1\\0\\1\end{bmatrix}$ $(c_1, c_2 \in R)$

21. (1) $\boldsymbol{\eta} = \begin{bmatrix}-1\\0\\-1\\0\end{bmatrix} + c_1\begin{bmatrix}1\\1\\0\\0\end{bmatrix} + c_2\begin{bmatrix}1\\0\\2\\1\end{bmatrix}$ $(c_1, c_2 \in R)$; (2) $\boldsymbol{\eta} = \begin{bmatrix}1\\0\\1\\0\end{bmatrix} + c\begin{bmatrix}-3\\3\\-1\\2\end{bmatrix}$ $(c \in R)$

(3) $\boldsymbol{\eta} = \begin{bmatrix}-8\\13\\0\\2\end{bmatrix} + c\begin{bmatrix}-1\\1\\1\\0\end{bmatrix}$ $(c \in R)$; (4) 唯一解 $\boldsymbol{\eta} = \begin{bmatrix}1\\-2\\3\\-4\end{bmatrix}$

22. (1) $\lambda \neq 1$ 有唯一解.

$$x_1 = \frac{-\lambda-1}{(\lambda+1)^2+1}, \quad x_2 = \frac{\lambda^2+\lambda+1}{(\lambda+1)^2+1}, \quad x_3 = \frac{(\lambda+1)^2}{(\lambda+1)^2+1}$$

$\lambda = 1$ 有无穷多解, $\eta = \begin{bmatrix}1\\0\\0\end{bmatrix} + c_1\begin{bmatrix}-1\\1\\0\end{bmatrix} + c_2\begin{bmatrix}-1\\0\\1\end{bmatrix}$ $(c_1, c_2 \in R)$

(2) 当 $\lambda \neq 1, -2$ 方程组无解.

当 $\lambda = 1, \boldsymbol{\eta} = \begin{bmatrix}1\\0\\0\end{bmatrix} + c\begin{bmatrix}1\\1\\1\end{bmatrix}$ $(c \in R)$

当 $\lambda = -2, \boldsymbol{\eta} = \begin{bmatrix}0\\0\\-2\end{bmatrix} + c\begin{bmatrix}1\\1\\1\end{bmatrix}$ $(c \in R)$

23. $\boldsymbol{\eta} = \begin{bmatrix}2\\3\\4\\5\end{bmatrix} + c\begin{bmatrix}3\\4\\5\\6\end{bmatrix}$ $(c \in R)$

24. $B = \begin{bmatrix}1&0\\5&2\\8&1\\0&1\end{bmatrix}$

25. $\begin{cases}x_1 - 2x_2 + x_3 = 0\\2x_1 - 3x_2 + x_4 = 0\end{cases}$

习　题　四

1. (1) $\lambda_1 = 7, \lambda_2 = -2, \boldsymbol{\xi}_1 = \begin{bmatrix} 1 \\ 1 \end{bmatrix}, \quad \boldsymbol{\xi}_2 = \begin{bmatrix} -4 \\ 5 \end{bmatrix}$

(2) $\lambda_1 = -1, \lambda_2 = 9, \lambda_3 = 0,$

$$\boldsymbol{\xi}_1 = \begin{bmatrix} 1 \\ -1 \\ 0 \end{bmatrix}, \quad \boldsymbol{\xi}_2 = \begin{bmatrix} 1 \\ 1 \\ 2 \end{bmatrix}, \quad \boldsymbol{\xi}_3 = \begin{bmatrix} 1 \\ 1 \\ -1 \end{bmatrix}$$

(3) $\lambda_1 = 2, \quad \boldsymbol{\xi}_1 = \begin{bmatrix} 0 \\ 0 \\ 1 \end{bmatrix} \quad \lambda_2 = \lambda_3 = 1, \quad \boldsymbol{\xi}_2 = \begin{bmatrix} 1 \\ 2 \\ -1 \end{bmatrix}$

(4) $\lambda_1 = \lambda_2 = \lambda_3 = 2, \lambda_4 = -2,$

$$\boldsymbol{\xi}_1 = \begin{bmatrix} 1 \\ 1 \\ 0 \\ 0 \end{bmatrix}, \quad \boldsymbol{\xi}_2 = \begin{bmatrix} 1 \\ 0 \\ 1 \\ 0 \end{bmatrix}, \quad \boldsymbol{\xi}_3 = \begin{bmatrix} 1 \\ 0 \\ 0 \\ 1 \end{bmatrix}, \quad \boldsymbol{\xi}_4 = \begin{bmatrix} -1 \\ 1 \\ 1 \\ 1 \end{bmatrix}$$

2. (1) A 相似于对角阵 $\begin{bmatrix} 1 & 0 & 0 \\ 0 & 2 & 0 \\ 0 & 0 & 2 \end{bmatrix}, \quad P = \begin{bmatrix} 0 & 0 & 1 \\ 1 & 1 & 0 \\ 1 & 0 & 1 \end{bmatrix}$

(2) B 不相似于对角阵.

3. $A^{100} = \begin{bmatrix} -2^{100} + 2 & -2^{101} + 2 & 0 \\ -1 + 2^{100} & -1 + 2^{101} & 0 \\ 2^{100} - 1 & 2^{101} - 2 & 1 \end{bmatrix}$

7. 18

8. 25

9. $x = 4, y = 5.$

10. $m = -3, n = 0,$ 特征值为 $-1.$

11. $x = 3.$

12. $A = \begin{bmatrix} -2 & 3 & -3 \\ -4 & 5 & -3 \\ -4 & 4 & -2 \end{bmatrix}$

13. $A = \begin{bmatrix} 3 & -2 & 2 \\ 0 & 1 & 0 \\ -1 & 1 & 0 \end{bmatrix}$

14. $a = -2, b = 6$

15. $x = 0$

16. $a = 2$ 时 A 可对角化.　$a = 6$ 时 A 不能对角化.

习　题　五

1. (1) $\begin{bmatrix} 1 & -1 & 2 \\ -1 & -2 & 4 \\ 2 & 4 & 3 \end{bmatrix}$　(2) $\begin{bmatrix} 1 & 1 & -\dfrac{1}{2} \\ 1 & 0 & 0 \\ -\dfrac{1}{2} & 0 & 2 \end{bmatrix}$　(3) $\begin{bmatrix} 0 & \dfrac{1}{2} & 0 & 0 \\ \dfrac{1}{2} & 0 & 0 & 0 \\ 0 & 0 & 0 & -\dfrac{1}{2} \\ 0 & 0 & -\dfrac{1}{2} & 0 \end{bmatrix}$

2. (1) $f = y_1^2 + 2y_2^2 - 3y_3^2$, $\quad C = \begin{bmatrix} 1 & -3 & 8 \\ 0 & 1 & -2 \\ 0 & 0 & 1 \end{bmatrix}$

(2) $f = 2y_1^2 - \dfrac{1}{2}y_2^2 + 6y_3^2$, $\quad C = \begin{bmatrix} 1 & -\dfrac{1}{2} & 3 \\ 1 & \dfrac{1}{2} & -1 \\ 0 & 0 & 1 \end{bmatrix}$

(3) $f = y_1^2 - 4y_2^2 + \dfrac{9}{4}y_3^2$, $\quad C = \begin{bmatrix} 1 & 2 & -\dfrac{1}{2} \\ 0 & 0 & 1 \\ 0 & 1 & \dfrac{3}{4} \end{bmatrix}$

3. 表示双曲面,方程为 $x_1^2 + y_1^2 - 5z_1^2 = 1$

4. $\xi = k \begin{bmatrix} 1 \\ -2 \\ 1 \end{bmatrix}$

5. $\xi = k \begin{bmatrix} -2 \\ 3 \\ 1 \end{bmatrix}$

7. $A = \dfrac{1}{3} \begin{bmatrix} -1 & 0 & 2 \\ 0 & 1 & 2 \\ 2 & 2 & 0 \end{bmatrix}$

8. $A = \begin{bmatrix} 4 & 1 & 1 \\ 1 & 4 & 1 \\ 1 & 1 & 4 \end{bmatrix}$

10. (1) f 为正定二次型.

(2) f 为非正定二次型.

(3) f 为正定二次型.

11. (1) 当 $-\dfrac{4}{5} < \lambda < 0$ 时 f 为正定二次型.

(2) 不论 λ 为何值, f 都不是正定二次型.

12. (1) $f = y_1^2 + 2y_2^2 + 5y_3^2$, $\quad P = \begin{bmatrix} 0 & 1 & 0 \\ -\dfrac{1}{\sqrt{2}} & 0 & \dfrac{1}{\sqrt{2}} \\ \dfrac{1}{\sqrt{2}} & 0 & \dfrac{1}{\sqrt{2}} \end{bmatrix}$

(2) $f = -y_1^2 - y_2^2 + 2y_3^2$, $\quad P = \begin{bmatrix} -\dfrac{1}{\sqrt{2}} & -\dfrac{1}{\sqrt{6}} & \dfrac{1}{\sqrt{3}} \\ \dfrac{1}{\sqrt{2}} & -\dfrac{1}{\sqrt{6}} & \dfrac{1}{\sqrt{3}} \\ 0 & \dfrac{2}{\sqrt{6}} & \dfrac{1}{\sqrt{3}} \end{bmatrix}$

(3) $f = y_1^2 - 2y_2^2 + 4y_3^2$ $\quad P = \dfrac{1}{3}\begin{bmatrix} 2 & 1 & -2 \\ 1 & 2 & 2 \\ -2 & 2 & -1 \end{bmatrix}$

(4) $f = 2y_1^2 + 4y_2^2 + 4y_3^2$ $\quad P = \dfrac{1}{\sqrt{2}}\begin{bmatrix} 0 & \sqrt{2} & 0 \\ 1 & 0 & 1 \\ -1 & 0 & 1 \end{bmatrix}$

13. $a = 2$ $\quad P = \dfrac{1}{\sqrt{2}}\begin{bmatrix} 0 & \sqrt{2} & 0 \\ 1 & 0 & 1 \\ -1 & 0 & 1 \end{bmatrix}$

习　题　六

1. $x_1 = 2, x_2 = 3, x_3 = 2, x_4 = x_5 = 0$ $\quad z = 19$

2. $x_1 = 0, x_2 = 2, x_3 = 0$ $\quad z = 15$

3. $x_1 = 2, x_2 = 1, x_3 = x_4 = 0$ $\quad z = 8$

第二篇　　概率论与数理统计习题答案

习　题　七

1. (1) 8　(2) 16　(3) 365^4　(4) 12

2. (1) $A\overline{B}\overline{C}$ (2) $AB\overline{C}$ (3) $A+B+C$ (4) ABC (5) $\overline{ABC}$

(6) $\overline{AB}+\overline{AC}+\overline{BC}$ (7) $\overline{A}+\overline{B}+\overline{C}$ (8) $AB+AC+BC$

3. (1) 成立 (2) 不成立 (3) 不成立 (4) 成立 (5) 成立 (6) 成立

(7) 成立 (8) 成立

4. $\dfrac{1}{30}$

5. (1) $\dfrac{132}{169}$ (2) $\dfrac{37}{169}$

6. (1) $\dfrac{7}{120}$ (2) $\dfrac{119}{120}$

7. 记 X 为最大个数 $P(X=1)=\dfrac{6}{16}$ $P(X=2)=\dfrac{9}{16}$ $P(X=3)=\dfrac{1}{16}$

8. (1) $\dfrac{1}{12}$ (2) $\dfrac{1}{20}$.

9. $\dfrac{C_{10}^4 \cdot C_4^3 \cdot C_3^2}{C_{17}^9}=\dfrac{252}{2431}$

10. 0.132

11. (1) 0.3 (2) 0.6

12. $\dfrac{13}{21}$.

13. $\dfrac{1}{3}$

14. (1) 0.000054 (2) 0.7772 (2) $C_{12}^2(2^6-2)/12^6=0.00137$.

15. $\dfrac{1}{5}$.

17. 抽取后放回

(1) $\dfrac{9}{25}$ (2) $\dfrac{21}{25}$ (3) $\dfrac{13}{25}$ (4) $\dfrac{3}{5}$

抽取后不放回

(1) $\dfrac{1}{3}$ (2) $\dfrac{13}{15}$ (3) $\dfrac{7}{15}$ (4) $\dfrac{3}{5}$

18. $\dfrac{2}{105}$

19. (1) 0.8 (2) 0.3 (3) 0.2 (4) 0.1 (5) 0

20. (1) 0 (2) 0.5 (3) 0.5

21. (1) 当 $A \subset B$ 时，$P(AB)$ 取最大值为 0.6

(2) 当 $A+B=\Omega$ 时，$P(AB)$ 取最小值为 0.3

22. 0.25

23. $\dfrac{1}{3}$

24. (1) $\dfrac{13}{30}$ (2) 0.6

25. (1) 0.3   (2) $\dfrac{3}{7}$

26. (1) 0.36   (2) 0.91

27. $P(B \mid A) = 0.5$ $P(A \mid \overline{B}) = 0.6$ $P(A + B) = 0.8$

28. (1) 0.0596   (2) 0.1176   (3) 0.7443

29. $1 - 0.0282 - 0.1211 = 0.8507$

30. $1 - P_{200}(0) - P_{200}(1) = 0.0614$

31. (1) $C_6^3 (\frac{1}{2})^3 (1 - \frac{1}{2})^3 = \dfrac{5}{16}$.   (2) $\sum\limits_{i=4}^{6} C_6^i (\frac{1}{2})^i (1 - \frac{1}{2})^{6-i} = \dfrac{11}{32}$.

32. $\dfrac{1}{1157} = 0.00086$

33. $\dfrac{1}{3}$

34. $C_{2n-r}^n (\frac{1}{2})^n (\frac{1}{2})^{n-r}$.

35. 0.7

36. (1) $\dfrac{C_7^2}{C_{32}^2} = \dfrac{21}{496}$

   (2) $\dfrac{C_{15}^2}{C_{20}^2} \cdot \dfrac{C_2^2}{C_{14}^2} + \dfrac{C_5^1 C_{15}^1}{C_{20}^2} \cdot \dfrac{C_3^2}{C_{14}^2} + \dfrac{C_5^2}{C_{20}^2} \cdot \dfrac{C_4^2}{C_{14}^2} = \dfrac{3}{133}$

37. (1) 0.35
   (2) 此件产品来自甲车间生产的可能性最大

38. (1) 0.0155   (2) 0.7742

39. (1) 0.321   (2) 0.243

40. 0.458

41. $2p^2 + 2p^3 - 5p^4 + 2p^5$

习　题　八

1. (1) 是   (2) 不是   (3) 不是   (4) 是

2. $A = \dfrac{27}{40}$ (1) 0.9   (2) 0.3

3.

X	1	2	3	4	5	6
p	$\dfrac{1}{216}$	$\dfrac{7}{216}$	$\dfrac{19}{216}$	$\dfrac{37}{216}$	$\dfrac{61}{216}$	$\dfrac{91}{216}$

4.

X	0	1	2	3
p	$\dfrac{3}{4}$	$\dfrac{9}{44}$	$\dfrac{9}{220}$	$\dfrac{1}{220}$

5.

X	0	1	2
p	$\dfrac{22}{35}$	$\dfrac{12}{35}$	$\dfrac{1}{35}$

6. $(1)\,P[X=k]=(1-p)^{k-1}\cdot p$ $\qquad$ $(k=1,2)$

$(2)\,P[Y=k]=C_{k-1}^{r-1}(1-p)^{k-1}\cdot p$ $\qquad$ $(k=r,r+1,\cdots)$

$(3)\,P[X=k]=(1-0.45)^{k-1}\cdot 0.45$ $\qquad$ $(k=1,2,\cdots)$

$$\sum_{h=1}^{\infty}P[X=2k]=\frac{11}{31}.\qquad (k=1,2,\cdots)$$

7. $a=\dfrac{1}{4}$.

8. (1)

X	1	2	3	$\cdots$	k	$\cdots$
p	$\dfrac{10}{13}$	$\dfrac{3}{13}\cdot\dfrac{10}{13}$	$\left(\dfrac{3}{13}\right)^2\cdot\dfrac{10}{13}$	$\cdots$	$\left(\dfrac{3}{13}\right)^{k-1}\cdot\dfrac{10}{13}$	$\cdots$

(2)

X	1	2	3	4
p	$\dfrac{10}{13}$	$\dfrac{3}{13}\cdot\dfrac{10}{12}$	$\dfrac{3}{13}\cdot\dfrac{2}{12}\cdot\dfrac{10}{11}$	$\dfrac{3}{13}\cdot\dfrac{2}{12}\cdot\dfrac{1}{11}$

(3)

X	1	2	3	4
p	$\dfrac{10}{13}$	$\dfrac{3}{13}\cdot\dfrac{11}{13}$	$\dfrac{3}{13}\cdot\dfrac{2}{13}\cdot\dfrac{12}{13}$	$\dfrac{3}{13}\cdot\dfrac{2}{13}\cdot\dfrac{1}{13}$

9. $\left[0,\dfrac{\pi}{2}\right]$

10. $(1)\;A=\dfrac{1}{2}$ $\quad(2)\;P[0<x\leqslant 1]=0.316$

11. $(1)\;\dfrac{1}{\pi}$ $\quad(2)\;\dfrac{1}{\pi}$ $\quad(3)\;\dfrac{6}{29}$

12. $P[0.4<X\leqslant 1.2]=0.6$ $\qquad F(x)=\begin{cases}0 & x<0\\[2mm]\dfrac{1}{2}x^2 & 0\leqslant x<1\\[2mm]2x-\dfrac{1}{2}x^2-1 & 1\leqslant x<2\\[2mm]1 & x\geqslant 2\end{cases}$

13. $(1)\;t=-1$ $\qquad (2)\;f(x)=\begin{cases}\dfrac{1}{2}(x+1) & -1\leqslant x<0\\[2mm]\dfrac{1}{2}-\dfrac{1}{6}x & 0\leqslant x\leqslant 3\\[2mm]0 & 其他\end{cases}$

$$(3)\ F(x)=\begin{cases} 0 & x<-1 \\ \dfrac{1}{4}x^2+\dfrac{1}{2}x+\dfrac{1}{4} & -1\leqslant x<0 \\ \dfrac{1}{4}+\dfrac{1}{2}x-\dfrac{1}{12}x^2 & 0\leqslant x<3 \\ 1 & x\geqslant 3 \end{cases}$$

14. $\dfrac{232}{243}$

15. (1) $f(x)=\begin{cases} 2x & 0\leqslant x\leqslant 1 \\ 0 & \text{其他} \end{cases}$

　　(2) $P[0.3<X<0.7]=0.4$

16. (1) $F(x)=\begin{cases} 0 & x<-\dfrac{\pi}{2} \\ \dfrac{1}{2}(\sin x+1) & -\dfrac{\pi}{2}\leqslant x\leqslant \dfrac{\pi}{2} \\ 1 & \dfrac{\pi}{2}<x \end{cases}$

　　(2) $P\left[-\dfrac{\pi}{4}<X\leqslant\dfrac{\pi}{4}\right]=\dfrac{\sqrt{2}}{2}$

17. $a=\dfrac{1}{6}, b=\dfrac{5}{6}$

X	-1	1	2
p	$\dfrac{1}{6}$	$\dfrac{1}{3}$	$\dfrac{1}{2}$

18. (1) $f(x)=\begin{cases} \dfrac{1}{2}\mathrm{e}^x & x<0 \\ \dfrac{1}{4} & 0\leqslant x<2 \\ 0 & 2\leqslant x \end{cases}$

　　(2) $P[-1<X\leqslant 1]=\dfrac{3}{4}-\dfrac{1}{2}\mathrm{e}^{-1}$　　　$P[1<X\leqslant 3]=\dfrac{1}{4}$

19. (1) $\ln 2,1,\ln\dfrac{5}{4}.$　　　(2) $f(x)=\begin{cases} \dfrac{1}{x} & 1<x<\mathrm{e} \\ 0 & \text{其他} \end{cases}$

20. $\dfrac{3}{5}$

21. $\mathrm{e}^{-1}-\mathrm{e}^{-3}$

22. (1) $0.5328, 0.9996, 0.6977, 0.5.$

　　(2) $c=3.$

23. (1) $0.6628, 0.5934$

　　(2) $x=129.74$

24. 0.0456.

25. σ 最大为 31.25

26.

Y	0	1	4
p	0.4	0.3	0.3

Z	-5	-2	1	7
p	0.2	0.3	0.4	0.1

W	-1	0	1
p	0.4	0.3	0.3

27. (1) $f_Y(y) = \begin{cases} \dfrac{1}{y\sqrt{2\pi}}e^{-(\ln y)^2/2} & y > 0 \\ 0 & y \leqslant 0 \end{cases}$

(2) $f_Y(y) = \begin{cases} \dfrac{1}{2\sqrt{\pi(y-1)}}e^{-(y-1)/4} & y > 1 \\ 0 & y \leqslant 1 \end{cases}$

(3) $f_Y(y) = \begin{cases} \sqrt{\dfrac{2}{\pi}}e^{-y^2/2} & y > 0 \\ 0 & y \leqslant 0 \end{cases}$

28. $f_Y(y) = \begin{cases} e^{-y} & y \geqslant 0 \\ 0 & y < 0 \end{cases}$

29. (1) $f_Y(y) = \dfrac{1}{3\sqrt[3]{y^2}}f(\sqrt[3]{y}) \qquad (-\infty < y < +\infty)$

(2) $f_Y(y) = e^y f(e^y) \qquad (-\infty < y < +\infty)$

30. $f_Y(y) = \begin{cases} \dfrac{1}{2\sqrt{y}}e^{-\sqrt{y}} & y > 0 \\ 0 & y \leqslant 0 \end{cases}$

31. (1) $f_Y(y) = \begin{cases} \dfrac{1}{y} & 1 < y < e \\ 0 & 其他 \end{cases}$ (2) $f_Y(y) = \begin{cases} \dfrac{1}{2}e^{-y/2} & y > 0 \\ 0 & y \leqslant 0 \end{cases}$

32. $f_Y(y) = \begin{cases} \dfrac{2}{\pi\sqrt{1-y^2}} & 0 < y < 1 \\ 0 & 其他 \end{cases}$

33. $F_Y(y) = \begin{cases} 0 & y < 1 \\ 1 - e^{\frac{1}{5}\ln y} & 1 \leqslant y < e^2 \\ 1 & y \geqslant e^2 \end{cases}$

34. $E(X) = 0.6$ $E(Y) = 0.7$ 甲机床为优

35. $E(X) = \dfrac{5}{8}$ $E(X^2) = \dfrac{7}{8}$ $E(3X^2 + 4) = \dfrac{53}{8}$

36. $E(X) = \dfrac{1}{2}$ $E(e^{-X}) = \dfrac{2}{3}$

37. $E(X) = 1$

38. $E(X) = 0$

39. $k = 3, a = 2$

40. $a = \dfrac{3}{5}, b = \dfrac{6}{5}$

41. (1) $X \sim B(100, 0.02)$　(2) $E(X) = 2$　$D(X) = 1.96$

42. $E(X) = 0.301$　$D(X) = 0.323$

43. $E(X) = 0.6$　$D(X) = 0.43$

44. $\dfrac{25}{16}$

45. $\dfrac{\pi}{12}(a^2 + ab + b^2)$

46. $300e^{-1/4} - 200 = 33.64$

47. 1

48. $\dfrac{n+1}{2}$

49. (1) $\dfrac{3}{4}, \dfrac{5}{8}$.　(2) $\dfrac{1}{8}$.

50. $E(Y) = \lambda p, D(Y) = \lambda p$.

51. $E(3X - 2Y + 5 + XY) = 11$

52. $D(2X + 3Y + 1) = 22$

53. $P[6800 < X < 7200] = P[|X - 7000| < 200] \geqslant 1 - \dfrac{2100}{200^2} \approx 0.95$

54. (1) 0.7 (2) 0.875

55. $p \geqslant \dfrac{8}{9}$

56. $\dfrac{8}{9}$

57. $p = \dfrac{37}{72} \approx 0.5139$.

58. $k = 10$.

习　题　九

1. (1) $k = \dfrac{1}{8}$　(2) $P[X \leqslant 1, Y \leqslant 3] = \dfrac{3}{8}$　(3) $P[X \leqslant 1.5] = \dfrac{27}{32}$

　(4) $P[X + Y \leqslant 4] = \dfrac{2}{3}$

2. $f_X(x) = \begin{cases} 12x(1-x)^2 & 0 < x < 1 \\ 0 & \text{其他} \end{cases}$

$f_Y(y) = \begin{cases} 3y\left(1 - \dfrac{y}{2}\right)^2 & 0 < y < 2 \\ 0 & \text{其他} \end{cases}$

3. $f_X(x) = \begin{cases} 2.4x^2(2-x) & 0 \leqslant x \leqslant 1 \\ 0 & \text{其他} \end{cases}$

$f_Y(y) = \begin{cases} 2.4y(3-4y+y^2) & 0 \leqslant y \leqslant 1 \\ 0 & \text{其他} \end{cases}$

4. $C = \dfrac{21}{4}$. $f_X(x) = \begin{cases} \dfrac{21}{8}x^2(1-x^4) & -1 \leqslant x \leqslant 1 \\ 0 & \text{其他} \end{cases}$

$f_y(y) = \begin{cases} \dfrac{7}{2}y^{5/2} & 0 \leqslant y \leqslant 1 \\ 0 & \text{其他} \end{cases}$

5. $f(x,y) = \begin{cases} \dfrac{1}{2} & (x,y) \in D \\ 0 & \text{其他} \end{cases}$ $f_X(x) = \begin{cases} \dfrac{1}{2x} & 1 < x < e^2 \\ 0 & \text{其他} \end{cases}$

$f_Y(y) = \begin{cases} \dfrac{1}{2}(e^2-1) & 0 \leqslant y < \dfrac{1}{e^2} \\ \dfrac{1}{2}\left(\dfrac{1}{y}-1\right) & \dfrac{1}{e^2} \leqslant y \leqslant 1 \\ 0 & \text{其他} \end{cases}$

6. $f(x,y) = \begin{cases} 4 & (x,y) \in D \\ 0 & \text{其他} \end{cases}$ $f_X(x) = \begin{cases} 8x+4 & -\dfrac{1}{2} \leqslant x \leqslant 0 \\ 0 & \text{其他} \end{cases}$

$f_X(y) = \begin{cases} 2-2y & 0 \leqslant y \leqslant 1 \\ 0 & \text{其他} \end{cases}$

7. X 与 Y 相互独立

8. $f(x,y) = \begin{cases} 25e^{-5y} & 0 < x < 0.2, y > 0 \\ 0 & \text{其他} \end{cases}$

9. $f_X(x) = \begin{cases} e^{-x} & x > 0 \\ 0 & \text{其他} \end{cases}$ $f_Y(y) = \begin{cases} ye^{-y} & y > 0 \\ 0 & \text{其他} \end{cases}$

X 与 Y 不相互独立

10. X 与 Y 不相互独立.

11. (1) $f(x,y) = \begin{cases} \dfrac{1}{2}e^{-\frac{y}{2}} & 0 < x < 1, y > 0 \\ 0 & \text{其他} \end{cases}$

(2) $p = 1 - \sqrt{2\pi}[\Phi(1) - \Phi(0)] = 0.1445$.

12. (1) $k = 2$ (2) $f_X(x) = \begin{cases} e^{-x} & x > 0 \\ 0 & x \leqslant 0 \end{cases}$

$f_Y(y) = \begin{cases} \dfrac{1}{(1+y)^2} & y > 0 \\ 0 & y \leqslant 0 \end{cases}$

(3) X, Y 不相互独立.

13. $f_Z(z) = \begin{cases} \dfrac{z}{\sigma^2}\mathrm{e}^{-\frac{z^2}{2\sigma^2}} & z \geqslant 0 \quad (\sigma > 0) \\ 0 & z < 0 \end{cases}$

14. (1) $\rho_{XY} = 0$　(2) X 与 Y 不相互独立

15. (1) $E(X) = \dfrac{7}{6}$　$E(Y) = \dfrac{7}{6}$　$D(X) = \dfrac{11}{36}$　$D(Y) = \dfrac{11}{36}$

　　(2) $\mathrm{COV}(X,Y) = -\dfrac{1}{36}$　　　　(3) $\rho_{XY} = -\dfrac{1}{11}$

16. $\rho_{UV} = \dfrac{a^2 - b^2}{a^2 + b^2}$

17. $\rho_{XY} = 0$

18. $\rho_{XY} = 0$

19. $P[-4 < X + 2Y < 6] = P[|x + 2y - 1| < 5] \geqslant 1 - \dfrac{D(X+2Y)}{5^2} = 0.816$

20. $P[|X+Y| \geqslant 6] = P[|(X+Y) - E(X+Y)| \geqslant 6] \leqslant \dfrac{D(X+Y)}{6^2} = \dfrac{1}{12}.$

习 题 十

1. $\dfrac{1}{2}$

2. 0.4773

3. $P\left[5800 < \sum_{i=1}^{10\,000} X_i < 6200\right] \approx 0.999\,95$

4. $P\left[\sum_{i=1}^{200} X_i > 20.15\right] = 1 - P\left[\sum_{i=1}^{200} X_i \leqslant 20.15\right] \approx 0.034$

5. $P\left[\sum_{i=1}^{100} X_i \geqslant 85\right] \approx 0.9525$

6. 282 个电能单位

7. $2\Phi(1.538) - 1 = 0.8764$

8. 0.0104

9. 0.9156

10. (1)0.000 07　(2)0.9874　(3) 至少发展 4771 个客户

11. 0.9625

12. 用切比雪夫不等式　$n \geqslant 250$
　　用中心极限定理　$n \geqslant 68$

习 题 十一

1. (1) $\overline{x} = 3.33$　$s^{*2} = 0.4307$　$s^* = 0.6563$

(2) $\overline{x} = 1.334$ $s^{*2} = 0.0299$ $s^* = 0.1729$

(3) $\overline{x} = 1.3609$ $s^{*2} = 0.0319$ $s^* = 0.1786$

2. $\overline{x} = 84$ $s_{甲}^{*2} = 14.67$ $\overline{y} = 84$ $s_{乙}^{*2} = 19.33$ 所以甲生产线生产的电容器质量比较稳定

3. $a = \dfrac{1}{n} \sum_{i=1}^{n} x_i = \overline{x}$ 则 $f(a) = \sum_{i=1}^{n} (x_i - a)^2$ 取最小值

4. $\overline{X} \sim N(\mu, \dfrac{\sigma^2}{3})$, $\dfrac{\overline{X} - \mu}{\sigma / \sqrt{3}} \sim N(0,1)$, $\dfrac{\sum\limits_{i=1}^{3} (X_i - \overline{X})^2}{\sigma^2} \sim \chi^2(2)$

$\dfrac{\sum\limits_{i=1}^{3} (X_i - \mu)^2}{\sigma^2} \sim \chi^2(3)$

5. $\sum\limits_{i=1}^{3} \left(\dfrac{X_i}{\sigma} \right)^2 \sim \chi^2(3)$

6. $X + Y \sim \chi^2(5)$

7. $P[\,|\overline{X} - 12| > 1\,] = 1 - P[\,|\overline{X} - 12| \leqslant 1\,] = 1 - P\left[\left| \dfrac{\overline{X} - 12}{2/\sqrt{5}} \right| \leqslant \dfrac{1}{2/\sqrt{5}} \right] = 0.264$

8. $P[\,|\overline{X} - 5| > 0.05\,] = P\left[\dfrac{|\overline{X} - 5|}{S^* / \sqrt{16}} > \dfrac{0.05}{S^* / \sqrt{16}} \right]$

$= P\left[\dfrac{|\overline{X} - 5|}{S^* / \sqrt{16}} > 0.1 \right] = t_{0.05}(4) = 0.741$

9. $\dfrac{1}{\sigma^2} \sum\limits_{i=1}^{20} (X_i - \overline{X})^2 \sim \chi^2(19)$

$P\left[10.117 \leqslant \dfrac{1}{\sigma^2} \sum\limits_{i=1}^{20} (X_i - \overline{X})^2 \leqslant 30.144 \right] = 0.90$

习题十二

1. $E = 1000, \sigma^2 = 13\,333$

2. (1) $\hat{\theta} = \dfrac{1 - 2\overline{X}}{\overline{X} - 1}$ (2) $\hat{\theta} = \left(\dfrac{\overline{X}}{1 - \overline{X}} \right)^2$ (3) $\hat{\theta} = \dfrac{1}{\overline{X}}$ (4) $\hat{p} = \overline{X}$ (5) $\hat{\theta} = \dfrac{3 - \overline{X}}{2}$

3. (1) $\hat{\theta} = \dfrac{1}{\overline{X}}$ (2) $\hat{\theta} = -\dfrac{n}{\sum\limits_{i=1}^{n} \ln X_i}$ (3) $\hat{\theta} = -1 - \dfrac{n}{\sum\limits_{i=1}^{n} \ln X_i}$

(4) $\hat{\lambda} = \dfrac{1}{\overline{X}}$ (5) $\hat{\theta} = \min\{X_1, X_2, \cdots, X_n\}$

4. $D(\hat{\mu}_1) = \dfrac{5}{9}$ $D(\hat{\mu}_2) = \dfrac{5}{8}$ $D(\hat{\mu}_3) = \dfrac{1}{2}$ $\hat{\mu}_3$ 为有效估计量

5. (1) $\hat{\mu} = 33$ (2) $\hat{\sigma}^2 = 18.8$

6. (1) $[14.81, 15.01]$ (2) $[14.75, 15.07]$

7.(1) $[2.121, 2.129]$ (2) $[2.117, 2.133]$

8.$[992.16, 1007.84]$

9.(1) $[3.150, 11.616]$ (2) $[10.979, 19.074]$

10. μ 的置信区间是 $[5.1069, 5.3131]$， σ 的置信区间是 $[0.1675, 0.3217]$

11. $[0.002, 0.078]$

12. $[0.1404, 0.3596]$

习 题 十 三

1.接受 H_0

2.可以认为矿砂平均含镍量为 3.25％

3.有显著影响

4.施肥效果显著

5.不正常

6.使用新工艺提高了产品精度

7.采用新工艺显著降低了次品率

8. 无显著降低

9. 使用新工艺显著降低了次品率

习 题 十 四

1.$\hat{y} = 6.5 - 1.6x$

2.$\hat{y} = 4.36 + 0.33x$

由相关系数表查得临界值 $\gamma_0 = 0.707$,计算相关系数 $\gamma = 0.98$. $|\gamma| > |\gamma_0|$,所以 Y 与 x 线性关系显著

3.$\hat{S} = -1.43 + 6.43P$

4.$\hat{y} = -2.739\ 35 + 0.483\ 03x$ Y 与 x 线性关系显著

5.$\hat{y} = 13.9584 + 12.5503x$

Y 与 x 线性关系显著

参 考 文 献

北京大学.1978.高等代数.北京:人民教育出版社.

陈文灯.1998.线性代数复习指导.北京:世界图书出版公司.

同济大学.2003.线性代数(第四版).北京:高等教育出版社.

马元生.2007.线性代数简明教程.北京:科学出版社.

David C. Lag.2005.线性代数及其应用.北京:机械工业出版社.

复旦大学数学系.1979.概率论.北京:人民教育出版社.

盛骤等.2001.概率论与数理统计(第三版).北京:高等教育出版社.

王梓坤.1976.概率论及其应用.北京:高等教育出版社.

汪荣鑫.1986.数理统计.西安:西安交通大学出版社.

马元生.2007.概率统计简明教程.北京:科学出版社.

姜淑连.2010.应用数学.武汉:华中科技大学出版社.